Rafael Behr

Cop Culture – Der Alltag des Gewaltmonopols

Rafael Behr

Cop Culture – Der Alltag des Gewaltmonopols

Männlichkeit, Handlungsmuster und Kultur in der Polizei

2. Auflage

VS VERLAG FÜR SOZIALWISSENSCHAFTEN

Bibliografische Information der Deutschen Nationalbibliothek
Die Deutsche Nationalbibliothek verzeichnet diese Publikation in der Deutschen Nationalbibliografie; detaillierte bibliografische Daten sind im Internet über <http://dnb.d-nb.de> abrufbar.

1. Auflage 2000
2. Auflage 2008

Lektorat: Frank Engelhardt

VS Verlag für Sozialwissenschaften ist Teil der Fachverlagsgruppe Springer Science+Business Media.
www.vs-verlag.de

Umschlaggestaltung: KünkelLopka Medienentwicklung, Heidelberg
Druck und buchbinderische Verarbeitung: Krips b.v., Meppel
Gedruckt auf säurefreiem und chlorfrei gebleichtem Papier
Printed in the Netherlands

ISBN 978-3-531-15917-1

Inhalt

Vorwort zur ersten Auflage

Die Polizei beschäftigt mich schon, solange ich denken kann. Als Jugendlicher lernte ich sie als meine berufliche Lebenswelt kennen, als erwachsener Mann verließ ich sie wieder – dazwischen lagen fast fünfzehn Lebensjahre. Trotz einiger Gefahren, Gefährdungen und Verführungen kam ich aus den *Männlichkeits-Inszenierungen* und dem Experimentieren mit der *geliehenen Autorität* einigermaßen heil heraus. Mehr als sechs Jahre danach befasste ich mich erneut mit der Lebenswelt Polizei, diesmal als Soziologe und Feldforscher, und ich begegnete mir häufig wieder als dem jungen Mann, der – voller Idealismus und überzeugt, auf der *richtigen Seite* zu stehen – die gleichen, mindestens ähnliche Dinge getan hat, die ich nunmehr beobachtete bzw. die meine Gesprächspartner und -partnerinnen erzählten. Ohne die eigenen Erfahrungen wäre dieses Buch nicht, mindestens nicht *so,* geschrieben worden.

Zu Grunde liegt dem Ganzen meine Dissertation, die ich am Fachbereich Gesellschaftswissenschaften der Johann Wolfgang Goethe-Universität angefertigt habe, und die von der Idee bis zur Vollendung fast sechs Jahre dauerte. Verbunden war das mit Anstrengung und mit viel Freude, denn ich konnte einige Menschen mit dem erreichen, was mir wichtig war (und ist). Sie trugen auf unterschiedliche Weise dazu bei, dass das Projekt zu einer glücklichen Unternehmung wurde (wobei, wie wir wissen, das Glück *nicht immer* lustig ist).

Heinz Steinert hat mir theoretisch und menschlich gezeigt, wie Autonomie und Toleranz ausgestaltet und ausgehalten werden kann. Er hat mir Raum gegeben, selbst erkennen zu können, was es Neues zu entdecken gibt. Seine Haltung, dass man als Forscher „genau hinsehen, geduldig nachdenken und sich nicht dumm machen lassen“ soll (Steinert 1998a, 46), hat mir viel Zuversicht gegeben. Auf diese Weise wurde mir die Aneignung der eigenen Frage möglich, was Zeit und Geduld gekostet hat.

Henner Hess, mein *Chef* und Mentor am Institut für Sozialpädagogik, in dessen wissenschaftspolitischen Kontext die Arbeit im Wesentlichen entstand, hat mich immer wieder inspiriert und meine kleinen Fortschritte interessiert verfolgt. Er hat mir geduldig und unbeirrt nahegebracht, dass es nicht der große theoretische Entwurf ist, den ich zur Wissenschaft beitragen kann, sondern die Veranschaulichung und genaue Beschreibung von sozialen Bedingungen. Er hat mir Max Weber nahe gebracht und vieles andere mehr. Vor allem seine Unbestechlichkeit im Debattieren und seine Toleranz gegenüber dem Andersdenkenden, von der ich so viel mitbekam, haben meine Zeit an der Universität zu unvergleichlich interessanten Lehr- und Wanderjahren gemacht. Beiden Begleitern danke ich von ganzem Herzen.

Johannes Feest hatte die Freundlichkeit, als externer Gutachter meine Dissertation ebenso wohlwollend wie konstruktiv kritisch aufzunehmen. Ihm verdanke ich wertvolle Anregungen zur Rechtssoziologie und angenehme Erinnerungen an Bremen.

Tomke Böhnisch, Angela Joost und Kerstin Rathgeb trugen viel zum Ergebnis der Arbeit bei. In unserer Interpretationsgruppe haben wir gemeinsam über den Materialien gebrütet, sie verteidigt, verworfen, weitergebracht, neue Gedanken ermöglicht, andere Perspektiven auf das Material gerichtet, und ein Arbeitsklima erzeugt, um das uns viele Kolleginnen und Kollegen beneidet haben. Für die vielen Hilfestellungen und Eröffnungen, und für die gemeinsame Zeit, bin ich sehr dankbar.

Weitere Menschen haben mir durch Nähe und Rat gut getan: Ich danke Renate Routisseau für wohlwollende Begleitung. Helga Cremer-Schäfer für kritische Impulse und für viele *kleine Freundlichkeiten.* Birte Egloff, Britta Meinschaefer, Christine Resch, Claudia Zimmermann, Heike Köster, Jochen Kersten, Norbert Schmedt, Volker Nölle, für das kritische Lesen und Kommentieren der Texte. Meiner Supervisorin, Regina Eiermann, danke ich für Hilfestellungen, besonders bei der Klärung meines Verhältnisses zur beruflichen *Familie.*

Den Vertretern der Polizei, die mir Zugang in das Innere der Organisation ermöglichten, sei ebenfalls gedankt: Herrn Bock (damals Hessisches Innenministerium), Herrn Koska und Herrn Remann (damals I. Bereitschaftspolizeiabteilung), Herrn Philippi (damals Polizeipräsidium Frankfurt). Für Unterstützung in buchstäblich *letzter Minute* danke ich Herrn Thielmann und Frau Scholz (damals Hessisches Innenministerium).

Ein besonders herzliches Dankeschön sage ich denjenigen Beamtinnen und Beamten, die mich – oft ohne gefragt worden zu sein – an ihrem Berufsalltag teilnehmen ließen oder sich für Interviews zu Verfügung stellten (die meisten werden von dem Buch nie etwas erfahren, damit geht es ihnen wie mit der *Gesellschaft*, für deren Schutz sie da sind, und von der sie auch nur selten ein positives Feed-back bekommen). Stellvertretend für sie, und in besonderer Verbundenheit, danke ich *Udo Neumann* (der als einziger bis zum Schluss anonymisiert bleiben muss).

Noch ein Wort zur Benutzung männlicher und weiblicher Artikel und Endungen: Nach einigen Experimenten und Bemühungen habe ich die Übungen in *Political Correctness* zugunsten einer größeren stilistischen Klarheit aufgegeben. Prinzipiell sind immer alle gemeint, meistens ergibt sich das Geschlecht aus dem Zusammenhang, und an wenigen Stellen, die mir für das Verständnis wichtig schienen, habe ich weibliche Endungen hinzugefügt. Im übrigen vertraue ich darauf, und das betrifft nicht nur den sprachlichen Umgang mit dem Geschlecht, dass der/die Leser/in verstehen *will*.

Vorwort zur zweiten Auflage

„Cop Culture“ wurde von der Fachwelt zunächst zögerlich aufgenommen. Erst nach einigen Jahren verbreitete sich das Buch, besonders an den polizeilichen Bildungseinrichtungen und unter denjenigen, die sich mit Berufs- bzw. Organisationskultur der Polizei beschäftigten bzw. zu beschäftigen begannen. An der damaligen Polizei-Führungsakademie (heute: Deutsche Hochschule der Polizei) wurde die Arbeit einigermaßen oft im Seminarbetrieb genutzt, allerdings meistens in Ausschnitten, was für eine freundliche Aufnahme unter den Studierenden und Praktikern nicht immer förderlich war. Immerhin verbreitete sich dadurch der Terminus „Cop Culture“ unter dem Nachwuchs des Höheren Dienstes relativ breit. Die Annahme, dass man für eine Organisation nicht nur von einer, sondern von mehreren Kulturen ausgehen muss, wurde zuerst und verstärkt von denen aufgegriffen, die sich theoretisch oder als Außenstehende (Forschende, Lehrende, Seelsorger etc.) mit der Polizei beschäftigten. Es waren besonders die Vermittler und Vermittlerinnen von Ethik und der sog. *soft skills*, welche diese Denkfigur nutzten, auch wurde sie ab und an in das eigene Nachdenken eingewoben (vgl. Mensching 2007).

Innerhalb der Polizeipraxis war die Resonanz weitaus geringer. Zwar bestätigten mir mehr und mehr Polizisten, dass meine Beschreibung mit ihrer eigenen Sicht auf die Polizei übereinstimme (dies waren in der Regel die *reflektierten Praktiker* und/oder die sozial wacheren Polizisten, viele Polizist*innen* waren darunter und mehr Führungskräfte als Basis-Polizisten). Doch es gab (und gibt) auch immer diejenigen, die vorsichtig auf Distanz gingen, einige von ihnen sagten, über einige Stellen würden sie „gern kritisch mit mir diskutieren“ (sie taten es dann aber nicht). Diejenigen, die am ehesten dem von mir vorgestellten hegemonialen *Männlichkeitstypus* entsprachen, lehnten das Buch mehrheitlich ab. Sie und viele andere Protagonisten des „Einsatz-Paradigmas“ (ein Begriff, den Jochen Christe-Zeyse [2006] für die deutsche Polizeiwissenschaft sehr illustrierend genutzt hat) hielten und halten es für überflüssig, über Kultur oder gar Kulturen in der Polizei nachzudenken und zu reden. Einige Führungskräfte fragten nach der Repräsentativität meiner Untersuchung und danach, wie viel „Cop Culture“ in ihren Behörden noch zu verkraften sei. Am häufigsten wurde mir entgegengehalten, dass das vielleicht in Hessen so gewesen sei, nicht aber in der eigenen Polizei. Auch, dass das früher einmal so gewesen sein könnte, heute aber überholt sei, weil sich die Polizei mittlerweile sehr stark verändert habe, wurde vorgebracht. Das Buch hat also durchaus kontroverse Diskussionen ausgelöst.

Ich habe heute das deutliche Gefühl, dass die *kulturelle Dimension* der Polizei und der Polizeiarbeit von Führungskräften tatsächlich ernster genommen wird, und dass sie substantieller diskutiert wird, ebenso wie das Thema *Berufsethik.* Besonders Führungskräfte in Vermittlungspositionen zwischen „Basis“ und „Überbau“ der Polizei spüren die Divergenz und Konkurrenz der Kulturen, wenn sie es auch so nicht nennen würden. Aber sie haben einen intellektuellen und intuitiven Zugang zu den Themen, zu welchen das Buch *Cop Culture* analytischen Kategorien anbietet. Die heutige Diskussion meiner damaligen Thesen wird behutsamer und weniger polarisierend geführt. Dies ist ein positiver Effekt der Zeit zwischen der ersten und der zweiten Auflage, und es verdeutlicht, dass die Bemühungen um Organisations- und Personalentwicklung nicht mehr ausschließlich betriebswirtschaftlich oder managementorientiert ausgerichtet sind.

Dem Buch *Cop Culture* folgte im Jahr 2006 das Buch *Polizeikultur*, ebenfalls im VS-Verlag erschienen. Darin habe ich die Diskussion weitergeführt, nun stärker auf den Kulturbegriff fokussiert, und ich schlage in ihm eine Neudefinition des Begriffs *Polizeikultur* vor. Polizeikultur erschöpft sich nicht nur in Corporate Identity und Unternehmens- oder Betriebskultur. Vielmehr umfasst sie auch und sehr konkret die ethische, mithin *normative Rahmung polizeilicher Arbeit.* Polizeikultur muss als ein handwerklich-materiales, nicht als ein artifizielles, idealistisches oder instrumentelles Konzept begriffen werden.

Der Verlag hat mich dennoch zu einer zweiten Auflage des *Alltags des Gewaltmonopols* ermuntert. Dafür bin ich ihm sehr dankbar. Ich betrachte das Buch schon als „historisch“, allerdings nur in dem Sinne, als es einen zeitlich begrenzten Ausschnitt einer kulturellen Entwicklung in der deutschen Polizei umreißt und als es in einer bestimmbaren Zeitzone meiner Beschäftigung mit der Polizei geschrieben wurde. Insofern bin ich auch sparsam mit Aktualisierungen umgegangen. Cop Culture legt aber auch ein quasi zeitloses Spannungsverhältnis in Organisationen offen: Männer und Frauen, Oben und Unten, Bildung und Erfahrung, Theorie und Praxis, Zentrum und Peripherie, heute kommen hinzu: Einheimische und Migranten, Alte und Junge, „Weltbürger“ und “Regionalisten“. Diese Spannungsverhältnisse lassen sich weder quantifizieren noch durch Management-Strategien technokratisch eliminieren. Diese Einsicht setzt sich auch zunehmend unter Führungskräften durch. Daran, dass es zu einer zweiten Auflage gekommen ist, wird die Aktualität vieler Fragestellungen deutlich. Nichts hat sich zwischenzeitlich von selbst erledigt. Sehr wohl haben sich Männlichkeitsinszenierungen quantitativ und qualitativ verändert. Sie sind weniger selbstverständlich, weniger ostentativ geworden, aber keinesfalls sind sie verschwunden. Ich begegne immer wieder sehr traditionellen und sehr selbstverständlichen

Männlichkeits-Posen[1]. Andererseits sind die Diskussionen in der Tat weiter gegangen. Der Frauenanteil ist in den meisten Polizeien auf etwa 20% angestiegen. Nach der Assimilationsphase sind hier schon deutliche Integrationsprozesse zu erkennen (der Assimilationsdruck ist an die Polizeibeamten und -beamtinnen mit Migrationshintergrund übergegangen, vgl. dazu Behr 2007 und Hunold/Behr 2007). Die Leitbild-Debatte ist vielerorts überführt worden in eine Diskussion um die tatsächlichen Identifikationsmöglichkeiten mit der Polizei bzw. mit dem Beruf. Auf diese Weise sind einige behördenspezifische Leitbilder entstanden. Das Thema *Männlichkeitskonstruktionen* habe ich im Fortgang meiner Überlegungen in eine Analyse des Geschlechterarrangements überführt, und dies wiederum in eine umfassendere Debatte über Organisationskultur (Behr 2006, bes. 103-151).

Die empirische Polizeiforschung ist heute ausdifferenzierter als noch vor zehn Jahren. Zahlreiche Arbeiten und Perspektiven sind hinzugekommen (vgl. z.B. Asmus 2002, Neidhardt 2004, Ohlemacher/Liebl 2000 und Ohlemacher 2003). Ich selbst bin weiterhin auf der Suche nach den *Klugheitsregeln* von Polizistinnen und Polizisten, möglichst nach solchen, die den prekären Teil der Alltagsarbeit erfolgreich, professionell und menschenrechtskonform anleiten. Ich erfahre nun durch meine Lehr- und Forschungstätigkeit *in* der Polizei, dass wir mit der Vermittlung zwischen Theorie und Praxis und mit der Reduzierung von Widersprüchen und Hemmnissen auf dem Weg zu einer wirklichen „Bürger-Polizei" noch lange nicht am Ende sind. Das lässt es sinnvoll erscheinen, immer wieder auf die Auseinandersetzung mit „Cop Culture" zu schauen und die dort begonnene *Ethnographie des Polizeialltags* neu einzuordnen und/oder weiter zu führen.

---

1 Als ich im Spätjahr 2007 bei einem größeren Betriebsfest in einer Bereitschaftspolizei zu Gast war, saßen mir beim Essen zwei junge Polizisten einer BFE gegenüber. Sie unterhielten sich über alles Mögliche, bis der eine beim anderen einen goldenen (Ehe-)Ring am Finger sah. Daraufhin meinte er lapidar, „das Teil musst Du aber ausziehen, sonst findest Du heute überhaupt niemand zum Poppen". Was soll man dazu sagen? Habe ich mich verhört? Sind das die Ausnahmen? Haben sie es nur gesagt, um mir zu imponieren? Oder ist das der selbstverständliche Alltagschauvinismus, der nur mühsam im Zaum zu halten ist? Ist das polizeispezifisch oder nicht? Ich habe jedenfalls an diesem Erlebnis meine These von der Ambivalenz der jungen Männer gegenüber den (jungen) Frauen erhärtet gefunden: sie wehrten Frauen als Kolleginnen in ihrer Einheit ab (zu viele Frauen, so ist eine verbreitete Meinung, mindern den Einsatzwert der BFE, was ich wiederum aus anderen Quellen wusste), begehrten sie aber gleichwohl als „Beute".

1 Einleitung

Die Polizei kann Angst machen, für die meisten Menschen repräsentiert sie aber auch Macht, Stärke, Autorität, Sicherheit und Omnipotenz. In der frühkindlichen (Phantasie-)Welt erscheint die Polizei oft in Gestalt eines mehr oder weniger überzeugenden *Schutzmanns*. Mit ihm kann man erfolgreich drohen und bedroht werden, man kann ihn in Anspruch nehmen für Aufklärung, Beruhigung und Erpressung von Leistungen. Selbst staatskritische und/oder reformpädagogische Eltern können nicht vollständig auf die *Polizei* verzichten, wenn sie dem Kind klar machen wollen, an wen es sich wenden kann, wenn es die Eltern verloren hat oder sonst Hilfe braucht.

Später dehnt sich das Feld auf Nachbarn, Autofahrer und sonstige Konkurrenten im Alltag aus. Der Ruf „Hören Sie auf mit dem Lärm oder ich hole die Polizei!" erfolgt in der Regel im Affekt und aus Empörung über ein Verhalten, das man nicht mehr aushalten will. Man weiß dann noch nicht, was die Polizei wirklich tun kann (und soll). Aber man kennt in dieser Lage keine andere Instanz, die Abhilfe verspräche. Nicht das Wissen um die realen Interventionsmöglichkeiten spielt die entscheidende Rolle, sondern eine diffuse Vorstellung von der Polizei als Instanz, die sich zum Drohen eignet.

Auch außerhalb der eigenen Gebrauchsmöglichkeiten erlebt man Polizei, wenn überhaupt, in kurzweiliger Aktion. Der Streifenwagen, der mit Blaulicht und Martinshorn durch die Stadt fährt und dem alle andere Autos Platz machen, erreicht nicht nur den Verstand, sondern auch die Gefühle. Wir staunen (oder ärgern uns), was Polizisten tun dürfen, bevor wir verstehen, warum und wann sie es tun (dürfen und müssen). Sie handeln in bestimmten Situationen, in denen andere nicht handeln dürfen bzw. müssen: Menschen anhalten, nach ihrem Ausweis fragen, ihre Identität überprüfen, mitgeführte Gegenstände kontrollieren, durchsuchen, belehren, ermahnen, festnehmen, einsperren. Dazu verfügen sie über Symbole, welche die Legitimität und Effektivität ihres Handelns anzeigen. Uniformen, Waffen und Geräte, Streifenwagen, Wasserwerfer, Boote, Hubschrauber. Diese Bilder prägen unsere ersten Vorstellungen von *Polizei.* Im Kindesalter lassen wir uns von dieser Symbolik noch am leichtesten erreichen, deshalb prägen sich diese Bilder auch besonders gut ein.

Wir haben Bilder im Kopf von *Autoritäten*, vielleicht von *Freunden und Helfern,* später möglicherweise auch von „Staats-Schützern" bei Demonstrationen, denen man besser aus dem Weg geht[1]. Die meisten Menschen können sich an Begegnungen mit leibhaftigen Polizisten erinnern. Geschah das im Alltagshandeln, wird sie oft als gar nicht so unangenehm geschildert, obgleich (bzw. gerade weil) die Gründe der Begegnung meistens wenig angenehm sind: ein Unfall, ein Einbruch in der eigenen Wohnung, ein Diebstahl des Autos oder anderer Sachen. Dies sind (manchmal) dramatische Ausnahmesituationen für die Betroffenen, für die Polizisten oft Routine. Wenn sie sie geschickt einsetzen, dann kann ihre handwerkliche Distanz die Beteiligten auch etwas beruhigen.

Diejenigen, die sich an Begegnungen mit dem *Apparat* Polizei erinnern, womöglich im Zusammenhang mit politischen Aktionen, erzählen dagegen von der Polizei meistens wenig Gutes.

Die meisten Erwachsenen dürften mit *Polizei* in der Regel die Institution verbinden, die für Sicherheit und Ordnung zu sorgen hat. Auf der Akteursebene ist es wahrscheinlich der *Schutzmann* (wie sich viele Polizisten gern selbst nennen), der unsere Vorstellung prägt, in letzter zeit auch die *Schutzfrau* (die so allerdings intern nicht genannt wird). Polizei ist für viele immer noch Männersache[2], die anderen Facetten des Berufs geraten erst später in den Blick. Dann wird klarer, dass die frühere Männerbastion heute keine mehr ist, dass sich mittlerwei-

---

1 Nicht umsonst gehören Polizisten (Sheriffs, Geheimagenten, Privatdetektive und andere polizeiähnliche Funktionen mit eingeschlossen), vielleicht noch vor den Ärzten, zu denjenigen Figuren, die von der Kulturindustrie am meisten *ausgebeutet* werden. Bezeichnenderweise geht es in beiden Handlungsfeldern, sowohl in der medialen Ausgestaltung als auch in der Realität, um *Leben und Tod*, wobei die Polizei eben nicht nur für den Schutz oder die Lebensrettung, sondern auch für die *Auslöschung* des Lebens steht, während die Figur des Arztes in der Regel für dessen Rettung und/oder Erhalt steht (wobei auch Verkehrungen guten Drehbuchstoff liefern). Kein anderer Beruf symbolisiert die beiden *Grenzbereiche* drastischer (von Selbstgefährdungen und -beschädigungen abgesehen). Wahrscheinlich ist es die existenzielle Frage nach Leben und Tod bzw. tief verborgene Faszination von der Verfügungsmacht darüber, welche die beiden Berufe so vielseitig benutzbar macht.

2 Der weibliche Artikel der Polizei ändert nichts an ihrer männlich dominierten Wirklichkeit. In der auffälligen Konstruktion des Wortes „*die* Polizei, *dein* Freund und Helfer“ wird dies treffend ausgedrückt. Die Polizei als *Freundin und Helferin* würde eher eine weibliche Assoziation auslösen, der Freund und Helfer bleibt dagegen männlich konnotiert. Mit Freunden und Helfern assoziiert man Retter in der Not, Freundinnen und Helferinnen kümmern sich dagegen um die (kleinen) Sorgen und Nöte des Alltags. Die Polizei ist keine Organisation, die sich *kümmert*, schon gar nicht um die Kleinigkeiten. Sie ordnet, kontrolliert, verfolgt, ermittelt, fahndet und ahndet, sie schützt und rettet auch, sie wehrt schließlich allerlei Gefahren ab. Doch leistet sie *nicht* Sozialarbeit. Der Begriff „Die Polizei, dein Freund und Helfer“ findet sich erstmals dokumentiert im Jahr 1926, und zwar in einem Geleitwort des damaligen Preußischen Ministers des Innern, Carl Severing, zu einem Bildband über die Polizei („Tausend Bilder. Große Polizeiausstellung Berlin 1926“, herausgegeben von Dr. H. Hirschfeld und K. Vetter, Berlin: Gersbach & Sohn Verlag 1927). Im Nationalsozialismus ist das Motto dann weiter popularisiert und ideologisch aufgeladen worden. Für diese Information bin ich Dr. Herbert Reinke, Wuppertal, herzlich dankbar.

le spürbar viele Frauen in ihr befinden, und dass Polizei uns meistens in bürokratischen Verfahren begegnet, nicht in persönlicher Auseinandersetzung[3].

Für viele Menschen spielt Polizei als konkrete Erfahrung keine sehr bedeutende Rolle, dementsprechend wenig weiß man auch von der Polizei *als Lebenswelt*. Auch in der deutschen Polizeiforschung ist die Lebensweltperspektive noch entwicklungsfähig[4]. Dies stimulierte meinen Forschungszugang. Er richtet sich auf die Polizei als Handlungs- und Interaktionszusammenhang, nicht auf die „Institution öffentlicher Gewalt" (vgl. Arbeitskreis Junger Kriminologen 1975) oder auf die Instanz der Herrschaftssicherung.

Doch legen weder die Akteure noch deren beobachtbare *Handlungen* ohne weiteres ihren tieferen Sinn frei, und sie sagen zunächst wenig über die *Kultur* einer Organisation aus. Zum Sinnverstehen gehört der Blick *hinter die Kulissen der Organisation* (Selvini Palazzoli 1984)[5]. Diese Sicht erfordert eine Definition dessen, was die *Kulissen* der Polizei sind und was sich *hinter ihnen* verbirgt. Im radikal (de)konstruktivistischen Sinn verbirgt sich hinter der Kulisse *nichts*, doch ermöglicht dieses Bild einen tieferen Verstehenszugang: Wie zum Schluss deutlich werden wird, *verbergen* sich hinter der offiziellen Rahmung der Polizei noch andere Welten mit anderen Wirklichkeitskonstruktionen. Bürokratieförmigkeit wäre die Kulisse, die Kultur(en) in der Polizei das, was dahinter ist. Der Einblick in das Innenleben der Organisation soll dazu beitragen, den *Mythos Innere Sicherheit* (Gössner 1995) zu entmystifizieren.

Die Verbindung von Handlung und Struktur geschieht über die Beschreibung der kulturellen Handlungsmuster von Polizisten und der bürokratischen Verwaltung des Gewaltmonopols[6]. Hier gibt es noch viele offene Fragen, ich nehme nur zwei heraus:

---

3 Wer schon einmal in einen Verkehrsunfall verwickelt war oder *geblitzt* und anschließend vorgeladen wurde, bekommt einen Eindruck von der Funktionsweise eines bürokratischen Apparates. Er weiß aber vielleicht auch, wie viel Aushandlungsspielraum noch besteht: Man kann mit einigen Sachbearbeitern reden, sie überzeugen, an ihr Mitleid appellieren oder ihre Eitelkeit ausnutzen, man kann mit ihnen flirten oder versuchen, sie einzuschüchtern. Freilich lassen sich nicht alle auf das Spiel ein, auch diese Erfahrung macht man dann bei dieser Gelegenheit. Dies alles geschieht innerhalb des bürokratischen Rahmens, der so starr nicht ist, dass er nicht Raum für individuelle Ausgestaltung böte.

4 Über den Stand der deutschen Polizeiforschung gibt es mittlerweile einige zusammenfassende Aufsätze und ein wachsendes Forschungsangebot. Ich verweise insbesondere auf Kerner (1995), Kreissl (1995) und Ohlemacher (1999), Feltes (2003), Feltes/Punch (2005). Bei Winter (1998) findet sich nach wie vor Aufschlussreiches über die Strukturdaten der deutschen Polizei.

5 In diesem Punkt gleichen sich Polizeiarbeit und empirische Sozialforschung: beide wollen hinter die Kulissen des sichtbaren Handelns sehen, und beide erfahren damit einen spezifischen Ausschnitt von Gesellschaft.

6 Die Begriffe *Gewaltmonopol* und *Bürokratie* verwende ich im Anschluss an Max Weber. Auf dessen Verständnis der Bürokratie gehe ich in Kap. 3.1 im Zusammenhang mit der Frage nach der Organisation staatlicher Herrschaft näher ein. Die Bezeichnung *Gewaltmonopol* findet sich

1. Im Gesetz scheint genau geregelt zu sein, *was* die Polizei zu tun hat, schon nicht mehr so genau geregelt ist die Frage, *wie* sie es zu tun hat. Historisch und politisch gesehen ist die Aufgabenwahrnehmung der Polizei jedoch höchst abhängig von politischen Interessen und Durchsetzungsmöglichkeiten. In den Erzählungen von Polizisten wird die Zuständigkeitsfrage übersetzt und präzisiert. Hierbei spielen Vorstellungen von Stärke, Durchsetzungsvermögen und von Männlichkeit eine entscheidende Rolle. Nun wäre zu vermuten, dass es im Zuge des Anstiegs der Frauenquote in der Polizei auch zu einer Veränderung von Konflikt- und Handlungsstrategien kommt Dem wurde jedoch bislang weder theoretisch noch empirisch fundiert nachgegangen[7].
2. Die praktischen Interventionen mussten Polizisten schon immer woanders lernen als die Theorie. So wird z.B. die Frage, *wann es genug ist*, zum Beispiel mit dem Grad der Schmerzzufügung beim sog. *Armhebel*[8], nicht in der Polizei*schule* erfahrbar gemacht, sondern auf dem Polizei*revier* oder im Streifenwagen oder sonst an einem Ort des Praktischwerdens des Gewaltmonopols. Polizisten lernen praktisches Handeln in konkreten Situationen. Dies wird, so scheint mir, in der Beschäftigung mit dem Theorie-Praxisverhältnis in der Polizei zu wenig berücksichtigt, gerade wenn es um die Frage nach einer „guten" Polizeiarbeit geht[9].

---

bei ihm zwar nicht als Terminus (er spricht von *Gewaltsamkeit* oder *physischem Zwang*), wohl aber inhaltlich in Webers Staatslehre: „Staat soll ein politischer Anstaltsbetrieb heißen, wenn und insoweit sein Verwaltungsstab erfolgreich das Monopol legitimen physischen Zwanges für die Durchführung der Ordnungen in Anspruch nimmt" (Weber 1985, 29, Hervorhebung im Original; vgl. auch S. 516 f.). Die Herausbildung des staatlichen Gewaltmonopols im Zuge der abendländischen Zivilisation findet sich materialreich beschrieben bei Elias (1988b, besonders 142-279 sowie 312-454).

7 Eine von Bettina Franzke 1997 veröffentlichte Arbeit weist mittelbar auf die Schwierigkeiten bei der Entwicklung einer plausiblen bzw. innovativen Forschungsperspektive im Zusammenhang mit der Geschlechterfrage hin, denn der Erkenntniszuwachs bleibt hinter ihrem Anspruch (einer laut Untertitel „geschlechtsspezifischen Polizeiforschung") deutlich zurück.

8 Diese Frage hat meine Untersuchung nachhaltig inspiriert. Sie steht als Metapher für die realen Vollzüge im Polizeidienst. Sie kann abgewandelt werden: Was reicht aus? Wann ist die Arbeit erfolgreich? Welcher Schmerz genügt? Nur Erfahrung, nicht die Theorie, gibt Antworten auf diese Fragen.

9 In der Beschreibung des Praxis-Theorie-Verhältnisses (Zif. 3.2) wird dieser Aspekt vertieft, er erscheint jedoch auch an anderen Stellen, z.B. als Konflikt zwischen *unten* und *oben* bzw. als Divergenz von Polizistenkultur und Polizeikultur. „Gut" im Sinne von *korrekt* erscheint oftmals als Privileg der Theorie, während „gut" im Sinne von *erfolgreich* der Praxis unterstellt wird. Dabei fixiert man aber den Blick auf eine Praxi, die *nicht korrekt* funktioniert. Dort wären aber auch die praktische Regeln zu suchen, die erfolgreich *und* korrekt sind.

Wenn Polizisten von ihrem Beruf erzählen, dann stellen sie in den Geschichten oder Erlebnissen ein Stück von sich selbst dar. In den Alltagserzählungen geht es meist um dessen Bewältigung, und es geht um die normativen Grundlagen des Handelns (also darum, *wie* und *warum* man die Dinge tut). Ausgangspunkte dieser Arbeit sind die Geschichten und die Alltagserzählungen von Polizisten.

Nach und nach ergab sich ein neuer Zugang zu den normativen Grundlagen für polizeiliches Handeln, nämlich als Frage nach polizeispezifischen *Männlichkeiten* (*Männlichkeit* fasse ich als soziale Konstruktion auf, die sich wiederum in individuellen Körperpraxen bzw. als *Habitus* konkretisiert; ich behandele sie jedoch nicht als ein Merkmal personaler Identität).Später ist die Suche einer polizeispezifischen Männlichkeit eingemündet in die Frage nach kulturellen Mustern, die *über* den geschlechterspezifischen Kategorien stehen.

Weiblichkeit bzw. Frauen spielen dabei natürlich eine Rolle, insbesondere als *Thema von Männern.* Sie erscheinen in deren Schilderungen und ihrer Wahrnehmung als das *prinzipiell Andere.* Dies hat eine ambivalente Wirkung, denn die *Abwertung* von Frauen (Weiblichkeit als *Defizit* gegenüber Männlichkeit) geht durchaus mit ihrer *Idealisierung* (insbesondere über die ihnen zugeschriebene Fähigkeit zur *Empathie*) und mit manchen erotischen Phantasien einher. Das *Begehren* und das *Abwehren* finden gleichzeitig statt (vgl. Fußnote 1). Darauf gehe ich besonders in Kap. 4.4 unter der Perspektive des *männlichen Blicks auf die Kollegin* ein, den man ja bekanntlich *riskiert.* Allerdings wollte ich nicht das Geschlechterverhältnis in der Polizei untersuchen, deshalb fließt das Thema *Frauen* und *Weiblichkeit* vornehmlich als eine von mehreren Bezugsgrößen zu Männlichkeit ein, ansonsten widme ich mich den Differenzen, die es unter Männern bzw. zwischen Männlichkeiten gibt.

Diese Auseinandersetzung mündete schließlich in der Frage nach den Parallelen, genauer gesagt, den Interdependenzen und Interferenzen von staatlicher (bürokratischer) Herrschaft und männlichkeitsdominierten Handlungsmustern. Sie wird fortgesetzt in der Auseinandersetzung um eine *Polizeikultur* und der alltagspraktische Entgegensetzung, der *Cop Culture.*

Zum Aufbau des Buches: Nach einigen einführenden Überlegungen zu meiner Sicht auf die Polizei stelle ich im zweiten Kapitel meinen Forschungsgegenstand und den methodisch-empirischen Zugang zu ihm dar.

Die theoretischen Grundlagen zum Verständnis von Männlichkeit und Bürokratie folgen im dritten Kapitel. Die Eckpunkte dazu bilden die Begriffe *bürokratische Herrschaft* (Weber), *Patriarchat* (Steinert) und *hegemonic masculinities* (Connell). Männlichkeitskonstruktionen und *Cop* Culture beziehen sich wechselseitig aufeinander, Cop Culture ist für die gesamte Organisation prägend, gilt jedoch nicht für alle Hierarchieebenen in gleichem Maße. Deshalb arbeite ich mit dem Begriff der *Subkultur.* Ich will damit zeigen, dass es sich bei der Polizei um eine hoch segregierte Organisation handelt, die aus handlungstheoretischer Sicht nicht *eine* Kultur besitzt, sondern in deren Alltag verschiedene Kulturmodelle miteinander konkurrieren. Sicher gibt es einen gemeinsamen kulturellen Kern, den gilt es aber noch herauszuarbeiten und zu benennen[10].

Im vierten Kapitel stelle ich vier für die Polizei einschlägige Männlichkeitstypologien vor. Angelehnt an das Konzept der *hegemonic masculinities* von Connell (1995), habe ich hegemoniale, vorherrschende und abweichende Männlichkeitsentwürfe unterscheiden, wobei ich Abweichung nochmals in eine integrationsfähige und eine separierende Differenz unterteile.

In der Kultur der Polizisten entstehen diejenigen normativen (nicht statistischen) Regelmäßigkeiten, die ich *Handlungsmuster* nenne. Deren Beschreibung folgt im fünften Kapitel. Handlungsmuster bilden sich *im Strom der Zeit* heraus und beeinflussen die Praxis von Polizisten ebenso wie die theoretischen, administrativen oder juristischen Vorgaben es tun. Sie entwickeln sich innerhalb informeller Kollegialbeziehungen und können insofern als der an den Erfordernissen der Praxis ausgerichtete Gegenentwurf zur *Theorie der Polizei* betrachtet werden. Mit *Theorie* wird zunächst die Ausbildung benannt, sie ist aber auch der Sammelbegriff für die unterschiedlichsten Schriften, welche die Polizeiarbeit anleiten oder einrahmen. Die vorher explizierten Männlichkeitsmodelle sind nur analytisch von den darauf folgenden Handlungsmustern zu trennen. Praktisch beeinflussen *beide* (also Männlichkeitsvorstellungen *und* polizeiliche Handlungsmuster) gleichzeitig und wechselseitig den Polizeialltag. Sie bedingen das, was sich dann insgesamt als *Cop Culture* beschreiben lässt.

Das Verhältnis zwischen den Handlungsmustern der Polizistenkultur und den Leitbildern aus der Polizeikultur wird im sechsten Kapitel erläutert. Ich erachte es als ein prinzipielles Widerspruchsverhältnis zwischen zwei Logiken in der Polizei: Für die bürokratische Organisation und die Publikumsorientierung der Institution erweist sich aggressive Männlichkeit zwar als obsolet bzw. dysfunktional, gleichwohl ist sie für die Durchsetzung des staatlichen Gewaltmonopols in bestimmten Konstellationen nützlich und notwendig.

Als Ergebnis meiner Untersuchung hoffe ich zeigen zu können, dass die *Bürokratieförmigkeit staatlicher Herrschaft* notwendig ihrer Durchbrechung bedarf, und zwar durch die *nicht-bürokratieförmigen* Handlungsmuster der street cops. Weiterhin wird deutlich werden, dass zwischen der Kultur der Polizisten und der offiziellen Polizeikultur ein uneindeutiges, gleichermaßen komplementäres Verhältnis besteht.

---

[10] Der Trauerflor an den Antennen von Streifenwagen ist durchaus Teil der gemeinsamen Polizeikultur, weil die Polizei (nicht nur die konkret betroffenen Polizisten) von außen angegriffen worden ist. Diese *Universalverständigung* leitet aber aller Erfahrung nach nicht den Berufsalltag unmittelbar an. Dazu bedarf es konkreterer Ausformulierungen.

Im Folgenden wird viel von *Kultur* gesprochen werden, ohne dass ich eine kulturkritische Arbeit intendiert hätte. Deshalb möchte ich an dieser Stelle mein Verständnis von Kultur und Polizei explizieren. Die Diskussion um Polizeikultur wird ja u.a. dadurch erschwert, dass weder die Begriffe noch die Denksysteme präzise definiert sind. So changiert der Inhalt einer *Polizeikultur* zwischen einer *Ethik des polizeilichen Handelns* und einer *Unternehmenskultur* der Polizei. Der Kulturbegriff ist vielseitig verwendbar und entsprechend diffus. Geertz (1983, 21) entwickelt in seiner ethnologischen Arbeit über kulturelle Systeme ein semiotisches Kulturverständnis:

> „Als ineinandergreifende Systeme auslegbarer Zeichen (..) ist Kultur keine Instanz, der gesellschaftliche Ereignisse, Verhaltensweisen, Institutionen oder Prozesse kausal zugeordnet werden könnten. Sie ist ein Kontext, ein Rahmen, in dem sie verständlich – nämlich dicht – beschreibbar sind."

Unter Rekurs auf Geertz arbeitet auch Soeffner mit einem Kulturbegriff, der mir für das Verständnis der *Kultur von Polizisten* plausibel erscheint, weil er auf *Handlungsweisen* bezogen ist.

> „Kultur in diesem Sinne ist also weder bloße Instanz oder unveränderlich vorgegebene Symbolwelt noch frei schwebende, ästhetisch reflexive Einstellung, sondern jener Bedeutungsrahmen, in dem Ereignisse, Dinge, Handlungen, Motive, Institutionen und gesellschaftliche Prozesse dem Verstehen zugänglich, verständlich beschreibbar und darstellbar sind" (Soeffner 1988, 12).

In Anlehnung an Geertz und Soeffner bezeichne ich mit *Kultur* den das „Wahrnehmen, Deuten und Handeln umgebende(n), gedeutete(n) und ausgeleuchtete(n) Sinnhorizont". Wichtig erscheint mir die Feststellung, dass sich Kultur auf die Lebens*praxen* von Individuen und Gruppen bezieht, genauer: auf die mit ihnen zusammenhängenden Verstehensformen und die daraus resultierenden Sinnkonstruktionen.

Die Polizei-Laufbahnen markieren die Klassenunterschiede in der Polizei, auch wenn sie als solche nie benannt werden. Sie erzeugen ein nicht nur, aber *auch* nach Hierarchiestufen divergierendes Rollendifferenzial, an dessen unteren Ende die *Handarbeiter,* und im oberen Bereich die *Kopfarbeiter* stehen. Die Vielfalt ist für die Organisation funktional tauglich, profitiert sie doch letztendlich davon, dass sie ihren diffusen Aufgaben mit heterogenen Männlichkeitsprofilen begegnen kann.

Bis Mitte der 70er Jahre war der Polizeiberuf besonders für Angehörige unterer Gesellschaftsschichten und für „deprivierte Berufe" interessant (vgl. Brusten 1974). Dies scheint sich nachhaltig geändert zu haben, doch besteht dazu zusätzlicher Forschungsbedarf, z.B. zu der Frage, ob die veränderten Statusbedingungen auch die Männlichkeitsmodelle verändern. In meinem damaligen Sample befanden sich noch nicht ausreichend viele *neue* Kommissare (die in der Polizeisprache offiziell als *Laufbahnbewerber*, im Jargon öfter als *Baby-* oder *Kinder-Kommissare* [KiKos] bezeichnet werden).

Schließlich möchte ich noch einige Begriffe erläutern, die ich der amerikanischen Polizeiforschungsliteratur entnommen habe, und für die es meines Wissens im Deutschen keine adäquate Entsprechung gibt:

Den Terminus *street cops* übernehme ich von Reuss-Ianni/Ianni (1983). Im Deutschen könnte man dazu etwa *Basis-Polizisten*, *Handarbeiter-Polizisten* oder *Polizisten auf der Straße* sagen, dies sind aber viel ungelenkere Umschreibungen für den *street cop*. Der deutsche Begriff des *Schutzmanns* entspricht dem ebenfalls nicht, dafür ist er zu bieder konnotiert.

Street cops sind zunächst alle Angehörigen der sog. *Liniendienststellen*[11], also der *ausführenden Abteilungen* in der Organisation, diejenigen, welche die praktische Arbeit bewerkstelligen. Das ist prinzipiell unabhängig vom Dienstgrad bzw. der Stellung in der Hierarchie. In einem engeren Sinn handelt es sich dabei um die Beamten, die *auf der Straße* sind bzw. noch unmittelbaren Kontakt zum Publikum haben (also die wirklichen „Handarbeiter-Männlichkeiten" in der Polizei). Allerdings halte ich es für sinnvoll, auch deren Vorgesetzte (Dienstgruppenleiter, Ermittlungsgruppenleiter, Dienststellenleiter eines Polizeireviers) zur Gruppe der street cops zu zählen, auch wenn sie, nach oben zunehmend, eine *Scharnierfunktion* zwischen Basis und Organisationsleitung übernehmen. Aber alle zeichnen sich durch die Arbeit *vor Ort* und mit Publikumskontakt aus. Sie bewerkstelligen die Arbeit an der Grenze zwischen *innen* und *außen* der Organisation (während Sachbearbeiter im Inneren und für das Innere der Organisation arbeiten), jedoch mit völlig anderen Adressaten.

Den Männlichkeitstypus, mit dem sich street cops bevorzugt identifizieren, beschreibt Messerschmidt, unter Berufung auf Hunt (1984, 288), als

---

[11] Das in der Organisationslehre der Polizei etablierte Stab/Linien-Modell (vgl. Rupprecht 1995, 341 und Altmann/Berndt 1994, 185 f.) unterscheidet die Organisationsteile nach ihren Funktionen. In Stäben werden Entscheidungen vorbereitet, aber nicht selbst exekutiert. Die Stabsmitarbeiter haben in der Regel keine Weisungsbefugnis, sondern arbeiten dem Vorgesetzten (Abteilungs-/Behördenleiter) zu. Die Liniendienststellen sind dagegen die Empfänger von Anweisungen aus (mittelbar: den Stäben) der Organisationsleitung, sie haben Entscheidungen umzusetzen in praktisches Handeln. Insofern wird in der *Linie* die praktische (und sichtbare), in Stäben dagegen eine öffentlich weniger sichtbare Arbeit verrichtet. Während ein Beamter einer Liniendienststelle für eine getroffene Entscheidung unmittelbar verantwortlich ist, diffundiert die Verantwortlichkeit in Stäben in Richtung einer kollektiven Verantwortung (der Behörde) oder wird im Behörden-/Abteilungsleiter personalisiert.

> „ 'brave and aggressive soldier who has mastered the art of violence' and, while the management cop is naive and caring, the 'real cop' is 'suspicious, cynical and maintains an emotional distance from the people he polices' (...). Only 'feminine men' work 'inside units' – as opposed to 'outside units' – such as juvenile law, research and planning, administration, and police academy administration. Thus, street cops construct a specific masculine type diametrically opposed to that of management" (Messerschmidt 1993, 179).

Street cops orientieren sich am Ideal des *maskulinen Mannes*, der seine Arbeit auffasst als eine „... of the armed man of action fighting crime and criminals" (Morris 1987, 144). Sie können dabei weder *unschuldig* noch distanziert bleiben, das ist allen Polizisten (auch den Führungsbeamten) klar. Sie wissen, dass sie sozusagen *im Dienste* des staatlichen Gewaltmonopols in Situationen verstrickt werden können, die nicht nach der Dienstanweisung (d.h. bürokratisch) zu lösen sind, dass sie sich notwendigerweise in einen Handlungszusammenhang einlassen, der in manchen Fällen *Kriminalität* (z.B. bei Übergriffen während einer Festnahme) genannt wird, in anderen *Diskriminierung* (z.B. bei der Konzentration von Personenkontrollen auf junge, dunkelhäutige Männer). Meistens wird die Schwelle des Erwähnenswerten nicht überschritten (dies beschreibe ich unter Zif. 5.2.2.1 am Beispiel einer Unterstützungsfahrt für in Bedrängnis geratende Kollegen). Die *unbedingte Solidarität* birgt Risiken, die man im Alltag aber verdrängt. Beispielsweise existieren für den Gebrauch von Sonderrechten und Sondersignalen genaue Dienstanweisungen, insbesondere zum Tempolimit innerhalb geschlossener Ortschaften. Daran hält sich aber niemand, denn es ist für street cops völlig weltfremd, dass sie Verfolgungsfahrten abbrechen sollten, weil ein Verdächtiger schneller fährt als es ihnen die Vorschrift erlaubt. Gleichwohl muss man im Falle eines Verkehrsunfalls oder anderer Komplikationen damit rechnen, dass sich die Behörde auf die Dienstanweisung beruft und eine Verantwortlichkeit des Beamten daraus ableitet. Mit diesem Risiko muss er leben. Würde er sich aber bei einer Unterstützungsfahrt genau an die Dienstvorschrift halten und mit ihr begründen, dass er einem Kollegen nicht rechtzeitig zur Hilfe eilen konnte, würde er im Kollegenkreis wahrscheinlich schnell zum Außenseiter werden.

Management cops werden von Messerschmidt (1993, 178), in Anlehnung an Hunt (1984), auch als *office cops* bezeichnet. Ich trenne die beiden Begriffe jedoch (Reuss-Ianni/Ianni folgend), um den Unterschied bezüglich der Stellung in der Hierarchie zu verdeutlichen. Den Begriff *management cops* behalte ich den Leitungsbeamten (generell ab höherem Dienst) in der Polizei vor. Für diese beiden Statusgruppen ist nach meinem Dafürhalten die deutsche Bezeichnung einigermaßen klar, weshalb ich im Folgenden auch von *Leitungsbeamten* und *Sachbearbeitern* spreche.

Die Terminologie unterstreicht die Polarität zwischen *außen* und *innen* oder zwischen *Peripherie* und *Zentrum*: Street cops schöpfen ihr Selbstwertgefühl aus Körperlichkeit und Konfrontationsbereitschaft, während Leitungsbeamte oder Sachbearbeiter diese physische Konfrontation nicht einzugehen brauchen. Deren Kompetenz bezieht sich auf die Verfahrensförmigkeit eines *Vorgangs* und die Einhaltung der Verwaltungsroutinen im Alltag der Polizei.

Die *Sachbearbeiter-Männlichkeit*[12] hat die frühere Tätigkeit auf der Straße gegen einen Platz im Büro eingetauscht. Sie arbeitet bevorzugt in Stabsabteilungen oder als Sachbearbeiter mit begrenztem Verantwortungsgrad und bekommt von der *richtigen* Polizeiarbeit nur noch mittelbar etwas mit, partizipiert aber weiterhin von den (Selbst-)Attributionen der street cops. Sie trägt aber aktiv nichts zur Aufrechterhaltung der Cop Culture bei.

Sachbearbeiter werden von den street cops nicht besonders geschätzt, da sie nach anderen Rationalitäten arbeiten als sie. Sie achten möglicherweise auf die Laune des Chefs, bevor sie ihm einen *schwierigen Vorgang* vorlegen. Oder sie bemängeln das Fehlen eines Formblatts oder eines Durchschlags, ohne den der *Vorgang* nicht bearbeitet werden kann. Sie schicken dann die Arbeit an den Streifenbeamten zur Korrektur zurück (und entwerten sie damit). Dies sorgt bei street cops für allerlei zynische Kommentare, denn sie ertragen es nur schwer, dass aus ihren individuellen Erlebnissen trockene Vorgänge werden. Das belastet das Verhältnis zwischen street cops und office cops nicht unerheblich. In der Wahrnehmung und Weiterverarbeitung der Erlebnisse der street cops ähneln sich Sachbearbeiter und Leitungsbeamte: sie haben zu ihnen eine distanzierte Haltung.

Das Verhältnis zwischen beiden Gruppen möchte ich an zwei Beispielen illustrieren. Auf die Frage, auf welche Weise neues Gedankengut in die Polizei transportiert werde, antwortet ein street cop[13] (31 Jahre, Polizeikommissar, Bereitschaftspolizei):

---

12 Die *Sachbearbeiter-Männlichkeit* kommt in meiner Untersuchung insgesamt etwas zu kurz, da sie sich mir empirisch nicht aufgedrängt hat. Ich hätte mich dazu mehr in den Büros aufhalten müssen, hätte mich insgesamt mehr im *Innern der Polizei,* insbesondere in ihrer Verwaltung bewegen müssen. Dies ist aus unterschiedlichen Gründen nicht ganz leicht: man stört dort leichter (und schneller) den *Dienstbetrieb* und bleibt als Beobachter deutlicher als im Streifendienst ein *Fremdkörper*, denn die Polizeiverwaltung ist das Zentrum des Gewaltmonopols. Ich vermute im Übrigen, dass es sich bei den Sachbearbeitern nicht um einen eigenen Typus, sondern um eine Mischung aus Kriegern, Aufsteigern und Schutzmännern handelt. Dies muss jedoch noch gesondert ausformuliert werden. Ebenso ist die empirische Untersuchung der Ebene von Management-Cops überfällig, worauf vor kurzem noch einmal Jaschke (2006) zu Recht hingewiesen hat

13 Ich habe in den Interviews folgende Zeichen verwendet, die zum Verständnis erläutert werden sollen: (--) = Wort unverständlich. (--- --- ---) längere Passagen/mehrere Wörter unverständlich. ... = bricht an dieser Stelle ab, ohne den Satz/den Gedanken zu Ende zu bringen. Unterstreichun-

> „Es liegt meistens daran, dass unsere Vorgesetzten gewisse Situationen nicht einschätzen können, nachvollziehen können. ‘Ei, früher haben wir das doch auch anders gemacht’ oder ‘wir konnten es doch auch machen, mit unseren alten Gegenständen’ und dass dann schon eigentlich ‘ne Barriere da ist. Also eine Innovation von unten nach oben, da fehlt die Akzeptanz, ja. Die Akzeptanz muss... vielleicht würd’ ich genauso handeln, wenn ich nur am Schreibtisch rumpupse und mir erzählt einer, dass er beim Eindringen in Räume ‘ne Taschenlampe an der Pistole braucht, als Beispiel. Braucht man nicht. Machen wir ja auch nicht. Aber ich sag mal, würd’ ich sagen ‘ei da macht doch das Licht an, wenn Ihr reingeht’, ne. Aber das sind so... und die Zeiten ändern sich. Und wenn wir so wären, wie unsere Vorgesetzten manchmal, ja, dann wär’ das wirklich ein Rückschritt, weil die das immer noch... gerade in der Bereitschaftspolizei ist das erschreckend, die laufen nicht mit der Zeit mit irgendwie, ja. Die sind wirklich im Ministerium drin, Direktion oder so was, ja. Und unsere Berichte, die wir schreiben, die werden gar nicht gelesen, das hat mir mal einer erzählt, ja, das muss man sich auch mal vorstellen, ne. Also wenn, dann muss das von oben kommen. Und man sagt ja auch, dass die Polizisten von oben belesener sind *(macht eine Geste, dass er das ironisch meint)*. Also wenn die jetzt hören, das und das wär’ gut für die Polizei, dann werden sie auch nach unten streuen. Und unten, die sind da nicht so belesen, die kriegen das gar nicht mit“.

Der Unterschied zwischen Theorie und Praxis bzw. zwischen *Oben* und *Unten* wird veranschaulicht durch die unterstellte Ignoranz bzw. das formalistische Denken von Führungskräften. Diese (und die Sachbearbeiter) haben völlig andere Interessen und Perspektiven als die Beamten im Wach- und Wechseldienst/ Einsatz- und Streifendienst (die dazu oft *an der Front* sagen[14]).

Das zweite Beispiel zeigt etwas von der Haltung eines street cops zu seinem Beruf. Er spricht davon, was ihm wichtig ist sowie von seinem tiefen Unverständnis gegenüber bürokratischen Entscheidungen und denen gegenüber, die sie treffen. Schließlich zeigt die Passage etwas von den vielen *gelungenen* Interventionen im Alltagshandeln, mindestens aus der Sicht des Akteurs betrachtet. Hier ist gleichzeitig Gelegenheit zu einer Erweiterung des Verständnisses von den Tätigkeiten der street cops. Sie definieren sich nicht ausschließlich über die Figur des *crime fighter*. Das tun sie sicher *auch*. Sie betrachten sich aber darüber hinaus als diejenigen Personen, die in *brenzligen Situationen das Richtige tun*. Mein Interviewpartner war seinerzeit 20 Jahre Polizist und arbeitete in einem Frankfurter Innenstadtrevier.

gen (z.B. dem Pack) = besondere Betonung. (5’) = Pause/Unterbrechung, hier von fünf Sekunden.

14 Dies ist keineswegs ein deutsches Phänomen: Clark und Sykes (1974) betiteln z.B. ein Kapitel ihres Aufsatzes über Determinanten der amerikanischen Polizei mit der Überschrift: „Police as Front-Line and Key Team Members in the Justice System“ (S. 460).

„Kennst Du die Story mit meinem Messrad?[15] *(Ich verneine durch Kopfschütteln)* Vor dem Bürgerhospital, Baby im Auto, Scheiben zu, heiß. Baby liegt da, mit Stoffwindeln über'm Kopp. Wir kommen da hin, Fahrer nicht aufzutreiben. Wir wussten nicht, Mann, Frau, wussten gar nichts. Bisschen in Panik gekommen, Arzt steht schon neben mir, sagt: 'Seht zu...'. Ich versuch' mit dem Pistolenknauf die Scheibe einzuschlagen, ging nicht. Wie ein Verrückter dagegen gekloppt. Da sag' ich noch zum R.: 'Ich schieß' da rein. Wenn ich die Scheibe nicht (...), zerschieß' ich die Scheibe, halt den Verkehr an, mir scheißegal. Halt drüben, drüben den Verkehr an, ich schieß da rein', sag' ich *(lacht)*. 'Moment noch, ich hab' 'ne Idee', hinter an den... Kofferraum, irgendwo geguckt, was man zum Schlagen nehmen kann, das Messrad hab' ich in der Hand. Schlag' zweimal mit dem Messrad gegen die Scheibe. Messrad in tausend Fetzen geflogen, Scheibe ganz. Und irgendwie war da ne Baustelle nebenan hat das ein Bauarbeiter mitgekriegt, kam auf mich zugerannt, hat 'ne Decke in der Hand und ein Vorschlaghammer. Ich die Decke über die Seitenscheibe gehängt, Ding dahin gewichst, Ding raus, Baby da rausgeholt, Arzt in die Hand gedrückt, Arzt rin, und, und, und – so weit so gut. So ein Artikel in der Bild-Zeitung am nächsten Tag drin: 'Polizist rettete Baby aus Auto' *(lacht)*. Grob fahrlässige Dienstpflichtverletzung, und weißt Du warum? Weil ich den Nothammer nicht genommen hab', der im Auto lag und ich nicht dran gedacht hab'. Die wollten mir ein Diszi *(Disziplinarverfahren, R.B.)* reinfegen. Glaubst Du das? So, weißt Du... Motivation dann noch? Ich hab' zum Revierleiter gesagt: 'Wissen Sie was? Ich bezahl' die sechshundert Mark oder wie viel das kostet. Das ist mir's wert. Also lass... die WV *(= Wirtschaftsverwaltung, die Kostenabrechnungsstelle der Polizei, R.B.)* soll mir die Rechnung schicken, ich bezahl's'. Hab' meine Stellungnahme geschrieben, hab' den Artikel noch von der Bildzeitung dazu gemacht... Aber da muss oben.... ein Kollege muss wohl oben da gesagt haben, ob, ob die noch ganz sauber sind da oben, der muss wohl da mal gesagt haben 'Sag' mal, tickt Ihr all' noch richtig?' Das ist halt passiert, Ende, aus. Da ist halt Material kaputtgegangen, Ende, aus. Es ist dann auch nichts mehr gekommen".

Zwischen diesem Praktiker und den Vorgesetzen (Theoretikern) herrscht ein tiefes Unverständnis, die Handlungen des Praktikers werden zwar von der (medialen) Öffentlichkeit, nicht aber von den eigenen Vorgesetzten geschätzt. Der Erzähler legitimiert seine Handlung mit einer drohenden Lebensgefahr. Er fühlt sich dabei moralisch im Recht und es gibt wahrscheinlich nicht viel gegen die Aktion einzuwenden (wenn die Umstände so waren, wie sie der Berichterstatter schildert). Der Beamte drückt mit diesem Beispiel eine Grunderfahrung von handarbeitenden Polizisten aus: Man kann sich nicht sicher sein, ob man durch die eigene Leitung gedeckt wird. Selbst bei scheinbar unstrittigen Interventionen, wie die beschriebene Rettung aus einer lebensbedrohlichen Gefahr, kann man

[15] Ein solches Gerät befindet sich in jedem Streifenwagen, es dient zur Vermessung von Unfallstellen oder Tatorten.

sich auf sie (bzw. auf die Bürokratie) nicht verlassen. Die Bestätigung einer erfolgreichen Arbeit erfährt man dagegen von wohlgesonnenen Außenstehenden (z.B. Nachbarn und Freunde) oder aus den eigenen Reihen.

Die theoretische Verbindung von Polizeiarbeit und Männlichkeit geschieht mit Hilfe der Begriffe *Cop Culture*[16] (bzw. *Polizistenkultur)* und *Polizeikultur*. Cop Culture ist die gelebte Kultur der handarbeitenden Polizisten. Sie konkurriert mit der mehr oder weniger offiziellen Polizeikultur, die sich neuerdings in *Leitbildern* zeigt, die sich einpassen in die *bürokratische Organisation* der Polizei. Der Alltag des Gewaltmonopols ist also gekennzeichnet durch die Konkurrenz zwischen den Partikularnormen der street cops und den universellen Normen der Bürokratie.

Cop Culture verbindet sich traditionell mit maskuliner Männlichkeit. Sie wird im Alltag der Polizei generiert, kommuniziert, praktiziert und perpetuiert. Sie trennt zwischen *Erfahrung* und *Theorie*, und sie dient der Distinktion, indem sie zwischen *wir* und *die anderen* unterscheidet, d.h. zwischen den Polizisten *auf der Straße* und denen in der Verwaltung bzw. der Leitung.

Polizeikultur *(Police Culture)* ist demgegenüber eine vorgestellte Gesamtidee der Organisation. Sie ist weitaus weniger maskulin als die Cop Culture und mit den bürokratischen Rahmenbedingungen des Gewaltmonopols kompatibel. Deshalb geht Polizeikultur für mich begrifflich weitgehend in der Bürokratieförmigkeit der Polizei auf.

Die *kriminalpolitische* Reichweite dieser Untersuchung ist begrenzt: Dimensionen einer *Politik der Inneren Sicherheit* werden in ihr nicht expliziert. Natürlich ist jegliches Polizeihandeln eingebettet in vielfältige (z.T. sich gegenseitig neutralisierende) politische Machtansprüche, Verwertungs- und Durchsetzungsinteressen. Darüber muss an anderer Stelle nachgedacht werden. Mein Blick richtet sich auf die Innenwelt der Polizei, und dort speziell auf die Ausführungsebene. Deshalb kommen ausschließlich Polizisten zu Wort, keine von poli-

---

[16] Der Begriff *Cop Culture* wurde in der amerikanischen Debatte im Zusammenhang mit den Rassenunruhen erstmals in größerem Umfang in die Diskussion gebracht, zuvor jedoch schon implizit in der Auseinandersetzung um Polizeikorruption (vgl. Drummond 1976). Für diese Information bin ich Albrecht Funk dankbar. Im Übrigen haben in Deutschland bereits Feest/Blankenburg (1972) die Kultur der Polizisten empirisch erfasst, als sie deren Strategien beschrieben, intakte und integere Beziehungen zu statusnahen Kollegen aufzubauen, ohne dafür jedoch den Kulturbegriff explizit zu benutzen. Das Gegenstück dazu wäre im Englischen *Police Culture*, im Deutschen *Polizeikultur*. Ich halte diesen kulturbezogenen Terminus für viel aussagekräftiger als beispielsweise den Begriff *Korpsgeist*, da er präziser beschreibt, was passiert, nämlich Arbeit auf unterschiedlichen normativen und kulturellen Folien. Cop Culture ist auch unter street cops keineswegs im Detail einheitlich. Auf den Kulturbegriff gehe ich nochmals im sechsten Kapitel ein.

zeilichen Handlungen Betroffenen, keine Opfer, keine externen Kritiker, aber auch keine Politiker oder Behördenleiter[17].

[17] Natürlich habe ich mich nicht mit der gesamten Polizei beschäftigt, strukturell besehen war es die Ausführungsebene der Schutzpolizei, außerdem hatte ich einen urbanen Kontext vor Augen. Ich will keine Soziologie *der Polizei* oder eine *Polizeitheorie* versuchen, sondern einen zusätzlichen Beitrag zu beidem leisten. Wissenstheoretisch handelt es sich also um die Vermehrung von Perspektiven auf einen bekannten Gegenstand, nicht um das Hervorbringen eines *neuen Gegenstands*.

2 Forschung im Alltag des Gewaltmonopols

Der Versuch, staatliche Herrschaft als Alltagspraxis darzustellen, also das Funktionieren des Gewaltmonopols an den Orten zu beschreiben, wo es praktisch (bewerkstelligt) wird, wirft methodologische und methodische Fragen auf. Dabei beginne ich nicht einmal bei der grundlegenden Frage, ob und wie Erkenntnis überhaupt möglich ist, sondern erst an der Stelle, wo der Forscher (mit seinem praktischen und theoretischen Vorwissen) sein Projekt konkretisiert, erste Entwürfe vorlegt, nach einiger Zeit in ein Forschungsfeld eintritt, dort erste Beobachtungen macht, mit Menschen redet, deren Sicht der Dinge hört, ihre Sinnkonstruktionen interpretiert, diese verarbeitet, vergleicht, verallgemeinert, der dann Interviews führt, Texte deutet, einmal, zweimal, immer tiefere Interpretationen wagt, von anderen auf Widersprüche, Ungereimtheiten, Auslassungen, Verdrängtes hingewiesen wird, auch auf neue Zusammenhänge, die er vorher nicht beachtet hat, die Texte beiseite legt, nach einem halben Jahr wieder liest, die Texte mit dem Feldtagebuch vergleicht, die Beobachtungen und Interpretationen wieder und wieder durchdenkt, diskutiert, verwirft, langsam Hypothesen bildet, darüber schreibt, der sich zu bestimmten Zeiten fragt, warum er gerade das und nichts anderes erfahren hat, der also über sein selektives Wahrnehmen nachdenkt und darüber, ob das, was er da tut, ideografisch oder nomothetisch ist[1], der zweifelt, ob er verstehen kann oder erklären soll und wo sich der kategoriale Unterschied zwischen beidem befindet, der sich über die Frage der Wissenschaftlichkeit seiner Arbeit den Kopf zerbricht, der schließlich daran zu zweifeln beginnt, ob er überhaupt eine Aussage über den Gegenstand seiner Forschung jenseits seiner individuellen Erfahrungen machen kann, der langsam gewahr wird, dass Theorienbildung etwas Prozesshaftes ist und Klärung ziemlich lange auf sich warten lässt, der einzusehen beginnt, dass es ein sicheres Ergebnis, einen endgültigen Abschluss des Wissens etwa, nicht gibt, sondern allenfalls neue Perspektiven dem Gegenstand hinzugefügt wurden usw. usf.

Diese Impressionen aus dem Forschungsalltag vermitteln vielleicht etwas von der Rastlosigkeit und den Suchbewegungen, die mit dem Forschen verbunden sein können. Gleichzeitig ist damit mein erkenntnistheoretischer Horizont umrissen.

---

[1] Zu den unterschiedlichen Wissenschaftsbegriffen vgl. Witzel (1982) und Wright (1974).

2.1 Methodologische Anmerkungen

Sozialwissenschaft hat keinen eigenen Gegenstand, der jenseits dessen anzusiedeln wäre, was andere Menschen aus anderen Handlungszusammenhängen wissen und erleben. Sie entwickelt jedoch neue Perspektiven und stellt eigene Fragen. So konnte ich meinen früheren Beruf für die aktuelle Auseinandersetzung mit meiner Forschungsfrage nutzen, insbesondere in der Gestaltung der Beziehungen zu den Feldteilnehmern. Ich brachte also durchaus praktisches und theoretisches Vorwissen in die Forschung mit ein und erweiterte diese Theoriekonstrukte später sukzessive[2], jedoch war stets ein hohes Maß an Reflexivität erforderlich, um zwischen Erfahrungswissen und theoriegestützten Hypothesengenerierung ein plausibles Verhältnis herzustellen.

Zur Erklärungskraft bzw. der epistemologischen Reichweite der Untersuchung ist Folgendes anzumerken: Empirische Forschung, zumal qualitative, ist stets begrenzt und gibt keine erschöpfende Auskunft über den Gegenstand im Allgemeinen. Durch das Zusammentragen vieler unterschiedlicher Bilder aus dem Polizeialltag ergibt sich jedoch eine *empirisch gesättigte Gewissheit*, dass die Darstellung dessen, was ich gesehen und gehört habe, Aspekte der Wirklichkeitsgestaltung im Polizeialltag sind und nicht meine eigenen Phantasieprodukte (vgl. auch Bohnsack 1983). Selbstverständlich sind zusätzliche Anreicherungen noch möglich und nötig, dennoch glaube ich, dass meine Untersuchung eingeordnet werden kann als eine Ethnografie des Polizeialltags[3].

Den Begriff *Lebenswelt* verwende ich in der Definition von Schütz[4]:

> „Zu jedem Augenblick meiner Existenz finde ich mich im Besitze eines gewissen Ausschnittes des Universums, den ich in der natürlichen Einstellung kurz ‘meine Welt’ nenne. Diese Welt besteht aus meinen aktuellen und meinen früheren Erfah-

---

2 Dabei orientierte ich mich an einem von Glaser/Strauss (1967) und Strauss (1994) als *Grounded Theory* beschriebenen Verfahren, also einer am Gegenstand sich entfaltenden Theorie, jedoch befolgte ich es nicht so kategorisch, dass ich auf jegliches Vorwissen verzichtet hätte. Ich habe es im Gegenteil bewusst eingesetzt, bin aber, wo es ging, reflexiv damit umgegangen.

3 Die Polizei ist eine weit verzweigte Organisation und ich beanspruche diesen Einblick nicht für viele Bereiche. So weiß ich z.B. nichts über die Alltagsarbeit der Wasserschutzpolizei, der Hubschrauberstaffel oder den Ehrenkodex von Motorradpolizisten. Ebenso wenig weiß ich über die meisten Bereiche der Kriminalpolizei, beispielsweise eines Mobilen Einsatzkommandos des Landeskriminalamts, ich weiß nichts über den Alltag der kriminalistisch/kriminologischen Forschungsgruppe im Bundeskriminalamt usw. Schließlich sind mir die Handlungsbedingungen in einer ausgesprochen ländlichen Dienststelle ebenfalls unbekannt. Jedoch kann ich etwas zum Alltagsverständnis der Schutzpolizei sagen, und zwar über den Horizont der Hessischen Bereitschaftspolizei oder des Polizeipräsidiums Frankfurt hinaus.

4 Der Lebensweltbegriff wurde seitdem umfangreich weiterentwickelt, so etwa von Grathoff (1978/1989). Auf die Explikation der Lebensweltproblematik in der ethnografischen Forschung verzichte ich und verweise auf Hitzler/Honer (1984).

rungen von bekannten Dingen und ihren Beziehungen untereinander. Natürlich sind sie mir in verschiedenem Ausmaß und in mannigfachen Graden der Klarheit, Deutlichkeit, Konsistenz und Kohärenz bekannt"(Schütz 1971, 179).

Die selbstverständliche *Seinsgewissheit* bezieht sich auch auf Berufsarbeit. Eine Organisation ist Lebenswelt insofern, als die Mitglieder in ihr viel mehr erleben, als *nur* zu arbeiten. Sie beziehen von dort einen Großteil ihrer normativen Orientierung, sie pflegen ihre sozialen Kontakte, Freund- und Feindschaften, gehen emotionale Verflechtungen und Verbindlichkeiten ein.

Ethnografische Forschung[5], als teilnehmende Beobachtung oder im Interview, ist primär Beziehungsarbeit und erst danach Datengenerierung (wie das ausführlich Mazza [1992] beschrieben hat). Viele Erfahrungen und Informationen aus der Kommunikation mit den Feldteilnehmern sind später nicht zu verwerten, weil sie zu intim sind oder zu viel über den Beobachter oder die Feldteilnehmer aussagen. Den sozialen Beziehungen im Forschungsfeld eine größere Bedeutung zuzumessen als der Datenausbeutung, und die Einsicht in die Grenzen des Versteh- und Ausdrückbaren ist Bestandteil einer ethnografischen Haltung. Eine weitere, für das Handlungsfeld Polizei spezifische, Komplikation ergibt sich durch die Beobachtung von Konfliktszenen zwischen Polizisten und ihrer Klientel (besonders die diversen Kommunikationsstörungen; bei körperlichen Auseinandersetzungen stand ich distanzierter im Hintergrund und eindeutige physische Übergriffe habe ich nicht erlebt). Manche Dinge, die ich gesehen habe (und meine Passivität dabei), habe ich nur schwer ausgehalten, oft hatte ich den Impuls zu intervenieren und Spannungen auszugleichen, die Standpunkte zu klären oder einfach wegzugehen. Manchmal dachte ich, dass man mit einem geschickteren Satz, vielleicht mit etwas mehr Offenheit, die Situation hätte schnell entkrampfen können. Einige Male verhielten sich die Polizisten für mein Empfinden geradezu stur, zynisch, kalt, selbstherrlich usw. Aber wenn ich mich in sie hineinversetzte oder mit ihnen anschließend darüber sprach, habe ich oft *verstanden,* warum sie so gehandelt haben (ohne es jedes Mal zu billigen). Diese Situationen waren insoweit lehrreich und erträglich, als ich meine Rolle als Beobachter nutzte und meinen Handlungsimpuls als Gegenübertragungsreaktion interpretieren konnte (und ihn nicht ausagieren musste). Dies gelang, nachdem

[5] Eine überzeugende Darstellung der Bedeutung der Ethnografie für die qualitative Sozialforschung findet sich bei Honer (1989). Sie bezeichnet beispielsweise das Ziel der (qualitativen) sozialwissenschaftlichen Arbeit nicht im Erklären von Sachverhalten, sondern sieht es vielmehr darin, „unter Reflexion des vorgängigen eigenen alltäglichen Verstehens natürliche 'settings' zu beschreiben, um Alltags-'Erklärungen' und Alltags-Handeln *verstehen* zu können" (ebd., 298). Deutlich wird, dass die Erklärungen der Feldteilnehmer durchaus Wirklichkeit konstituieren. Unklar bleibt allerdings, warum die Beschreibung und das Verstehen der Alltagserklärungen im Forschungsfeld nicht zur Erklärung sozialer Sachverhalte beitragen sollte.

mir klar wurde, dass meine persönliche Haltung zurückzutreten habe, wenn ich nicht riskieren wollte, das setting zu (zer-) stören[6]. Dies begründete eine reflexive Haltung, die sich auch auf die Analyse der Interaktion zwischen Forscher und den Feldteilnehmern bezieht.

2.2 Das Forschungsfeld

Ich beginne mit der Beschreibung meiner ersten Forschungsstation, einer Beweissicherungs- und Festnahmeeinheit (BFE) der Bereitschaftspolizei. Um zu verstehen, vor welchem *organisatorischen* und kulturellen Hintergrund die Beamten, die später in den Interviews zu Wort kommen, ihre Männlichkeitsvorstellungen vermitteln, fand ich es hilfreich, etwas von der *Atmosphäre* in dieser Einheit zu wissen, deshalb widme ich ihr hier schon einige Aufmerksamkeit.

Bei der BFE handelt es sich nicht um eine *durchschnittliche* Einsatzeinheit der Bereitschaftspolizei. Gleichwohl ist sie *nicht* die kategorische Ausnahme, sondern sie stellt lediglich in *kondensierter Form* einiges an Problemlagen der Polizei vor. Im übrigen ist über die *Lebenswelt BFE* nach meinem Wissen noch nicht geforscht worden, sodass zusätzliche Details aus diesem Bereich das Verständnis der kulturellen Rahmenbedingungen von Polizeiarbeit durchaus noch vergrößern könnten.

2.2.1 Besser als andere: Eine BF-Einheit der Bereitschaftspolizei

In der BFE zeigt sich die *Krieger-Männlichkeit*[7] in besonders auffälliger Weise. Die Einheit hat den Auftrag, bei unfriedlichen Demonstrationen *beweissichere Festnahmen* durchzuführen. Hierfür ist sie besonders ausgebildet und ausgerüstet.[8]

---

6 Das ist schon eine Rationalisierung, denn die Haltung in der aktuellen Szene lief auf die Außerkraftsetzung, manchmal Abspaltung, der eigenen moralischen Überzeugung in der Feldsituation hinaus. Das ist nicht besonders schmeichelhaft und ich musste, wie jeder Feldforscher in prekären Handlungsfeldern, erst lernen, mit dem schlechten Gewissen zu leben, z.B. nicht Position bezogen zu haben.

7 Zu den terminologischen Problemen vgl. Kap. 3 und 4

8 Damit reagierte die Polizeiführung auf Kritik der Justiz, dass zwar bei solchen Aktionen viele Verdächtige festgenommen würden, diesen aber im Strafverfahren ihre Beteiligung an Straftaten nicht bewiesen werden könne. Sukzessive rückte die Polizei von der Taktik ab, die Menge möglichst rasch zu zerstreuen, stattdessen ersann man neue Verfahren, um das bekannte und alte polizeiliche Interesse an der Festnahme von „Rädelsführern“ zu bewerkstelligen. Nunmehr sollte also der gesamte Ablauf, von der Straftat bis zur Festnahme, lückenlos dokumentiert werden. Dafür sind die BF-Einheiten ins Leben gerufen worden. Mangels ausreichender Anzahl von Demonstrationen mit unfriedlichem Verlauf werden die Beamten heute zu verschiedensten Einsät-

Die BFE war zwar organisatorisch Bestandteil einer regulären Einsatzhundertschaft der Bereitschaftspolizei, in der Einsatzplanung und -durchführung war sie aber weitgehend autonom, zumindest selbständiger als die restlichen Einsatzzüge. Dem Leiter der BFE unterstanden 46 Beamte, die darunter folgende Hierarchieebene bilden die sog. Truppführer, die Gruppen von jeweils 3 Beamten führten. Unter den 47 Personen der von mir beobachteten BFE befanden sich sechs Frauen.

In den ersten Gesprächen mit den BFE-Angehörigen zeigte sich rasch ihr Unmut gegenüber den Vorgesetzten. Zu meinem Erstaunen ging es dabei nicht um dienstliche Konflikte, sondern daran, dass die Vorgesetzten ihre Symbole und Statuszeichen (*amerikanische* Hosenträger, T-Shirts mit dem Aufdruck des Einheitsnamens, Modifizierung der Kleiderordnung) verboten. Schließlich würden sie auch *für die Führung* ihren Kopf hinhalten. Ich fragte mich, was die jungen Männer (und Frauen) veranlasste, freiwillig „ihren Kopf" für irgend jemanden hinzuhalten, d.h. sich in größere Gefahr zu begeben als unbedingt notwendig. Und das nicht für eine konkrete Person in einer konkreten Situation, sondern offenbar für eine Institution, für eine Idee, für ein kulturelles Ideal.

Es zeigte sich bald, dass die jungen Leute nicht etwa von *autoritären Patriarchen* zu *harten Männern (und Frauen)*[9] erzogen wurden, sondern von ihren Vorgesetzten ziemlich indifferent behandelt wurden. Sie sollen erfolgreich, aber gleichzeitig unauffällig sein[10]. Sie sollen besser als der *Gegner* sein, dürfen sich

zen herangezogen, auch deshalb, weil sie als besonders motiviert gelten und gut ausgerüstet sind. Sie werden von Polizeidienststellen des Einzeldienstes, besonders von der Kriminalpolizei, zur Unterstützung für Razzien, Durchsuchungen, besondere Fahndungsmaßnahmen, angefordert (zum Ablauf einer *beweissicheren Festnahme* vgl. Kap 4). Ähnliche Einheiten gibt es im Übrigen bei allen (Bereitschafts-)Polizeien der Bundesländer, manchmal werden sie anders genannt (in Bayern beispielsweise „USK" für „Unterstützungskommando", in Mecklenburg-Vorpommern „EbL" für „Einheit für besondere Lagen"). Diesen Einheiten ist gemeinsam, dass es sich hierbei um eine *Bestenauswahl* handelt, sie nur Freiwillige rekrutieren, und dass die Angehörigen in der Regel nur in einem festen Team (z.B. im „Greiftrupp") agieren, sich also untereinander gut kennen. Sie sind der Prototyp der *autonomen Kleingruppe*, die sowohl in sich geschlossen ist als auch nach außen besser abgeschlossen werden kann.

9 Für die Frauen in der Einheit galt ebenfalls das Prinzip der Bestenauslese. Sie müssen zwar nicht die gleichen physischen Leistungen erbringen wie ihre männlichen Kollegen, aber deutlich höhere als Frauen in anderen Einheiten. Obwohl sich die Frauen faktisch anders verhielten als ihre männlichen Kollegen, waren sie ihnen hinsichtlich ihrer Motivation ähnlich. Insbesondere stimmten sie in der Auffassung über die eigene Disziplinierung und den Leistungswillen mit den Männern überein.

10 In den Gesprächen mit den Vorgesetzten hatte ich den Eindruck, sie behandelten die BFE mit einer elterlichen Mischung aus *Stolz* und *Sorge*. Jedenfalls gab es in meinem Material keine Hinweise auf eine bewusste ideologische *Aufheizung* bzw. Indoktrination, es zeigte sich hingegen einige Evidenz dafür, dass Führungsbeamte sich bemühten, ihre nachgeordneten Beamten zu *domestizieren*. Dies scheint im vorliegenden Zusammenhang einige nicht intendierte Effekte erzeugt zu haben.

aber darauf nicht so vorbereiten, wie sie sich es wünschen. In diesem uneindeutigen Klima entwarfen sie ihre eigenen Männlichkeitsbilder, die sie nicht aus der Polizei entnahmen, sondern sich auswählten aus einer Anzahl medial konstruierter Männlichkeitstypen (damals waren insbesondere die Filmhelden *Rambo* und *Van Damme* aktuell). Der Aspekt der Uneindeutigkeit von Führung taucht einige Male in den Interviews und in meinen Beobachtungen auf. Diese *Nichtfestlegung* folgt einem Strukturprinzip bürokratischer Organisationen. Es hält die Leitung in ihrer Entscheidungsfreiheit offen und verschiebt den Umgang mit Ambiguität auf die Mitarbeiter. Die Beobachtung der großen und kleinen Ungereimtheiten und Konflikte brachte mich auf die Spur zu meiner These von der Arbeitsteilung bzw. der Interferenz zwischen Männlichkeit und bürokratischer Organisation.

Zum Beispiel trainierten viele Angehörigen der BFE körperlich so hart, dass sie sich deutlich vom Durchschnittspolizisten abhoben (was man als Außenstehender am besten sah, wenn sie in T-Shirts herumliefen). Andere beklagten, wie erwähnt, dass sie ihre selbst entwickelten Symbole nicht mehr benutzen durften. Diese wirkten zunächst harmlos, hatten aber eine tiefere Bedeutung, die man nur verstehen konnte, wenn man die internen Organisationsbedingungen kannte. Andere waren offensichtlich *gefährlich* und wurden deshalb von der Leitung verboten (die Grenzen sind, wie immer, fließend). Dazu eine Illustration:

Der Hundertschaftsführer zeigte mir ein kleines Plakat, das Beamte der Einheit vor einiger Zeit an der Eingangstür zur BFE anbringen wollten. Auf dem Plakat war eine *Parabel* abgebildet: Ein fliegender Adler, der in seinen Krallen eine Ratte gefangen hält. Darüber die Buchstaben „BFE xx“ und unter der Abbildung die Stadt, in der die Einheit stationiert war. Der Hundertschaftsführer zog das Plakat sofort ein und verwahrte es in seiner Schreibtischschublade.

Was sagt ein solches Motiv über die Selbstwahrnehmung der jungen Polizisten (bzw. derjenigen, die es entworfen haben)? Sie vergleichen sich mit einem Adler, dem Symbol für Überlegenheit und Mut, Kraft, Ausdauer und Sieg. Der Adler jagt seine Beute und krallt sie sich. Die Ratte ist ein gefährliches Tier. Sie lebt in Seuchengebieten und bringt Krankheiten und Tod über die Menschen. Wenn der Adler die Ratte fängt, dann tut er nicht nur etwas für sich, er befreit gleichzeitig seine Umgebung von dieser Gefahr. Das Plakat erzählt eine moderne Geschichte: Der Adler symbolisiert die Polizei, genauer: diese Sondereinheit der Polizei. Deren Mitglieder sind die erfolgreichen Jäger, die *Sieger* in der Polizei, sie sind die Stärksten. Wie der Adler als *König der Lüfte* bezeichnet wird, sind sie die bessere Polizei. Die Ratte symbolisiert die *gefährlichen Menschen*, nicht die einmal Gestrauchelten, nicht die *kleinen, mehr oder weniger sympathischen Gauner*, aber auch nicht die *eleganten*, die Subventionsbetrüger, Kreditschwindler, Hochstapler.

Das Augenmerk dieser Polizisten ist auf diejenigen gerichtet, die sie im Bahnhofsgebiet von Frankfurt oder bei einer Razzia in einer Spielhalle sehen. Es sind diejenigen, die von ihnen als gefährlich konstruiert wurden. Es sind „die Autonomen“ oder „der Schwarze Block“ bei Demonstrationen und es sind die vielen Randständigen mit denen die Polizisten in ihrem Dienstalltag zu tun haben. Diejenigen, von denen sie vielleicht glauben, dass sie nicht hierher gehören. Es ist ziemlich eindeutig, dass es sich bei der Ratte um Menschen handelt, mit denen die Polizisten bereits in Kontakt kamen oder von denen erzählt wird, dass man mit ihnen in Kontakt kommen könne. Die Polizisten sehen ihre Aufgabe darin, die Gesellschaft von dieser Gefahr zu befreien. Auch wenn das Bild nicht aufgehängt werden durfte: die Bilder in den Köpfen der Produzenten wurden mit dem Verbot noch nicht eliminiert.

Der Hundertschaftsführer wusste, dass das eine für die Polizei unstatthafte Haltung ist. Er entfernte das Plakat unverzüglich, gab seinen Leuten bei der nächsten Dienstbesprechung einen „kräftigen Anschiss“, wie er sagte, und ließ die Sache auf sich beruhen. Sein Dilemma bestand darin, dass er einerseits aus Überzeugung solche Bilder nicht duldete, schon gar nicht die Haltung, die sich dahinter verbarg. Hätte er andererseits aber die Angelegenheit an die Abteilungsführung weitergegeben, wäre er wahrscheinlich Vorwürfen wegen mangelnder Dienstaufsicht ausgesetzt gewesen. Er wäre aufgefordert worden, wirksamere disziplinarische Maßnahmen zu ergreifen, von denen er wusste, dass sie nichts bewirken würden. Er konnte den Vorgang nicht ohne Gesichtsverlust an die *große Glocke* hängen, er konnte ihn aber ohne Gesichtsverlust auf dem *kleinen Dienstweg* bearbeiten und darauf hoffen, dass sich so etwas nicht wiederholen würde. Es war für ihn schwierig, zwischen der Gedankenwelt der jungen Leute in der BFE und der Haltung der Abteilungsführung zu vermitteln.

Das Verhältnis zwischen BFE und ihren Vorgesetzten (von der Ebene des hier in Rede stehenden Hundertschaftsführers an, der schon nicht mehr *zu ihnen* gehörte) war geprägt durch *gegenseitigen Argwohn*. Die BFE-Angehörigen beklagten sich, dass sie von ihren Vorgesetzten immer nur gemaßregelt, zurückgepfiffen und ermahnt würden, aber jeder froh sei dass es sie gebe, wenn es „zur Sache“ gehe.

Die Vorgesetzten sorgten sich, dass einige Angehörige dieser Einheit Filmfiguren wie *Rambo* und *Van Damme* zu ihren Vorbildern genommen hatten, versicherten mir aber, dass sie das unterbunden haben. Die Vorgesetzten verwendeten viel Energie darauf, ihre ungestümen Jugendlichen so zu disziplinieren und auszubilden, dass sie zwar effektiv arbeiteten, dabei aber nicht über die Stränge schlugen. Sie reagierten äußerst empfindlich auf vermutete Elitenbildung, auf Formen der Verselbständigung, auf Abschottung und ein *subkulturelles Selbstbewusstsein*, vermutlich weil sie befürchteten, dass das ab einem bestimmten

Zeitpunkt nicht mehr einzufangen ist (wozu sie tatsächlich Anlass hatten, denn in einer BFE eines anderen Standorts ist genau dies geschehen. In Einheiten wie den BFE wird besonders deutlich, dass staatliche Kontrolle auch ein „state of play“ von Männlichkeiten (Kersten 1997b, 55) ist.

Als Beobachter hat man unwillkürlich zunächst den Eindruck, hierbei handele es sich um eine Variante des uralten Räuber-und-Gendarm-Spiels. Die *Gendarmen* gehen in ihrer Rolle voll auf, sie üben (und spielen dabei) mit Begeisterung das Fangen der anderen, der potentiellen *Räuber*, die prinzipiell auswechselbar sind: Hooligans, Glücksspieler, Ecstasyverkäufer, Rechtsextreme, Linksextreme, Crackdealer, Haschischverkäufer, Hooligans, Autonome, kurdische Demonstranten usw. Sie konzentrieren sich auf ihren Job, besser gesagt auf den nächsten Auftrag, den sie mit derselben Begeisterung erledigen wollen wie den vergangen. Ihr Selbstbewusstsein wird aufgewertet, wenn sie von anderen Dienststellen zur Unterstützung angefordert werden, da sich herumgesprochen hat, dass die BFE ihren Auftrag so gut erledigt.

An dem prekären Verhältnis zwischen der BF-Einheit und ihren Vorgesetzten zeigt sich das ansonsten unauffälliger funktionierende Prinzip der Disziplinierung. Das Normengeflecht aus Beamtenrecht, Disziplinarordnung und Laufbahnverordnung sorgt, besonders in der Ausbildungszeit, dafür, dass individuelle Dispositionen (zu besonderer Friedfertigkeit oder zu besonderer Gewalttätigkeit) institutionell handhabbar gemacht werden. Die Organisation stellt damit Regeln auf, in welchen Situationen Gewalt *legal und legitim* ist[11]. Für das Militär und dessen Männlichkeitsmodell argumentiert Steinert:

> „Durch die enge Verbindung mit ‘Disziplin’ ist die Gewalttätigkeit dieser Männlichkeit wie oben formuliert ein ‘Mythos’, der nicht ausgelebt werden soll und kann. Soldaten werden nicht zu ‘Gewalttätern’ oder ‘Helden’ ausgebildet, sondern zum gehorsamen und exakten Funktionieren. Die effiziente Gewalt geht von der gut geölten Maschine aus, die sie gemeinsam bilden und bedienen. Für die nach militärischem Vorbild organisierte Polizei gilt das genauso, gerät dort nur mehr mit den im Alltag zu erfüllenden Aufgaben in Widerspruch und wird daher (von innen und außen) stärker kritisiert“ (Steinert 1997a, 132).

[11] Meist geschieht nur das erste, da die bürokratisch organisierte Legalität sich auf formelles *Recht* stützt. Im Übrigen ist aber eine allgemeine *Gerechtigkeitslehre* anfälliger für ideologischen Missbrauch und Fanatismus. Die Polizei hat nicht den Auftrag, glühende Bekenner für die freiheitlich demokratische Grundordnung zu erziehen, sondern Funktionsträger, die berechenbar handeln, und die legalistische ist wohl nicht die schlechteste Form der Begründung polizeilichen Handelns. Zur Bedeutung von Normen findet sich ausführliches Material in den Kapiteln vier und fünf, denn dort wird deutlich, dass es den *street cops* in der Tat um (allerdings ihre eigenen) Gerechtigkeitsvorstellungen geht, während die Leitungsbeamten sich stärker auf die administrativen (bürokratischen) Rechtsverfahren berufen.

Dieser Befund ist größtenteils auf diese Polizeieinheit zu übertragen. In der beruflichen Sozialisation wird der Mythos der gewaltfähigen Männlichkeit insoweit begrenzt und entdramatisiert, als aus der grundsätzlich gewaltfähigen eine nicht notwendigerweise gewaltgeneigte, gleichwohl aber gewaltbereite Männlichkeit erzogen wird.

Durch Disziplinierung wird der gewalttätige Anteil von Männlichkeit gleichsam rational gestaltet, normativ begrenzt und institutionell berechenbar gemacht. Doch hat andererseits in den vergangenen Jahrzehnten sozialer Wandel auch bei der Polizei stattgefunden, und die *harte und aggressive* Männlichkeit verlor zunehmend an Einfluss in der Organisation. Die offizielle Polizeikultur will heute von Krieger-Männlichkeiten nichts wissen und auch die in der Cop Culture hegemoniale Figur des Kriegers wird insgesamt *technologischer* und weniger ruinös.

Die BFE ist eine *institutionelle Nische für eine harte Männlichkeit*. Für sie gilt nach meinem Dafürhalten besonders der folgende Satz:

„Es ist ein paradoxer und ironischer Zusammenhang, daß genau für das Ertragen der Disziplin und die von ihre geforderte Bereitschaft zur Selbstverausgabung der Mythos einer ‚männlichen' Gewaltfähigkeit gepflegt wird und werden muss, deren Ausleben gerade durch die so erreichte Disziplin verhindert wird. Die gewaltfähige Männlichkeit ist also durchaus nicht ‚ursprünglich' oder ‚natürlich' oder ‚triebhaft', sondern sie wird jedenfalls heute in Verbindung mit der Erziehung zur Disziplin und zu ihrer Rechtfertigung propagiert" (Steinert 1997a, 132 f.).

Steinert betont das *Ertragen* von Disziplin, d.h. die freiwillige Unterwerfung unter Regeln. Mir wurde ziemlich deutlich vorgeführt, dass die jungen Leute daraus auch individuelle Gewinne zogen. Man kann geradezu von einer *Lust auf Disziplin* sprechen. Die Beamten sahen in ihr eine Herausforderung, sie unterwarfen sich ihr freiwillig, nicht widerwillig[12]. Mit der stärkeren Disziplinierung konnte das Image gepflegt werden, besser zu sein als der Rest der (Bereitschafts-)Polizei, zu einer *Elite* zu gehören, die z.B. unkontrollierte Gewaltexzesse nicht nötig hatte. Viele Übungen und Strapazen verlangten den jungen Leuten große körperliche und psychische Überwindung ab, die sie aber in Kauf zu nehmen bereit waren, weil sich (nur) darüber das Bewusstsein herstellte, *besser als die anderen* zu sein. Dies scheint die Kehrseite einer sich zivilisierenden und domestizierenden Polizei zu sein, dass aus ihr nämlich subkulturelle Formen *freiwilliger Selbstverausgabung* erwachsen. In die Einheit wird man nicht gezwungen, hier versammeln sich junge Leute, die stark motiviert und leistungsbe-

12 So wurde beispielsweise der Dienstplan für die sog. Ausbildungswoche von den im mittleren Dienst angesiedelten Truppführern selbst erstellt; sie bestimmten also, wann die Einheit (also auch sie selbst) z.B. wieder *einen Waldlauf nötig* hatte.

tont ihren Job machen wollen und dabei innerhalb der Organisation Polizei eine eigene *Peer Group* bilden. Die interne Struktur dieser Einheit fördert – im Vergleich zu anderen Einsatzeinheiten der Bereitschaftspolizei – *Krieger-Männlichkeiten*. Disziplin führt bei ihnen zu größerer Selbstkontrolle bei gleichzeitig erhöhter Bereitschaft zum *Kampf*, den man sich aber für einen adäquaten Gegner vorbehält. Die Ausbildung ist nicht auf die Verhinderung von Gewaltsamkeit gerichtet, sondern darauf, an der *richtigen Stelle* das *richtige Maß* an Gewalt einzusetzen, alles andere gilt entweder als unprofessionell oder gar als Übergriff.

Das *Gruppenklima* war äußerlich wenig autoritär, eher kollegial, es fand informelle (gegenseitige) Kontrolle statt, weniger formale Kontrolle. Die Kommunikation war ausgesprochen intensiv und erstreckte sich sowohl auf dienstliche wie auf private Belange, persönliche Bindungen waren häufig, auch die intensiveren Beziehungen zwischen Männern und Frauen waren nicht selten. In einer anderen Einheit (die ich selbst nicht exploriert habe, die jedoch im Interview unter Zif. 4.2.2 beschrieben wird) mit dem gleichen Auftrag war das allerdings ganz anders: Dort war offenbar die Leitung schwach, sie hatte keinen Kontakt zu den Einsatzbeamten und diese schufen deshalb ihre eigenen *Autoritätsstrukturen*. Von einer dritten solchen Einheit[13] wurde berichtet, die einen ausgesprochen autoritären Leiter hatte, der ein Klima von Angst und Unterwerfung verbreitete. Nach meinem Eindruck können die Leiter solcher Einheiten sowohl positiv wie negativ ihre Beamten viel mehr steuern, als in regulären Einsatzeinheiten.

Als Reaktion auf Übergriffe von Hessischen Bereitschaftspolizisten am 12. und 13. Oktober 1994 (die näheren Umstände finden sich im Interview in Zif. 4.2.2) ordnete das Hessische Innenministerium eine umfassende Untersuchung an und beauftragte damit Polizeidirektor Gerd Anhäuser, einem leitenden Beamten der Hessischen Polizei, der selbst nicht der Bereitschaftspolizei angehörte. Der Bericht wurde im Januar 1995 fertig gestellt und im Februar 1995 der obersten Dienstaufsichtsbehörde vorgelegt[14]. Er fokussiert besonders die zu treffenden Disziplinarmaßnahmen (das Dokument ist überschrieben mit „Effektivität dienst- und fachaufsichtlicher Maßnahmen im Zusammenhang mit dem Einsatz der Hessischen Bereitschaftspolizei im Raub-/Rauschgiftprogramm[15] in Frankfurt/ Main.").

---

13 In Hessen gab es seinerzeit insgesamt vier BF-Einheiten in der Bereitschaftspolizei, die auf verschiedene Standorte verteilt waren.

14 Vgl. Anhäuser (1995). Interessant ist dieser Bericht für den hiesigen Zusammenhang vor allem dadurch, dass er einen Einblick in die organisationsinternen Auseinandersetzungen um ein bestimmtes Bild der Polizei in der Öffentlichkeit ermöglicht. Der Bericht ist nicht öffentlich zugänglich.

15 Dieses Programm, von den Einsatzbeamten „RKB" genannt, wird noch einige Male erwähnt werden, deshalb eine kurze Erläuterung: Es handelt sich dabei eine Aktion der Frankfurter Polizei mit massiver Personalunterstützung durch die Hessische Bereitschaftspolizei. In ihm sind

In dem Papier wurde besonders kritisch und ausführlich das äußere Erscheinungsbild der Beamten erwähnt. Interessanterweise berief sich der Gutachter nicht auf die öffentlichen oder medialen, aber auch nicht auf eigene Wahrnehmungen. Er zitierte Beamte des Polizeipräsidiums Frankfurt, die sich über das Auftreten ihrer Kollegen der Bereitschaftspolizei negativ äußerten. Sie bemängelten eine „‘höchst martialische Aufmachung'“ den „‘Einsatzanzug mit hochgekrempelten Ärmeln, permanentes Tragen der Handschuhe bei 30^0 C Außentemperatur und ‚Schlagstock lang' quer im Gürtel. Ein solches Auftreten während der Fußstreife ohne konkreten Anlass zum Einschreiten ist völlig unangebracht und dient nicht der Erhöhung des Vertrauens der Bevölkerung in die Polizei“ (Anhäuser 1995, 16).

Die zitierte Passage lässt die unterschiedlichen Interessen und die divergierenden Wahrnehmungen von Polizeiführung und street cops deutlich werden. Außerdem bekommt hier der meist latent gehaltene Generationskonflikt in der Polizei eine gut sichtbare Kontur: Die jungen Leute der Bereitschaftspolizei wollen mitnichten das Vertrauen der Frankfurter Bevölkerung erlangen, sondern Respekt von ihren *Gegenspielern* aus dem Bahnhofsmilieu. Der Leitungsbeamte hat von seiner Position aus eine völlig andere Wahrnehmungen von der Bevölke-

---

zeitweise mehr als hundert Einsatzkräfte gebunden, und die Bereitschaftspolizei gewährleistet ihre Personalunterstützung dadurch, dass sie aus drei hessischen Standorten jeweils gruppenweise Beamte für eine bestimmte Zeit (in der Regel eine Woche) abordnet. Die Beamtinnen und Beamten werden normalerweise parallel zum Schichtdienst der Frankfurter Polizei einen Tages- und einen Nachtdienst in Frankfurt eingesetzt und müssen anschließend wieder in den Dienstrhythmus der Bereitschaftspolizei eingegliedert werden. Da die Unterstützung rund um die Uhr bewerkstelligt wird, stellt diese Form der Zusammenarbeit eine nicht unerhebliche logistische und personelle Belastung für die Bereitschaftspolizei dar. Die Beamten der Einsatzeinheiten und der BFE versehen auf diese Weise mehrere Wochen bzw. Monate Dienst in Frankfurt, jedoch stets im Wechsel mit anderen Diensten der Bereitschaftspolizei. Es kann nach meinen Informationen von einem *absichtlichen Einsatz* von unerfahrenen und stadtfremden Polizisten nicht die Rede sein. Dieser Verdacht wird ab und an von polizeikritischer Seite geäußert. Man kann diese Position aber nur bei ausreichender Ferne zur Organisationsrealität durchhalten. Gleichwohl führen diese Einsätze dazu, dass Polizisten schon zu Beginn ihrer Berufskarriere mit einem äußerst komplexen Problemzusammenhang und mit einer schwierigen Klientel in Berührung kommen. Auffällig ist, dass diese Tätigkeit von den Führungsbeamten als Aktionsprogramm „Raub-Rauschgift“ (abgekürzt: RR-Programm), von den Einsatzbeamten, die ich begleitet habe, aber als „RKB“ bezeichnet (Raub-/Rauschgift-Kriminalitäts-Bekämpfung). Zwischen *Programm* und *Bekämpfung* liegen nicht nur semantische Unterschiede, sondern die der inneren Einstellung von street cops und management cops. *Programme* fahren in der Regel die Leitungsbeamten in den von der Praxis mehr oder weniger weit entfernten Positionen. Diejenigen, die sich unmittelbar vor Ort und Tag und Nacht damit auseinandersetzen müssen, können mit dem blassen *Programm*-Begriff nichts anfangen, für sie ist das, was sie erleben, ein *Kampf*. Sie bekämpfen einen Feind, den sie nicht genau kennen, sie begegnen aus dieser Haltung heraus Menschen, die sie zwar zunächst als *Kranke* bezeichnen, die jedoch jederzeit zum *Gegner* werden können. Dies ist einer der vielen Unterschiede zwischen Praxis und Theorie in der Polizei.

rung und der Aufgabe der Polizei, und entsprechend andere Interessen vertritt er. Er hält dieses Gebaren für überzogen, aber er gibt auch zu erkennen, dass er sich nicht in die Lage der jungen Beamten hineinversetzen kann oder dies nicht will. Im übrigen, das kann an dieser Stelle schon angedeutet werden, werden hier die habituellen Unterschiede zwischen Bereitschaftspolizei und polizeilichem Einzeldienst benannt. Zwar sind in beiden Organisationsteilen street cops unterwegs, die Frankfurter Polizei hat jedoch intern eher den Ruf, etwas legerer in Kleidung und Auftreten zu sein als die Bereitschaftspolizei.

In der Untersuchung wurden die Beamten der BFE besonders kritisch erwähnt (wobei alle vier BFE der Bereitschaftspolizei gemeint sind):

> „Insbesondere ein Teil der Angehörigen der BF-Einheiten fiel durch außergewöhnliche Dienstbekleidung auf. Genannt wurden spezielle, gepolsterte Jacken, die das Aussehen eines Bodybuilders verliehen. Darunter trugen viele sichtbar ein schwarzes T-Shirt mit dem Aufdruck ‘BFE’. ... Es kam auch vor, dass Beamte Zöpfe, Nasenringe, lila gefärbte Haare und Irokesenschnitt trugen. Der Dienstanzug wurde von einigen Beamten (*des Polizeipräsidiums Frankfurt, R.B.*) als abenteuerlich bzw. exotisch bezeichnet“ (Anhäuser 1995, 16).

Nach Auffassung des Untersuchungsführers lag der Grund für die Nachlässigkeiten in der mangelnden Kleiderkontrolle durch die Vorgesetzten. In der polizeiinternen Untersuchung wurde nicht nach den tieferen Gründen für solch eine *Exotik* gefragt (was allerdings verständlich ist, weil das den Untersuchungsauftrag und die Kompetenz des Untersuchungsführers überschritten hätte). Wenn sich junge Männer ein Outfit geben, das wesentlich martialischer als die reguläre Uniformierung ist, dann weist dies auf die Suche nach einer *harten Männlichkeit* hin, die von der Polizei nicht bedient wird, da es diese *harten Männer* dort als Vorbilder nicht geben soll. Den Vorgesetzten ist die Suche nach einer Männlichkeit, die *härter ist, als die Polizei erlaubt*, unheimlich[16]. Ich sehe diese Entwicklung durchaus im Zusammenhang mit der zunehmenden *Bürokratisierung von Männlichkeit* in der Polizei, die dazu führt, dass sich die Vorgesetzten oft nicht mehr als Identifikations- bzw. Projektionsfiguren eignen bzw. zur Verfügung stellen.

Protestverhalten und die dazu gehörenden Symbole gab es unter Uniformträgern schon immer, meistens jedoch in Form *weicherer Männlichkeiten*, als die Polizei (oder das Militär) erlaubte. Es wurden schon Gerichte bemüht wegen des

16 Ein Polizeibeamter, der sich in Uniform mit kahlrasiertem Kopf zeigt, mag faktisch nichts anderes getan haben als der französische Philosoph Michel Foucault, nur dass der Erste die ängstliche Vermutung auslösen kann, dass es in der Polizei nun auch Skinheads gibt, während man bei dem anderen allenfalls dessen *philosophischen Hinterkopf* bewundert, sich aber nicht wirklich unwohl fühlt.

Tragens von langen Haaren (die unter Umständen in Haarnetzen verborgen werden mussten) bzw. von Ohr- und Nasenschmuck. Es handelte sich dabei stets um effeminierte bzw. effeminierende Attribute, von denen die Dienstvorgesetzten meinten, dass sie nicht zu Soldaten oder Polizisten passten und die deshalb die Männer aufforderten, diese Sachen zu unterlassen.

Der Mann, der sich mit *Rambo* oder *Van Damme* identifiziert, will mit solchen Männern, die er als *Weicheier* bezeichnet, nichts zu tun haben. Ihm genügt nicht, was die Polizei an Macht- und Herrschaftssymbolen (sowie Männlichkeitsdarstellungen) anbietet, er sucht sie sich außerhalb. Die Kulturindustrie, namentlich Fernsehen bzw. die Filmbranche, drängt sich als ein virtueller Supermarkt für beliebige Identitäten geradezu auf.

Das Durchschnittsalter der BFE lag bei etwa 24 Jahren. Die jungen Männer (und Frauen) der BFE taten in vielerlei Hinsicht nicht viel anderes, als andere junge Männer und Frauen in ihrem Alter auch. Sie waren habituell den Jugendlichen außerhalb der Polizei oft näher (und ähnlicher) als es der Polizeiführung angenehm war. Die jungen Menschen blieben auch in Uniform für die ältere (meist vergleichbar mit *Eltern-*)Generation suspekt. Diese verfügt im Falle der Polizei nicht über die elterliche Gewalt, setzt dafür aber das Disziplinarrecht ein[17].

Die BFE bietet in gewisser Weise einen Raum für *Disziplin*, der aber gepaart ist mit *Kreativität* und *Distinktion* gegenüber anderen (*normalen*) Einsatzeinheiten. Ein Eintrag aus dem Feldtagebuch soll das illustrieren:

> Wir sind im RKB im Frankfurter Bahnhofsgebiet, ich fahre mit dem Einheitsleiter. Gegen Mitternacht wird die BFE alarmiert zur Unterstützung einer Polizeistation in X (soweit ich mitbekomme, ist dort eine Schlägerei im Asylbewerberheim). X liegt im Vordertaunus. Die Einheit sammelt sich am Theaterplatz, sofort ist *Einsatzstimmung*, man rüstet sich aus und auf, jeder ist zunächst mit sich selbst beschäftigt. Die Beamten und Beamtinnen ziehen ihren Körperschutz an (Demo-Ausrüstung). Im Nu sehen alle aus wie Rugbyspieler. Mir fällt auf, dass die Beamten und Beamtinnen großen Wert darauf legen, zunächst die Ausrüstung für Gewalteinsätze anzuziehen (Körperschutz) und sich dann erst über den Hintergrund und den Anlass des Einsatzes erkundigen. Während dieser Zeit verändern sie sich nicht nur äußerlich (sie werden kantiger, unzugänglicher, gefährlicher). Sie legen mental einen *Körperschutz* an. Die Identität als BFE hängt offenbar stark von der Ausrüstung und dem Auftreten als einheitlich ausgestattete Truppe ab. Sie verfügen über eine große *manpower* und beste materielle Ausstattung (Funkgeräte/Handys, Kfz., Technik, persönliche Aus-

17 Bezeichnenderweise gibt es im Disziplinarrecht kein *Jugendrecht*; die Jugendlichen legen mit Eintritt in das Beamtenverhältnis ihr formales Recht auf *mildernde Umstände wegen Unreife* ab, ganz anders als die anderen, die bis ins Erwachsenenalter hinein nach dem Jugendstrafrecht abgeurteilt werden können, wenn sie das Gericht von ihrer Unreife überzeugen können.

rüstung). Nach wenigen Minuten sind alle einsatzbereit, es geht mit vier Fahrzeugen und mit Blaulicht und Martinshorn durch Frankfurt. Sie fahren umständlich (da sie den kürzesten Weg nach X nicht kennen; ich kenne ihn, will aber nicht intervenieren), dafür aber schnell, fast halsbrecherisch. Mitten auf der Autobahn kommt über Funk der Befehl, abzubrechen, da sich die Sache in X erledigt habe. Die Blaulichter werden ausgeschaltet und man fährt zurück in die Innenstadt. Der Einheitsführer sammelt die Gruppe im Hof des Polizeipräsidiums; die Leute um mich herum sind ziemlich aufgedreht, sie erzählen über die „Alarmfahrt", wie sie durch Frankfurt gerauscht sind, welche gefährlichen Situationen sie überstanden haben, wie riskant die Fahrer gefahren sind, welche Kurven mit welchen Tempi genommen wurden. Sie haben ihr Können unter Beweis gestellt. Sie sind stolz auf sich, nicht unangenehm, sondern so, wie Jugendliche stolz sind, die etwas leisten wollen und können. Sie nennen die Vorbereitung auf solche Einsätze *aufrödeln*[18] und Thorsten (der Leiter heute Nacht) meint, anschließend muss er sie erst wieder beruhigen, sie müssen sich dann eine Weile in Rückzugsräume verziehen, um wieder *abzurödeln*. Damit ist nicht nur das Ausziehen der Demo-Kleidung gemeint, sondern auch die emotionale Beruhigung.

Die Gruppe begriff sich als Gefahrengemeinschaft. Sich *aufrödeln* hieß, sich mental und physisch auf den Kampf einzustellen, es hieß aber auch, die Differenz zur *normalen* Polizei zu inszenieren. Im Moment der Alarmierung konnte diese Differenz ausgedrückt werden. Ihre Vorbilder sind die Spezialeinheiten der Polizei (SEK, MEK, GSG 9)[19], nicht die Streifenbeamten, die Sachbearbeiter oder Kontaktbeamten des polizeilichen Einzeldienstes. Sie nennen ihre Vorbilder *Sekos* und *Neuner*. Sie selbst werden manchmal *Baby-SEK* genannt oder *GSG viereinhalb*. Das ist ihnen dann unangenehm. Durchaus ambivalent ist die Be-

---

18 Damit wird das Anlegen der Schutzkleidung, die unmittelbare Einsatzvorbereitung, das Komplettieren der Ausrüstung, bezeichnet. Aufrödeln heißt für das Gruppenklima und für die individuelle psychische Aktivität: „Jetzt wird's ernst".

19 Die Abkürzung SEK steht für *Spezialeinsatzkommando*; es sind „zur Bekämpfung schwerster Gewaltkriminalität gebildete Gruppen von speziell geschulten und ausgerüsteten Beamten. Ihr Einsatz erfolgt grundsätzlich mit dem Ziel, gefährdete Menschenleben zu retten." (Rupprecht 1995, 487); SEKs werden besonders bei Geiselnahmen, Banküberfällen sowie bei der Festnahme von besonders gefährlichen Personen eingesetzt; sie sind die unumstrittene Elite der Länderpolizeien und bilden praktisch das Pendant zur GSG 9 des Bundesgrenzschutz heute: Bundespolizei. Die Mitglieder gehören der Schutzpolizei oder der Bereitschaftspolizei an. Das MEK (*Mobiles Einsatzkommando)* ist traditionell die Spezialeinheit der Kriminalpolizei und hauptsächlich mit Observationsaufgaben betraut, ebenfalls in Fällen schwerster Kriminalität. Nur in Ausnahmefällen sind sie für den unmittelbaren Zugriff vorgesehen. Ihr Metier ist das Beobachten, Erkunden, Aufklären (Rupprecht 1995, 357). Die GSG 9 (*Grenzschutzgruppe 9*) schließlich ist der Spezialverband des Bundesgrenzschutzes „zur Bekämpfung besonders schwerer – vor allem terroristischer – Gewaltkriminalität" (Rupprecht 1995, 253). Seit der Geiselbefreiung in Mogadischu ist die Gruppe berühmt, und seit dem Debakel bei der Festnahme von Terrorismus-Verdächtigen in Bad Kleinen ist sie auch berüchtigt.

zeichnung *Mudra Marines*[20], da sie einerseits auf die Härte (Marines) hinweist, andererseits auf die Überzogenheit, da man Polizei mit einer Eliteeinheit des US-Militärs vergleicht, und jeder weiß, dass der Vergleich nicht stimmt: Weder sind sie wirklich so hart, noch würde man solche Leute in der Polizei gebrauchen können – aber von der *Exotik des Elitären* bleibt doch etwas hängen[21].

Das Selbstverständnis, das Gruppenklima und die besonderen Handlungsbedingungen der Gruppe beschreibt der stellvertretende Einheitsleiter in einem Interview an einem Beispiel folgendermaßen:

> „Früher war das wirklich so... oder es hängt auch ein Hauch über der BFE... Spezialeinheit, sag' ich mal, die hauen alles raus.. diese Erwartung hab' ich allerdings auch irgendwo. .... Wir sind zwar keine Durchsetzungseinheit, aber... ich sag mal, es gibt vielleicht Situationen, da muss Du mal durch, ja. Und unser Problem ist halt unser Staat, wenn ein Polizeiführer sagt, bei den Kurden zum Beispiel, das wär' jetzt so ein Beispiel, wo ich sage, wir sind gar nicht mehr in der Lage, so was zu machen, nämlich das zu machen, was die anderen Leute von uns denken. Ein Polizeiführer sagt, 'es sind strafbare Symbole gezeigt worden bei der Katharinenkirche *(an der Frankfurter Hauptwache, R.B.)*, es sind hundert gewaltbereite Kurden. Ich will jetzt, dass Ihr eine beweisgesicherte Festnahme macht mit dem einen, der genau in der Mitte von den Hundert steht. Ich möchte das jetzt'. Für den ist das vom Gesetz her das mildere Mittel, ein' Straftäter rauszuholen, egal, was es kostet. Aber er hat nicht alle... er geht nicht gegen alle vor, er geht nur gegen einen vor. Was aber klar ist, die wehren sich und schützen den einen. Das gibt ein Riesengesemmel. Aber es geht nur um die Festnahme des einen, ja. Das ist angedacht worden in der Phase. Das haben wir mit denen geübt, mit unseren Leuten. Da hab' ich auch gleich gesagt, also wer sich nicht in der Lage fühlt, das zu machen, soll jetzt als Fahrer... mit dem Fahrer tauschen oder Fahrer bleiben, je nach dem, aber es wird sehr gefährlich, und wenn einer nur ein' Schwachpunkt jetzt bietet, das heißt, dass er nicht rigoros jetzt vorgeht und diese Formation einhält, da muss halt .. mal durch, muss auch mal was einstecken können, muss aber vielleicht auch austeilen, um nicht zu viel einzustecken, weil, wer viel einsteckt in so einer Situation, der fällt aus, und reißt dann....da würd' das ganze Gebilde kaputtgehen, also diese Gemeinschaft muss da sein, koste es, was es wolle. Entweder Augen zu und durch, ja, und mal was einstecken können oder halt auch austeilen'. Also wie gesagt, das hätte man gar nicht schaffen können in der

---

20 Mudra war General im 1. Weltkrieg; nach ihm wurde eine Polizeikaserne in Hessen benannt, in der die von mir beobachtete BFE untergebracht war.

21 Von kundigen jungen Leuten der sog *Alternativen Szene* in Frankfurt werden diese Polizisten auch *Robocops* genannt, was das äußere Erscheinungsbild der „aufgerödelten" BFE authentisch wiedergibt, aber auch etwas über deren Einfühlungsvermögen in diesem Zustand sagt. Im Zusammenhang mit der Auflösung einer Nachttanz-Party in der Nacht vom 5.auf 6.6.97 war in einem Szene-Blatt unter dem Titel *Inner City Rave Riot* zu lesen: „Doch die herrschenden 'Power Dangerz' hatten mehrere Hundertschaften 'Robocops' aufgeboten gegen friedfertige Party-People" (Alex Karschnia in: Nachtexpress Sonderausgabe Juli 1997, 1). Auch (nicht gänzlich) Außenstehenden fällt also die besondere Ausrüstung und das Auftreten der BFE auf.

> Situation, das wär' aber vielleicht gekommen. Das ist jetzt die Kritik an der Polizei an sich, man kann zwar remonstrieren[22], man kann sagen, hier, es gibt Verletzte auf unserer Seite, aber man muss halt... damit müssen wir rechnen, ja. ‚Wenn Sie es nicht machen, macht's 'ne andere Einheit' (Pause). Dann sollen's die anderen machen. Ich war froh, dass wir nicht eingesetzt wurden, ich war sehr froh. Es gibt andere, die waren unheimlich enttäuscht, ich sag mal, um ein Selbstwertgefühl zu erhalten, wie man sich selbst sieht, für die jungen Leute, wäre es auch wichtig gewesen, dass die auch mal mit Angst zu tun haben, ne, um sich mal wieder richtig einzuloten, ne, weil im Moment ist es ja nur Trainingseinheit, man wartet auf den großen Moment vielleicht, der nie kommt, aber ich war froh, dass wir das nicht machen mussten. War sehr froh, weil das hätte Verletzte gegeben. Und selbst bei der Spezialeinheit gab's ja Schwerverletzte."

Der BF-Leiter benennt einen Konflikt, der daraus entsteht, dass er als *ausführendes Organ* gegenüber dem regionalen *Polizeiführer* machtlos ist und trotz Remonstrationsrechts zum Befolgen einer Anordnung gezwungen werden kann, und er sich andererseits für die Gesundheit der ihm unterstellen Beamten verantwortlich sieht. Die Aussicht auf eine militante Auseinandersetzung („Riesengesemmel"), die scheinbar ohne Alternative auf ihn zukommt, nimmt ihm die Möglichkeit einer nüchternen Kalkulation von Risiken. Er bekommt den Auftrag, den Ernstfall zu üben, merkt aber im Verlauf der Übung, dass es nicht so glatt gehen wird, wie es in der Polizeidienstvorschrift steht bzw. wie die Formulierungen der Polizeiführung abstrakt nahe legen. Schon in der Übung werden ihm die Risiken dieser Aktion bewusst. Hätte er zu entscheiden, könnte er die Auseinandersetzung möglicherweise umgehen. So muss er sich eine *Ausrede* einfallen lassen, da die Polizeiführung in Frankfurt von einer weniger riskanten Problemlösung nichts wissen will. Er kann sich nur deshalb (und zufällig) heraushalten, weil er dem örtlichen Einsatzleiter klar macht, dass seine Einheit noch nicht erprobt ist, dass es sich um eine „Ausbildungseinheit" handelt. Das bewahrt ihn vor dem riskanten Einsatz (stattdessen wurde das Frankfurter SEK zum Schutz der Zugriffsbeamten eingesetzt, und diese Aktion endete mit Schwerverletzten auf beiden Seiten[23]). Für die Beamten der BFE hat das Fernbleiben objektiv zur Folge, dass

---

[22] Das Remonstrationsrecht (Widerspruchsrecht) ist eine im Beamtenrecht (für Hessen: § 71 Hessisches Beamtengesetz) festgeschriebene Ermächtigung und Verpflichtung, dem Vorgesetzten rechtliche Einwände gegen dessen Anordnung vorzutragen. Die Remonstration entlässt den Beamten weitgehend aus seiner Verantwortung für die dienstliche Handlung, solange sie nicht augenfällig gegen Strafgesetze verstößt.

[23] Die Frankfurter Rundschau berichtete von den Vorfällen mit folgenden Schlagzeilen: „Ausdruck der Gewaltbereitschaft" (zur Räumung des Zeltlagers an der Frankfurter Hauptwache) (28.7.95); „Gewaltkurs" (28.7.95); „Verbitterung prägte die Stimmung bei der Kundgebung" (28.7.95); „Zeltlager gewaltsam geräumt" (28.7.95); „Bis zum Sturm der Polizei feierten die Kurden ihren Etappensieg" (28.7.95).

sie einem Verletzungsrisiko entgangen sind. Trotzdem kritisieren sie den Leiter dafür, weil sie nicht geschont werden, sondern kämpfen wollten. Ihr Selbstwertgefühl hängt daran, sich im Kampf zu beweisen und im Sinne einer quasi pädagogischen Haltung denkt auch ihr Leiter daran, dass Angst ein guter Lehrmeister sein könnte. Jedoch überwiegt die Sorge um *seine Leute,* und dafür riskiert er deren Unverständnis. In einer freieren Assoziation könnte man die Einheit auch als *Jugendgang* sehen, die es den anderen richtig zeigen will, deren Chef aber diesmal Zurückhaltung befiehlt.

Das Verhalten des Einheitsleiters (der in Zif. 4.1.3 nochmals zu Wort kommt) zeigt einen wesentlichen Mechanismus von Männlichkeit innerhalb bürokratischer Organisationen: Man darf einerseits das Gesicht des harten Mannes (in der „harten Spezialeinheit") nicht verlieren, dafür muss man nötigenfalls etwas tun, z.B. sich körperlich derart aufrüsten, dass jeder sieht, wie wehrhaft man ist, aber man darf in der Realität trotzdem nicht zu nah am Ideal des *Helden* kleben, da das riskant, gefährlich und Heldentum in der Polizei im Allgemeinen nicht gefragt ist. Denn der *Ruhm*, sich im Kampf verletzt zu haben, ist einem nicht sicher, die Verletzungen, die man riskiert, sind aber möglicherweise irreversibel. Insofern ist es klug, mitzuspielen, ohne sich zu stark zu exponieren. Das ist die Funktionsweise sowohl von Gruppen in der Polizei wie von Jugendbanden (vgl. Tertilt 1996; Steinert 1995).

Dabei zu sein, ohne gleich alles riskieren zu müssen, ist eine Strategie, die, den gewalttätigen Äußerungen zum Trotz, das Leben in Gruppen erleichtert. Hier zeigt sich allerdings erneut die Fragilität solcher Rezepte: Wäre der Einheitsführer ebenfalls davon überzeugt gewesen, dass das Riskieren der Gesundheit ein Ausweis von harter Männlichkeit ist, hätte er zahlreiche nachgeordnete Polizisten diesem Entscheidungskonflikt ausgesetzt. Dass er sie davor bewahrt hat, ist den meisten von ihnen allerdings nicht klar geworden; sie nahmen ihm seine Zurückhaltung mehrheitlich übel.

2.2.2 Ein Polizeirevier in Frankfurt am Main

Die zweite Forschungsstation sollte einen Kontrast zur geschlossenen Einheit in der Bereitschaftspolizei bilden. Ich habe mich für ein Polizeirevier im Nordwesten der Stadt Frankfurt am Main entschieden, das in jeder Hinsicht als durchschnittlich galt.

Die gesamte Personalstärke betrug 57 Beamten und 5 Beamtinnen[24]. Sie waren zuständig für sechs Stadtteile mit insgesamt 71.637 Einwohnern (es galt als „Wohnrevier"). Der Revierbereich umfasste 16 km^2.

---

24 Von ihnen wohnten 22 Dienststellenangehörige in Frankfurt oder näherer Umgebung, 40 außerhalb Frankfurts. Die Zahlen beziehen sich auf den Stichtag 1.7.1996. Der Anteil der Beamten,

Die Arbeitsbelastung der Beamten dieses Reviers kann nur unbefriedigend anhand der Deliktsbereiche aus dem Strafgesetzbuch erfasst werden. Die Schutzpolizei ist prinzipiell für *alle* Erstermittlungen von Straftaten zuständig (sog. „erster Angriff"), wobei nicht notwendig eine Fahrt zum Tatort erfolgt, sondern Anzeigen auch auf dem Revier aufgenommen werden können. Hier geht es zunächst um die formularmäßige Erfassung eines Sachverhalts. Unterhalb der Straftatenebene ist eine Bestimmung der Arbeitsbelastung nur schwer möglich, da viele Tätigkeiten nicht dokumentiert werden. Einige werden, wenn ihre Dokumentation für notwendig erachtet wird, in ein Tätigkeitsbuch eingetragen. Ich habe während meines Feldaufenthaltes die Tätigkeiten für den Zeitraum von *sechs Monaten* recherchiert[25]. Diese Dokumentation gibt sicher nicht die *ganze* Wirklichkeit wieder, vermittelt aber einen Eindruck über die *Alltagsarbeit* der Schutzpolizei des Reviers[26].

Hinsichtlich der Kriminalitätsbelastung galt das Revier als durchschnittlich. Auffällig hoch erschien die Prozentangaben von Todesfällen und der verwirrten/ vermissten Personen. Das lag vermutlich an der demografischen Struktur des Stadtteils (es wohnten in ihm relativ viele alte Menschen). Auffällig wenig erschienen dagegen die Fälle von Streitschlichtung (Familien- und Beziehungsgewalt oder Nachbarschaftsstreit) zu sein. Die eingetragene Zahl muss als viel zu gering angenommen werden (ich erinnere mich, dass die Streifen, die ich begleitete, oft in einer bestimmten Wohngegend unterwegs waren, um vielfältige Nachbarschaftskonflikte zu beruhigen, die wegen ihrer Regelmäßigkeit aber gar nicht mehr vermerkt wurden – die Personen waren allen bekannt, die Gründe ebenfalls; auch die Interventionen der Beamten ähnelten sich). Die meisten dieser Einsätze dürften keines Eintrags mehr für wert befunden worden sein. Diese Form der alltäglichen Konfliktregelung auf *niedrigem bürokratischem Niveau*

---

die nicht in der eigenen Stadt, bzw. sogar im eigenen Dienstbezirk wohnen, beträgt immerhin weit mehr als die Hälfte (genau 64.5%) des Personals. Dies hat notwendigerweise Auswirkungen auf die Frage der Identifikation der Beamten mit *ihrem* Wohnrevier. In der explorierten Dienstgruppe fuhren mehr als ¾ der Polizisten per revierübergreifender Fahrgemeinschaft nach Mittel- und Nordhessen. Sie gaben an, bewusst den Abstand zwischen dem beruflichen Stress und der heimischen Vertrautheit herzustellen und vom Revierbereich außerhalb des Dienstes nichts mehr wissen zu wollen.

25 Bemessungszeitraum der Stichprobe: 1.1.96-01.07.96 (beim Tätigkeitsbuch: 16.1.96-16.7.96), es ist also eine *nicht-amtliche Halbjahresstatistik*.

26 Eine Pro-Kopf-Umrechnung der insgesamt registrierten Tätigkeiten verteilte etwa 3274 Fälle auf 62 Mitarbeiter, rein rechnerisch ergibt sich eine Bearbeitungsquote von ca. 52 Fällen pro Person in sechs Monaten. Die Schlussfolgerung, dass jeder Revierbeamte etwa 100 Fälle im Jahr zu bearbeiten hat, wäre aber in mehrfacher Hinsicht verzerrend. Sie sagt überhaupt nichts über die tatsächliche Arbeitsbelastung aus, da natürlich nicht alle Mitarbeiter und Mitarbeiterinnen für alles zuständig sind (die Aufzeichnungen aus dem Tätigkeitsbuch betreffen z.B. ausschließlich den Schichtdienst). Außerdem sind nie 62 Personen im gesamten Jahr anwesend und schließlich verbirgt sich hinter den Fallzahlen eine jeweils höchst unterschiedliche Arbeitsintensität.

wurde gar nicht erfasst (deshalb werden diese Einsätze institutionell auch nicht wertgeschätzt, weil sie statistisch nicht existieren; wie geschickt ein Beamter wirklich im Alltag kommuniziert, weiß deshalb der Dienststellenleiter gar nicht unbedingt).

Strafanzeigen (Eigene Wahrnehmung und Anzeigen auf der Revierwache)	2380
Verkehrsunfälle gesamt (inkl. der nicht bearbeiteten VU[27]):	510
Tätigkeiten sonstiger Art (Eintrag im Tätigkeitsbuch)	384
Davon hier ausgewertet und aufgelistet	354
Davon	
• „Leichensachen" (keine klare Abgrenzung zum Suizid ersichtlich)	42
• Suizidfälle (inkl. Versuch und Verdacht)	14
• Verwirrte/vermisste Personen, Einweisung nach § 10 HFEG[28]	60
• Allgemeine Sicherungs- und Gefahrenabwehrmaßnahmen/Berichte an andere Dienststellen/Unterstützung anderer Behörden/Haftbefehlsvollstreckung	37
• Störungen (Ordnungswidrigkeiten, Ruhestörungen)	11
• Streitschlichtung (Familien- u. Beziehungsgewalt, privat-/zivilrechtlicher Streit)	26
• Randalierer/Körperverletzung (ohne Strafanzeige)	9
• Aufgriff von Kindern u. Jugendlichen	4
• Ingewahrsamnahme/Ausnüchterung	8
• Unklare Sachverhalte/allgemeine Verdachtsüberprüfungen (z.B. Meldungen über Einbruch/Rauchentwicklung u. Feuer, Verdacht einer Bombenexplosion/Verdacht der Vergewaltigung/sexuelle Belästigung	48
• Hilfeleistung/notarielle Tätigkeiten/Unfälle (außer Verkehrs-)Verletzte, Arbeitsunfälle, Schäden, z.B. Wasserrohrbruch	35
• Maßnahmen rund ums Kraftfahrzeug, z.B. Sicherstellung/Entstempelung von Kraftfahrzeugen/Auffinden von gestohlenen Fahrzeugen	58
• Melder/Alarmanlagen	2

27 Dabei wird trotzdem ein Formblatt mit den Personaldaten der Beteiligten ausgefüllt.

28 Das Hessische Freiheitsentziehungsgesetz (HFEG) gibt in § 10 der Vollzugspolizei das Recht, Personen unter bestimmten Umständen (z.B. Eigen- oder Fremdgefährdung, Suizidgefahr) zur Beobachtung in eine geschlossene psychiatrische Abteilung einzuweisen, was allerdings alsbald durch einen Richter überprüft werden muss.

2.2.3 Unterschiede zwischen BFE und Polizeirevier

Die Gegenüberstellung von Bereitschaftspolizei und polizeilichem Einzeldienst ist schwierig, da die diversen Subsysteme beider Behörden mit einem groben Raster nicht adäquat erfasst werden können. Ich habe aber versucht, die beobachtete BFE und das Frankfurter Polizeirevier zu vergleichen. Die Binnenstruktur der BFE fördert in größerem Ausmaß eine nicht-bürokratieförmige Cop Culture, da sie stärker auf persönlichen Bindungen beruht: Freundschaft, Solidarität, Ehre, emotionaler Nähe zwischen Vorgesetzten und Nachgeordneten und unter den Einsatzbeamten. Demgegenüber zeigt sich die bürokratische Organisation der Polizei deutlicher in der Struktur des Polizeireviers. Hier wird der Dienstbetrieb hauptsächlich durch Routinen geregelt, die in hohem Maße in internen Dienstanweisungen geregelt sind. Sie dienen der Bewältigung von Dauerproblemen, nicht der Lösung eines Einzelfalles. Insofern weisen diese zwei Organisationseinheiten schon unterschiedliche Strukturen auf, als sie andere Aufgaben zu lösen haben[29]. Ein Vergleich zwischen der BFE[30] und dem Einzeldienstrevier bleibt notwendigerweise unvollständig.

Das Besondere an der BFE ist ihre Selbststilisierung als Sondereinheit, ohne dass sie sich als Elite bezeichnet. Trotzdem ist sie für den Ausnahmefall da, Routinehandlungen sind nicht ihre Sache. Ein signifikantes Merkmal für Spezialisierung von Gruppen ist ihre Weigerung, Tätigkeiten zu verrichten, für die man alle anderen heranziehen kann: Die BFE-Beamten wehrten sich z.B. dagegen, Wachdienste oder allgemeine Bereitschaft zu versehen. Mit dem Argument, dass man dafür zu gut ausgebildet sei, hielt man sich aus den Routinediensten heraus und bereit für die Besonderheiten. Andererseits konnten sie sich nicht (mehr) weigern, in bestimmten Fällen als *normale* Einsatzeinheit eingesetzt zu werden, d.h. ohne BFE-typischen Auftrag und dementsprechende Gruppengliederung, die sog. RKB-Dienste gehörten zu ihnen. Das Gruppenklima erlebte ich dem einer erlebnisorientierten *Jugendclique* ähnlich, die vor allem Spaß an der Selbstdarstellung hat, und für die Kontakte mit der Außenwelt eine Gelegenheit sind, sich in ihrer Wirkung zu erproben und dies auch zu genießen. Dazu hatten sie oft Gelegenheit, da sie sich durch äußere Insignien und spezielle Trainings von anderen Gruppen unterschieden. Die Aufträge waren abwechslungsreich, in der

---

29 Natürlich findet sich in beiden Organisationsteilen auch die jeweils gegensätzliche Ausprägung: In der BFE gibt es genug bürokratische Elemente (schon durch Organisationsstruktur der Bereitschaftspolizei) und im Polizeirevier etablieren sich auch Krieger-Männlichkeiten. Hier sollen lediglich die begünstigenden bzw. weniger begünstigenden Rahmenbedingungen erwähnt werden, in denen sich die später vorzustellenden Männlichkeiten und die Handlungsmuster etablieren.

30 Die BFE repräsentiert nicht die Bereitschaftspolizei, vielmehr ist sie ein exponierter Teilbereich in ihr. Sie hat aber vermutlich Modellcharakter für das Selbstverständnis der künftigen Bereitschaftspolizei.

Regel wurden sie direkt vom Lagezentrum des Innenministeriums für alle möglichen Dienststellen eingesetzt. Sie identifizierten sich mit ihrem jeweiligen Auftrag jedes Mal neu, sie mussten stets die Lage neu *begreifen*[31].

Der soziale Status der Gruppe, als Teil der Bereitschaftspolizei, war eher gering, ihr Ansehen stieg aber dadurch, dass sie ein besonders qualifizierter Teil der Bereitschaftspolizei waren. Jedoch war diese Überlegenheit nicht fraglos gegeben, sondern musste stets neu demonstriert werden. Insbesondere in nicht BFE-typischen Lagen gab es außer der Einsatzkleidung keine äußere Differenz zu anderen geschlossenen Einheiten. Distinktiv wirkten da vornehmlich die besonderen Verhaltensweisen, die Teil der Habituspräsentation waren, z.B. bei Personen- oder Fahrzeugkontrollen. Das Durchschnittsalter war jünger als in anderen Polizeigruppen, was sich auf die Einsatzbegeisterung und die körperliche Leitungsfähigkeit auswirkte, allerdings für die älteren Leitungsbeamten Disziplinierungsschwierigkeiten mit sich brachte. Die *jugendliche Energie* richtete sich manchmal gegen die Ziele der Organisation (z.B. dann, wenn sie diskriminierende Plakate schrieben, wenn sie zu martialisch oder als Machismo in der Öffentlichkeit auftraten). Der Anteil von Frauen in solchen Einheiten wurde geringer gehalten als üblich, um den *Einsatzwert* nicht zu gefährden. Die Profilierungsmöglichkeit war hoch, da viele Einsätze besondere Überwindung und/ oder Disziplin abverlangen. Besonders stolz waren die Beamten, wenn sie der örtliche Polizeiführer nach dem (erfolgreichen) Einsatz bei ihren Vorgesetzten bedankte und die Gruppenleistung lobend hervorhob. Die Gruppe war geschlossen, sowohl nach innen (feste Teams) als auch nach außen (keine Vermischung mit anderen Einheiten). Neuzugänge kamen entweder direkt von der Polizeischule oder von anderen Einheiten, der Eintritt war nicht selbstverständlich, sondern an Initiationsrituale geknüpft (Aufnahmeprüfung, Leistungstest, besondere Zusatzausbildung). Von dem, was sie im Einsatz erwartete, wussten die BFE-Angehörigen oft nicht viel, obwohl sie stets versuchten, durch eigene Aufklärungsbeamte etwas von der Gegenseite zu erfahren. Prinzipiell waren sie im Einsatz die *Fremden*, ohne regionalen Bezug und ohne persönliche Verbindung mit den Menschen, gegen die sie vorgingen. Das machte sie frei von sozialen Abhängigkeiten und deshalb universell einsetzbar.

Anders dagegen die Situation im Polizeirevier. Hier überwiegt die Routine, da man am nächsten Tag am gleichen Ort Ähnliches zu tun haben kann. Nicht die spektakulären Aktionen sind im Bewusstsein der Mitarbeiter verankert, sondern Normalitätskonstruktionen. Der strukturelle Spezialisierungsgrad ist gering

[31] Beispielsweise übten sie für eine Razzia, indem sie sich eine Lageskizze des Hauses besorgten, die Räume nachstellten und so in Rollenspielen und anhand inszenierter Fallkonstellationen diesen bevorstehenden Einsatz durchspielten. Sie bereiteten sich auf diese Weise schon szenisch auf ihren Auftrag vor.

(individuell kann er hoch sein, muss aber nicht), da die Schutzpolizei eine Erstzuständigkeit besitzt, die auf kurzfristige Intervention und anschließende Weitergabe an Spezialisten ausgerichtet ist.

Es entwickelt sich individuelles Erfahrungswissen, das sich aus den häufigsten Tätigkeiten und Konflikten ergibt[32]. Aus der Vielzahl und der Heterogenität der Aufträge entwickelt sich ein diffuses Verhältnis zum Einzelauftrag. In der Regel bilden sich Spezialisten für besondere Arbeitsfelder heraus, die gruppenintern die Kollegen mit ihrem Wissen unterstützen (technische Kenntnisse, Straßenverkehrsangelegenheiten, Spurensicherung und andere Tatortarbeit). Auffällig ist, dass die Schutzpolizei, und dort speziell der Wach- und Wechseldienst/ Einsatz- und Streifendienst, hegemonial in der Organisation wirkt. Aus ihm erwachsen die meisten Geschichten, er bietet Alltagserfahrungen und Erinnerungen, die später, in den eher spezialisierten Arbeitszusammenhängen, nicht mehr so intensiv sind. Das Handlungsfeld der street cops ist der Einzeldienst[33]: in ihm bewähren und verwirklichen sich sowohl der *Schutzmann* als auch der *crime fighter* gleichermaßen. Beide sind *Generalisten*, die in allen möglichen diffusen Situationen *das Richtige tut.* Die Gruppen sind in der Regel weder horizontal noch vertikal geschlossen, d.h. Personalwechsel ist üblich und häufig. Die Klientelkenntnis ist selektiv und richtet sich in der Regel nach den *typischen Fällen*. In jedem Polizeirevier gibt es Problemstraßen/-häuser/-familien, es gibt soziale Brennpunkte und *gefährliche Orte*, die man besonders häufig aufsucht. Abhängig von der Länge der Zugehörigkeit und der eigenen Erfahrung bildet sich im Verlauf der Dienstzeit ein bestimmtes Erfahrungs- und Expertenwissen heraus, das sich u.a. auf die Kenntnis der Örtlichkeiten, der Klientel und standardisierter Gefahrensituationen bezieht (so ist es beispielsweise für die interne Anerkennung unter Streifenpolizisten von Vorteil, alle Straßen des Revierbereichs zu kennen und auch den Verlauf von Einbahnstraßen zu wissen. Diese Kenntnis kann entscheidende Bedeutung erlangen, wenn man schnell an einen bestimmten Ort kommen muss. Detaillierte Ortskenntnis ist für Leitungsbeamte nachrangig, sie können sich die genaue Lage erklären lassen).

Die auffälligsten Unterschiede fasse ich noch einmal in der Tabelle auf der folgenden Seite zusammen[34]:

---

32 So lernen die meisten Polizisten, Türen einigermaßen unauffällig und schonend zu öffnen, nicht selten benutzen sie dafür die Antenne des Streifenwagens, besonders zum Öffnen von Autotüren, was den Antennen dann diese eigenartige Bogenform verleiht, die sich der Normalbürger nur schlecht erklären kann.

33 In Hessen hieß das früher „Wach- und Wechseldienst", in Niedersachsen „Einsatz und Streifendienst" (ESD). Gemeint ist immer der Rund-um-die-Uhr-Präsenzdienst der Schutzpolizei.

34 Das Verhältnis zwischen den Beamten der Bereitschaftspolizei und dem polizeilichen Einzeldienst ist nicht ganz spannungsfrei. Generell begannen früher alle Polizisten ihre Ausbildung in der Bereitschaftspolizei. Heute liegt in den meisten Bundesländern die Ausbildung nicht mehr in

Tabelle: Unterschiede BFE – Einzeldienst

Merkmal	BFE	Einzeldienst
Einsatzart	Ausnahme	Routine
Kollektives Bewusstsein	Erlebnisorientierung (Ereignis)	Normalitätssicherung
Spezialisierungsgrad	hoch	gering
Zuständigkeit	auf Anforderung, subsidiär	Eilzuständigkeit/ erster Angriff
Handlungsprofil	Spezialisten	Generalisten
Verhältnis zum Auftrag	Identifikation	diffus
Status in der Gesamtorganisation	ambivalent/eher gering (Bereitschaftspolizei)	hoch/hegemoniale Stäbe (Schutzpolizei)
Selbstbeschreibung	Elite/besser als andere	„richtige" Polizei/ street cops
Einsatzgebiet	überregional (z.T. bundesweit)	lokal begrenzt
Alter/Geschlecht	jung/intendierte Männer-dominanz	gemischt/Männerdominanz faktisch, aber nicht intendiert
Profilierungs-möglichkeit	hoch – durch Bewährung in besonderen Einsatzlagen	keine Profilierung erforderlich; Bewährung durch Zuverlässigkeit u. Stetigkeit;
Organisationsgrenze	geschlossen, feste Teams	offen, z.T. hohe Fluktuation

der Gestaltung der Bereitschaftspolizei, wohl aber ist sie nach wie vor der Erstkontakt für die Novizen. Sie vermittelt die erste Praxiserfahrung (entweder als Station im Praktikum oder als Erstverwendungsstelle) nach der „Theorie". Trotzdem (bzw. deshalb) haben Bereitschaftspolizisten unter den street cops geringes Ansehen, weil sie alles Mögliche machen, aber am jeweiligen Einsatzort meistens weniger wissen als die örtlich zuständigen Kollegen. *Orts- und Personenkenntnis ist Herrschaftswissen in der Polizei*, die „BePo" hat von beiden wenig. Die Einzeldienstbeamten halten sich für die *richtige Polizei*, viele sehen mit mehr oder weniger Belustigung auf die geschlossenen Verbände. Die BFE-Angehörigen heben sich dagegen von beiden Gruppen ab. Durch Ausrüstung und Sonderausbildung zeigen sie, dass sie besondere Bereitschaftspolizisten sind. Was die Einsatztechnik und -taktik angeht, halten sie sich für wesentlich professioneller als die Kollegen des Einzeldienstes. Die Einsatzbeamten von Bereitschaftspolizei und Einzeldienst, die sich im RKB begegnen, sind alle street cops, sie sind sich aber nicht in gleicher Weise nah. Die polizeilichen Handlungsmuster gelten jedoch für beide Gruppen, sie sind sogar das Band, das sie, über alle sonstigen Differenzen hinweg, zusammenhält: das Unterstützungsgebot gilt für alle gleich. Ähnlich ist es mit dem Männer/Frauen-Konflikt: man mag intern noch so bissige Kommentare für die Kollegin übrig haben, wird sie von außen angegriffen, wird sofort die *Kollegin* verteidigt.

Nachwuchsrekrutierung	Polizeischule/Freiwillige	Bereitschaftspolizei und horizontale Veränderung (Umsetzung, Versetzung)
Klientelkenntnis	im Allgemeinen gering/muss immer neu hergestellt werden	selektiv aber intensiv (abhängig von individueller Erfahrung)
Regionaler/situativer/sozialer Kontext	prinzipiell fremd	vertraut (abhängig von individueller Erfahrung)

2.3 Beziehungsarbeit und Wissensgenerierung in der empirischen Polizeiforschung

Die Beziehungsanalyse zwischen Forscher und Forschungsfeld stellt die Grundlage für ein hermeneutisches Verstehen sozialer Prozesse dar (Hitzler/Honer 1997; Lorenzer 1995, 230-241). Unter dieser Prämisse ist Fremdverstehen (Kade 1983) bedeutsamer als die Produktion von *Fakten* (im Sinne objektiver Daten, wobei ich die Problematik des Objektivitätsbegriffs nicht weiter vertiefe, vgl. dazu Glasersfeld 1991; Kleining 1982, 245 f.).

Mein erster Tag im Polizeirevier. Den Vertreter des Dienststellenleiters kenne ich von früher. Wir reden über die Zeit im Präsidium, über einige der damaligen Kollegen, über den weiteren persönlichen Werdegang. Er schlägt mir vor, in einer bestimmten Dienstgruppe zu hospitieren, da die Leute dort am aufgeschlossensten seien. Das macht mich stutzig, ich bekomme das Gefühl, er will mir seine Lieblinge vorstellen und damit vermeiden, dass ich sehe, wie die anderen arbeiten. Warum dirigiert er meine Aufmerksamkeit? Ich habe zu wenig darüber nachgedacht, was es für Leitungsbeamte heißt, dass man seine Nase in ihren Verantwortungsbereich hineinsteckt. Aus dem Gespräch entnehme ich, dass in der Dienstgruppe zwei meiner früheren Kollegen arbeiten. Da mich sowieso nicht die Fakten, sondern die Hintergründe und Beziehungen interessieren, ist es egal, wo ich hinkomme. Ich beginne heute mit dem Nachtdienst.

Ich finde also gegen 19.00 Uhr meinen Platz am Kaffeetisch. Holger empfängt mich mit den Worten, „wer neu ist, gibt hier gleich seinen Einstand" und identifiziert mich als früheren Kollegen. Ich bekomme mit, dass es doch Unruhe um meinen Aufenthalt und meine Interessen gegeben hat. Der Vertreter des Dienststellenleiters muss wohl ein Geheimnis daraus gemacht haben, woher er mich kennt. Jedenfalls sagt Timo, dass er ziemlich sauer gewesen wäre, wenn er erst am Ende meines Aufenthalts erfahren hätte, dass ich ein Ex-Polizist sei. Er sagte: „Polizisten lassen sich nicht gern verarschen". Sie wurden in einer anderen Sache schon mal von ihrem Vorgesetzten hinters Licht geführt und sind ihm gegenüber misstrauisch. Später äußert er, dass er zu wissen glaube, warum ich gerade in ihre Dienstgruppe gekommen

> sei, da er sich nämlich als schwuler Mann vor den Kollegen zu erkennen gegeben habe. Vermutlich, so Timos Hypothese, habe sich der Vertreter gedacht, dass mich das interessieren könnte.

Die Teilnehmer im Forschungsfeld haben Phantasien über den Forscher. Der stellvertretende Dienststellenleiter rekapituliert unsere gemeinsame Dienstzeit, knüpft an Bekanntes an. Er ist nun in neuer Position, fühlt sich verantwortlich für den Ruf des Reviers und bietet mir aus Gründen, die ich letztlich nicht durchschaue, eine bestimmte Dienstgruppe an. Vermutlich hält er sie für diejenige, von der er denkt, dass sie mit mir und ich mit ihnen am einfachsten zurecht kommen würden. Es ist für ihn bestimmt nicht leicht, dass ein Fremder sein Haus „inspiziert".

In der Dienstgruppe selbst erfolgt die Vereinnahmung des Forschers über die Behandlung als *Quasi-Kollege:* Man knüpft an diffus Bekanntes an und verpflichtet ihn auf die Regeln der Dienstgruppe. Rituale („Einstand" geben) spielen dabei eine wichtige Rolle. Die zentrale Argumentationsfigur der street cops besteht im Schutz vor Irritation: Sich nicht gerne „verarschen" zu lassen heißt, sich nicht gerne zum Spielball der Interessen von Vorgesetzten machen zu lassen. Deshalb sind sie grundsätzlich misstrauisch gegenüber der Dienststellenleitung und gegenüber allem, was nicht von ihnen selbst geprüft worden ist.

Meine Reaktionen auf dieses Misstrauen ließen mich häufig Anstrengungen unternehmen, um mich von dem Verdacht zu befreien, mit der Führung zu kollaborieren (ich übernahm den Spott über Personen, die von den Polizisten verspottet wurden, nur um deutlich zu machen, auf welcher Seite ich stand – später nahm dieser Wunsch nach eindeutiger Positionierung allerdings ab). Sich nicht manipulieren oder sonst irgendwie missbrauchen zu lassen, das war die Hauptsorge der Polizisten, eine Befindlichkeit, die mir im Verlauf des Feldaufenthaltes häufig begegnet ist.

Wie subjektiv die Selbstwahrnehmung des teilnehmenden Beobachters sein kann, verdeutlicht eine Bemerkung von Skolnick (1966, 36 f.):

> „...Wenn ein Soziologe mit der Polizei für ein oder zwei Tage mitfährt, dann mag man ihm etwas vorzumachen versuchen. In dem Maße aber, in dem er zur Szene zu gehören beginnt, erscheint er weniger als ein Kontrollorgan denn als ein Komplize" (zit. nach Feest/Blankenburg 1972, 15, Übersetzung der genannten Autoren).

Obwohl ich stets hoffte, nicht mehr als Fremdkörper zu wirken, war ich mir dessen nie ganz sicher. Die von Skolnick vorgetragene Veränderung der Beziehung zum Forschungsfeld habe ich in früheren Forschungsaufenthalten auch vertreten (Behr 1993). Heute wäre ich vorsichtiger, den Zeitpunkt des Vertrautseins zu bestimmen, vielleicht sollte man, gerade gegenüber Polizisten, nicht zu naiv sein. Ich glaube nicht, dass sie sich einen Forscher wirklich zum Komplizen machen würden (vgl. Behr 1996 b).

Für mein Umfeld war ich entweder ein *ehemaliger Kollege, der jetzt an der Uni arbeitet* oder ein *Soziologe, der früher mal ein Kollege von uns war*. Die semantischen Unterschiede brachten deren Verhältnis zu mir genau auf den Punkt: Dem ersten kann man prinzipiell trauen, den zweiten hält man sich besser auf Distanz

Meine Haltung zur Polizei und meine Rolle als Beobachter war dann kommunizierbar, wenn ich ausreichend lange bei einer Gruppe blieb. Meine Selbstdefinition fiel unterschiedlich aus: Bei der Bereitschaftspolizei hatte ich das Glück, dass sich spontan ein ausgesprochen offenes und herzliches Verhältnis zum Leitungsteam der BFE ergab. Besonders der Stellvertreter brachte meiner Arbeit Respekt (und vielleicht etwas Bewunderung) entgegen und ich schätzte an ihm seine offene und doch reflektierte Umgangsweise mit seinen Kollegen und seiner Aufgabe. Jedenfalls übertrug sich das gegenseitige Interesse und die wechselseitige Sympathie auf die Gruppenmitglieder und ich hatte wenig Probleme, als *Fachmann für das Soziale* zu gelten. Mein Fragen, mein Zuhören und Diskutieren fand in einem Klima klarer Rollenverteilung statt[35]. Dagegen veränderte sich meine Rolle während meiner Beobachtungszeit im Polizeirevier: Ich war dort dem *Praktikanten* näher als dem *Experten*[36].

Oft, besonders zu Beginn meines Aufenthalts, war ich eher *Beobachter*, der sich in einer sozialen Situation zurechtzufinden versuchte. Ich war auch *Teilnehmer*, wurde aber deutlich als *Fremder* bzw. als *Gast* identifiziert. Der Schwerpunkt lag deutlich auf der distanzierten (und Distanz erzeugenden) Beobachtung. Mit zunehmender Aufenthaltsdauer und wachsender Vertrautheit habe ich diese Position manchmal eingetauscht und bin, jeweils kurzzeitig, zum *Teilnehmer* geworden. Zeitweise fühlte ich mich primär als Teilnehmer der Feldsituation und sekundär als Beobachter. Diese *Übergänge* erfolgten meist ungeplant und dann, wenn eine zusätzliche Funktion im Feld gebraucht werden konnte.

---

35 Möglicherweise lag das daran, dass der Altersunterschied zwischen den Beamten und mir schon so groß war, dass keine Konkurrenzsituationen mehr entstanden.

36 Die Praktikantenrolle gibt es in der Polizei wirklich, und zwar als Bestandteil des Studiums an der Polizei-Fachhochschule. Unter anderem müssen Kriminalbeamte ein Praktikum bei der Schutzpolizei absolvieren. Diese Studierenden sind dann in Zivil und fallen Außenstehenden nicht sofort als Polizeibeamte auf. Ich konnte also in deren Rolle schlüpfen und auf diese Weise bei den Handlungen der uniformierten Polizisten dabei sein, ohne selbst etwas tun zu müssen. Ich erfuhr bei diesen Gelegenheiten auch, dass Zivilisten in Begleitung von Uniformierten, unter der Bedingung, dass beide freundlich miteinander sprachen, von der Bevölkerung gern als Vorgesetzte (Kriminalbeamte) etikettiert wurden. Soviel zur pädagogischen Wirkung von „Tatort und Co.“.

> Die Streife, die ich gerade begleitete, wurde zu einer amerikanischen Familie gerufen, deren Sohn von einem fremden Mann sexuell belästigt worden sein sollte. Von den Streifenbeamten sprach niemand einigermaßen fließend englisch, die Amerikaner nicht deutsch. Ich bot an zu dolmetschen. Anfangs tat ich das diszipliniert, aber es war mir schnell zu umständlich und langwierig und so führte ich unversehens die Befragung selbständig durch und informierte die Polizeibeamten über „meinen" jeweiligen Ermittlungsstand. Das ließen sie sich auch gefallen, da ich ähnliche Fragen stellte, die sie gestellt hätten. Später, auf der Dienststelle und bei der Vernehmung durch die Kriminalpolizei, behielt ich meine *Hilfsermittler*-Rolle bei. Ich schlüpfte also mehr oder minder wissend für kurze Zeit in die Rolle eines Polizisten und gab die Rolle erst wieder auf, als wir den *Fall* abgegeben hatten.

Auf eine ähnliche Konstellation verweist Whyte am Beispiel eines jungen schwarzen Soziologen, Robert Johnson, der ein Farbigenviertel in New York untersuchte und später sagte: „'I began as a non-participating observer and ended up as a non-observing paticipant'"(Whyte 1965, 28 f.).

2.3.1 „Schreib' mal, wie es wirklich ist bei uns"

Die Haltung der unmittelbar von meiner Forschung Betroffenen kann ganz allgemein so zusammengefasst werden: Sie wollten vor allem richtig verstanden werden, sie wollten sicher sein, dass sie nicht bespitzelt, im Auftrag der Führung ausspioniert oder anderweitig manipuliert würden. Bei einer Forschung in der Polizei ist es fast nie möglich, eine Dienstgruppe, eine Einheit, ein Kommissariat zu fragen, ob sie freiwillig an einer Feldforschung teilnehmen will. Dies – und ebenso die Festlegung, *wer* untersucht werden sollte – wurde in meinem Fall vorher schon geregelt (nicht unbedingt angeordnet). Die Gruppe hat also normalerweise keinen Einfluss auf ihre Teilnahme, wohl aber auf die Ausgestaltung. Sie kann sich still oder ausdrücklich verweigern, man kann sich verstellen oder so oberflächlich und unverbindlich bleiben, dass dem Forscher klar wird, dass er stört (die ausdrückliche Verweigerung ist mir nie widerfahren, der innere Rückzug allerdings einige Male). Der versucht dann um so intensiver, der Gruppe klar zu machen, dass er selbst es war, der sich für sie entschieden hat, nicht der Vorgesetzte. Und obwohl mir dies meistens gelang: Während des Feldaufenthalts bestand ständig die Gefahr, dass das mit einigem emotionalem Aufwand zurückgedrängte Misstrauen wieder aufbrach.

Die Loyalität gegenüber der jeweiligen Gruppe im Forschungsfeld wurde mir in dem Maße erleichtert, wie sie mir Vertrauen entgegenbrachte, mich in ihre kleinen Geheimnisse einweihte, z.B. Witze über Vorgesetzte machte. Die Gruppe formulierte bald ein dezidiertes Anliegen, das ein Teilnehmer mit dem Satz ausdrückte: „Schreib' mal, wie's wirklich ist bei uns". Aber wie ist es *wirklich*?

Polizisten sind keine Konstruktivisten, sie haben normalerweise weder von Berger/Luckmanns gesellschaftlicher Konstruktion der Wirklichkeit (1969) noch von Krasmanns phänomenologischem Versuch über die Polizei (1993) gelesen. Sie *wissen* es einfach eindeutiger als der Theoretiker, wie es *wirklich* ist, alles andere ist in ihren Augen Unfug. Ihr *Auftrag* (bzw. ihr *Vermächtnis)* an den Forscher besteht darin, die anderen (vor allem: Vorgesetzte, Öffentlichkeit) davon in Kenntnis zu setzen, wie es *wirklich ist.* Diese Beauftragung ist auch ein Versuch, mit einer Öffentlichkeit in Beziehung zu treten, von der sie sonst annehmen, dass sie die Haltung der Polizisten nicht teilt bzw. sie nicht ernst nimmt oder gar nicht glaubt. Street cops fühlen sich oft und umfassend missverstanden und ungerecht behandelt. Und zwar sowohl horizontal wie vertikal, d.h. sowohl in Beziehung zu anderen Berufen als auch in Beziehung zur eigenen Leitungshierarchie. Der Forscher wird zum Delegierten der Gruppe, seine Anwesenheit als Chance genutzt, Wissen und Selbstbild der Polizisten nach außen bzw. nach oben zu tragen.

Das Verlassen jeder Forschungsetappe war mit dem Gefühl verbunden, der beobachteten Gruppe den Gefallen, zu schreiben, wie es in ihren Augen *wirklich* war, nicht tun zu können, weil ich erstens noch nicht wusste, in welche theoretischen Zusammenhänge sich das Material einbringen lassen würde und zweitens ahnte, dass das, was dabei *herauskommen* könnte, den Polizisten nicht notwendigerweise angenehm sein müsste[37].

Wahrscheinlich haben Street Cops gar nicht, im Gegensatz zu ihren Vorgesetzten, das Problem des *Theorieverstehens.* Sie verstehen ausreichend viel von Gesellschaft, um ihren Job zu erledigen, auch ohne ein quasi-soziologisches Fachwissen, und sie sprechen ziemlich unverstellt und unverblümt darüber.

2.3.2 Arbeitsbündnis, Übertragung und Gegenübertragung

Das Arbeitsbündnis zwischen den Polizisten und mir markiert am besten der Satz eines Beamten, der im Interview häufiger die Floskel gebrauchte: „Du weißt ja, wie das ist". Der Satz kennzeichnet das Nähe-Distanz-Problem zwischen dem Forscher, der früher Polizist war, und seinen ehemaligen Kollegen (zwar nicht notwendig in Person, aber als Rollenträger), die er jetzt beforscht. Es handelt sich dabei um den Versuch der Beforschten, den nunmehr Außenstehenden in den eigenen Verständnishorizont hineinzunehmen. Die damit verbundene Erin-

---

37 Das, was mir im Vertrauen gesagt wurde, bezog sich oft auf Personen aus dem unmittelbaren Umfeld des Erzählers. Den Wahrheitsgehalt konnte ich selten prüfen. Punch (1989, 198) beschreibt das so: „The dilemma of gaining trust is that one may be told much in confidence, that cannot be used because it cannot be verified, can damage individual's careers, and can reveal one's sources."

nerung an meine früheren Zeiten bei der Polizei bzw. die Verpflichtung auf gemeinsame Haltungen und Erfahrungen, die ich aus der Vergangenheit kannte, können als mein genuiner (und nicht reproduzierbarer) Zugang zum Forschungsfeld gelten. Ob es sich um *Insider*-Themen, z.B. bürokratische Dienstabläufe, Konflikthandlungen, oder um sonst nicht anders zu besprechende, aber gleichwohl vertraute, Situationen handelte: Prekäre Themen wurden mit der Vorstellung besetzt, ich besäße den gleichen Wissensvorrat wie der Erzähler. Zwei Besonderheiten hängen damit zusammen:

1. Das häufig unterstellte *gemeinsame* Wissen verhinderte manchmal das, was ich wissen wollte, nämlich die Rekonstruktion von Ereignissen aus der Erinnerung meines Gesprächspartners heraus. Der Organisationsfremde prallt mit seiner professionellen Neugier geradezu gegen eine Wand alltagsweltlicher Verständigung. Er will sich mit dem „Denken-wie-üblich“ (Schütz 1972, 58) nicht zufrieden geben, sondern will alles möglichst genau wissen. Die Polizisten wollten mich aber nicht als Fremden, sondern machten mich mit der Bemerkung ”Du weiß ja, wie das ist” zum Vertrauten (freilich ohne, dass das Vertrauen in mich überprüft worden wäre). Sie trugen ein Verständnis an mich heran, mit dem man sich *so ungefähr* erinnerte und mit dem man die Probleme des Alltags löste. Sie unterstellten auch, dass ich *wusste, wie es ist,* und diese Unterstellung fungierte als Sperre oder Immunisierung gegen das unbequeme Nachfragen.
2. Die gemeinsame Berufssozialisation bildete das Band zwischen den Forschungsteilnehmern und mir. Einerseits hatte dies etwas Gemeinschaftsstiftendes und Exklusives, etwas, worauf man sich verlassen konnte, andererseits war sie Verpflichtung: Hätte ich beispielsweise einen gleichaltrigen Beamten bei der Schilderung der vielen kleinen und größeren Schikanen während der Grundausbildung in der Bereitschaftspolizei („ ... wie wir am Anfang im Gleichschritt zur Kantine marschieren mussten...“) geantwortet, „nein, ich weiß nicht, wie das ist, bitte erkläre doch mal genau“, wären bei ihm sicher Zweifel darüber entstanden, ob ich tatsächlich jemals in der Bereitschaftspolizei war.

Der Rekurs auf gemeinsam geteiltes Wissen hatte durchaus den Charakter einer Botschaft: Der Erzähler verlässt sich darauf, nicht *peinlich verhört* zu werden. Zwar war das setting (teilnehmende Beobachtung bzw. Interview) nicht vergleichbar mir normaler *Alltagskommunikation,* ich versuchte aber die Verzerrungseffekte in der Kommunikation dadurch gering gehalten, dass ich in der Regel auf *inquisitorische* Nachfragen verzichtete. Wie ich im Zusammenhang mit dem Interaktions- und Arbeitsbündnis noch erläutern werde, war die Kommunikationssituation für die meisten Beteiligten schon fremd genug, da sie von der Struktur her einer polizeilichen Vernehmung (jetzt mit anderen Rollen) oft nicht unähnlich war. Um die Beziehung nicht in eine Vernehmung münden zu lassen, wurde oft auf gemeinsame Erfahrungen bzw. Bilder verwiesen. Zwischen dem Wunsch nach einer ausgiebigen narrativen Erläuterung und dem Bemühen, die *Konversationsmaschine* nicht zu unterbrechen, musste ich manchmal Kompromisse eingehen. Einige Male half der Verweis, dass ich mich zwar noch erinnern könne, es aber schon lange zurückliege und ich außerdem wissen wolle, wie das Thema heute auf ihn persönlich wirke[38].

Dies war ein Teil *meiner* besonderen Arbeitsbedingungen im Forschungsfeld, und diese determinierten das Interaktions- bzw. Arbeitsbündnis zwischen mir und den Forschungsteilnehmern.

Der aus der psychoanalytischen Therapie stammende Begriff des *Arbeitsbündnisses* beschreibt die Besonderheiten der therapeutischen Beziehung zwischen Arzt und seinem Patienten. Dies bezieht sich beispielsweise auf die gemeinsame Übereinstimmung über die Durchbrechung des konventionellen Kommunikationsstils, da es sich in der Therapie um eine *heilende Beziehung* handelt. Dazu gehört die Anerkennung von Interaktionsregeln, z.B. die der rückhaltlosen Offenbarung aller Einfälle durch den Analysanden, die durch die Zurückhaltung und die Verschwiegenheitspflicht des Therapeuten gefördert wird, oder der *freien Assoziation* auf der einen, und der *gleichbleibenden Aufmerksamkeit* (vgl. Freud 1943b, 377; Resch 1998, 38) auf der anderen Seite.

Das Arbeitsbündnis zwischen Polizisten und dem Feldforscher zeigt sich im Interview in der Auseinandersetzung über ein Ereignis, das aus zwei verschiedenen Haltungen heraus bearbeitet wird (z.B. aus der Haltung der Berufsroutine auf der einen und der Perspektive der prinzipiellen Fremdheit und der besonderen Aufmerksamkeit auf der anderen Seite). Es steht zwar kein singuläres Ereignis im Zentrum der Kommunikation, sondern eine *Ereignisreihe*, die Bestandteil der Biografie des Erzählers ist. Er erzählt mit seiner eigenen Relevanzstruktur, und der ganze Text stellt – als sprachliches Produkt der gedanklichen Rekonstruktion – ein neues *Ereignis* dar, von dem der Erzähler vielleicht bewusst sagen kann, dass es sein eigenes ist. Das manifeste Ergebnis ist interessengeleitet, d.h. es kommt zustande, weil sich der Erzähler strategisch verhält (er kontrolliert, was der Feldforscher von ihm *wissen* oder mitbekommen soll). Dieser wiederum baut die vermutete Überlegung des Erzählers in seine Interpretation mit ein, er hört schon in diesem doppelten Verständnis. Eine dritte Ebene kommt noch hinzu, die der latenten Bedeutungen, die unterhalb der bewussten Formulierungen noch mitschwingen und der späteren Interpretation zugänglich werden. Es gibt also

---

[38] Das ging besonders in den Zusammenhängen, in denen ein moralisches Urteil abzugeben war, zum Beispiel zum Thema „Asyl in Deutschland“.

neben der *Informationsebene* noch die *Strategieebene* sowie die *Deutungsebene* im Interview. Für die Interpretation heißt das, auf drei Ebenen zu interpretieren: 1. Inhalte (Informationen), 2. strategische Konstruktionen und 3. unbewusste Anteile. Das Material interpretierte ich in einem (tiefen-) hermeneutischen Verfahren (vgl. zu diesem Verstehenszugang u.a. Leithäuser/Volmerg [1988, bes. 234-261]).

Dabei kam der Analyse von *Übertragungs-* und *Gegenübertragungsreaktionen*, die ich als die wesentliche Instrumente einer reflexiven Forschung betrachte, eine besondere Bedeutung zu. Die Gegenübertragungsanalyse ist dabei fast noch wichtiger als die Übertragungsanalyse, da sie als *Reaktion des Forschers* auf das Feld bzw. auf die Interaktionsprozesse mit den Akteuren im Feld eine tiefergehende Interpretation erlaubt als die Übertragungsreaktionen der Erforschten (über die man oft nur wenig biografische Informationen besitzt). Sigmund Freud benutzt den Terminus *Gegenübertragung* natürlich im therapeutischen Kontext. In einem Vortrag über die „zukünftigen Chancen der psychoanalytischen Therapie“ sagt er:

> „Wir sind auf die ‚Gegenübertragung' aufmerksam geworden, die sich beim Arzt durch den Einfluss des Patienten auf das unbewusste Fühlen des Arztes einstellt, und sind nicht weit davon, die Forderung zu erheben, dass der Arzt diese Gegenübertragung in sich erkennen und bewältigen muss“ (Freud, 1943a, 108).

In der empirischen Sozialforschung werden Übertragung und Gegenübertragung als Interaktionsmerkmale beschrieben, bei denen gegenseitige Erwartungen, determiniert durch frühere Erfahrungen und dem daraus resultierenden Verständnis der Situation, zu einem komplementären Verständigungsspiel führen. Das Wissen über die Interaktionsbedingungen ist Grundlage des Arbeitsbündnisses.

> „Gewöhnlich bringen wir den anderen dazu, in dieses angebotene Verständnis ‘einzusteigen' und die komplementären Emotionen zu haben. Diese Gegenübertragung, die zusätzlich beeinflusst ist von den eigenen bevorzugten Analogisierungen, kann daher zugleich ein Hilfsmittel der Erkenntnis sein: Von ihr informiert *verstehen* wir die Strategien der anderen“ (Steinert 1998b, 70, Hervorhebung im Original).

Ich verwende Übertragung und Gegenübertragung im Zusammenhang mit Erkenntnisgewinnung und Dateninterpretation im Forschungsprozess und grenze dies deutlich gegenüber dem therapeutischen Kontext ab[39].

---

[39] Anders als im therapeutischen bzw. supervisorischen Kontext geht es im (Tiefen-)Interview ausdrücklich *nicht* um *Intervention*, sondern um die möglichst störungsarme Aufnahme von Narrationen. Die Äußerungen der Interviewpartner gewinnen nicht als Re-Inszenierung früherer (traumatisierender) Erlebnisse an Bedeutung, und es steht dem Interviewer nicht zu, dem Inter-

Meine Gegenübertragungsreaktionen habe ich am deutlichsten dann gespürt, wenn ich als teilnehmender Beobachter auf dem Rücksitz eines Streifenwagens saß und die Gefühle, die sich in bestimmten Situationen einstellten, zu deuten versuchte. Müdigkeit, Schweigen, Wut, Ohnmacht, Freude, Unkonzentriertheit, das Herumphantasieren, wie ich in der Situation als Polizist agiert hätte, waren sichere Hinweise darauf, dass die aktuelle Situation diese Affekte auslöste bzw. verstärkte.

Wenn der Forscher selbst zum Bestandteil des Forschungsprozesses (und damit seines Ergebnisses) wird, setzt er sich prinzipiell den gleichen Abwehr- und Übertragungsreaktionen aus, wie er es in seinem Forschungsfeld beobachtet. Viele von ihnen werden erst im Austausch mit anderen (z.B. mit einer Interpretationsgruppe) sichtbar und können in den Erkenntniszusammenhang eingearbeitet werden. Reflexivität (besser: eine reflexive Haltung) in der empirischen Sozialforschung entsteht also über die Analyse der sozialen Ereignisse im Feld, und zwar in erster Linie der Übertragungs- und Gegenübertragungsverhältnisse sowie der Arbeitsbündnisse. Das qualitative Element der qualitativen Sozialforschung sehe ich auch in diesem *Verarbeitungsprozess* und nicht etwas schon darin, dass man in einem Fragebogen auch einige Stellen für freie Antworten der Probanden reserviert. Nicht die Sprache der Interviewten macht eine Untersuchung zur qualitativen Studie, sondern die Art und Weise der Verarbeitung des Materials und das Maß an Durchdringung des Materials mittels „reflexiver Spiralbewegungen".

Manchmal fällt es schwerer, auf (frühere) Gemeinsamkeiten mit der beforschten Gruppe verpflichtet zu werden, als ihr ganz fremd und unvoreingenommen gegenüberzutreten. In der Feldforschung begegnet der frühere Polizist solchen Effekten (z.B. dem der sog. *Betriebsblindheit* oder der eigenen *blinden Flecken*) des öfteren, beispielsweise wenn er die Festnahme und Durchsuchung einer Person zunächst nur aus der Perspektive der Polizeibeamten beschreibt und nicht auf die Erniedrigungsrituale achtet, die damit einhergehen, die allerdings nur aus der Perspektive des Festgenommenen zu verstehen sind.

Girtler beschreibt diesen Umstand als Gefahr, „dass viele Handlungsstrategien vom Beobachter einfach als ‚gewöhnlich' angesehen werden und ihnen daher nicht die nötige Beobachtung geschenkt wird ..." (Girtler 1980, 141).

---

viewten anlässlich der Exploration einen neuen Zugang zu dessen Vergangenheit zu verschaffen und in ein quasi therapeutisches setting umzuschalten. Vielmehr repräsentieren die Schilderungen die *Wirklichkeit* des Erzählers, an der es nichts zu verändern gibt. In der anschließenden Interpretation des Materials ist es nicht zu entscheiden, ob der Erzähler früher Erlebtes auf den Interviewer projiziert oder übertragen hat. Das Interview ist bedeutsam als Text. Im Forschungsprozess steht nicht die Veränderung der Forschungsteilnehmer im Vordergrund, wie das im therapeutischen setting der Fall ist. Es geht in der Sozialforschung um Erkenntnisgewinn, nicht um Heilung oder Beratung.

Man wird sich also als *episodenhaft Fremder* genauso mit dem Problem der Distanz wie mit dem der Nähe auseinandersetzen müssen. Die Distanzierung steht der Forderung nach einer möglichst ungebrochenen Empathie zunächst diametral entgegen. Das verweist auf die grundlegende Paradoxie von *teilnehmender Beobachtung*: Teilnahme erfordert Nähe, Beobachtung dagegen Distanz zum Feld. Diese Widersprüche kann man lediglich analytisch auflösen, in der Forschungspraxis muss man sich mit ihnen arrangieren.

Nun ist Fremdheit in einer fremden Kultur deutlich zu unterscheiden vom Fremdheitsgefühl innerhalb oder in der Nähe der eigenen.

> „Die *Fremdheit* innerhalb der eigenen Kultur ist sicher nicht so überwältigend wie die *Fremdheit* einer afrikanischen Stammesgesellschaft: Gefahr für Leib oder Leben wird den Feldforscherinnen und Feldforschern, wenn sie sich einmischen, gemeinhin nicht angedroht – wohl aber Entzug des Vertrauens und der Anerkennung oder sogar Rausschmiss aus dem Feld, ein unter hiesigen Verhältnissen nicht weniger ängstigender Angriff auf die soziale Integrität" (Volmerg 1988, 138 f., Hervorhebung im Original).

Die beforschte Lebenswelt wird durch ethnografische Feldforschung nicht authentisch wiedergegeben, sondern allenfalls nachempfunden. Doch halte ich dieses *Nachzeichnen* der Wirklichkeit für eine legitime Arbeit. Anspruch von qualitativer Sozialforschung sollte sein, dass die Veränderung möglichst gering ausfällt, möglichst transparent gemacht werden kann, dabei wenigen Menschen Schaden zufügt und möglichst vielen Beteiligten gut tut, wenn nicht gar Freude macht, weil man beispielsweise etwas mehr von sich und seiner sozialen Umgebung erfährt.

3 Männlichkeit und Bürokratie

Das Geschlecht (Sex und Gender) spielt sowohl für Devianz[1] als auch für Konformität bzw. für Delinquenz als auch für deren Kontrolle eine wesentliche Rolle. Zwischen den Rollen besteht eine gewisse Nähe, beide beziehen sich beispielsweise aufeinander, indem sie den Fachjargon der Gegenseite lernen (was Teil des *Arbeitsbündnisses* zwischen Polizisten und ihrer Klientel ist).

Auch innerhalb der Polizei sind die Grenzen zwischen Schutz der Rechtsordnung und deren Verletzung fließend. Für beides, also sowohl für den legitimen Vollzug des staatlichen Gewaltmonopols als auch für den exzessiven Gewalteinsatz (was unter Ziffer 4.2.2. als *Dirty Harry Problem* behandelt wird), spielen die hegemonialen Formen von Männlichkeit eine wesentliche Rolle. Die Begriffe *Delinquenz* und *Konformität* geben also im Handlungszusammenhang des Gewaltmonopols lediglich eine semantische Trennungslinie zwischen den Akteuren bzw. hinsichtlich des normativen Kontextes wieder. In der Realität gibt es zum einen zwischen den Handelnden neben dem Trennenden auch viel Verbindendes, man kann also durchaus von einer gewissen Affinität zwischen Kontrolleuren und Kontrollierten sprechen. Zum anderen schließen sich die Rollen gegenseitig nicht aus (ein Polizist kann *auch* Straftäter sein). Diese Denkfigur erklärt beispielsweise Übergriffe von Polizeibeamten besser als die Rhetorik der wenigen schwarzen Schafe in der Polizei, weil die *Theorie der schwarzen Schafe* eine quasi anthropologische Konstante unterstellt und den kulturellen bzw. situativen Kontext des Polizeihandelns weitgehend außer Acht lässt.

Neben der Demonstration von staatlicher Autorität bzw. dem bürokratischen Vollzug des Gewaltmonopols geht es beim Polizeihandeln stets auch um die *Bewerkstelligung von Männlichkeit* (Kersten 1997a). Dieser Zusammenhang soll im Folgenden theoretisch vorbereitet werden.

---

1 *Devianz* wird sowohl in der Soziologie als auch in der Kriminologie, wie alle Definitionen, die mit sozialen Normen arbeiten, nicht eindeutig gebraucht. Am verständlichsten für meinen Zusammenhang erscheint die Verwendung von Becker (1973, 8), da sie den Konstruktions- und Definitionsaspekt am meisten berücksichtigt: „Abweichendes Verhalten ist Verhalten, das Menschen so bezeichnen". Es ist dabei unerheblich, wie die Norm zustande gekommen ist und wer sie gesetzt hat bzw. wer deren Einhaltung überwacht und sanktioniert. Dagegen ist Delinquenz eine kriminalisierte oder mindestens kriminalisierbare Abweichung, deren Feststellung und Ausmaß in der Regel im Strafgesetzbuch expliziert ist. Auch hier bleiben Normsetzer und Normgenese unberücksichtigt.

3.1 Polizei als bürokratische Organisation

Die bürokratische Organisation der Polizei gründet auf der *Typologie legitimer staatlicher Herrschaft*, wie sie zuerst von Max Weber beschrieben wurde, und zwar in der „reinen Form" als Typus der „legalen Herrschaft mit bürokratischem Verwaltungsstab" oder kurz als „bürokratische Herrschaft" (Weber 1985, 124 ff.).

Der Webersche Idealtypus der Bürokratie geht von einem universell verwendbaren Stab von (Berufs-)Beamten aus, die nicht auf eine personale Autorität fixiert, sondern *sachlichen Zwecken* unterstellt sind, und die ihr Verhältnis zur politischen Führung durch Loyalität *und* durch Fachwissen definieren.

Das Prinzip der „abstrakten Regelhaftigkeit der Herrschaftsausübung" (Weber 1985, 567), das die Überlegenheit kontinuierlicher, nicht auf die Bewältigung des Einzelfalles bezogener Verfahren begründet, kennzeichnet nach wie vor die Struktur des Gewaltmonopols. Stetigkeit und Rationalität des Verwaltungshandelns widersetzen sich prinzipiell einer flexiblen Reaktion auf aktuelle Konflikte. In meinem Material gibt es ebenfalls Hinweise auf die Spannungen, die mit einer Veränderung solcher Strukturen verbunden sind. Beispielsweise ist die BFE (Zif. 2.2.1) Teil der sog. *Allgemeinen Aufbauorganisation* (AAO) einer Bereitschaftspolizeiabteilung[2]. Sie wurde nach diesen Grundsätzen organisiert sowie administrativ und technisch ausgestattet. Von der Idee her, die den Mitgliedern sowohl in informellen Gesprächen als auch in offiziellen Trainings nahegebracht wird, lebt sie aber vom Ausnahmefall und von der Überzeugung, *besser als andere* zu sein (die subjektiven Erwartungen der Angehörigen richten sich auf das persönliche Erlebnis bzw. den „event").

Die Beamten werden auf Situationen vorbereitet, in welchen sie sich spontan, kreativ und engagiert bewegen sollen. Sie sollen gerade von den Routinen abweichen bzw. innerhalb der strukturellen Rahmung ein möglichst unbürokratisches Verhalten entwickeln. Sie sind aber umgeben von einem *bürokratischen Gehäuse*. Hieraus entwickeln sich die für solche Einheiten konstitutiven Konflikte, da die BFE-Angehörigen durchaus eine Anerkennung ihrer Besonderheit wünschen, was ihnen die Organisation aber permanent verweigert.

Dagegen stehen Organisationsteile wie das Revier eines Polizeipräsidiums (Zif. 2.2.2) geradezu paradigmatisch für den regelgebundenen Betrieb des Gewaltmonopols, die ganze Organisation ist auf die Erhaltung von Normalität und Kontinuität ausgerichtet. Diese bürokratische Rahmung fördert keine *Spontanaktionen*, *Initiativen* oder *Ad-hoc-Entscheidungen*. Dies erklärt einen Teil der

2 Die *Allgemeine Aufbauorganisation* ist eine auf Dauer angelegte Ordnung von Aufgabenwahrnehmung und Ressourcenverteilung, also ein feststehender (institutionalisierter) Teil der Gesamtorganisation (vgl. Rupprecht 1995, 41).

Spannungen, die mit Reformbemühungen der Polizei einhergehen. So stoßen die diversen Aktivitäten einer *gemeindebezogenen Polizeiarbeit* (Community Policing) auf ein Organisationsverständnis, in dem die politische (Wohn-) *Gemeinde* z.B. als Instanz, mit der polizeiliche Planungen abzusprechen wären, keine wesentliche Rolle spielt (was nicht heißen soll, dass viele Revier-, Kommissariats- und Inspektionsleiter dies tatsächlich tun).

An diesem Modell der bürokratischen Organisation ist früh Kritik geübt worden. Dass z.B. eine Organisation ohne die Vielzahl informeller Beziehungen, vor allem ohne die zahlreichen nicht-bürokratieförmigen Einstellungen und Rollen, überhaupt nicht funktionieren würde, stellt Weber in seinem Bürokratiemodell nicht dar[3].

Andere Kritiker halten Webers Vorstellung von einer zunehmenden Schematisierung und Uniformität der Gesellschaft für ahistorisch. Zeitgeschichtlich sei dies zwar zutreffend prognostiziert worden, heute jedoch sei sie überholt und gehöre deshalb in das „Museum der Soziologiegeschichte“ (so Haferkamp 1989, 489). Schluchter (1972, 18) spricht von einer fast „zwangshaften Orientierung“ der Organisationssoziologie am Weberschen Bürokratiemodell. Diese Kritik ist für eine organisationssoziologische bzw. modernisierungstheoretische Debatte bedeutsam, im hiesigen Zusammenhang ist sie allerdings insofern zu vernachlässigen, als sie die Grundaussage, nämlich die Bürokratieförmigkeit des Gewaltmonopols, nicht schwächt.

Bedeutsamer scheint dagegen der Einwand zu sein, dass Weber nicht auf die Dysfunktionalität verschiedener konkurrierender Strukturelemente einer Organisation einging (Disparitäten bestehen beispielsweise zwischen Dienstrang und Fachwissen, im Verhältnis von Theorie und Praxis, bzw. Bildung und Erfahrung).

Litwak (1968) machte auf den paradoxen Effekt aufmerksam, dass die Beherrschung diffuser und vielfältiger Problemkonstellationen (die in entsprechenden Szenarien *erfunden* und geübt werden) mit generellen Regeln erreicht werden soll:

> „Um für alle denkbaren Fälle gerüstet zu sein, müssten die Regelungen bis ins Einzelne gehen. Damit werden sie so komplex wie die Situationen, die mittels ihrer beherrscht werden sollen. Im ‚Dienst nach Vorschrift’ machen die Verbandsmitglieder sich die Paradoxie der bürokratischen Struktur nur zu eigen“ (Litwak 1968, zit. nach Bader et al. 1976, 455).

[3] Bereits in früheren Untersuchungen (Behr 1993 und 1996b) wurde ich auf die informellen Prozesse im Organisationshandeln aufmerksam, was mein Interesse auf die Wechselwirkung zwischen *first code* und *second code* (z.B. im Recht) lenkte.

Dieser Einwand lässt sich (für die Polizei, aber nicht nur für sie) in zwei Richtungen ergänzen: Zum einen ist die Überlastung der Mitglieder durch Regeln auch als Herrschaftsprinzip zu interpretieren. Die Organisation regelt faktisch gar nicht alle Eventualitäten, sämtliche Beteiligte wissen, dass das die Organisation überlasten würde. Allerdings wird damit die Drohung *mit* und das Statuieren *von* Exempeln bewerkstelligt, wenn etwas nicht funktioniert hat bzw. wenn aus anderen Gründen Sanktionen erforderlich werden (z.B. weil in der Öffentlichkeit gerade ein bestimmter Vorfall skandalisiert wird). Zum anderen entspricht die strikte Haltung des *Dienstes nach Vorschrift*, eher einer resignativen Einstellung von street cops, die sich oft als Reaktionsbildung auf die Geringschätzung ihrer Gerechtigkeitsvorstellungen durch die Leitung einstellt. Die Fixierung auf bürokratische Verfahren (wie sie die Leitung ja wünscht und selbst einfordert) erfolgt in der Regel nicht aus einem tiefen Vertrauen in die Verfahren, die den gesellschaftlichen Konsens aufrecht erhalten, sondern als Reaktion auf erfahrene Frustration, aus Unsicherheit oder als Weigerung, sich mit der Tätigkeit persönlich zu identifizieren. Eine von mehreren Coping-Strategien besteht darin, auf die eigene Nichtüberzeugtheit zu insistieren, ohne dabei aber die Handlung zu unterlassen („Ich mache auch bloß meinen Dienst"). Street cops regeln damit die Fälle, in denen sie etwas moralisch Umstrittenes tun müssen (z.B. eine Familie mit mehreren Kleinkindern, deren Asylbegehren abgelehnt wurde, abzuschieben) oder etwas moralisch Erwünschtes, rechtlich aber Unzulässiges nicht tun dürfen (z.B. eine Versammlung von Neonazis nicht zu schützen).

Bürokratische Herrschaft bei Weber zeigt sich im *sine ira et studio* des Verwaltungshandelns, sie hat nichts zu tun mit der abwertenden Konnotation, die Bürokratie später im Volksmund bekam. Insofern kann das Bürokratiemodell nach Weber durchaus als Grundlage der Beschreibung gegenwärtigen Verwaltungshandelns angesehen werden. Erst die Verfahrensförmigkeit führt zur Rechtmäßigkeit[4] und ist damit notwendiger Bestandteil des Vollzugs staatlicher Herrschaft.

3.2 Theorie und Praxis (in) der Organisation

An dieser Stelle möchte exemplarisch den Unterschied zwischen Theorie und Praxis des Organisationsalltags skizzieren, denn einige Konfliktdispositionen,

---

4 Dies kann für den hier vorliegenden Zusammenhang angenommen werden, da die Formvorschriften z.B. in der Verwaltungsgerichtsordnung, im Verwaltungsverfahrensgesetz, den länderspezifischen Sicherheits- und Ordnungsgesetzen (SOG) oder der Strafprozessordnung (StPO) enthalten sind und nur deren Einhaltung zur formellen Rechtmäßigkeit eins Verwaltungsakts bzw. einer strafprozessualen Maßnahme führt.

die sich real beobachten lassen, sind vom Idealtypus der bürokratischen Herrschaft nicht erfasst. Ausgangspunkt meiner Beobachtungen waren und sind die beobachtbaren Praxen *im Polizeialltag*. Auffällig ist beispielsweise der Konflikt zwischen *Handarbeitern und Kopfarbeitern* (was nicht zu verwechseln ist mit dem Typus der „Arbeiter-Männlichkeit", denn Polizeibeamte gehören ihrem sozialen Status nach sämtlich nicht zur Arbeiterklasse[5]). Das Wort *Handarbeit* verdeutlicht, dass Polizisten einen Beruf ausüben (gemeinsam mit den Heil- und Pflegeberufen), in dem noch die *Hand an Menschen gelegt* wird (allerdings mit anderer Intention als in den Pflegeberufen), und zwar, offenbar nicht zufällig, durch die statusniedrigsten Angehörigen.

Diejenigen, die Hand anlegen, gehören strukturell gesehen der polizeilichen *Unterschicht* an[6]. In ihr wird die körperliche Arbeit verrichtet und hier gehen die Beamten erhebliche Risiken für ihre physische und psychische Integrität ein. Im gehobenen Dienst (die *polizeiliche Mittelschicht*) überwiegt die Schreibtischarbeit, meist in ausführender Funktion (Sachbearbeiter/-in), jedoch oft schon mit Weisungsbefugnissen; im höheren Dienst (die *Oberschicht* der Polizei) wird dagegen richtig befohlen und strategisch gedacht, dort wird entschieden und kontrolliert, dies allerdings, je nach Dienstalter und Dienstposten, in unterschiedlichem Ausmaß.

Der nach wie vor gültige Modus der *Einheitslaufbahn*[7] legt nahe, dass jeder Bewerber prinzipiell alle Positionen in der Organisation erreichen kann. In der Realität der Organisation ist das natürlich unmöglich, aber die Orientierung der Aufstiegschancen an „Leistung, Eignung und Befähigung"[8] suggeriert, dass es vom einzelnen abhängt, was er erreichen kann, und nicht etwa die Leitungsebene vorgibt, *wen* sie *wo* haben will. Wer in der Polizei aufsteigen will, wird deshalb regelmäßig versuchen, sich in den Positionen, in denen er sich und seine Karriere

---

5 Das Schichtungsmodell ist zu Recht und vielfach kritisiert worden (vgl. Hradil 1987; Geißler 1994) und soll hier nicht wieder bemüht werden. Mein Hinweis zielt allein auf die interne Segregation in bürokratischen Organisationen ab.

6 Dies entspricht in den meisten Bundesländern noch dem mittleren Dienst; in den Ländern mit zweigeteilter Laufbahn sind das die untere Stufen des gehobenen Dienstes, also A9/A10.

7 Der Spruch, dass *jeder seinen Marschallsstab im Tornister* trage, stammt aus dem Militär, das in dieser Hinsicht seinen Mitgliedern, insbesondere in früheren Zeiten, ein von anderen Berufen unterscheidbares Karrieremodell angeboten hat. Der Soldat, der sich im Feld (in der Regel über die Technik des Tötens) bewährte, konnte (mehr oder minder) ungeachtet seiner Herkunft und seiner Bildung, bis in höchste Position befördert werden oder es zumindest zur respektierten Persönlichkeit bringen. In der Polizei gilt dieser Grundsatz nur eingeschränkt. Vor allem die *internen Bildungsprozesse,* nicht die Praxisbewährung, entscheiden darüber, in welche Positionen man gelangen kann.

8 § 3, Abs. 1 der *Verordnung über die Laufbahn des Hessischen Polizeivollzugsdienstes* vom 2.6. 1980 besagt: „Polizeivollzugsbeamten steht nach ihrer Eignung, Befähigung und Leistung der Aufstieg in alle Ämter des Polizeivollzugsdienstes offen."

gefährden könnte, nicht länger als notwendig aufzuhalten. Weil z.B. jedes Disziplinarverfahren eine Beförderung blockiert, und man ein solches besonders in der Auseinandersetzung mit der Öffentlichkeit riskiert, ist es nicht unbedingt opportun, dort besonders schneidig aufzutreten[9]. Diejenigen, die in der Laufbahn nicht (mehr) aufsteigen wollen oder können, gelten und bezeichnen sich als die *richtigen Praktiker*. Besonders in dieser Statusgruppe finden sich die street cops wieder. Da es den mittleren Dienst in Hessen bald nicht mehr gibt, finden sich street cops häufiger im gehobenen Dienst, dann ist der Polizeikommissar der statusniedrigste Dienstgrad. In den Ländern mit zweigeteilter Laufbahn hat der ältere Polizeioberkommissar den Polizeihauptmeister von früher abgelöst[10].

Wie in vielen anderen Berufen, ist auch für die Polizei in der Ausbildung die Theorie der Gradmesser des Handelns. Bezogen auf die Dienstposten, die sich mit Bildungsarbeit in der Polizei beschäftigen, hat Theorie einen hohen Stellenwert. Theorie tritt jedoch oft genug als *Kritik an der Praxis* auf. Sie erreicht die Polizisten in der Ausbildung und/oder nach jahrelanger Praxis, d.h. entweder zu früh (für die neue Generation von Berufsanfängern) oder zu spät (für die sog. *Aufstiegsbeamten*, die vom mittleren Dienst kommen) und bleibt in der Regel dort, wo sie vermittelt wird: An der Polizei-Führungsakademie, an den Fachhochschulen und den Seminarräumen der Fortbildungseinrichtungen. Praktisch wirksam wird Theorie in der Polizei nur gebrochen, d.h. dort, wo die Praxis kein *Gegenwissen* hat[11].

Im übrigen zeigt sich der Trend, die Handarbeitstätigkeiten des Gewaltmonopols den statusniedrigsten Mitgliedern der Organisation zu überlassen, nicht nur auf der Handlungsebene, sondern auch institutionell: Die Statusverbesserung

9 Es ist auch riskant, mit sog. *Widerstandsbeamten* (vgl. Kap. 4) zu tun zu haben.

10 Während früher die Endstufe des mittleren Dienstes eine durchaus respektabel Position darstellte (im Polizeijargon bildete diese Gruppe die sog. *Hauptmeister-Mafia*), ist dies heute schwieriger geworden. In Hessen werden sukzessive ältere Polizeihauptmeister prüfungsfrei (also ohne den sonst obligatorischen Besuch der Fachhochschule) übergeleitet in die Besoldungsstufe A 10 (Polizei-/Kriminaloberkommissar) des gehobenen Dienstes. Die Neubewertung der Tätigkeit der Polizei, insbesondere die Schaffung einer *zweigeteilten Laufbahn* ist Bestandteil umfassender Organisationsreformen, in deren Zug die Zuständigkeiten von Schutz- und der Kriminalpolizei neu geregelt sowie Formen der Zusammenarbeit organisatorisch verändert wurden. Diese Transformationsprozesse firmieren unter verschiedenen Etiketten, z.B. unter „Polizei Hessen 2000“ bzw. „Integration von Schutz- und Kriminalpolizei“, vgl. dazu etwa Institut für Bürgerrechte & Öffentliche Sicherheit 1995; Meerfeld 1995; Hessische Polizeirundschau 1994.

11 Eindrucksvoll passierte das mit einer Erfindung der Führungslehre in den späten 70er Jahren: man vermittelte den künftigen Leitungsbeamten intensiv das sog. „Kooperative Führungssystem“ (KFS), und das nun schon seit mehr als zwanzig Jahren. Durchgängige Erfahrung der Beamten ist, dass das KFS in der Praxis nicht umgesetzt wird, vielleicht nicht umsetzbar ist. Selbst diejenigen, die es anwenden wollen, scheitern in der Regel an autoritären Vorgesetzten, ängstlichen Kollegen und unvorbereiteten Nachgeordneten (zur Problematik des KFS vgl. Ahlf 1997, 190 mit weiteren Verweisen).

der staatlichen Polizei führte dazu, dass diese, nunmehr unter Berufung auf ihre gestiegene Qualifikation (die teuer ist), die *einfachen* Aufgaben an kommunale Ordnungskräfte delegierte bzw. zurückgab (was ich für die kommunalen Ordnungsdienste der Stadt Frankfurt beschrieben habe, vgl. Behr 1998b) oder an kommerzielle Sicherheitsdienste bzw. Angestellte mit geringerer Qualifikation abgab. Mit der Statusanhebung kam es, so meine Vermutung, insgesamt zu einem Rückzug der staatlichen Polizei aus den traditionellen handwerklichen Tätigkeiten (z.B. Verkehrsregelung, Amtshilfe für das Ordnungsamt, Überwachung des ruhenden Verkehrs – sämtlich Tätigkeiten, gelegentlich derer man in Kontakt mit der Bevölkerung kommen kann bzw. auch nur von ihr *gesehen* wird.). Etwas pointiert könnte man sagen, dass es am unteren Rand des Gewaltmonopols zu neuen Konkurrenzen (z.B. um Zuständigkeiten und lukrative Aufträge) kommt, während es in seinem Zentrum, das die staatlichen Polizei für sich reklamiert, immer bürokratischer, aber auch moderater zugeht[12]. Dass mit der Qualifizierung des Personals tendenziell die Sichtbarkeit der Polizisten in der Öffentlichkeit abnimmt, scheint eine nicht intendierte, gleichwohl spürbare Nebenwirkung zu sein. Medial wird dagegen ein anderes Bild erzeugt: Hier ist die Rede von einer *neuen* Polizei, in der jetzt *hochqualifizierte Kommissare* arbeiten, die nicht mehr mit Schreibarbeiten gebunden werden dürfen, und die sich stattdessen um die Verbrechensbekämpfung kümmern sollten. Diese Sicht verkennt allerdings den Umstand, dass *Verbrechensbekämpfung* überwiegend in bürokratische Verfahren bewerkstelligt wird. Anders als in einschlägigen Polizeifilmen, sind Polizisten nicht ständig auf Verbrecherjagd, schon gar nicht die gut bezahlten. Vielmehr nimmt mit der Gehaltsstufe die Schreibtischorientierung deutlich zu[13].

[12] Auf eine andere Implikation im Zusammenhang mit der Privatisierung der Aufgaben des staatlichen Gewaltmonopols macht v. Trotha (1995, 35) aufmerksam, denn „(d)ie Einschränkung staatlicher Herrschaft enthält die Struktur des ›harten Staates‹." Durch den partiellen Rückzug der staatlichen Polizei aus der Strafverfolgung wird deutlich, dass sie für die *schwere Kriminalität* zuständig ist, d.h., ihr Einsatz richtet sich nicht aus an den Alltagsstörungen, sondern an der Verteidigung essentieller staatlicher Interessen. Dies ist geradezu das Gegenstück einer auf die Gemeinde und deren Alltag hin bezogenen *Bürgerpolizei*. Die neusten Laisierungs-Strategien der Polizeiarbeit weisen deutlich in diese Richtung

[13] Nach den Hessischen Landtagswahlen 1999 wurden die Pläne für die künftige Polizeipolitik von CDU und FDP bekannt. Der neue CDU-Innenminister wurde mit dem Satz zitiert, dass zukünftig ein „freiwilliger Polizeidienst" etabliert werden solle, der, ähnlich wie die „Sicherheitswacht" in Sachsen (vgl. Diederichs 1997b) oder Bayern (vgl. Lustig 1996, Hitzler 1994), aus ehrenamtlichen, unbewaffneten Hilfskräften bestehen und die Polizei bei Schreibarbeiten, Streifentätigkeiten und der Verkehrsüberwachung entlasten werde. Im Übrigen sei eine eigene „Wachpolizei" geplant, die einen Teil der Objektschutzdienste der Polizei übernehmen soll (zit. nach Bartsch, Matthias: „ 'Freiwilliger Polizeidienst' soll für Ordnung sorgen", in: Frankfurter Rundschau v. 6.3.99, S. 31). Was dabei herauskommen wird, weiß man noch nicht. Soziologisch interessant ist aber das jenseits der tagespolitischen Absichtserklärungen sichtbar werdende Verständnis von Polizeiarbeit: Während Sozialdemokraten und Bündnis 90/Die Grünen bei den Verhandlungen

3.3 Soziologische Männlichkeitsforschung

Männlichkeit benutze ich, an Max Weber anschließend, als einen Idealtypus[14]. Mit ihm soll das Verstehen der Wirklichkeit erleichtert, diese aber nicht real abgebildet werden. Typisch für den symbolischen Gehalt des Wortes Männlichkeit sind die Assoziationen, die wir mit Männern verbinden[15]. Eigene und fremde Erfahrungen verschmelzen, ebenso wie positive und negative soziale Zuschreibungen und Erwartungen. Der Begriff bietet sich außerdem für allerlei Projektionen und Fantasien an (z.B. die „Heldenbrust"). Männlichkeit bzw. Patriarchat und Staat hatten im Übrigen stets ein enges Verhältnis, wie das Bild von *Vater Staat* verdeutlicht.

Das allgemeinste theoretische Differenzmerkmal besteht in der Abgrenzung zur Weiblichkeit. *Männlichkeit*[16] ist die (kulturell) verbindliche Anweisung, wie *Mann zu sein* hat. Die kulturelle Determination von *Männlichkeit* wird z.B. von Gilmore (1991, 18) betont, der das Männlichkeitskonzept beschreibt als ein „anspornendes Leitbild, dem Männer und Jungen auf Gebot ihrer Kultur nacheifern müssen, wollen sie dazugehören".

---

zur 14. Legislaturperiode (1995) auf Statusanhebung und *Professionalisierung* der Polizei setzten und dies anschließend auf den Weg brachten, setzen CDU und FDP tendenziell auf eine *Laisierung der Polizeiarbeit* durch Verteilung von Aufgaben an *Hilfskräfte* oder *Ehrenamtliche*, und zwar mit dem Argument, dass die Professionellen zu teuer seien für *einfache Aufgaben*. Damit wächst die Distanz der Polizei zur Bevölkerung.

14 Mit dem Begriff der „idealtypischen Konstruktionen" beschreibt Max Weber ein Modell, das darstellt, „wie ein bestimmt geartetes, menschliches Handeln ablaufen w ü r d e, w e n n es streng zweckrational, durch Irrtum und Affekte ungestört, und w e n n es ferner ganz eindeutig nur an seinem Zweck (...) orientiert wäre. Das reale Handeln verläuft nur in seltenen Fällen (...) und auch dann nur annäherungsweise so, wie im Idealtypus konstruiert" (Weber 1985, 4; Hervorhebung im Original). In seinem Aufsatz „Die 'Objektivität' sozialwissenschaftlicher Erkenntnis" findet sich folgende Beschreibung des Idealtypus: „Er wird gewonnen durch einseitige *Steigerung eines* oder *einiger* Gesichtspunkte und durch Zusammenschluss einer Fülle von diffus und diskret, hier mehr, dort weniger, stellenweise gar nicht, vorhandenen *Einzel*erscheinungen, die sich jenen herausgehobenen Gesichtspunkten fügen, zu einem in sich einheitlichen *Gedanken*gebilde. In seiner begrifflichen Reinheit ist dieses Gedankenbild nirgends in der Wirklichkeit empirisch vorfindbar.... Er ist ein Gedankenbild, welches nicht die historische Wirklichkeit oder gar die 'eigentliche' Wirklichkeit *ist*, welches noch viel weniger dazu da ist, als ein Schema zu dienen, *in* welches die Wirklichkeit als *Exemplar* eingeordnet werden sollte, sondern welches die Bedeutung eines rein idealen *Grenz*begriffs hat, an welchem die Wirklichkeit zur Verdeutlichung bestimmter bedeutsamer Bestandteile ihres empirischen Gehaltes *gemessen*, mit dem sie *verglichen* wird" (Weber 1956, 186-262, Zitate S. 235 und 238f.).

15 Zur Klärung sei abschließend darauf verwiesen, dass ich mich nicht mit dem Genre der *men's studies* bzw. der *Männerbewegung* beschäftige.

16 Treffender spricht man wohl von „Männlichkeit*en*", wie Kersten (1997b, S.7), im Anschluss an Connell, und mit Blick auf die komplexen Konstitutionsbedingungen, vorgeschlagen hat.

Die anspornenden Leitbilder, so zeigte sich schnell, waren in der Regel *nicht* die Vorgesetzten innerhalb der Polizei. Fast alle Interviewpartner beschrieben ihre Orientierung im Beruf als eine, die *in Differenz* zu den offiziellen Vorbildern stattgefunden hat[17]. Trotzdem hatten alle positiv besetzte Vorstellungen von ihrem Beruf.

Als Gegenstand soziologischer Theorienbildung führten die Kategorien Geschlecht (gender) im Allgemeinen und *Männlichkeit* im Besonderen lange Zeit eine Nischenexistenz. Erst im Zuge der Frauenbewegung, später als Gegenstand der Geschlechterforschung, gewinnt die Kategorie an eigener Bedeutung. Geschlecht ist zunächst eine soziale Zuschreibung, doch es ist mehr als eine quasi gesellschaftlich geformte Attitüde, die mit dem biologischen Subjekt nichts zu tun hätte. Es ist *auch* sozial konstruiert, also eine Form der Vergesellschaftung, Geschlecht bezieht sich daneben jedoch auf reales und bewusstes Handeln. Geschlecht ist *sex* und *gender,* es hat einen *Körper von Gewicht* (Butler 1995) *und* ist kulturell präformiert. Schließlich wird mit Geschlecht eine Position innerhalb eines gesellschaftlichen Herrschaftskontextes ausgedrückt und gelebt. In dem damit verbundenen Machtdifferential hat Männlichkeit mehr gesellschaftliche Macht als Weiblichkeit, dies ist in der Geschlechterdebatte hinreichend diskutiert und belegt worden (vgl. etwa Maihofer 1995, bes. 109-136). Diese gesellschaftliche Macht ist historisch gewachsen und determiniert. Gemeinhin wird sie als *Patriarchat* behandelt[18].

3.3.1 Robert Connells Konzept der „Hegemonialen Männlichkeit“

Robert Connell überführt den Patriarchatsbegriff mit dem Konzept der *hegemonialen Männlichkeit* in ein Modell, das die ökonomischen und reproduktiven Bedingungen des Patriarchats außer Acht lässt, dafür aber den *patriarchalen Gehalt* der von Männern dominierten kulturellen Praxen (besonders in der Produktionssphäre) betont. Connell nimmt, stärker als im Patriarchatsansatz, *Konkurrenz* und *Kompromiss* in der Herausbildung einer hegemonialen Männlichkeit in den Blick.

> „To recognize diversity in masculinities is not enough. We must also recognize the *relations* between the different kinds of masculinity: relations of alliance, dominance and subordination. These relationships are constructed through practices that

[17] Steinert (1998a, 13) beschreibt, dass Ähnliches auch in der Bildung passieren kann.

[18] Als patriarchal beschreibt z.B. Max Weber (1985, 133 und 580) eine Männlichkeit, die sich, unter der Bedingung der Subsistenzproduktion und Haushaltsautarkie, auf die Zeugung von Nachkommen, den Erhalt der ökonomischen Reproduktion der Familie und den Schutz von Frauen und Kindern bzw. der Hausgemeinschaft bezieht.

> exclude and include, that intimidate, exploit, and so on. There is a gender politics within masculinity" (Connell 1995, 37).

Mit dem Begriff hegemoniale Männlichkeit ist

> „eine Konfiguration von Geschlechtspraktiken gemeint, welche insgesamt die dominante Position des Mannes im Geschlechterverhältnis garantieren. Hegemoniale Maskulinität ist keine feste Charaktereigenschaft, sondern kulturelles Ideal, Orientierungsmuster, das dem doing gender der meisten Männer zugrunde liegt" (Meuser 1998, 98, die etwa gleichlautende Übersetzung findet sich in Connell 1995, 77).

Hegemonie betont die implizite Zustimmung der subordinierten Männer und der untergeordneten Frauen zu ihrer jeweiligen Position innerhalb der Geschlechterordnung. Connell bezieht sich hierbei auf das Konzept der *kulturellen Hegemonie* von Antonio Gramsci. Dieser benutzte es im Rahmen seiner politischen Theorie für die Analyse von Macht- und Herrschaftsprozessen. Er verwies auf die Führungsfähigkeit der herrschenden Klasse bzw. ihrer dominanten Fraktion, die sich insbesondere darin zeige, dass sie sich die beherrschten Klassen im Konsens unterzuordnen vermochte, ohne direkt auf Gewaltmittel zurückgreifen zu müssen (vgl. Leggewie 1987)[19].

Der Connellsche Hegemoniebegriff unterscheidet, hier Gramsci folgend, die kulturelle Dominanz von der realen Position im Herrschafts- (genauer: Staats-)apparat. So ist es durchaus plausibel, dass z.B. die Krieger-Männlichkeit ihrer realen Stellung in der Hierarchie nach eher in der Minderheit und deshalb defensiv ist, als kulturelles Muster aber hegemoniale Wirkung in der Cop Culture entfaltet. Sie wiederum konkurriert um den hegemonialen Anspruch mit der Bürokratieförmigkeit der Polizei. Der dabei zugrunde gelegte Hegemoniebegriff bezieht sich nämlich, anders als bei Marx, nicht auf die Durchsetzung von Klasseninteressen, sondern auf die in einer gesellschaftlich problematischen Institution dominierenden „Mythen der natürlichen Überlegenheit" (Weber). Hegemonie in der Polizei bezieht sich auf die Herstellung eines (Selbst-) Verständnisses der Institution, und es geht um die Durchsetzung bestimmter und das Heraushalten alternativer Sichtweisen und Diskurse (das kann man z.B. an der „Leitbild-

[19] Gramsci bezieht die hegemoniale Kraft einer gesellschaftlichen Klasse zentral auf ihre Stellung im Produktionsprozess. Diese ökonomische Verankerung beschreibt er mehrfach. „Offensichtlich setzt die Tatsache der Hegemonie voraus, dass den Interessen und Tendenzen der Gruppierungen, über welche die Hegemonie ausgeübt werden soll, Rechnung getragen wird, dass sich ein gewisses Gleichgewicht herausbildet, dass also die hegemoniale Gruppierung Opfer ökonomisch-korporativer Art bringt, aber diese Opfer können nicht das Wesentliche betreffen, denn die Hegemonie ist eine politische, aber auch und besonders eine ökonomische, sie hat ihre materielle Basis in der entscheidenden Funktion, welche die hegemoniale Gruppierung im entscheidenden Kern der ökonomischen Aktivität ausübt" (Gramsci 1992, Heft 4, 499).

Entwicklung“ gut ablesen: Dort wurden bestimmte Haltungen in die Leitbildformulierung aufgenommen, andere aber herausgehalten). Der Terminus *hegemoniale Männlichkeit* verweist eindeutig auf die *kriegerische Disposition* der Polizei und ist keinesfalls auf die Krieger beschränkt. Er markiert die gesamte Institution, freilich in unterschiedlicher Ausprägung. Im Vergesellschaftungsprozess ist es vielleicht die allgemeine *jugendlich-aggressiv-kämpferische Disposition*, die hegemonial wirkt (und die mit Männlichkeit verbunden wird), also die Konkurrenz- und Wettbewerbsfähigkeit, das Durchsetzungsvermögen etc.

Connell erweitert den Hegemoniebegriff nun um das Geschlechterverhältnis. In beiden Analysefeldern geht es darum, dass über Ideologie und kulturelle Deutungsmuster die Menschen entscheidungsbewusst in Verhältnisse einwilligen, welche die eigene Unterlegenheit festschreiben, was wiederum vermittels dieser Ideologien verschleiert werden kann.

> „Connell fasst zusätzlich zu anderen Faktoren der Sozialstruktur (Klasse/Ethnie), in denen »Grenzlinien zwischen Herrschaftsanwendung und Herrschaftsunterworfenheit« (Fritz Sack) verlaufen, das Machtverhältnis zwischen den Geschlechtern als prägenden Machtfaktor auf“ (Kersten 1997b, 7).

Eine wesentliche Funktion für die Aufrechterhaltung der hegemonialen Machtverhältnisse kommt dabei den staatlichen Bürokratien zu.

> „Staaten sind Apparate institutionalisierter hegemonialer Männlichkeit und regulieren an entscheidender Stelle die Strukturen der Geschlechterverhältnisse (vgl. Connell 1994). So verstanden ist der Hegemoniebegriff eben nicht nur auf die Aufrechterhaltung des Machtdifferentials zwischen Gesellschaftsschichten, also auf den Klassenantagonismus, anzuwenden, sondern bezieht sich auch auf die Auseinandersetzung zwischen Männlichkeiten in allen gesellschaftlichen Sphären, wenn es um Vormachtstellung und Kontrolle geht“ (Kersten 1997b, 48)[20].

Dabei löst sich Connell von dem bei Gramsci verwendeten Hegemoniebegriff, denn bei diesem sind *Hegemonieapparate nicht staatlich verfasst*[21].

---

[20] Bei der zitierten Quelle (Connell 1994) handelt es sich um ein unveröffentlichtes Manuskript.

[21] „Vorläufig lassen sich zwei große superstrukturelle ‘Ebenen’ festlegen – diejenige, die man die Ebene der ‘Zivilgesellschaft’ nennen kann, d.h. des Ensembles der gemeinhin ‘privat’ genannten Organismen, und diejenige der ‘politischen Gesellschaft oder des Staates’ –, die der Funktion der ‘Hegemonie’, welche die herrschende Gruppe in der gesamten Gesellschaft ausübt, und der Funktion der ‘direkten Herrschaft’ oder des Kommandos, die sich im Staat und in der ‘formellen’ Regierung ausdrückt, entsprechen“ (Gramsci 1991, 1502, zitiert nach Demirovic 1998, 97).

3.3.2 Dominante, subordinierte und abweichende Männlichkeit

Connell bezeichnet als die auffälligste *subordinierte* Gruppe die der homosexuellen Männer (1995, 79). Dies ist insoweit schlüssig, als er der hegemonialen Männlichkeit (die sich auf Heterosexualität und, damit eng verbunden, auf die Institution Ehe bezieht) *alle* anderen Männlichkeiten unterordnet. Die Unterteilung legt aber den Eindruck nahe, als seien sämtliche Formen nicht-hegemonialer Männlichkeit *in gleicher* Weise untergeordnet. Dies ist nicht ganz einsichtig, weil es nichts über unterschiedliche pejorative Zuschreibungen von bzw. Ausschließungspraxen gegenüber untergeordneten Männlichkeiten aussagt.

Für die Darstellung von *Männlichkeiten in der Polizei* ist deshalb eine Klärung bzw. Modifikation des Subordinationsbegriffs notwendig. Subordination im Sinne Connells ist eine geschlechtersoziologische Kategorie, die sich ausschließlich auf die hierarchische Stellung von Männlichkeiten bezieht. Sie bezeichnet Lebensentwürfe, die sich dem heterosexuellen Dominanzanspruch entziehen. Fasst man den Begriff jedoch, etwa mit Lerner (1991), als *allgemeines Machtdifferential* auf, dann sind subordinierte Männer solche, die sich anderen Männern *unterordnen* (müssen oder wollen), z.B. weil sie jung oder formal weniger gebildet sind, nicht (nur), weil sie differente sexuelle Präferenzen haben[22]. Lerner (1991) erläutert die *Unterordnung* (die sie statt Subordination verwendet) der Frau[23]. Der Begriff

> „... bezieht die Möglichkeit eines Einverständnisses zwischen dem Dominierenden und dem Menschen in untergeordneter Position mit ein. Er beinhaltet auch die Möglichkeit einer freiwilligen Akzeptanz des untergeordneten Status im Tausch gegen Schutz und Privilegien, ein Zustand, der einen erheblichen Teil der Erfahrungen von Frauen in der Geschichte charakterisiert" (Lerner 1991, 289).

Es können Männer wie Frauen in subordinierten Positionen stehen, wobei die Subordination der Frau deutlich auf die Kategorie Geschlecht zurückzuführen ist, also im Hinblick auf Männlichkeit *generell* gilt, während die subordinierte

---

22 Die *typisch* männliche Organisation *Militär* zelebriert geradezu die Über- und Unterordnung von Männern. Immerhin lebt der subordinierte Mann in der Männergesellschaft aber in der Gewissheit, in ihr *einen Platz* zu haben, der eine gewisse Anerkennung hat und von dem aus er möglicherweise in der Hierarchie aufsteigen kann. Um diese fraglose Anerkennung müssen *abweichende Männer und Frauen* ständig kämpfen, was häufig dazu führt, dass sie ihre Identitätsarbeit meistens in subkulturelle Milieus verlegen.

23 Lerner rückt vom Terminus der *Unterdrückung* ab, um zu verdeutlichen, dass es bei den Dominanz- und Subordinationsprozessen zwischen den Geschlechtern nicht um die „böse Absicht aufseiten des Dominierenden" geht. (Lerner 1991, 289). Ebenso wenig geht es bei der Subordination von Männlichkeiten um irgendwelche *persönlichen Absichten.*

Männlichkeit phasenspezifisch sein kann. Männer können hegemoniale Positionen einnehmen, Frauen prinzipiell nicht.

Was Homosexualität anbetrifft, so befindet sie sich einerseits zwar außerhalb der heterosexuellen Werteskala, weil sie die patriarchalen Funktionsbereiche Reproduktion, Schutz und Versorgung von Frauen und Kindern (Kersten 1997b, 54 f.)[24] negiert. Andererseits steht sie für einen *additiven Lebensentwurf*, der sich nicht *gegen* die Existenz von Heterosexualität richtet, sondern von ihr lediglich abverlangt, eine alternative Lebenspraxis zuzulassen. Insofern ist die (offene) homosexuelle Männlichkeit in doppelter Form eine subordinierte Männlichkeit: hinsichtlich der heterosexuellen Männlichkeit und gleichzeitig im Hinblick auf die Stellung in der Organisationshierarchie. Nach meiner Einschätzung werden sich (bekennende) homosexuelle Männer nie an den hegemonialen Machtzirkeln der Polizei beteiligen können (einen offen schwul lebenden Polizeidirektor kann man sich ebenso wenig vorstellen wie einen homosexuellen General im Militär), doch wird das Maß an Ausgrenzung und Abweichung insgesamt geringer, solange sie nicht die heterosexuellen Männlichkeitsansprüche infrage stellen und soweit es nicht *unmännliche* Formen von Homosexualität sind, also effeminierte Männlichkeiten oder „Tunten".

Abweichende Männlichkeiten sind dagegen in stärkerem Maße *separierende* Männlichkeiten[25]. *Falscher Idealismus* gehört zu der Form von Abweichung, die nicht ohne weiteres toleriert werden kann. Er ist nicht nur *anders* als die Haltung der Mehrheit, sondern tritt mit dem Anspruch auf, *besser* zu sein, er zwingt die anderen zur Infragestellung ihrer bisherigen Haltung. Die dahinter stehende Moral ist zudem nicht für alle erkennbar und akzeptabel, und so löst diese Haltung Irritationen aus, so dass man sie tendenziell abwehrt.

Der wesentliche Unterschied zwischen subordinierten und abweichenden Männlichkeiten besteht m.E. darin, dass Subordination die Hegemonie nicht infrage stellt (oftmals sogar abstützt), während Abweichung immer eine nicht integrationsfähige (oder -willige) Alternative zur Hegemonie darstellt. Der tuntige Schwule verhält sich abweichend, genauso wie der eigensinnige Moralist. Der unauffällige Homosexuelle kann dagegen toleriert werden – wenn er auch subordiniert bleibt.

---

24 An anderer Stelle [1997b, 58] spricht Kersten vom Typus der „urbanen Männlichkeit von Ernährern", also einer modernen Versorgermännlichkeit.

25 Ähnliches gilt für *abweichende Weiblichkeit*, insbesondere für weibliche Homosexualität. Eine weniger bekannte Variante der Diskriminierung schildert Marach (1996, 155-158). Sie erfuhr wenig Widerstand und Diskriminierung nach ihrem Bekenntnis zur Homosexualität innerhalb der Polizei, dafür um so mehr Anfeindungen in der Lesben-Szene, die offenbar ziemlich *polizeifeindlich* zu sein schien.

Die *Aneignung von Geschlecht* (hier: Männlichkeit) geschieht nicht zufällig, sondern folgt Regeln, deren Zustandekommen jedoch ein eigenes Untersuchungsdesign notwendig machen würde[26].

3.4 Implizite Machtdifferentiale: Geschlecht, Generation, Alter

Das Geschlechterkonzept gewinnt für den hiesigen Kontext also vor allem unter dem Aspekt der *Machtausübung von Männern über Männer* an Bedeutung: Zwar rahmt Bürokratie das Handeln der Polizei ein, doch greift sie genauso selbstverständlich auf *nicht-bürokratieförmige Handlungsmuster* zurück, um prekäre Situationen zu bewältigen, für die es keine eindeutigen Verfahrensregelungen gibt. Dafür benutzt und benötigt sie bestimmte kulturelle Handlungsmuster (die sich am ausgeprägtesten in der Cop Culture finden, da es dort nicht um die Verfahren, sondern um die Ziele und Ergebnisse des Handelns geht – die Rettung eines Ertrinkenden kann nicht durch Verwaltungsvorschrift angeordnet werden, sondern muss durch einen Wunsch oder ein Pflichtbewusstsein motiviert sein).

Die Beziehung zwischen Männern unterschiedlicher Generationen[27] und unterschiedlicher Statusgruppen ist immer prekär gewesen. So müssen z.B. „(d)ie jungen Männer (..) zu Nachfolgern erzogen und zugleich (ziemlich lange) an der Übernahme dieser Nachfolge gehindert werden“ (Steinert 1997a, 131). Was hier als Generationskonflikt im Patriarchat erscheint, gilt auch für das Generations-

[26] Es wäre dies ein Forschungszugang, der sich viel stärker als der vorliegende mit individuellen Biografien beschäftigen müsste (vgl. Fuchs 1984; Schütze 1984). Streng genommen kann ich zwar etwas zu den biografischen Hintergründen meiner Interviewpartner sagen, aber nichts zur Konstitution und Genese individueller Männlichkeiten. Meine alltagstheoretischen Vermutungen können die *Warum*-Fragen nicht beantworten (etwa von individuellen Motivationslagen bzw. autoritären Dispositionen). Die Vermutung, Polizisten hätten eine größere *Autoritarismusneigung* als andere Berufsgruppen, wird ab und an geäußert, ist aber bislang weder theoretisch noch empirisch belegt worden. Empirische Forschungsarbeiten zur „autoritären Persönlichkeit“ (vgl. z.B. Adorno 1973) sind meines Wissens bislang nicht berufssoziologisch für die Polizei weiter entwickelt worden. Ich habe diese Frage ebenfalls ausgespart, da sie den Blick sofort auf individuelle Dispositionen gelenkt und das Untersuchungsdesign psychologisiert hätte (Gene, Erbanlagen, Sozialisation). Aus soziologischer Perspektive wurden aber die kulturellen Bedingungen in der Organisation interessant, die bestimmte Lebensweisen und soziale Praxen befördern und andere verhindern. Dies fand ich beispielsweise bei der BFE ertragreich.

[27] Bürokratische Organisationen sind permanent damit beschäftigt, die Konflikte zwischen den Statusgruppen bzw. den Hierarchieebenen zu befrieden bzw. unbewusst zu halten, ebenso wie die prekäre Beziehung zwischen den Generationen, wobei Statusunterschiede oft, aber nicht notwendig mit Alter verbunden sind. Das funktioniert unter anderem durch eine Laufbahnverordnung. Sie verhindert, anders als in den USA, dass statusniedrige und junge Beamte ohne Zertifikate an anderen vorbei in Leitungspositionen befördert werden, nur weil sie z.B. von einem Polizeichef als *Leistungsträger* erkannt worden sind.

verhältnis in der Polizei. In ihr entscheiden regelmäßig ältere Männer darüber, wie viele der jungen Männer zu welchem Zeitpunkt und mit welchen Prüfungen von *unten* nach *oben* befördert werden sollen. Die Personalführung in Organisationen ist nichts anderes als eine bürokratisierte Variante des Versuchs, junge Männer dazu zu bringen, die Arbeit der *älteren Männer* in deren Sinne, d.h. loyal, weiterzuführen[28].

Die Behandlung des Topos *Alter* ist ohne Spezifizierung zunächst ziemlich unverbindlich. Mir geht es jedoch nicht um die Erfassung von Alterskohorten, ich will vielmehr beschreiben, wie sich die Spannungen zwischen der etablierten und der nachfolgenden Generation zeigen (was einigermaßen schwierig ist, denn dies wird in der Polizei nicht thematisiert). Ich lege den Generationsbegriff pragmatisch auf den Altersabstand etwa einer Eltern-Kind-Beziehung (also etwa 25-30 Jahre) fest. Was z.B. über den Generationsaspekt der Väter-Söhne-Relation[29] hinausweist, insbesondere die Frage der unterschiedlichen Lebensstile, lasse ich unerwähnt.

Die positive Konnotation von Jugendlichkeit bezieht sich auf Virilität sowie den biografisch weiteren Zukunftshorizont (dies passiert nicht nur in der Werbung, dort wird es uns lediglich aufdringlicher vorgeführt). Man kann sogar mit Margaret Mead (1971) pointiert behaupten, dass die Jugend jene zukünftigen Handlungsmuster konzipiert, welche die Erwachsenen von den Jugendlichen zu lernen haben. Diese Umkehrung der traditionellen Lernbeziehung im Generationsverhältnis zeigt sich in Dienstleistungs-Organisationen besonders deutlich, denen ein *institutioneller Zwang zur Innovation* eigen ist und in denen jugendlicher Elan mehr zählt als Erfahrung. Das *Diktat der Jugendlichkeit* trifft aber auf jene Organisationen intensiver zu, in denen die physische Überlegenheit und Durchsetzungsfähigkeit zum Auftrag gehört. Die Präsentation des Körpers (im Konflikt) gelingt jungen Menschen in der Regel besser als älteren. Es liegt also nahe zu vermuten, dass jugendliche Polizisten auch eine Konkurrenz für die älteren Männer darstellen. Die Jungen haben die (berufliche) Zukunft noch vor sich, sie können ihren Körper aktiver ins Spiel bringen als ältere Männer, ihnen wird schließlich in begrenztem Umfang zugestanden, ungefestigt und innovativ

---

[28] Ich bleibe in diesem Abschnitt eng an der Darstellung von Steinerts Patriarchatsanalyse in „Schwache Patriarchen – Gewalttätige Krieger" (1997a). Für Frauen in der Polizei gilt allgemein, dass sie angesichts ihrer geringen Zahl besonders in Führungspositionen, *das männliche Prinzip* nicht infrage stellen, sondern allenfalls in dieses integriert werden. Diesen Mechanismus beschreibe ich in Zif. 4.3.

[29] Je nach Bundesland liegt das Einstellungsalter zwischen 16 und 18 Jahren, der Ruhestand wird mit 60 Jahren erreicht; im Wesentlichen handelt es sich also um eine Zwei-Generationen-Abfolge in der Polizei. Nur wenn man als Generationsfolge etwa 20 Lebensjahre annimmt, könnten noch einige Großväter ihre Enkel in der Polizei treffen. Diese Konstellation ist jedoch so selten, dass ich sie außer Acht gelassen habe (vgl. Fuchs-Heinritz et al. 1994, 630).

zu sein. Nur Erfahrung und vielleicht Bildung haben sie nicht in dem Maße, wie die älteren Männer es haben können. Erfahrungen zu sammeln ist jedoch kein *Privileg*, es geschieht automatisch (die gesammelte Erfahrung geschickt einzusetzen, und sich dadurch Vorteile zu verschaffen, ist wiederum ein Privileg, das man z.B. gegen *Bildung* einsetzen kann). Institutionell spielen die Konkurrenzängste der älteren gegenüber den jüngeren Männern keine Rolle, doch kann man einen Teil der Disziplinierungstechniken durchaus als Versuch interpretieren, zu verhindern, dass die Jungen *aus dem Ruder laufen* könnten (wie das in der Beschreibung der BFE unter Zif. 2.2.1 dargestellt wurde).

Der Generationskonflikt in der Polizei wird hauptsächlich über die Technik der *bürokratischen Disziplin(ierung)* bearbeitet. Der Organisationsmythos, dass jeder alles erreichen kann (das Prinzip der Einheitslaufbahn), hilft, den jungen Leuten das Aushalten in statusniedrigen Positionen plausibel zu machen. Das *Hochdienen* ist Bedingung für die Teilhabe an der *Organisationsmacht* (vgl. Steinert 1997a, 131). Dabei dauert es ziemlich lang, bis man den eigenen Leuten etwas befehlen darf (was heute *Personalverantwortung* heißt); demgegenüber muss man nicht ganz so lange dienen, bis man die Organisationsmacht nach außen tragen darf, also gegenüber dem Publikum anwenden kann. Es ist dies überhaupt ein auffälliges Merkmal staatlicher Herrschaftsorganisationen, dass die Mitglieder mit der geringste Teilhabe an der Organisationsmacht nach außen die am meisten prekären Situationen regeln (und dabei oft sich und andere gefährden) müssen, während diejenigen, die großen Anteil an der Organisationsmacht haben, weniger Gefahr laufen, in konflikthafte Situationen mit der Öffentlichkeit zu geraten (das ist im Übrigen auch in den Pflegeberufen und in der Sozialarbeit so).

Disziplinierung (als Erziehung zur Zuverlässigkeit) kann nicht warenförmig organisiert werden, zumindest kommt sie nicht ohne den Gebrauch von außerökonomischen Werten aus, wie z.B. Anerkennung, Dankbarkeit, Zuneigung, Ehre, Solidarität, Geborgenheit und Sinn. Diese Bedürfnisse werden nicht durch das Beamtengesetz oder die Laufbahnverordnung befriedigt, sondern ganz überwiegend durch die informellen Prozesse und die täglichen Interaktionen der street cops.

Mit Hilfe der Disziplin löst die Organisation mehrere Probleme. Erstens kann sie lange genug auswählen, die Kandidaten müssen eine Reihe von (Laufbahn-) Prüfungen bestehen, der Zeitfaktor tut ein übriges, was z.B. für das Entwickeln von Denk- und Handlungsroutinen nicht unwichtig ist. Zweitens lassen sich Konkurrenzen zwischen jungen und alten Männern auf diese Weise latent halten, obgleich offiziell nicht das *Lebens*alter, sondern das *Dienst*alter für Beförderungen eine Rolle spielt[30]. Mit der sukzessiven Einbindung in die Berufswelt, die durch Beförderungen, Lehrgänge, Abordnung zu anderen Qualifizierungsmaßnahmen, Lebenszeitanstellung, Versetzungen zu anderen Dienststellen, zeitlich getaktet ist, bekommt das Berufsleben eine feste Struktur, die einigermaßen berechenbar ist. So verschafft sich das Senioritätsprinzip allgemeine Anerkennung. Die jungen Leute lernen in der Organisation *auch* das Warten.

3.5 Männlichkeit in der Polizeiforschung

Über den Zusammenhang von Männlichkeit und staatlicher Kontrolle wurde bislang im deutschsprachigen Raum wenig publiziert. Ideen dazu finden sich verschiedentlich, z.B. bei Steinert (besonders 1997a und 1997b) und Kersten (1991/1994), jedoch bezogen auf besonders exponierte oder widersprüchliche Männlichkeitsdarstellungen.

Die öffentliche Demonstration einer *aggressiven* Männlichkeit verliert zwar gesellschaftlich und in der Polizei an Bedeutung. Trotzdem (ge)braucht (und zwar im doppelten Sinne von *benutzt* und *benötigt)* die Organisation weiterhin die *harte Männlichkeit,* die ich als Krieger-Männlichkeit zusammengefasst habe[31], um die Dinge durchzusetzen, von denen sie glaubt, dass sie sie durchsetzen muss.

---

[30] In Organisationen in stabilen politischen Verhältnissen ist die Kongruenz zwischen Lebensalter und Dienstalter meist gegeben. Auffällig und konflikthaft wurde dieser Aspekt aber beispielsweise in den Polizeien der Neuen Bundesländer. Junge wie ältere Polizisten mussten sich in gleicher Weise neu qualifizieren. Oft schnitten die Jungen im Wettbewerb um die Sammlung neuen Handlungswissens besser ab als die Alten, weil *Erfahrung* keine verlässliche Ressource mehr darstellte. Gleichwohl wurden oft die älteren Beamten wegen des Senioritätsprinzips schneller in höhere Positionen befördert, was die jüngeren Beamten nicht unerheblich frustrierte (vgl. Behr 1993, 42-46).

[31] Die Terminologie ist nicht ganz befriedigend, ich habe jedoch bislang zur Beschreibung einer aggressionsbereiten Männlichkeit in der Polizei keine bessere Bezeichnung gefunden (tendenziell in der geistigen Verbindung zum *Samurai,* wie dies Johannes Feest bei der Begutachtung meiner Dissertation assoziierte, weniger in der Verbindung zum *verhöflichten Ritter* in der Konzeption von Norbert Elias, weil für sie *Etikette* nichts bedeutet). Faktisch bildet die Polizei natürlich keine *Krieger* aus und die Differenz zur kriegführenden Männlichkeit im Militär droht auf diese Weise zu verschwimmen. Krieger lassen sich, im Unterschied zum Soldaten nicht *jeden* Auftrag aufzwingen. Nahe lag noch die Bezeichnung *crime fighter*, die Manning (1997, 296) verwendet. Allerdings unterscheidet sich meine Kategorie der Krieger-Männlichkeit vom Typus des *crime fighters* durch die (ausschließliche) *Zurverfügungstellung des Körpers.* Krieger sind nicht in erster Linie Kopfarbeiter, crime fighter können es mindestens sein. Krieger stehen im Statusgefüge der Organisation ziemlich weit unten, während sich *crime fighter* auch weiter oben finden können. Krieger sind im Innern der Organisation disziplinierte Untergebene, in der Auseinandersetzung mit der Klientel aber *faire Gegner* (solange der andere die Regeln mit dem

Auch eine breite theoretische und empirische Auseinandersetzung zum Thema *Polizei und Geschlecht* fehlt in Deutschland nach wie vor[32]. Dabei gibt es ausreichend offene Fragen:

1. Als Frauen etwas zu tun begannen, was bis dahin nur Männern vorbehalten war, entstand ein Konkurrenzproblem, und zwar in erster Linie für die Männer. Man kann das durchaus als eine *Krise der Männlichkeit* (in der Polizei) bezeichnen. Mit dem Thema *Frauen in Männerberufen* wurden und werden auch diffuse Ängste und Vorbehalte behandelt sowie Privilegien und Dominanzbestrebungen infrage gestellt und abgesichert. Ihrem Eintritt in die Polizei sind vielfältige, fast ausschließlich von Männern geführte Debatten um die richtige Polizeiarbeit und Anforderungen an Polizisten vorangegangen, inklusive der Frage, ob Frauen für den Polizeidienst überhaupt geeignet sind. Zwar entstand daraus keine Geschlechterdebatte, jedoch wurde die Frage virulent, welchen gesellschaftlichen Auftrag die Polizei hat, bzw. wie anschlussfähig an gesellschaftliche Modernisierung die Institution Sicherheit und Ordnung[33] überhaupt ist. Die Frage nach dem Berufs- und Anforderungsprofil ist nach wie vor nicht befriedigend beantwortet, sie wurde nach meinem Wissen in jüngster Zeit auch nicht mehr ausgeprägt diskutiert. So wird man immer noch auf Auftragsarbeiten verweisen (so die schon erwähnten Helfer/Siebel 1975; Kienbaum 1991, 1993).
2. Die Polizei gilt traditionell als ausgeprägt bürokratische Organisation. Doch hat die Bürokratie weder ein Gesicht, noch verfügt sie über Geschichten. Dagegen haben die dort arbeitenden Männer und Frauen beides: individuelle Ansichten und Einstellungen sowie Erinnerungen und Geschichten, die sie erzählen, unter anderem um darzustellen, *was* sie bewegt und *wer* sie sind. Es ist viel über die strukturellen Bedingungen der Polizei geforscht

Krieger teilt). Der *crime fighter* ist eine ubiquitäre Kategorie in der Polizei, der *Krieger* lediglich ein hegemonialer Geschlechtertypus.

32 Etwas ausführlicher gehe ich auf die Geschlechterfrage in der Polizei ein in Behr 2006, bes. S. 105-121. Dort finden sich auch weitere Verweise auf neue Literatur.

33 Das Institutionsverständnis folgt Gehlen (1966) und Luckmann: „Gesellschaftliche Institutionen *organisieren* die Lösung grundlegender (und auch nicht so grundlegender) menschlicher Lebensprobleme. Sie tun das, indem sie bestimmte Ausschnitte gesellschaftlichen Handelns einigermaßen verpflichtend steuern und dafür Durchsetzungsmechanismen und – unter Umständen – einen Zwangsapparat bereitstellen. Sie *entlasten* den einzelnen durch die Vorlage mehr oder minder selbstverständlicher Lösungen für die Probleme seiner Lebensführung und gewährleisten und bewahren dadurch zugleich – sozusagen en détail – den Bestand gesellschaftlicher Ordnung" (Luckmann 1992, 130, Hervorhebungen im Original). Institutionen definieren also einen sozialen Kontext bzw. stellen einen Rahmen zur Verfügung, innerhalb dessen soziale Handlungen normiert werden (z.B. Recht, Ehe, Religion). Im Gegensatz zur *Organisation* haben sie keine physikalische bzw. juristische Grenze, also weder einen Ort noch eine Satzung.

worden, aber niemand hat sich bisher um die Geschichten von Polizisten gekümmert. Wo Männer und Frauen zusammentreffen, geht es immer um eine Auseinandersetzung mit der eigenen und der fremden Identität, und es geht um Sexualität (im Sinne sexueller Attraktivität). Dieser Tatbestand wird aber aus den bisherigen Untersuchungen über die deutsche Polizei fast ausgeblendet, lediglich die devianten Muster werden, mehr oder weniger erschreckt, zur Kenntnis genommen, z.B. als „sexuelle Belästigung am Arbeitsplatz“[34].

3.5.1 Einblicke in die Choreografie polizeilicher Macht

In der Polizei wird Macht zunächst eingeübt (z.B. in der Ausbildung und in der Nachahmung anderer) und dann (gegenüber der Bevölkerung) ausgeübt. Polizisten überführen die Theorie des staatlichen Gewaltmonopols in seine Praxis. Um die berufliche Lebenswelt von Polizisten zu verstehen, ist es wichtig, auf den Unterschied zwischen beiden hinzuweisen. In der Theorie werden Polizisten an die Möglichkeiten und Grenzen polizeilichen Einschreitens in verschiedenen Studienfächern herangeführt (so im Strafrecht/Strafprozessrecht, im Polizei- und Verwaltungsrecht, in der Einsatzlehre, neuerdings auch im Verhaltenstraining und in den Fächern, die sich mit *soft skills* beschäftigen)[35]. Wie sie es aber ihre Gewaltsamkeit dosieren sollen, das zeigt ihnen wiederum der Sportlehrer aus der Bereitschaftspolizei oder der Einsatztrainer im Studium, und zwar im Fach *Eigensicherung*, *Einsatztaktik* oder *Selbstverteidigung*[36]. Wie sie den Übergang von der sprachlichen Kommunikation zur Gewaltanwendung hinbekommen, das zeigt ihnen wiederum der Anleiter im Praktikum. Wenn sie Glück haben, zeigt er es ihnen gut, wenn sie Pech haben, lernen sie das maßvolle Einschreiten eben nicht. Jedenfalls ist das Praktischwerden oder *Handanlegen* nicht die Sache der Kopfarbeiter, ich gehe sogar soweit zu sagen, dass sie es gar nicht exakt wissen wollen – genau wie die meisten Vorgesetzten die tatsächlichen Handgriffe lieber nicht zu genau nachfragen. Denn alle wissen, dass das, was *praktisch* ganz gut funktionieren könnte (so man es beherrscht), oftmals rechtlich bedenklich und überhaupt nicht verhältnismäßig ist.

---

34 Vgl. die explorative Studie des Polizeipräsidiums München (1997) über „Frauen in der uniformierten Polizei“.

35 In den Rechtsfächern wird durchaus gelehrt, wo die *Grenzen* staatlichen Eingreifens, namentlich der Gewaltanwendung, liegen. Pointiert gesagt, bekommen die Polizisten dort vermittelt, was sie *nicht* dürfen. Erst in der Praxis erfahren sie, wie man die Gesetze so auslegt, dass man möglichst viele Handlungen legalisiert, von denen man überzeugt ist, dass die Polizei sie unternehmen muss.

36 Diese „praktischen“ Fächer werden unterschiedlich benannt. Wichtig ist lediglich der Hinweis auf die Statusdifferenz zwischen Theorie und Praxis, die m.E. nicht zufällig ist.

Um das Recht aber an die Adressaten herantragen zu können, benötigen Polizisten Kommunikationsformen, die das Gefährdungsrisiko gering halten und mit Hilfe derer der andere (z.B. der zu Durchsuchende) dazu gebracht werden kann, sich so zu verhalten, wie es die Polizisten von ihm verlangen. Vorbereitet werden sie auf diese Tätigkeiten von statusnahen Kollegen. Es ist nach wie vor die (handwerkliche) Praxis, die Polizisten in deren zukünftiges Berufshandeln einführt.

Zugespitzt kann man sagen, dass die *Arbeitsteilung* zwischen Theorie und Praxis in der Weise funktioniert, dass in der Theorie die Begrenzungen staatlichen Handelns vermittelt werden und in der Praxis dessen Ausnutzungsmöglichkeiten.

Die *Unterschiede* zwischen Theorie und Praxis lassen sich an einem banalen Sachverhalt verdeutlichen: es ist ein Vorgang, der sich in bestimmten Vierteln einer Großstadt täglich und zu allen Zeiten abspielt: Personen werden auf der Straße von Polizisten (in Uniform oder in Zivil) angehalten, nach dem Ausweis gefragt, oft nach Drogen, Waffen und/oder gefährlichen Gegenständen durchsucht[37]. Die Positionierung von Personen, die Bewegung im Raum, die Kommunikation mit der Klientel, all das spielt sich nach einer besonderen *Choreografie*[38]ab, mit deren Hilfe unter anderem auch Macht, Dominanz und Überlegenheit *inszeniert* werden (wie man das aus einschlägigen Filmen kennt).

Das Ritual der körperlichen Durchsuchung, das die BFE praktizierte, läuft folgendermaßen ab: Ansprechen, auffordern, sich mit gespreizten Armen und Beinen an eine Wand zu lehnen (einige Polizisten sagen bei solchen Gelegenheiten an bestimmten Orten kurz: „Mach' den Adler"), Auskunft verlangen, ob der Betroffene Waffen oder spitze Gegenstände dabei hat, ob er Drogen besitzt, durchsuchen, Daten überprüfen.

Der Betroffene wird zunächst verbal dirigiert, wenn er nicht gleich reagiert, wird der Satz wiederholt (in der Regel dann etwas lauter); erst wenn er dann noch nicht folgen kann oder will, wird er körperlich berührt.

---

[37] Die Rechtsgrundlage ergibt sich entweder aus dem Polizeirecht (§§ 18, 36f. HSOG]), oder aus der Strafprozessordnung (§ 102 ff. StPO). Die meisten Durchsuchungen laufen weniger spektakulär ab als die der BFE. Sie stellt aber das *Ideal* dar, die anderen sind oft auf Nachlässigkeiten und/oder eingeschliffene Routinen zurückzuführen, bei denen nichts passiert ist. Es sind regelmäßig *Abweichungen* vom Ideal, denn Polizisten werden darin unterwiesen, dass sie stets von gefährlichsten aller denkbaren Konstellationen auszugehen haben und danach ihre *Eigensicherung* ausrichten sollten.

[38] Mit Choreografie ist die szenische Ausgestaltung einer solchen Situation gemeint, es geht um *dirigierte Bewegungsabläufe*, z.B. um die Einnahme bestimmter Positionen im Raum. Sie ist in den meisten Fällen so unaufdringlich, dass man sie gar nicht erkennt; die BFE inszeniert solche Kontrollformen jedoch deutlicher als andere Polizisten.

Die Kontrollsituationen, die ich mitbekommen habe, liefen ohne verbale Beleidigungen ab. Trotzdem kann man sie auch als *Degradationsrituale* beschreiben, weil sie aus der *Sicht der Betroffenen* als Erniedrigung wahrgenommen werden[39]. Polizisten begründen ihre Handlungen rational – vielleicht auch intentional – mit der Notwendigkeit der sog. „Eigensicherung". Sie können es zumindest damit begründen, ohne dass man ihnen Böswilligkeit unterstellen kann. Es ist aus ihrer Sicht durchaus vernünftig, Verdächtige in Positionen zu bringen, in denen sie ihnen nicht mehr gefährlich werden können. Wann diese Situationen unabdingbar sind und wann es sich lediglich um eine demonstrative Vorführung handelt, bleibt wiederum weitgehend der Definition der street cops überlassen. Diese können gegenüber den Intentionen ihrer Vorgesetzten und der Lehre an der Ausbildungsstelle ziemlich resistent sein.

3.5.2 Die polizeiliche Durchdringung des Raumes

Zu den elementaren Tätigkeiten von street cops gehört das Bestreifen des Reviers (zu Fuß oder im Fahrzeug), d.h. die Durchdringung des öffentlichen Raumes. Die Eigentumsverhältnisse spielen dabei nicht die entscheidende Rolle. Das Bestreifen führt zu Kenntnis des Raumes und sukzessiver Vertrautheit mit den Nutzern.

> Freitag, 08.00 bis 20.30 Uhr. Heute bin ich unterwegs mit Nick und Tommy[40]. Vormittags eine Personenkontrolle am Theaterplatz. Zwei Männer und eine Frau werden von weitem ins Visier genommen. Nick will sie kontrollieren, ruft seinem Kollegen zu „die haben uns entdeckt, guck mal, jetzt wollen sie stiften gehen, hey, die wollen mit der Straßenbahn abhauen". Tatsächlich verschwindet das Pärchen in der Straßenbahn, der dritte Mann wird kontrolliert. Er spricht fast kein deutsch, er hat auch nichts dabei, außer seinem Crack-Pfeifchen und einem Taschenmesser. Nick

[39] Bei der Analyse von Alltagssituationen im Forschungsfeld, besonders der erwähnten expressiven Form des Handelns, hat mir der ethnomethodologische Ansatz Garfinkels (1967) geholfen, zum Komplex der Degradationszeremonien besonders Garfinkel 1974. Das scheinbar Selbstverständliche und normativ Fixierte stets infrage zu stellen, entpuppte sich als eine äußerst fruchtbare, gleichwohl anstrengende Übung. Als ich beispielsweise eine Polizeistreife mit einem festgenommenen Mann zu den Haftzellen begleitete und sie ihn aufforderten, den Hosengürtel und die Schnürsenkel abzuliefern, erklärten mir die Polizisten das sehr rational mit Gründen der Vermeidung von Suizidversuchen. Dass die Behandlung aus der Sicht des Betroffenen beschämend und degradierend war, ist mir erst durch die Diskussion der Szene in der Interpretationsgruppe bewusst geworden. An diesem kleinen Beispiel lässt sich zeigen, wie wichtig die Fähigkeit zum Perspektivenwechsel für eine Lebensweltforschung (nicht nur in der Polizei) ist.

[40] Während meines Feldaufenthalts habe ich mich mit den *street cops* durchgehend geduzt. Sie taten das, wie sie es gegenüber statusnahen Kollegen gewöhnt sind. Dies gelingt nur im kulturellen Verständnis von Handarbeiter-Männlichkeiten, denn das informelle *Du* weist den Fremden einerseits als nicht allzu fremd, andererseits auch als nicht allzu respektabel aus.

schraubt das Röhrchen ab und wirft es weg. Der Junge will anschließend seine Pfeife wieder haben, beschwert sich wegen des fehlenden Röhrchens, man reagiert aber nicht auf seinen Protest. Die Polizisten sind enttäuscht, sie vermuten, dass die anderen zwei den Stoff haben. Sie erteilen dem Mann einen „Platzverweis"[41].

Am Nachmittag treffen wir denjenigen, der am Vormittag in die Straßenbahn eingestiegen ist. Er wird sofort überprüft. Er hat ein Stanniolkügelchen dabei, das aber leer ist. Sein Versuch, dieses Papier zu verstecken, macht Nick wütend. Er fragt den Mann, ob er ihn verarschen will. Er wird dann gefesselt (Hände auf dem Rücken) und ins Auto gesetzt, zum 4. Polizeirevier am Hauptbahnhof gefahren und dort in einer Zelle intensiv durchsucht. Er muss sich ausziehen, die Beamten ziehen ihre Lederhandschuhe an und durchsuchen Stück für Stück seiner Kleidung. Der Mann riecht nicht besonders angenehm, seine Kleider sind schmutzig und alles an ihm macht einen ziemlich armseligen Eindruck. Nachdem er bis auf die Unterhose entkleidet ist, muss er diese auch noch ausziehen und sich nach vorne beugen. Nick untersucht den Rektalbereich. Die Prozedur ist für alle Beteiligten nicht besonders erfreulich, mir ist es peinlich, für ganz Außenstehende muss es geradezu grotesk und abstoßend wirken. Sie sprechen mit ihm „Pidgindeutsch": laut, nur in Stichworten, manchmal kurze Hauptsätze. Sie sind enttäuscht, dass sie nichts mehr bei ihm finden. Diskussion zwischen Tommy und Nick, ob das Crack-Pfeifchen verschwinden soll. Tommy will es ihm zurückgeben, Nick findet keine Argumente dagegen, außer dem Satz „hier wird das üblicherweise so gemacht". Normalerweise, so sagt er, müsste man das Ding sicherstellen und eine Bescheinigung ausstellen, aber die Kollegen nehmen den „kleinen Dienstweg" und werfen es weg. Ich frage ihn, warum er das macht, mir ist der Sinn dieser Aktion nicht klar. Nick sagt, dass es „Nadelstiche" seien.

Später wollen sie mir etwas besonders zeigen. In der Münchner Straße gehen wir in eines der vier- bis fünfstöckigen Häuser. Hier ist eine ganze Etage an ausländische Gastarbeiter vermietet. Wir gehen durch den Gang, an keiner Tür ist ein intaktes Schloss. Die meisten Türen hängen mehr oder weniger windschief im Rahmen. Wir inspizieren einige Räume (mir fällt auf: es wird nicht angeklopft). Drei bis fünf Personen halten sich in einem Zimmer auf, das maximal 12 qm hat, es ist offenbar die Nachtschicht, denn einige Betten sind leer. Ich sehe vier Stockbetten, das heißt, acht Männer schlafen in diesem Raum; jeder zahlt zwischen 250 und 300 DM Miete. Die anwesenden Männer kennen das Ritual, sie holen kommentarlos ihre Ausweispapiere heraus, wollen sie den beiden Polizisten zeigen, sie verzichten aber auf eine Kontrolle.

Die erste Szene ist rationale Polizeiaktion und „Räuber- und Gendarm"-Spiel in einem. Das zugrunde liegende Handlungsmuster könnte man umschreiben mit: *Wir sind die Guten und die anderen die Bösen.* Die beiden Polizisten fuhren mit einem allgemeinen Auftrag durch das Bahnhofsgebiet. Sie suchten sich Arbeit.

41 § 31 HSOG gibt der Polizei die Möglichkeit, bestimmten Personen für eine begrenzte Zeit den Aufenthalt an einem bestimmten Ort zu verbieten (Platzverweis).

Von weitem wurde jemand bestimmt, den man kontrollieren wollte. Die Beamten kannten die Person nicht, sie trafen ihre Entscheidung aufgrund des im Polizeijargon sog. „äußeren Anscheins".

Nach der Entscheidung wurden die Bewegungen der fixierten Personen so interpretiert, dass eine Personenkontrolle begründet werden konnte („die haben uns entdeckt, guck mal, jetzt wollen sie stiften gehen"). Die Etikettierung basierte weniger auf geprüftem *kriminalistischem Gespür*, als auf ihrer eigenen Erfahrung in der Drogenszene. Die Personen, die sie ins Visier nahmen, waren keine *großen*, sondern eher *kleine Fische*. Die Definition erfolgte aufgrund der Kleidung der Leute. Sie praktizierten eine *Politik der Nadelstiche* und wussten das. Sie kosteten es nicht sadistisch aus, sie zelebrierten die Aktion nicht, sondern zogen sie mit einer gewissen nüchternen Routine durch. Sie wissen, dass mit dem Wegwerfen des Mundstücks einer Pfeife, mit der Crack konsumiert wird, die Drogenkarriere eines Menschen nicht beendet werden kann. Trotzdem schraubten sie das Teil ab und warfen es weg. Ich interpretiere es als *ohnmächtige Herrschaftsgeste*, die dazu diente, die aktuelle Kontrollsituation als eine zu definieren, in der die Polizei das Sagen hat. Was vorher und was nachher passierte, interessierte die Beamten nicht. Sie kosteten in der Zeit ihre Macht aus, fühlten sich vielleicht nicht besonders großartig, aber handelten in einem *quasipädagogischen* Modus. Sie wollten etwas tun, woran sich der Delinquent erinnerte, er sollte wissen, dass die Polizei noch aktiv ist.

Die zweite Szene hängt mit der ersten zusammen. Die Beamten folgen einem Handlungsmuster, das Argwohn (als ständiges Misstrauen) und die Annahme eines *schlimmsten Falles* betrifft. Der Grund für die Kontrolle des dritten Mannes war auf der rationalen Ebene der, dass er aussah wie andere Junkies oder Dealer und man stets den Verdacht des Drogenbesitzes begründen konnte. Das darunter liegende Motiv war jedoch vermutlich, dass es sich dabei um denjenigen Mann gehandelt hat, der den Polizisten am Vormittag entkommen war. Sie wollten ihn einfach erwischen. Die Prozedur ähnelte der am Morgen. Sie fanden letztlich keinen stichhaltigen Grund für eine intensivere Durchsuchung. Allerdings war sein Versuch, das Stanniolpapier zu verstecken, der Auslöser für die sofortige Verschärfung des Argwohns: Der Verbergungsversuch wurde von den Beamten als eine gegen sie gerichtete Boshaftigkeit gedeutet (so, als wolle der Mann ihnen die Arbeit schwer machen). Sie fragten ihn, ob er mit ihnen *spielen*, sie sogar *verarschen* wolle, ob er sich also einen Spaß daraus machen könnte, sie in die Irre zu führen bzw. ihre Autorität infrage zu stellen. Das brachte ihm eine intensive körperliche Durchsuchung ein[42]. Dabei gingen sie durchaus nicht inten-

[42] Durchsuchungen im RKB-Dienst werden oft in einer Arrestzelle des örtlichen Polizeireviers durchgeführt. Mich hat überrascht, wie autonom die BFE-Beamten agierten und wie wenig die Revierbeamten von der Anwesenheit der Kollegen der Bereitschaftspolizei Kenntnis nahmen.

tional menschenverachtend vor. Die Kontextbedingungen waren entwürdigend genug, aber die Polizisten *weideten* sich nicht an ihnen (ich habe oft anderes beobachtet – schon die abfälligen Reden über den Zustand der Kleider oder den Geruch des Menschen gehen *unter die Gürtellinie* – aber in diesem Fall haben sie das nicht gemacht).

Sie zogen wieder ihre Durchsuchung durch, so wie sie es bei der BFE gelernt haben. Sie wollen dem anderen keine Chance lassen, deshalb musste er sämtliche Bekleidung ausziehen. Sie haben gelernt, dass Drogenkuriere die Crack-Steine in einem Präservativ im Rektum transportieren können. Deshalb schauten sie dem Delinquenten auch dort hinein. Keine Körperöffnung blieb ihnen verborgen. Der polizeiliche Durchdringungswunsch war buchstäblich grenzenlos. (Eigenes und fremdes) Schamgefühl waren irrelevant. Die Polizisten hätten das nicht mit jedem Menschen und nicht an jedem x-beliebigen Ort getan. Die Behandlung folgte aus ihrer Definition von der Gefährlichkeit des Ortes und der Situation. Und sie erfolgte auch hinsichtlich der Respektabilität der Person. Das setting ließ ein solches Vorgehen zu, formal hätten sie einen Grund zur Kontrolle benennen können. Niemand fragte aber danach, ob es klug oder professionell war: Die Verbindung von *Bahnhofsgebiet, ausländischer, junger, heruntergekommener Mann* und *Verbergungsversuche* führte dazu, dass sie sich auf der sicheren Seite fühlten. Er hätte einer derjenigen sein können, von denen Polizisten schon seit einigen Jahren sagen, dass sie keine Kriminellen, sondern Kranke sind. Ganz offensichtlich war der Mann krank (nicht nur drogenabhängig). Er wurde aber in einem Kontext angetroffen, in dem das Label *kriminell* das des Kranken überstrahlte. Dass Junkies in der Regel beides sind, kommt in den Lehrformeln (die mir gegenüber so flüssig angeboten wurden, dass ich den Verdacht hatte, es seien Leerformeln) nicht vor. Dass Kranke auch dealen und Dealer krank sind, erleben die Beamten aber täglich im Handlungsfeld. Sie müssen (bzw. können) sich stets aufs Neue entscheiden, welchen *master status* sie vergeben. In diesem Fall lag er eindeutig auf dem *Kriminellen* (bzw. des Verdächtigen). Hierin liegt eine nicht zu unterschätzende Definitionsmacht der Polizisten: sie können jemanden sowohl als Kranken als auch als Kriminellen etikettieren. Beides ist formal nur schwer zu beanstanden.

Sie wollten sich nicht *verarschen* lassen, d.h. ihnen ging es um Reputation, um Ehre. Sie zeigen mit ihrer Reaktion, dass sie sich nicht durch Menschen *wie*

Das Garagentor wurde automatisch geöffnet, wir gingen mit dem Festgenommenen in den Zellentrakt und blieben dort unter uns. Kontakt mit den Revierbeamten gab es lediglich über eine Gegensprechanlage. Wenn es die Beamten darauf angelegt hätten, dann hätten sie in dieser Situation genügend Misshandlungsmöglichkeiten gehabt, denn es fehlte sowohl die allgemeine als auch die kollegiale Öffentlichkeit. Selbst der Einheitsleiter wäre in dieser Situation nicht in der Lage gewesen, die Handlungen der Beamten zu kontrollieren.

ihn hinters Licht führen lassen wollten. Ihre Durchsuchung erfolgte in dem Bewusstsein, dass sie es (rechtlich) durften und dass es (taktisch) notwendig war. Scham, Würde und deren Verletzung, Takt, Höflichkeit oder Ästhetik waren keine Kategorien, die das Handeln der Polizisten bestimmten. Diese Alltagskonventionen im Dienst zu suspendieren, das muss auch erst gelernt werden.

Die dritte Szene (Kontrolle der Zimmer) beeindruckte mich wegen der in die Routine eingebauten Grenzüberschreitungen, die als solche überhaupt nicht wahrgenommen bzw. thematisiert wurden. Es war kein monströser Verstoß oder das bewusste Außerkraftsetzen von Recht. Vielmehr wurde etwas von dem Grenzbereich deutlich, in dem sich Polizisten bewegen. Für sie war klar, dass sie die Wohnungen betreten durften. Ersichtlich gab es keinen Anlass für die Kontrolle der Zimmer[43], sie wollten gar nicht kontrollieren, sondern mir zeigen, unter welch widrigen Umständen die Männer lebten und dass andere damit noch viel Geld verdienten. Sie wollen mir gegenüber ihre moralische Empörung über den *Miethai* ausdrücken und griffen dabei, sozusagen nebenher, in die Grundrechte von Menschen ein.

Die Anwesenheit der Polizisten löste bei den Bewohnern die üblichen Unterwerfungsgesten aus. Die Männer sprachen kaum deutsch, sie wussten nicht, welche Polizei sie da kontrolliert, sie wussten aber, dass sie stets ihre Papiere zeigen müssen. Sie waren vielleicht froh, diesmal nicht so scharf kontrolliert zu werden, die Selbstverständlichkeit zeigte aber deutlicher den ständigen *Kontrolldruck*, dem sie ausgesetzt sind. Den BFE-Angehörigen ging es vornehmlich um die Präsenz. Sie wollten da sein, hinsehen, durchgehen können. Sie taten das gleiche wie die Kollegen vor ihnen, nur dass sie keine Türen mehr eintreten mussten, da das schon früher erledigt wurde (möglicherweise gar nicht von der Polizei). Die Unverletzlichkeit der Wohnung, so zeigte sich, spielt für bestimmte Menschen und für bestimmte Wohnungen in bestimmten Gegenden und in bestimmten Zeiten keine Rolle.

Dieser Einblick sollte einen Eindruck vom *unaufgeregten* Alltag der Polizei vermitteln, der häufig unter dem Verdacht steht, eine Praxis der *institutionellen Diskriminierung* zu sein (vgl. Behr 1998a; Proske 1998). Es sollte aber vor allem einen Einblick in die Wahrnehmungskategorien von street cops geben, in die Situationen, in denen sie sich auf Handlungsmuster stützen, um sich als Polizisten behaupten zu können.

---

[43] Das Polizeirecht lässt das Betreten und Durchsuchen von Wohnungen unter bestimmten Voraussetzung zu (§ 38, Abs. 2, Satz 2, Abs. 3 HSOG i.d.F.v. 31.3.94, vgl. Meixner 1998, 303). Die Bereitschaftspolizisten haben jedoch keine originäre Zuständigkeit für die Kontrolle ausländischer Arbeitnehmer. Diese komplizierte Materie wird nur von den darauf spezialisierten Beamten des örtlichen Polizeireviers bzw. des kommunalen Ordnungsamtes beherrscht.

3.6 Cop Culture als maskuline Subkultur der Polizei

Der Begriff *Subkultur* wird in unterschiedlichen theoretischen Kontexten benutzt, deshalb möchte ich kurz erläutern, auf welche Bedeutung von Subkultur ich mich beziehe. Hierbei schließe ich mich weitgehend der Argumentation von Steinert (1989) an.

Subkultureller Zusammenschluss findet sich historisch sowohl als (ökonomische und intellektuelle bzw. religiöse) Elitenbildung (z.B. des Bürgertums), aber auch als Form der Depriviertenkultur (z.B. der Bohme).

Die „totalitäre" Form der Verstaatlichung hat Grenzen und die Annahme, dass Gesellschaft funktioniere wie das (theoretische) Modell eines Staates, lediglich mit einigen (nämlich: subkulturellen) Abweichungen, ist nicht sehr ertragreich (ebd., 614). Das Präfix „Sub" wird zwar häufig als *unten* gedeutet (und auch so gemeint), gleichwohl erklärt es den soziologischen Gehalt nicht ausreichend. Subkultur entsteht

> „nicht naturwüchsig, sondern als Ergebnis einer Politik, die auf Zusammenschluss und Anschluss gerichtet ist, eigenen und fremden. »Subkultur« fungiert als Elitenzusammenschluss und als Selbstorganisation der Ausgeschlossenen. Sie ist Grundlage von Herrschaft und von Unterlaufen wie Erfüllen der Herrschaftsansprüche" (Steinert 1989, 622).

Der Verweis auf *Subkultur* im Zusammenhang mit dem Gewaltmonopol bedeutet, darauf zu achten, welche unterschiedlichen Formen des Unterlaufens und der Erfüllung des staatlichen Herrschaftsanspruchs in der Polizei zu beobachten sind. Die dahinter stehende Annahme lautet, dass sich in der Cop Culture sowohl die *Ermöglichungsformen* für die Durchsetzung staatlicher Gewalt als auch Formen von *Widerständigkeit* gegen sie verorten lassen.

Viele Polizisten fühlen sich als *kleine Rädchen* in der Organisation. Durch ihre inferiore Stellung im Bürokratiebetrieb werden sie oft genug gekränkt, beschämt und frustriert. Ihre Vorstellungen von einer *richtigen Polizeiarbeit* werden von den eigenen Vorgesetzten selten geteilt, die Gerechtigkeitsvorstellungen stoßen schnell auf Unverständnis, wenn sie die *eigenen Reihen* verlassen. Die ideologischen und realen Tröstungen der Subkultur erfahren sie durch die Bezugnahme auf ihresgleichen, durch ihre Kameradschaft in der Gefahrengemeinschaft, durch die Zeichen der Solidarität, durch das gemeinsame Wissen von (den Schattenseiten) der Gesellschaft.

> Heute Nacht ist überhaupt nichts los, weder auf Streife noch am Telefon oder am Funk. Nach 02.00 Uhr ist eine Streifenwagenbesatzung und der DGL bis 06.00 Uhr morgens verschwunden. Sie haben alle ihre Liegen dabei und schlafen irgendwo in

> den Hinterzimmern. Auf Streife sind Sebastian und Gerald, die zwei Jüngsten der Dienstgruppe, auf der Wache hält der Vertreter des DGL die Stellung. Die drei Jüngsten sind in den frühen Morgenstunden wach, die andere Hälfte der Mannschaft schläft (heue waren nur sechs Leute im Dienst). Am Morgen schreiben sie dann alle ihre Streifenberichte. Dies wird vom Geschäftszimmer überwacht, und heute morgen sagt der stellvertretende DGL zu zwei Kollegen, dass aus dem Geschäftszimmer eine Mahnung gekommen sei, da sie ihren wöchentlichen Fußstreifenbericht noch nicht geschrieben hätten. Daraufhin holen sie das entsprechende Formular und schreiben einen fiktiven Fußstreifenbericht für die Abendstunden des gestrigen Tages an einem willkürlichen Ort. Die Formulierungen dafür sind blumig, und sie haben gemeinsam, dass nichts nachgewiesen werden kann. Einer schreibt, dass er im Park war , mehrere Jugendlich ermahnt und eine Reihe von Bürgergesprächen geführt habe, da er weiß, dass der Dienststellenleiter es gern hat, wenn die Beamten sich mit den Bürgern unterhalten. Ein anderer bevorzugt die Verkehrserziehung, er schreibt, dass er den Fußgängerverkehr an einer bestimmten Kreuzung überwacht habe, ebenso wie den ruhenden Verkehr, dass er einige Leute ermahnt habe, ansonsten aber nichts Besonderes vorgefallen sei.

Die offizielle Anweisung lautet, dass rund um die Uhr Streifendienst, zumindest motorisiert, zu leisten ist. Die Polizeiführung kann diese Anordnung nur formal durchsetzen, nicht aber inhaltlich. Street cops wissen, wie sie ohne zu großes persönliches Risiko Nischen finden können, die ihnen den Job etwas erleichtern (der Schlaf in Uniform auf einer Liege ist sicher nicht besonders angenehm und gesund, aber subjektiv doch besser, als die Müdigkeit im Streifenwagen auszuhalten). Bei einer Kontrolle oder einer offiziellen Arbeitszeiterfassung durch die vorgesetzte Dienststelle würden längere Ruhephasen im Dienst, die man zum Nickerchen nutzen kann, sicher nicht auftauchen. Trotz zunehmender Reglementierung und Kontrolle (z.B. Fußstreifenberichte zu fertigen, rund um die Uhr Streife fahren) finden die Polizisten Nischen des Rückzugs. Der sog. *Fußstreifenerlass* des Innenministers verpflichtet alle Uniformträger, sich in der Öffentlichkeit zu Fuß zu zeigen. Jeder Beamte auf dem Revier weiß, dass die ministerielle Anordnung so nicht umsetzbar ist, aber alle halten sich daran, keiner wagt den öffentlichen Protest. Fallweise wird der Erlass großzügig ausgelegt oder mehr oder weniger geschickt unterlaufen. Die Kontrolle des Geschriebenen ist fast unmöglich, wenn man *hermetisch sichere* Formulierungen wählt, und wenn man die Dinge erst nachher schreibt (also als ex-post-Konstruktion einer manchmal lediglich *virtuellen* Wirklichkeit). *Placebo-Formulierungen* gehören zum Handwerkzeug (und zu den Handlungsmustern) von street cops. Auch sie lernt man nicht auf der Schule, sondern von anderen Kollegen in der jeweiligen Praxis.

Um das Verhältnis von Bürokratie und männlichkeitsbezogener Cop Culture zu verdeutlichen, will ich eine Analogie bemühen, nämlich die zum Verhältnis zwischen (kapitalistischer) Lohnarbeit und ihrer Reproduktion.

> „Für die Lohnarbeit besteht der Widerspruch darin, daß sie nach dem Prinzip, das sie konstituiert, dem der Warenförmigkeit, nicht zu reproduzieren ist, und zwar in keinem Sinn – nicht als täglich wiederhergestellte Arbeitsbereitschaft, nicht als längerfristige Arbeitsmoral und Qualifikation und nicht als »Ersatzleute«. Lohnarbeit reproduziert sich nur unter der Bedingung einer Infrastruktur von gesellschaftlichen Beziehungen und Arrangements nicht warenförmiger Art. Wenn das stimmt, kann sich das kapitalistische Organisationsprinzip grundsätzlich nicht exklusiv durchsetzen, muss es als Bedingung seines eigenen Funktionierens seinen Gegensatz zumindest zulassen, eventuell suchen, notfalls sogar selbst herstellen. Der Ort, an dem das geschieht, ist der Haushalt, in der heute durchgesetzten Form die Kleinfamilie... Die Phänomene, die wir »Subkultur« nennen, gehören ebenfalls dazu" (Steinert 1989, 623).

Wie sich Lohnarbeit nur unter Ausnutzung sozialer Beziehungen, und nicht durch Warenförmigkeit reproduziert, so ist auch die bürokratische Durchsetzung staatlicher Herrschaft nicht widerspruchsfrei durchzuhalten. Die Handlungsmuster der street cops verhelfen dem Gewaltmonopol zur Wirkung, indem sie nach den ihnen eigenen subkulturellen Normen handeln und insgesamt das staatliche Herrschaftshandeln ermöglichen. Denn bestimmte Haltungen sind weder bürokratisch *einzufordern* (z.B. sich gegenseitig zu helfen, einen Täter durch einen Fluss verfolgen, ein Kind aus einem brennenden Haus zu retten) noch sind bestimmte Handlungen bürokratisch *durchzuführen.*

So sind z.B. Mut, Feigheit und Angst nicht bürokratisch zu regeln. Man stelle sich eine Hundertschaft der Polizei vor, die einer Menge von aufgebrachten Leuten gegenübersteht. Werden nun Steine auf sie geworfen, vielleicht gefährlichere Gegenstände, wäre zu vermuten, dass die Beamten instinktiv davonlaufen. Sie tun es aber in der Regel nicht, sie überwinden ihre Angst, bleiben stehen, rennen vielleicht noch den Angreifern entgegen. Dieses Ausharren ist nicht bürokratieförmig durchzusetzen (im Militärischen würde man, wenn sie wegliefen, von *Feigheit vor dem Feind* reden, aber diese Regelung gibt es für die Polizei nicht). Das Überwinden von Angst wird bewerkstelligt durch hegemonial wirksame Handlungsmuster, die etwas aussagen über die Zusammengehörigkeit und den Mut von Polizisten.

Steinert führt seine Subkulturanalyse folgendermaßen weiter:

> „Das läuft alles darauf hinaus, den Begriff »Subkultur« zu fassen als spezielle Erscheinung eines allgemeinen Widerspruchs im Kapitalverhältnis, als Sonderform einer ganzen Gruppe von sozialen Beziehungen, die aus dem Prinzip der Warenför-

> migkeit und der bürokratisch-rationalen Herrschaft herausfallen, Beziehungsformen, die aber gleichzeitig notwendig sind und notwendig hervorgebracht werden, damit dieses Prinzip der Warenförmigkeit, damit Kapitalismus überhaupt funktionieren kann“ (Steinert 1989, 624).

Das Gewaltmonopol, so ist festzuhalten, kommt nicht ohne nicht-bürokratieförmige Durchsetzungsformen aus. Girtler (1980, 90) nennt das die „Normverletzung als ‘Element’ der Bürokratie“.

Die Erwähnung der bürokratischen Rahmenbedingungen sowie des alltagspraktischen Vollzugs polizeilichen Handelns sollte der Entwicklung von Männlichkeitsentwürfen vorangestellt werden, da auf diese Weise die Interferenz von Bürokratie und nicht-bürokratieförmigen Handlungsmustern plausibel gemacht werden kann.

4 Männlichkeiten im Alltag des Gewaltmonopols

Das Gewaltmonopol wird durch *Männlichkeiten* repräsentiert, und es ermöglicht, fordert und fördert Männlichkeits*präsentationen*. Die nun folgenden Männlichkeitsmodelle sollen den Einblick in die kulturellen Rahmenbedingungen der Polizeiarbeit ermöglichen, sie sind keine Porträts real existierender Männer. Die Beschreibung und Interpretation von Polizeiarbeit unter dem Eindruck einer Männlichkeitskultur ermöglicht einen anderen Blick auf das Gewaltmonopol, und zwar sowohl auf das Binnenverhältnis als auch auf das Verhältnis zur meist männlichen Klientel der Polizei (die oft als „*das* polizeiliche Gegenüber" apostrophiert wird). In Wirklichkeit sind sich beide Männlichkeiten nicht gänzlich *gegenüber*, zumindest nicht ganz entfernt voneinander. *Männlichkeit* kann man vielmehr als das verbindende Element im Interaktions- und Arbeitsbündnis zwischen Polizisten und ihrer Klientel bezeichnen. „Das Gegenüber" muss angesehen, erkannt und in den eigenen Sinnhorizont einbezogen werden. Insofern wirkt der gegenüberstehende Mann oft auch als Spiegel bzw. als Projektionsfläche des eigenen Ich.

4.1 Hegemoniale und vorherrschende Männlichkeiten

Als *hegemoniales Männlichkeitsmodell* der Polizei bezeichne ich die Krieger-Männlichkeit. Die damit verbundenen Konnotationen beziehen sich nur in geringem Ausmaß auf die realen Tätigkeiten, in weit größerem Umfang dagegen auf die Phantasien und medialen Konstruktionen, die z.B. mit dem Begriff *Verbrechensbekämpfung* assoziiert werden. Mit ihnen benennen Polizisten ihre Vorstellungen einer Polizeiarbeit, die beispielsweise von Manning (1997, 296) als „cops and robber game" bezeichnet wird. Die individuelle, aber auch die kollektive Vorstellung vom Beruf wird notwendigerweise mitkonstituiert durch die Bilder, die in der Öffentlichkeit über Polizei transportiert und in ihr informell weitergegeben werden.

Die Übertragung des Hegemonie-Konzeptes auf die Polizei bedarf einer kurzen Erläuterung. Ich halte es insofern für hilfreich, als es auf die Divergenz von kulturellem Einfluss und tatsächlicher Stellung im Machtgefüge aufmerksam macht. Die Krieger-Männlichkeit ist nicht nur Bestandteil, sondern Grundlage der Handlungsmuster in der Cop Culture. Ihre Hegemonie besteht darin, dass sie – obwohl gar nicht von den meisten Angehörigen der Polizei praktiziert – die

Alltagshandlungen und die Haltungen der Polizisten und die der Polizei kulturell determiniert bzw. jederzeit determinieren kann (es ist durchaus *situationsabhängig*, ob die Organisation ihre kriegerische oder die bürgerfreundliche Seite zeigt). Sie durchdringt die Diskurse um Polizei und die mit ihrem Handeln verbundenen Bilder, die in den zahlreichen Geschichten auftauchen. Sie kann jederzeit als wirkungsmächtig aktiviert und legitimiert werden, und zwar im Alltagshandeln, besonders aber bei polizeilichen Großereignissen. So demonstrierte die deutsche Polizei bei den letzten Castor-Transporten nach einigen *ruhigen* Jahren wieder einmal, was sie an Personal und Material aufzubieten hat – dies hatte nichts mehr mit *Community Policing* oder *Dienstleistung für den Bürger* zu tun, sondern ziemlich dezidiert mit Herrschaftsdemonstration. Dass dieser Wechsel von der Bürgerpolizei zur Truppenpolizei so schnell funktioniert, liegt an der nach wie vor hegemonial wirksamen *kriegerischen Männlichkeitskultur* in der Polizei, die sich am reinsten in ihrer quasi militärischen Organisierbarkeit zeigt.

Die kulturelle Dominanz der Krieger-Männlichkeit ist nicht unumstößlich, immerhin konkurrieren mindestens die *Schutz-Männlichkeiten* und auch die eher bürokratischen Männlichkeiten in der Polizei mit ihr. Ich gehe davon aus, dass die Krieger-Männlichkeit weiterhin als das *kulturelle Leitbild* innerhalb der Cop Culture anzusehen ist. Jedoch ist Hegemonie eine „historisch bewegliche Relation" (Connell 1999, 98), die Krieger-Männlichkeit kann also durchaus von anderen Modellen abgelöst werden.

Während ich Hegemonie in meinem Kontext mit *kultureller Dominanz* gleichsetze, weist der Begriff *vorherrschende Männlichkeiten* auf die quantitative Dimension hin. Sie bestimmen *maßgeblich* das Bild der Polizei im *Alltag*, sind aber zu sehr an diesem Alltag orientiert, zu angepasst, zu pragmatisch, zu wenig spektakulär, als dass sie in der Lage wären, einen über den Alltagshorizont hinausweisenden Entwurf einer *Polizei-Männlichkeit* anzubieten.

4.1.1 Krieger

Die Krieger-Männlichkeit ist eine ambivalente Figur in der Bürokratie[1]. Sie ist notwendig und gleichzeitig gefährlich, deshalb muss sie gezügelt und kontrolliert werden. Bürokratisch geschieht das in der Regel durch Disziplinarmaßnahmen und die Zuweisung von körperlich riskanten Tätigkeiten. Die jungen Männer (und Frauen) sind bereit, beides in Kauf zu nehmen, denn sie begründen ganz überwiegend ihre Berufswahl damit, keinen Schreibtischjob ausüben zu wollen.

---

1 Steinert (1997a) verwendet auch die Kriegermetapher, rückt den Krieger aber in die Nähe des „einsamen Wolfes", also des in sozialer Distanz verharrenden, ruhelosen Einzelgängers, während es sich bei mir um eine durchaus gruppenfähige und disziplinierte Männlichkeit handelt.

Die riskanten Tätigkeiten bestehen in der direkten physischen Konfrontation mit Menschen in schwierigen Situationen, die bis zur Tötung eskalieren kann, wenn niemand in der Lage ist, die Konfliktspirale zu unterbrechen.

Die aus dem Militärischen entnommene Kriegermetapher mag zunächst fehl platziert wirken. Denn es geht in der Polizei auf der manifesten Ebene nicht um einen Krieg, es geht explizit nicht um das Töten als intendierte Handlung, sondern allenfalls um den Todesschuss als „ultima ratio“[2]. Gleichwohl ist aber Töten und Getötet-werden Bestandteil des Berufsspektrums, und zwar exklusiv unter den zivilen Staatstätigkeiten, denn kein anderer Beamter (außer im Militär und bei der Justiz) muss sich diesen Risiken aussetzen. Somit ist der Krieger auch in Friedenszeiten stets in der Lage und gefährdet, sein eigenes und das Leben anderer zu riskieren, vor allem aber ist er willens, genau dies zu tun. Die Todesdrohung gehört zwar nicht zum Alltagsbewusstsein der Polizei, sehr wohl aber die Überwindung von Gegenwehr, die Verletzung körperlicher Unversehrtheit, die Gefahr der Verletzung durch andere bzw. von anderen Menschen. Als die zentralen Eigenschaften des Kriegers erweisen sich die Bereitschaft und die Fähigkeit zum Kampf.

Der Kampf ist nicht Selbstzweck (sonst wäre er Schläger oder Bandenmitglied oder eben bezahlter Kämpfer), sondern folgt einem höheren Sinn. Der speist sich aus der Überzeugung, mit ihrem Einsatz andere Menschen (u.U. die ganze Gesellschaft) vor einer Gefahr zu bewahren oder sie aus ihr zu retten.

Aus dem folgenden Interview[3] mit einem Beamten, der seit 1990 bei der Hessischen Polizei und seit 1993 Angehöriger einer BFE ist, werde ich die Kategorie der Krieger-Männlichkeit entwickeln. Mein Interviewpartner stellt den

2 Selbst im Falle des sog. *finalen Rettungsschusses* (von Kritikern auch *gezielter Todesschuss* genannt), der in einigen Landespolizeigesetzen verankert ist (z.B. § 41 Abs. 2 Satz 2 Musterentwurf für ein einheitliches Polizeigesetz), geht es nur dann final um die Tötung als polizeiliche Handlung, wenn damit ein anderes Leben gerettet werden soll. Im Musterentwurf heißt es dazu: „Ein Schuss, der mit an Sicherheit grenzender Wahrscheinlichkeit tödlich wirken wird, ist nur zulässig, wenn er das einzige Mittel zur Abwehr einer gegenwärtigen Lebensgefahr oder der gegenwärtigen Gefahr einer schwerwiegenden Verletzung der körperlichen Unversehrtheit ist“ (Meixner 1998, 388). Trotz erheblicher Bedenken gegen die Absicherung im Polizeigesetz ist die Anzahl der mit ihm begründeten Schusswaffeneinsätze nahezu konstant geblieben. Im Jahr 1996 wurden zwei Personen im Zuge einer *vorbereiteten* Polizeiaktion getötet, nur in einem Fall wurde dies mit dem landesspezifischen Polizeiaufgabengesetz begründet (vgl. Diederichs 1997a, 77 f., bes. Fall Nr. 3). Die Zahl der durch polizeilichen Schusswaffeneinsatz getöteten Personen ist seit einigen Jahren in etwa konstant und schwankt zwischen zehn und zwölf, im Jahr 1998 waren es acht getötete Personen (in vier Fällen hatten sie sich vorher einen Schusswechsel mit der Polizei geliefert, vgl. Bürgerrechte&Polizei/CILIP 62 [1/99], 47 und Bürgerrechte&Polizei/CILIP 63 [2/99], 69 ff.)

3 Dieses Interview konnte nicht vollständig transkribiert werden; ich habe die wichtigen Passagen zusammengefasst; die in Anführungszeichen stehende Begriffe und Sätze sind Zitate von Herrn Gerber.

Typus des *harten Mannes* vor, der sich Gefahren stellt, der seinen Ehrenkodex darauf bezieht, einen Job zu machen, der gemacht werden muss, wobei bei genauerem Hinsehen deutlich wird, dass dies nicht jedermann sein kann, sondern ein ganz *besonderer Mann*.

> Lutz Gerber, Jahrgang 1969, stammt aus Sachsen und wuchs bis zu seiner Volljährigkeit im DDR-Gesellschaftssystem auf. Er ist das einzige Kind seiner Eltern und wurde nach dem Wegzug seines Vaters von der Mutter alleine erzogen. Seine Kindheit schildert er als unauffällig, meistens systemkonform. Er erwähnt aber, dass er schon immer auffiel, da er stets „die Klappe aufgemacht" habe. Die Wende erlebte er als Militärangehöriger, zunächst noch in der NVA, dann als Bundeswehrsoldat. 1990 wurde er aus dem Militärdienst entlassen. Sein Verhältnis zu Vorgesetzten beschrieb er als kompliziert. Er hatte stets das Gefühl, dass ihn Vorgesetzte nicht besonders schätzten. Im Juli 1990 wurde er zunächst arbeitslos, fuhr in dieser Zeit oft zum Fußball und nahm Kontakt mit „Hooligans" auf, die ihn auch in diverse Auseinandersetzungen mit der Polizei verwickelten. Er begann, „die Polizei zu hassen, da sie immer die Stärkeren waren und ihren Frust an den Hooligans ausgelassen haben". Seine Mutter wies ihn schließlich auf eine Werbung der Hessischen Polizei hin. Sie bestellte ohne sein Wissen dort Informationsmaterial für ihn. Er stellte schließlich seinen ursprünglichen Plan, als Meister in einer Reha-Klinik für Behinderte zu arbeiten, zurück und machte den Aufnahmetest bei der Polizei in Frankfurt/M. Er sagte, es habe ihn vor allem die Aussicht gereizt, die Stadt kennen zu lernen. Er zögerte seine Entscheidung noch etwas hinaus, begann aber doch im Dezember 1990 den Polizeidienst in Kassel, bekam nach drei Tagen sein erstes Gehalt (1000.- DM), fand langsam „Spaß". Er erfuhr von Arbeitsbereichen, die ihn reizten: Drogen, Gewaltkriminalität. Sein damaliges Hauptargument für den Polizeiberuf: Es hat ihm „gestunken, dass andere Leute auf die Straße gehen können und können sich aus der Angst der anderen Bürger Kapital machen". Schließlich blieb er bei der Hessischen Polizei.

Den Wechsel des politischen Systems der DDR erlebt Lutz Gerber in einer Institution, die als besonders „staatstragend" angesehen werden muss. Er bleibt in einer militärischen Struktur, nun aber mit entgegengesetzten Zielen. Möglicherweise markiert schon diese „Wendung" eine normative Krise, denn einen Armeewechsel übersteht man nur durch das *Universalisieren des Soldatischen*. Nur wem es gelingt, die Kontextbedingungen zu eliminieren und das Kriegshandwerk als Selbstzweck zu definieren, kann in allen Armeen dienen. Gerber macht darüber keine Aussagen, immerhin geht er aber nicht völlig konform in die neuen Strukturen ein, sondern als jemand, der unbequem ist. Wahrscheinlich war er das schon früher, zumindest in seiner Erinnerung taucht diese Floskel auf („Klappe aufgemacht"). Spätestens mit dem Ende seiner Wehrdienstzeit gerät er in eine *Gefährdungs-Passage*. Der Kontakt zu Hooligans brachte einige Gefahren für seine Gesundheit und für sein Führungszeugnis mit sich. Er erwähnte aber nichts von Beschädigungen oder Konfrontationen mit der Polizei. Fraglich bleibt, warum er sich letztlich auf die Polizei einlässt. Dazu sagt er wenig, möglicherweise steht eine pragmatische Haltung im Vordergrund: Die Polizei ist in wirtschaftlich unsicheren Zeiten ein attraktiver Arbeitgeber, außerdem kann er sie unverbindlich anschauen. Sehr ausgeprägt kann seine vorher geschilderte Ablehnung der Polizei nicht gewesen sein, denn er wechselte schnell die Seiten. Für seine biografische Erfahrung steht er jetzt auf der Gewinnerseite, denn die Polizei trat ihm gegenüber früher als die stärkere Macht auf. Er konnte sich schnell mit dem neuen Leben anfreunden, vor allem begünstigten dies die sozialen Faktoren: Kollegen, also Gefährten, spielen für ihn eine große Rolle. Sie waren früher wichtig und sind auch in der Polizei annehmbar, außerdem war er finanziell abgesichert. Schließlich konnte er sich mit dem Milieu, das er kannte, weiter beschäftigen, lediglich von der anderen Seite aus.

> Noch von der Polizeischule in Wiesbaden aus bewarb sich Lutz Gerber beim SEK Frankfurt, bestand auch den Aufnahmetest, bekam dann aber „kalte Füße", da er sich noch nicht „so fit" fühlte, außerdem wollte er nicht nach Frankfurt ziehen. Er ging stattdessen zurück in eine normale Einsatzeinheit der Bereitschaftspolizei. Die dortigen Einsätze empfand er insgesamt als zu langweilig. Dann suchte die dortige BFE Nachwuchsbeamte. Er bewarb sich, wurde angenommen und war zum Interviewzeitpunkt seit zwei Jahren Mitglied der BFE. Er kann sich nicht vorstellen, an einer anderen Stelle der Polizei zu arbeiten, außer beim SEK.

Im SEK arbeitet die Elite der street cops[4]. In ihr könnte Lutz Gerber *Polizeiarbeit pur* machen. Sie ist das Beste, was die Polizei an *Ereignissen* anzubieten hat. Möglicherweise hat man ihm im Abschlussgespräch nahegelegt, erst noch etwas Polizeipraxis zu erwerben und sich dann erneut vorzustellen, aber das bleibt Spekulation. Was er anbietet, lässt sich als seine persönliche Autonomie deuten: Lutz Gerber ist geeignet für die Elite, er geht aber nicht hin. Das Muster wiederholt sich später: Er *kann, muss* aber nicht. Statt der Elite beizutreten, geht er

4 Es war schwierig, mit Polizisten über Leistungss*eliten* zu sprechen, dieses Wort war erkennbar tabuisiert. Der Begriff bezeichnet keine reale Funktion in der Organisation, sondern wird als Statuszuschreibung von außen (z.B. durch Journalisten) an die Polizei herangetragen. Die Einsatzbeamten selbst würden sich offiziell nicht als *Elitetruppe* bezeichnen, auch die Polizeiführung würde das nicht dulden. Dies gilt sowohl für die BFE wie für das SEK. Anhand der Selbstbeschreibungen wird jedoch deutlich, dass sie sich doch für die Besten halten, sie *fühlen* sich als Elite, reden aber nicht darüber. Sie sagen, dass sie lediglich eine bessere (oder: andere) Ausbildung haben, dass sie den Job freiwillig machen und für besondere Einsätze zuständig sind. Diese Untertreibungen sind mir häufig in der BFE begegnet. Während sich Jaschke (2006) mit polizeilichen Funktionseliten beschäftigt (die vom Status her gesehen im Höheren Dienst angesiedelt sind), spreche ich hier von Leistungseliten, die durch ihre exklusive Tätigkeit bestimmbar sind. Wesentliches Element ist die Zugangsbeschränkung: rigide Aufnahmetests sichern den hohen Status ab, bis zum heutigen Tag sind z.B. SEKs für Frauen fast nicht erreichbar.

zunächst in eine *normale* Einsatzeinheit der Bereitschaftspolizei, dort ist er einer unter vielen. Dann bekommt er doch die Chance zur Veränderung seiner Position. Die BFE steht funktional über den *normalen* Einsatzeinheit der Bereitschaftspolizei, aber deutlich unter dem Standard eines SEK. Obwohl beide Gruppen funktional nicht miteinander vergleichbar sind, betrachten viele (besonders die jungen) Polizisten eine BFE als *SEK der Bereitschaftspolizei.* Dies besitzt für Lutz Gerber offenbar einige Attraktivität.

In dieser Einheit wird eine gewaltbereite Männlichkeit gefordert und gefördert, die Lutz Gerber ebenfalls vertraut ist. Hier liegen die Dinge klar, er braucht sich nicht auf langwierige Sachverhaltsklärungen oder, wie er sagt, auf „Palaver" einzulassen, sondern kommt vor allem in Situationen zum Einsatz, in denen die Sachlage eindeutig ist. Wird er doch in Verhandlungen verwickelt (z.B. bei Kontrollen von Personen), dann hat er für sich eindeutige Kriterien entwickelt, nach denen er Toleranz gewährt oder nicht. Sie richten sich hauptsächlich danach, wie sein Gesprächspartner sich ihm gegenüber verhält. Werden seine Vorstellungen von einer gelungenen Interaktion nicht bedient (z.B. weil der andere auf seine Rechte verweist), dann reagiert er formalistisch:

> „Dann geht's in der 'Sie-Form' weiter, dann erzähl' ich ihm nicht alles drei- oder viermal, dann erzähl ich's ihm einmal, danach kommt die Androhung. Alles wie es im HSOG[5], wenn ich's eng' ausleg', möglich ist. Ich sage, er hat das so und so zu machen, er macht's nicht. .... und beim dritten Mal sag ich's nicht mehr, dann zieh' ich das durch, was ich machen will, auf Teufel komm' raus".

Gerber will die Dinge, nachdem er der Pflicht genügt hat, „durchziehen" können, und zwar unbedingt und ohne Einschränkung. Wird er in seiner Amtsautorität infrage gestellt, dann schaltet er um, hört nicht mehr hin, wägt nicht mehr ab, vielmehr agiert er eher bürokratisch. Er bewegt sich in seinem Berufshandeln durchgängig in einem Modus der *Reziprozität.*

Die gesetzlich vorgegebene Ankündigung von Zwangsmaßnahmen begründet und begünstigt eine Haltung bei Polizisten, mit ihrer Klientel lediglich

---

[5] Das HSOG ist die polizeiliche Eingriffsermächtigung auf dem Gebiet der Gefahrenabwehr, umgangssprachlich *Polizeirecht* genannt. Polizeilichen Eingriffe in die Individualrechte müssen durch ein Gesetz (z.B. HSOG oder StPO) legitimiert sein. Von den Standardsituationen gibt es Ausnahmen bzw. Erweiterungen. So kann z.B. die Kontrolle eines Fahrzeugführers im Straßenverkehr sowohl nach der Straßenverkehrsordnung, dem HSOG oder der StPO begründet werden, die Polizisten müssen vor einer Handlung in etwa die Rechtsgebiete abstecken, da mit ihnen jeweils unterschiedliche Eingriffsbefugnisse verbunden ist (z.B. darf bei einer Kontrolle nach dem Verkehrsrecht nicht nach dem Ausweis des Beifahrers gefragt oder das Auto durchsucht werden). Kompliziert können sich Situationen gestalten, in denen der oder die Betroffene über diese Unterschiede informiert ist und so die beabsichtigten Maßnahmen der Polizisten und seine Rechtsposition in ihnen bewerten und kritisieren kann.

Schein-Verhandlungen zu führen. Sie dienen vornehmlich dazu, beim anderen Verständnis für die polizeiliche Handlung zu erlangen, um möglichst wenig Schwierigkeiten mit deren Durchsetzung zu haben. Die Zwangsmaßnahme erfolgt aber prinzipiell unabhängig von der *Einsicht in das Notwendige.* Die Drohung mit Gewalt determiniert strukturell jede polizeiliche Kommunikation, sie ist keine Verhandlung unter Gleichen[6]. Die Gewaltanwendung steht sowohl bei individuellen (Ver-) Handlungen als auch im kollektiven Handlungsrepertoire der Polizei als selbstverständliche Ressource zur Verfügung[7]. In der Polizeipraxis äußern sich diese Haltungen am auffälligsten in Form einer buchstabengetreuen Rechtsfixiertheit. Diejenigen, die so denken, orientieren sich an einem obrigkeitszentrierten Polizeiverständnis und sind zutiefst irritiert, dass man ihren Anweisungen nicht unverzüglich nachkommt, obwohl sie rechtmäßig sind (vgl. Steinert 1991, 26).

Die Gewaltfähigkeit des Kriegers

> Alles, was sich auf der Straße abspielt und mit Aktivität zu tun hat, beeindruckt ihn. Die Fahndung interessiert ihn, da man da „irgendwo in 'ne Szene reinkommen" kann. Brisante Lagen reizen ihn, wo er weiß „mein Gegenüber hat irgendwo verspielt. Das gibt's. Da sind die Fronten halt relativ klar. Ich komm' nicht so mit dem Normalbürger in Kontakt. Mein Gegenüber ist immer klar differenziert". Er will wissen, mit wem er zu tun hat und trennt dafür klar zwischen „Guten" und „Bösen". Ich frage, wie er mit dem Risiko umgeht, in eine gefährliche Lage zu kommen, worauf er entgegnet „es muss Leute geben, die das machen". Im nächsten Satz fügt er hinzu: „Ich hab' früher schon riskant gelebt, das ist irgendwo der Kitzel, ich weiß es nicht warum. Ich begeb' mich gerne in solche Lagen". Er hat aber selbst noch keinen Einsatz mitgemacht, bei dem er verletzt wurde.

---

6 Wenn Polizisten mit dem Publikum verhandeln, dann meistens im Bewusstsein, dass sie auf diverse Zwangsmittel zurückgreifen können, eine Verhandlungsstrategie, die man auch als *Erlkönig-Prinzip* bezeichnen kann („.. und bist Du nicht willig, so brauch' ich Gewalt..."). In der Regel agieren Polizisten aus einer Position der Überlegenheit heraus, was sie in die Lage versetzt, jederzeit die Verhandlung abzubrechen und z.B. Verstärkung herbeizurufen. Insofern handeln sie auch nicht sozialarbeiterisch, weil sie gewaltförmige Interventionsmöglichkeiten haben oder sich für nicht zuständig erklären können.

7 Insofern, das lerne ich im Jahr 2008 in der Ausbildung junger Polizeibeamter an der Polizeiakademie in Niedersachsen, ist der Erfolg bei der Vermittlung sog. „soft skills" in der Ausbildung (Rhetorik-, Kommunikations-, Konfliktbearbeitungs- und Stressbewältigungs-Trainings) auch begrenzt. Zwar entspricht es guter Erfahrung und Haltung, frühzeitig Reflexions- und Kommunikationsförderung zu etablieren, man vergisst dabei aber leicht, dass zur gleichen Zeit die Ausbildung in der Anwendung von Zwang und Recht erfolgt. Diese polizeilichen Mittel finden eine sehr viel höhere Akzeptanz bei den Studierenden, und sie werden sehr frühzeitig internalisiert, so dass man manchmal mit den „Reden" nicht sehr weit kommt. Die Einsicht, dass man mit der Kommunikation den Job besser erledigt, kommt vielleicht erst nach diversen Erfahrungen mit den Grenzen und den Risiken der Gewaltanwendung.

Die Krieger-Männlichkeit ist eine gewaltfähige Männlichkeit. Sie verbindet *Recht* mit *Macht* und nutzt beides, um die eigenen Interessen durchzusetzen. Recht ist die notwendige Ermöglichung für das eigene (polizeiliche) Handeln, nicht dessen Begrenzung (wie es die Juristen sehen und wie es in der Theorie gelehrt wird). Herr Gerber hätte gern eine größere Ermächtigung (d.h. mehr Rechte), um seinen Job besser machen zu können. Deshalb bevorzugt er Einsätze, in denen die formale Rechtslage (nach dem Versammlungsgesetz, dem HSOG oder der StPO) einigermaßen klar und eindeutig ist und er nicht *verhandeln*, das heißt ja vor allem: *reden* muss. Die Krieger-Männlichkeit benutzt Sprache nicht als Chance zur Verhinderung von Gewalt (und baut sie deshalb in die Alltagsroutine ein), sondern als notwendiges Übel, da man eben erst eine *Maßnahme* androhen muss, bevor man sie „durchziehen" darf. Das Verhältnis zu seiner Klientel ist zum einen „sportlich-spielerisch", zum anderen deutlich machtorientiert (was sich offensichtlich nicht ausschließt). Fühlt er sich nicht ernst genommen oder gar entwertet (z.B. weil er das Gefühl hat, dass ihn jemand auslacht), dann ist er persönlich betroffen und reagiert aggressiv, zeigt sich jemand *gefügig*, dann kann er mit ihm ins Gespräch kommen. Diese Muster wiederholt sich später etwas modifiziert in der Hooligan-Szene: Wenn man ihn als Person und in seiner Rollendominanz anerkennt, kann er konziliant und verbindlich sein.

Am „Normalbürger" hat die Krieger-Männlichkeit wenig Interesse, sie bevorzugt Einsätze, bei denen „die Fronten relativ klar" sind. Diese Haltung führt zu einer Polarisierung in klare Freund- Feind-Konstellationen. Lutz Gerber muss in ihnen nicht mehr abwägen, aushandeln, hin- und herwenden, sondern kann Befehle ausführen bzw. einmal gefasste Entschlüsse „durchziehen". Nicht nur, dass er „sein Gegenüber" als klar definiert beschreibt, er selbst hat *auch* seine stereotypen Vorstellungen vom *idealen Gegner*.

Ein nicht unerheblicher Reiz der Arbeit liegt für ihn offenbar im Abenteuer. In dieser Passage zeigt sich die hedonistische Seite von Lutz Gerber. Die Polizei bietet ihm ein lustbetontes Leben. Das hervorstechende Merkmal für die Polizei ist, dass ein *kampfbetonter Hedonismus* funktional tauglich gemacht wird für die institutionellen Erfordernisse (das gilt als abstraktes Prinzip auch für andere Organisationen, in der Polizei zeigt es sich jedoch als reale körperliche Konfrontation). Die Organisation gibt Gelegenheit zum Kampf, und sie gibt die Regeln vor, in denen er stattzufinden hat.

Auf die Frage, warum er sich in riskante Situationen begibt, antwortet Lutz Gerber mit einem zentralen Satz im Interview: „Es muss Leute geben, die das machen". Die Aussage ist programmatisch und löst Irritationen aus, die ich im Folgen erläutern werde, weil sie mir zentral zu sein scheint.

Die erste Satzhälfte („es muss Leute geben") enthält einen legitimatorischen Verweis auf Gemeinschaftsfunktionen. Lutz Gerber kann vermuten, dass dies

Zustimmung findet. Bei mir löst es aber zunächst die Phantasie von Anstößigkeit, Schmutz bzw. unangenehmen Tätigkeiten aus, z.B. Müll entsorgen, Straßen kehren, Toiletten putzen. Lutz Gerber trifft mit der Floskel jedoch darüber hinaus einen kritischen Punkt der Zivilisationsgeschichte.

In jeder staatlich verfassten Gesellschaft finden sich Positionen der *Männer (und – allerdings seltener – Frauen) fürs Grobe* (vielleicht gibt es sie in akephalen Gesellschaften auch, an den „modernen" Gesellschaften interessieren mich aber die Grenzziehungen zwischen den bipolaren Dimensionen gut-böse, Inklusion-Exklusion, innerhalb und außerhalb der gesellschaftlichen Normalität; vielleicht hilft es, die Polizei als Grenzhüter für dieses gesellschaftliche Verhältnis zu begreifen, dann fällt es leichter, die Selbststilisierung der Kriegermännlichkeiten zu verstehen. Deren Tätigkeit ist nur unzureichend identifiziert, wenn man sie z.B. beschreibt als die Verwaltung des staatlichen Gewaltmonopols. Auch innerhalb des Gewaltmonopols sind die Tätigkeiten unterschiedlich. Exekutiert wurden und werden politische Entscheidungen meistens von „ganz normalen Männern" (wie es Browning [1992] für das Polizei-Reservebataillion 102 beschrieben hat). Viele von ihnen sagen, wenn sie gefragt werden: „Einer muss es ja machen". Manche setzten möglicherweise hinzu: „Wenn ich es nicht bin, macht es ein anderer"[8]. Demokratietheoretisch ist es höchst fraglich, ob ein Staat diese Form der Willfährigkeit wirklich braucht.

Weit weniger umstritten ist die Existenzberechtigung und der Einsatz der Polizei. Den meisten Menschen ist klar, dass in unserer Gesellschaft immer wieder Situationen entstehen, die mit guten Worten alleine nicht befriedet werden können (obwohl das immer wieder von der Polizei versucht wird, oft in blumigen Umschreibungen wie „die vornehmste Waffe der Polizei ist das gesprochene Wort" etc.). Die Funktion der Polizei ist insofern nicht umstritten, als sie gesellschaftlich weitgehend akzeptiert und demokratisch legitimiert ist. Lediglich bestimmte Praktiken sind der Kritik unterworfen.

Bei Lutz Gerber bleibt immer noch unklar, warum *er* sich zu diesen Leuten rechnet, die diese Arbeit machen wollen und können. Zunächst könnte man meinen, es habe ihn ein widriges Schicksal getroffen und er füge sich darin aus Verantwortung gegenüber der Gesellschaft. Gerber sagt nichts darüber aus, als *wer* er handelt. Er erklärt sich bereit, die von vielen anderen vermiedene Schmutzarbeit zu verrichten (vielleicht vermutet er auch bei mir eine Verachtung für

[8] Der direkte Vergleich zwischen Hamburger Reserve-Polizisten im Dritten Reich und heutigen Polizeibeamten verbietet sich natürlich. Deutlich werden soll lediglich die Spannbreite gewissensbeschädigender Tätigkeiten, die von Menschen verlangt und von ihnen erbracht werden, und zwar im Namen der *zivilisierten Welt*, der *Nation*, der *Freiheit*, des *Führers*, des *Volkes*, der *Ehre*, im Namen *Gottes* oder eines weltlichen *Königs* – und das nicht nur zu Kriegszeiten und nicht nur in der Geschichte der Menschheit.

schmutzige Arbeit und setzt ihr seine Bereitwilligkeit für ihre Verrichtung entgegen). Er ist bereit, die Gewalttätigkeit auszuagieren, die den anderen dazu verhilft, sich als die guten (gewaltfreien) Polizisten zu zeigen. Lutz Gerber weiß, dass er für die Vorgesetzten die Kohlen aus dem Feuer holt, für sie die unangenehme Arbeit macht, davon berichtet er an anderer Stelle (sie folgt weiter unten). Er erwartet dafür keine Dankbarkeit, sondern Respekt. Die Legitimation seiner Gewaltfähigkeit als eine sozial notwendige verhilft ihm zur Absicherung, sie erfolgt aber nachträglich.

Im Zentrum der zweite Satzhälfte („... die das machen“) steht der Artikel *das*. Was ist damit gemeint? Wahrscheinlich die Auseinandersetzung mit einem personifizierten Gegner, der „irgendwo schon verspielt“ hat. Der Krieger hat – im Gegensatz zu anderen Männlichkeiten – einen *Gegner* vor Augen. Das Wort *das* steht für den Kampf, Verletzung, Gesundheits- und Lebensrisiken, Überwindung von Gegenwehr, letztlich Überwältigung und Vernichtung. Lutz Gerber schildert eine moderne Variante der traditionellen Symbiose unter Kriegern. Für ihn muss es Leute (genauer: Männer) geben, die sich das Kämpfen zutrauen. Das kann nicht jeder. Man muss eine gewisse Härte entwickeln, um so etwas zu tun und es zu überstehen. Er selbst traut sich das zu. Er gehört zu dieser *besonderen Personengruppe*. Diese Haltung verrät etwas Soldatisches. Erst im zweiten Satz kommt die lustvolle Komponente hinzu: Er begibt sich „gern in solche Lagen“, er hat Spaß am Nervenkitzel. Diese spielerische Beziehung zu einer riskanten Berufstätigkeit verleiht dem ganzen eine irritierende Note. Im Vordergrund steht nun nicht mehr die rationale Schilderung eines schwierigen Segments der Berufsrolle, sondern geradezu die Suche nach einer solchen Tätigkeit. Der erste Satz könnte nun so interpretiert werden: „Es muss Leute geben, die das, was ich machen *will*, auch machen *dürfen“*. Oder: „Es muss Leute geben, die das, was gemacht werden muss, auch mit *Lust* machen dürfen“. In die zunächst dargestellte altruistische Haltung schleicht sich der Hedonismus des Kriegers ein: Seine Lust am Risiko verdeutlicht den zentralen Aspekt der Kriegermännlichkeit, nämlich die *Selbstverwirklichung im altruistischen Gewand.*

Das verbindende Element zwischen seinen früheren Aktionen (z.B. als Hooligan) und den jetzigen als Vertreter des Gewaltmonopols ist die *Selbststilisierung im Risiko*. Lutz Gerber ist in erster Linie an einem abenteuerorientierten Leben interessiert, in dem er machtvoll agieren, aber auch seine Lust-Angst-Disposition ausleben kann. Das Positive am Polizeiberuf ist für ihn, dass er sie legalisierend und legitimierend einrahmt. Gerber hat bislang noch keine größeren Verletzungen erlitten. Jugendliche, die voller Begeisterung ihren eigenen Körper zur Beschädigung anbieten, können nichts über Schmerzen, über dauerndes Leiden und Behinderung, über Siechtum und Krankheit wissen. Er setzt sich nicht direkt mit der Frage nach der eigenen Beschädigung auseinander, sondern verdrängt den angstmachenden Anteil am Beruf durch die Fixierung auf das Abenteuer.

An einer anderen Stelle im Interview taucht die affirmative Haltung zur Gewalt nochmals auf. Der Kontext ist die Aufforderung, sich an ein eher negatives Erlebnis zu erinnern. Lutz Gerber erinnert sich unter der Wirkung der Frage an die zwei folgenden Szenen.

> Ich frage nach seinem negativsten Erlebnis in der Polizei. Bevor er auf die Frage eingeht, schickt er etwas Allgemeines voraus, was die BFE noch einmal in neuem Licht erscheinen lässt. Er meinte: „Manchmal ist die BFE wirklich der Rammbock der Polizei. Die Einsatzleitung wartet erst stundenlang, bis was passiert, und dann erwarten die, dass wir kommen und dass es da tierisch abgeht. Ich sag' mal: Bis jetzt haben wir auch immer gewonnen. Wenn du aber mal danach guckst, was du angerichtet hast, kommste schon ins Grübeln". Als Beispiel nennt er eine Hausbesetzung im Frankfurter Bahnhofsviertel. Die BFE sollte das Haus räumen (zusammen mit dem SEK), tat das auch, und zwar unter heftigem Schlagstockeinsatz. Lutz Gerber traf dabei eine junge Frau mit dem Schlagstock so stark, dass sie umfiel und sich nicht mehr bewegte (sie „hat nicht mehr gerappelt"). Er machte sich darüber „Gedanken, was mit ihr passiert ist".

Ein unmittelbar darauf folgendes Beispiel bezieht sich auf eine Auseinandersetzung im Fußballstadion. Wieder passierte etwas, was nicht beabsichtigt war:

> Lutz Gerber nimmt nach einer Schlägerei einen Hooligan fest. Dieser wehrt sich massiv. Obwohl Lutz Gerber ihm ein paar Mal sagt, was er zu machen habe, tut er das nicht. „Da hab' ich ihm eine geleuchtet". Beim Umdrehen sieht er aber: „Da war alles kaputt, Nasenbein, Lippe und so. So doll war's doch gar nicht, war nur ein Schlag. Ui, ui, Kacke. Da macht man sich dann wohl doch Gedanken danach. Und es war, wie gesagt, nicht mal doll gewesen. Es war ein Schlag gewesen".
>
> Der Festnahme vorausgegangen war eine Auseinandersetzung zwischen zwei gegnerischen Fanclubs. Nach dem Schlag ins Gesicht des Hooligans wechselt die Stimmung. Lutz Gerber jetzt wörtlich: „Er *(der Hooligan, R.B.)* guckt so: 'ei, das hätte ja auch nicht sein müssen', sagt er. *(L.G. antwortet)* 'Ei, ich hab's Dir, ich hab's Dir zehnmal gesagt', *(der Hooligan)* 'ei ja, so derb hätt's aber nicht sein müssen. *(L.G.:)* 'Ich hab' gesagt, 'es war nicht derb gewesen, ich hab wirklich nicht hart zugeschlagen'. Wir haben uns eigentlich relativ normal unterhalten. *(Der Hooligan, R.B.)* Hat gesagt, 'fährst mich noch zum Parkplatz', hab' ich gesagt, 'zum Parkplatz kann ich Dich auch noch fahren'. Mit dem danach noch gelabert. Er dann 'Scheiße, ha. Nase ist nicht gebrochen. Ich kenn das' hat er gesagt, 'wir brauchen nicht zum Krankenhaus'... mit dem noch gelabert. 'Ja ich bin öfters in Frankfurt.... Dorian Gray[9] (...)' war relativ lustig dann. Mit Hooligans hab' ich das relativ oft".

[9] Eine Nobeldiskothek am Frankfurter Flughafen.

> Im Gegensatz zu den „Linken“ sind Hooligans nicht nachtragend. Von den „Linken“ sagt Lutz Gerber, dass sie ihn nicht sehr mögen in Frankfurt. Für die Linken sei er Bulle, nicht mehr. Bei einem Einsatz auf dem Gelände der Universität war Lutz Gerber in Zivil dabei, trug lange Haare , war also gut getarnt. Als die „Linken“ gesehen haben, dass ein Zivilpolizist bei der Festnahme dabei war, haben sie ihm gedroht, „die Kniescheibe zu brechen. Sie sind halt nachtragend. Bullen sind für die ein rotes Tuch. Sie können nicht zwischen Dienst und Privat unterscheiden“.

In den zwei unmittelbar aufeinander folgenden Stellen stellt Herr Gerber erneut einen irritierenden Anteil seiner Persönlichkeit vor, man bekommt den Eindruck, als bemühe er sich nicht gerade um eine pazifistische Haltung .

In der ersten Szene beschreibt er sich als ausführendes Organ, das nicht für die Situation verantwortlich ist, in die es gerät. Vor dem geistigen Auge entsteht das Bild eines Söldners, der in einen Einsatz geschickt wird, dessen Eskalationsbedingungen er nicht kennt. Im Rahmen einer polizeilichen Handlung schlägt er eine Frau zu Boden. Obwohl er sich noch Gedanken darüber macht, was mit ihr passiert sein könnte, lässt er diesem Gedanken keine Handlung folgen. Dass er jemanden verletzte, der ihm gar nicht ebenbürtig war, lässt ihn zunächst unberührt. Fast hört man ihn sagen: „Wo gehobelt wird, fallen Späne“. Er erscheint an dieser Stelle außergewöhnlich unreflektiert, zumindest steht seine Selbstpräsentation im diametralen Gegensatz zu der Vorstellung von einer rechtsstaatlich handelnden Polizei. Lutz Gerber wirkte wie ein Befehlsempfänger, der für die Folgen seiner Handlung nicht verantwortlich zu machen ist. Er bedauerte lediglich, dass er erst so spät zum Einsatz gekommen ist (als anderen Polizisten schon kneifen), dachte aber nicht weiter darüber nach, was um ihn herum geschah.

Bemerkenswert ist aber, *dass* er *diese* Episode erzählt. Vielleicht stellt er sich härter dar, als der Ablauf real war, das ist nicht zu rekonstruieren. Lutz Gerber kann sich denken, dass er mit seiner Geschichte Irritationen auslöst. Vielleicht hätte er diese (und die folgende) Begebenheit nicht jemandem erzählt, von dem er Sanktionen erwartet hätte. Er mutet dem Zuhörer eine quasi therapeutische Haltung zu, die auch seine aggressiven Anteile aushält. Er verbindet dies jedoch mit einer neuen Bewertung seines damaligen Verhaltens und vermittelt etwas von seiner heutigen moralischen Position (und deren Entwicklung): nach dem harten Zuschlagen folgt das reflexive Umgehen mit den Erlebnissen. Er führt Befehle aus, ohne in der Situation nachzudenken, sondern verlagert das Nachdenken an einen andern Ort und in eine andere Zeit (z.B. in das Interview). Die *verschobene* Nachdenklichkeit hält ihn für den Einsatz frei. Er kann dort handeln, und er kann woanders über das Handeln nachdenken. Dies macht ihn zu einem *quasi reflektierenden Krieger*. Er weiß, was er tut, das Wissen beeinflusst jedoch sein Handeln nicht, sondern bleibt von ihm separiert. Diese Trennung ist für Kriegertätigkeiten typisch und funktional wichtig.

Herr Gerber hat sich selbst als gewalttätig erlebt. Bis zu einem bestimmten Grad müssen Polizisten *Beschädigungsroutinen* entwickeln, genauso wie sie Routinen der Vermeidung von Eskalationen lernen müssen. In dem Handlungskontext, den Lutz Gerber berichtet, ging es nicht um die Begrenzung des persönlichen Risikos, sondern um die Überwindung von psychischen Barrieren. Das *Augen-zu-und-durch-Denken* steht für einen Aktionismus, der häufig Nebeneffekte produziert, mit denen man später leben muss. Die geäußerte Nachdenklichkeit passt nicht recht zum Bild des Kriegers, der seine Beschädigungsroutinen beherrscht. Sie weist aber eindrucksvoll auf einen anderen Anteil von ihm hin, nämlich auf den Mann, der respektiert werden will als Erwachsener, der aber noch viele Skrupel hat. Er erscheint als junger Mann, der sich gerne als Krieger und Sieger in Szene setzt, der seine Größenphantasien, auch als Kampf- und Beschädigungsphantasien, anbietet, der aber unterhalb dieser narrativen Inszenierung vielleicht empfindsamer ist, als dass er die Bewerkstelligung dieses Handwerks ohne weiteres verkraften würde.

Immerhin berichtet er auch sein Erschrecken über die Realität der Verletzung, über die Gewissensbisse, wenn man „den Falschen" (in diesem Fall: *die* Falsche) trifft und über die Irreversibilität der Gewalthandlung. Die Erfahrung der eigenen Aggressions- und Zerstörungsbereitschaft sowie das Erschrecken gehört zur Berufserfahrung junger Polizisten. Wenn die Gewalt- und Machtphantasien zur Realität werden, dann konstituiert das auch eine neue psychische Realität, denn die Wirklichkeit setzt Scham- und Schuldgefühle im Bewusstsein fest, die in der Phantasie nicht mitbedacht worden ist (natürlich können sie wieder verdrängt werden).

Sein Erschrecken in der ersten Szene bearbeitet Herr Gerber unbewusst durch eine relativierende Schilderung in der daran anschließenden zweiten Sequenz von Gewalttätigkeit. Sie mutet im Vergleich zur ersten Szene fast als *Fair-Play-Kampfgeschichte* an, bei der es keine bleibenden Wunden und keine offenen Fragen gibt.

Lutz Gerber schildert eine Schlägerei unter Männern, die sich in einiger Hinsicht ähneln und die ein gemeinsames Verständnis des normativen Rahmens verbindet. Er versteht die Mentalität der Hooligans, zehrt dabei wahrscheinlich noch von seinen eigenen Erfahrungen aus Dresden. Sie haben klare Spielregeln, einen Kodex, der gemeinsame Treffen, gemeinsames Trinken und dann (zeitlich getrennt) die gemeinsame Schlägerei möglich macht. Lutz Gerber erlebt sich authentisch. Er kennt die Handlungsbedingungen, er kann verlieren oder gewinnen. Solange er sich innerhalb der gemeinsamen Spielregeln bewegt, ist er sich einer gewissen Wertschätzung sicher. Dabei ist aber klar, dass es sich nicht um eine symmetrische Beziehung handelt. Lutz Gerber steht auf der anderen Seite, er lässt daran keinen Zweifel aufkommen. Er hat nicht nur zufällig eine Uniform an, sondern handelt bewusst im staatlichen Auftrag.

Die BFE ist dafür ausgebildet, „Rädelsführer" auszumachen, zu observieren und bei einer günstigen Gelegenheit festzunehmen. Sie markieren also zunächst denjenigen, den sie später ergreifen wollen. Dieser weiß zu dem Zeitpunkt noch nicht, dass er im Visier der Polizisten ist. So kann es kommen, dass für ihn der Kampf ein spontaner Akt ist, ein unvermittelter Ausbruch von Gewalttätigkeit, für die Polizisten handelt es sich jedoch um eine vorbereitete Aktion[10]. Und so wird aus der Gewalttätigkeit von Lutz Gerber *unmittelbarer Zwang*, während die Gewalttätigkeit des anderen *Widerstand* oder Körperverletzung ist. Wie eine Handlung juristisch codiert wird, ist oftmals eine Frage der Definitionsmacht, nicht eine der individuellen Moral.

Auch diese Szene erzählt Lutz Gerber im Zusammenhang mit unangenehmen Einsatzerfahrungen, die aber dann so unangenehm nicht erscheinen. Aus der Schilderung ist das Konflikthafte getilgt worden. Es bleibt die folgenlose Männerrauferei, die, wenn sie denn so stattgefunden hat, beiden Parteien zur Unterhaltung ihrer Freunde dient. Ihre Interaktionsbedingungen sind herrschaftlich konstituiert: Die Polizei ist nicht der gesuchte und auch nicht der gleichrangige Gegner der Hooligans. Die Interaktion selbst bekommt aber dann etwas Egalitäres, wenn sich beide Beteiligte neben der Konfliktaustragung auch um eine den Konflikt begrenzende Kommunikation bemühen.

Die Befriedung der Situation war mit einer Unterwerfungsgeste des polizeilichen Gegners verbunden. Sie führte dazu, dass die Sache für ihn glimpflich ablief. Man kann vermuten, dass es in nicht unerheblichem Umfang vom *kommunikativen Geschick der Klientel* von Polizisten abhängt, welche juristischen und gesundheitlichen Folgen eine polizeiliche Handlung hat, und nicht nur von der Kompetenz der Beamten: Dass die Schlägerei im informellen Bereich blieb, ist vornehmlich mit der Reaktion des verletzten Hooligans verknüpft. Zu dessen Ehrenkodex gehörte es offenbar, dass es kein Nachspiel vor Gericht gibt, deshalb tauchen viele solcher Händel in der polizeilichen Kriminalstatistik nicht auf (vgl.

---

10 Das Verfahren der sog. „beweissicheren Festnahmen" ist zentrales Merkmal der BFE. Es ist in gewisser Weise ein *Labelingverfahren*. Der Festnahmeeinheit fixiert zunächst optisch eine bestimmte Person aus einer Menschenmenge, wenn sie beobachten, dass diese Person etwas tut, das in ihr Straftaten-Raster fällt. Sie verfolgt die Person so lange und so unauffällig wie möglich und nimmt sie dann fest, wenn es ihr günstig erscheint (deshalb heißen diese Festnahmegruppen auch „Greiftrupps"). Manchmal hat dies, was die Eskalationsdynamik anbetrifft, nicht intendierte Nebenfolgen, z.B. wenn die Festnahme zu einem Zeitpunkt erfolgt, zu dem die Veranstaltung schon beendet ist. Das macht auf manche unbeteiligte Zuschauer eher den Eindruck, als wolle die Polizei provozieren; auch hier lernt man, dass Deeskalation durchaus unterschiedlich interpretiert werden kann.

Meuser 1999, 58; Bohnsack 1995, 69)[11]. Die Auseinandersetzung bekommt in diesem Moment etwas von einer Rauferei unter Männern, nach deren Beendigung wieder ein leidlich freundlicher Dialog möglich ist.

Die „linken" Jugendlichen, mit denen Lutz Gerber zu tun bekommt, sind für ihn weniger gut einschätzbar, da es ihnen nicht nur um die Inszenierung eines Kampfes geht, sondern den Kampf politisieren. Sie agieren nach anderen Regeln, die mit denen von Lutz Gerber nicht übereinstimmen. Sie machen ihn für das verantwortlich, was er in Ausübung seines Berufs tut[12]. Lutz Gerber aber trennt diese beiden Sphären lieber, denn dadurch behält er einen individuellen Freiraum. Zwischen ihm und den „linken Jugendlichen" gibt es kein Einvernehmen, deshalb sind Auseinandersetzungen mit ihnen schwieriger und wenig eindeutig.

Die Ereignisse tauchen im Text unmittelbar hintereinander auf, was auf deren inneren Zusammenhang hinweist. Die kriegerischen Phantasien von Lutz Gerber treffen mit der polizeilichen Realität zusammen und darin liegt ein Teil seines Erschrecken. Es ist nun nicht mehr ein Film, den man kopiert oder eine der Geschichten, die man sich erzählt. Die Realität ist irreversibel und muss als eigene Erfahrung bearbeitet werden. Er muss sich damit konfrontieren (lassen), dass er tatsächlich und von Amts wegen zuschlagen, verletzen, zerstören kann. Dass er keine für die moralische Haltung des Interpreten ausreichende Reue zeigt, ist zwar ein auffälliges Merkmal, wichtiger ist jedoch, dass die Darstellung dieser beiden Episoden einen dramaturgischen Zusammenhang ergeben: das unaufgelöste Erlebnis mit der Frau bearbeitet er durch die Hooligan-Szene und entlastet sich damit von seinen Schuldgefühlen. Es werden zwei Wirkungsrich-

---

11 Über die genauen Bedingungen solcher Konfliktdynamiken wäre gesondert zu forschen. Der Perspektivenwechsel könnte das Selbstbild und den Anspruch von Lehre in der Polizei zunächst irritieren, denn das Vermitteln von „sozialer Kompetenz" ist ein zentrales Anliegen der Ausbildung (was aber aus verschiedenen Gründen nicht möglich ist). Die Ernüchterung könnte aber dazu führen, das Wissen über die wirklichen Interaktionsbedingungen zwischen Polizisten und ihrer Klientel zu vermehren. Selbstverständlich handeln Polizeibeamte in den meisten Fällen so, dass sie sich mit ihren Klienten einigen, dass nichts außer Kontrolle gerät, und dass die Beteiligten weitgehend unbeschädigt bleiben. Sie tun das nicht ohne Bewusstsein und oft nicht ohne Geschick. Wenn auch das individuelle Deeskalationsvermögen von Polizisten oft erstaunlich ausgeprägt ist, so bleibt es doch weitgehend kontingent, und es kann jederzeit zunichte gemacht oder mindestens suspendiert werden (z.B. durch einen falschen Kollegen oder einem uneinsichtigen Vorgesetzten). Meistens handeln sie aus Erfahrung oder intuitiv, und nicht, weil sie es so gelernt oder gar trainiert haben. Auch kann man sich selten auf konsensfähige Inhalte von Deeskalationstechniken berufen. Sie sind ein quasi privates Vermögen von Polizisten.

12 Diese *Sprachlosigkeit* kennt man aus den Auseinandersetzungen mit der Friedensbewegung oder der Umweltbewegung. Viele Polizisten konnten nicht verstehen, dass die Demonstranten nicht verstehen konnten, dass die Polizisten nur ihren Job machten. Auf deren Frage „warum kommt Ihr nicht rüber?" fanden sie keine adäquate Antwort und fanden die Auseinandersetzungen mit ihnen zermürbend, was letztlich dazu führte, dass der Dialog zwischen beiden Gruppen nahezu abriss (so beschrieben bei Willems et al. 1988 und Volmerg 1986).

tungen ein und derselben Männlichkeit hintereinander gestellt: Die kriegerische Haltung funktioniert quasi automatisch gegenüber starken Gegnern, sie irritiert ihn aber, wenn sie auf schwache Gegner (z.B. Frauen) oder auf wehrlose Opfer angewendet wird. Gerber erschrickt über sein Gewaltpotential, wenn es unverhältnismäßigen Schaden anrichtet. Die Beschädigung anderer Menschen ist Bestandteil des polizeilichen Auftrags, sie muss nicht nur rechtlich, sondern auch intentional und moralisch begründbar sein. Sie muss schließlich begrenzt werden und im Verhältnis zur Gefahr stehen.

Diese Ausgeglichenheit ist bei vielen jungen Polizisten noch nicht erreicht, sie wird erst durch langjährige Erfahrung erlernt und habitualisiert. Lutz Gerber befindet sich gerade in diesem Prozess und seine Auseinandersetzung mit Beschädigungsthemen ist als eine Form der Komplettierung seines Kriegerhabitus anzusehen. Früher lag der Reiz der Polizei im Abenteuer, d.h. im folgenlosen Gefahren*spiel*, in dem man keine Angst vor Konsequenzen haben musste. Mittlerweile lernte er, die Phantasie in Aktion zu überführen, er lernte, im *Auftrag des staatlichen Gewaltmonopols zuzuschlagen* (die Tätigkeit selbst musste er wohl nicht erst lernen). Insofern ist diese Kriegerimagination keine *Privatsache*, sondern sie ist auch funktional erforderlich: Polizist kann man nicht nur spielen, sondern man muss auch real Polizist *sein*[13].

Die Stärke des Kriegers

In der auf diesen Abschnitt folgenden Passage taucht wieder Lutz Gerbers Autoritätskonflikt auf, der schon an verschiedenen Stellen des Interviews sichtbar geworden ist. Er tut sich schwer mit der Anerkennung von Autoritäten, besonders dann, wenn sie anders entscheiden, als er es für richtig hält. Er sieht durchaus den Konflikt zwischen jungen und alten Männern, den er benennt als eine Auseinandersetzung um Stärke und Schwäche.

In diesem Zusammenhang erinnert er sich an einen Einsatz im Innenministerium in Wiesbaden, als Mitglieder einer kurdischen Delegation dem Innenminister eine Petition übergeben wollten. Es war im Sommer 1995. Man war über die Lage nicht aufgeklärt, der Einsatz kam überraschend während der Sportausbildung der BFE.

---

[13] Dies gilt für den Beruf generell, allerdings enthält er Rollen mit unterschiedlichen *Konfrontationsrisiken*. Erinnert sei daran, dass die BFE eine Sonderstellung in der Polizei einnimmt: sie ist für härtere Konfrontationen geschaffen und ausgerüstet worden, als sie der polizeiliche Alltag verlangt. Sie wurde speziell ausgebildet und trainiert ständig neue Szenarien. Es handelt sich von der Funktion aus betrachtet um eine *Sondereinheit* der Polizei.

> „Wir fahren dahin, rödeln uns auf (*d.h. sie ziehen die komplette Schutzausstattung an, R.B.*), weil wir ja das Gebäude schützen sollten, ja, eigentlich die Hintern der Vorgesetzten. Die *(gemeint ist das Lagezentrum im Innenministerium, R.B.)* haben gesagt, es kommt keiner ins Gebäude rein. Das war nicht toll. Wir waren sowieso schon verschwitzt, dann noch das dicke Ding[14] angehabt, der Schweiß gelaufen ohne Ende. Und was kommt den nächsten Tag? Hat sich einer aufgeregt, warum wir uns so anziehen mussten. Wär' das nicht etwas übertrieben gewesen für die Lage? Weil die dann nur gekommen sind, haben sich hingesetzt und die Petition übergeben und sind gegangen. Also die Lage war – gar nichts, Null. Aber das kann ich ja vorher nicht wissen. Wir haben den Auftrag gehabt, keiner von denen kommt ins Gebäude. Und nachher werd' ich angeschissen, weil ich eine Sitec (die Marke der Schutzweste, R.B.) anhatte. Kann ich nicht... kann ich beim besten Willen nicht nachvollziehen".

Zu Vorgesetzten, insbesondere im Ministerium und der Polizeispitze, hat Gerber ein distanziertes Verhältnis. Er führt nicht nur das konflikthafte Verhältnis zwischen jungen und älteren Männern in der Polizei vor, sondern auch den Konflikt zwischen Handarbeitern und Kopfarbeitern. Die Krieger schützen die Verwalter, sie halten ihnen den Rücken in brenzligen Situation frei und ermöglichen ihnen so die politischen Entscheidungen.

Die politische Spitze der Polizei wurde mit einer handfesten Seite polizeilicher Wirklichkeit konfrontiert, als nämlich eine kurdische Demonstrantengruppe dem Innenminister persönlich eine Petition übergeben wollte[15]. Offenbar wusste man nichts über die Begleitumstände, fürchtete eine Besetzung des Ministeriums oder Schlimmeres und alarmiert sicherheitshalber die *Elite* der Bereitschaftspolizei aus deren nahegelegenen Standort. Die wollten ihren Job hundertprozentig machen, bereiteten sich auf den schlimmsten Fall vor, zogen die Ausrüstungsgegenstände für den geprobten Ernstfall an und sahen dabei entsprechend martialisch aus. Immerhin dürften sie sich darüber bewusst gewesen sein, dass sie von ihren höchsten Vorgesetzten gesehen und bewertet würden, es war sicher kein Einsatz wie jeder andere. Die Realität zeigte sich dann viel harmloser, das konnten zu diesem Zeitpunkt weder die Leitungsbeamten noch die Einsatzkräfte wissen. Den Ministerialbeamten wäre es sicher am angenehmsten gewesen, wenn die jungen Krieger genauso schnell, wie sie kamen und sich aufgerüstet haben, wieder verschwunden oder zumindest diskret im Hintergrund geblieben wären.

---

[14] Damit meint er den Einsatzanzug mit der dazugehörenden Körperschutzausstattung, inklusive der Schutzweste. Diese Kombination ist Standard der BFE und verleiht den Beamten ein martialisches Aussehen (eben das von „Robocops", vgl. Kap. 2.2.1).

[15] Das Gebäude des Innenministeriums in Wiesbaden war zu dieser Zeit auch der Sitz der Direktion der Bereitschaftspolizei. Es arbeiteten dort nicht nur politische Beamte und die Ministerialbürokratie, sondern auch die höchsten Vorgesetzten der BFE. Die Unterkunft der BFE ist etwa 15 Autominuten von Wiesbaden entfernt.

Doch für die Polizisten gehört das *Aufrödeln* zum Bestandteil der Habituspräsentation. Herr Gerber fühlt sich durch die Kritik an seiner Ausrüstung ungerecht behandelt und missverstanden. Erst angefordert und dann gebremst zu werden, erfordert einige Selbstdisziplin. Dann aber noch wegen einer Kleiderfrage kritisiert zu werden, geht über sein Verständnis. Für ihn setzt die Führung die falschen Prioritäten und dafür wird sie kritisiert.

Die Szene vor dem Gebäude des Innenministeriums veranschaulicht das allgemeine Dilemma, in dem der Krieger steckt (und das für die gesamte Polizeiarbeit gilt). Die Polizeiführung will einerseits effektive Arbeit und umfassenden Schutz, andererseits gewährt sie den Kriegern nicht die nötige Anerkennung für ihr Statusmanagement. Das erleben die Krieger als Uneindeutigkeit und Schwäche.

> „Die Auseinandersetzung mit den Kurden läuft so, dass die Kurden sagen, entweder sie würden unbehelligt bleiben oder sie würden die Stadt zerstören. Wenn sie dann laufen gelassen werden, macht sich der Staat erpressbar. Entweder man macht Gesetze und zieht sie durch, und wenn's nicht friedlich geht, ...ich kann mich nicht zum Kasper machen".

Der Staat (der durch ihn selbst, seine Vorgesetzten und deren politische Vorgesetzte repräsentiert wird) lässt sich seiner Meinung nach zu sehr auf Verhandlungen ein, was ihn erpressbar macht. Das irritiert ihn so stark, dass er glaubt, sich zum Kasper zu machen, wenn er nicht an Klarheit, Eindeutigkeit und Rigidität festhält.

Lutz Gerber identifiziert sich mit dem starken Staat. Die Autorität, die er anzuerkennen bereit ist, ist keine personale, sondern bezieht sich auf das Gesetz. Es repräsentiert Vernunft und überindividuelle Autorität. Dagegen verhält sich die Polizeispitze nicht *stark* genug. Diplomatie wird ihr als Schwäche ausgelegt. Die führenden Beamten können sich diese Schwäche nur erlauben, weil es *starke Männer* (z.B. in der BFE) gibt, die ihnen im Zweifelsfall wieder aus der Patsche helfen.

Die Wertvorstellungen des Kriegers orientieren sich eher an pragmatischen Gesichtspunkten:

> „Gesetze sind dazu da.., die haben irgendwo einen Sinn. Es gibt viele unsinnige Gesetze, vor allem Straßenverkehrsrecht, die ich auch nicht so tragen kann und nicht will, aber vor allem Strafrecht. Wenn Menschen miteinander leben, müssen sie gewisse Kompromisse eingehen. Und die Kompromisse, leider Gottes, müssen durch Gesetze festgelegt werden. Und in dem Rahmen sollten sich die Menschen bewegen. (...) Wenn ich schon mal Eigentum hab', dann kann ich's nicht dem andern wegnehmen."

Das Gesetz hat einen Sinn, es steckt die Möglichkeiten und Bedingungen ab, in denen sich Menschen bewegen können (und müssen). Das Strafrecht ist für Lutz Gerber ein Ausdruck dieser Dominanz, und er bezieht sein Berufshandeln darauf kategorisch, solange es ihm Rollensicherheit bietet (während dessen andere Regelungen, wie das Straßenverkehrsrecht, ihn nicht sonderlich beeindrucken, da er von seiner zweifelhaften Wirkung auch als Privatmann betroffen ist). Er lässt nicht erkennen, ob ihn die dahinter stehenden Werte interessieren oder nicht. Lutz Gerber argumentiert dezisionistisch und macht sich damit zum *universellen Krieger*: „Wenn ich schon mal Eigentum hab'..." heißt, dass er sich nicht sicher ist, dass es welches geben muss. Da es aber im Gesetz steht, ist es endgültig und unumstößlich. Darauf allein bezieht er sein Handeln, und so könnte er sich sicher auch vorstellen, in einer Gesellschaft zu arbeiten, in der es kein Privateigentum gibt.

Der Staat erscheint ihm dann als schwach, wenn er durch zu viel Diplomatie uneindeutige Situationen produziert. Er erscheint dann stark, wenn Gesetze durchgezogen werden können.

Die Angst des Kriegers

Für Lutz Gerber ist körperliche Stärke eine notwendige Bedingung für die Dienstausübung. Festnahmen sind für ihn vor allem mit körperlicher Gewalt verbunden.

> Er würde es bevorzugen, sagt er, wenn die Angehörigen der Einheit um einiges älter wären. Außerdem wäre es besser, wenn „die Leute hier ein bisschen stärker wären". Früher sei das in dieser BFE so gewesen. Der Altersdurchschnitt war für eine Bereitschaftspolizeieinheit hoch, es waren einige Leute dabei, „die sahen aus wie Herkules, waren dementsprechend groß, die waren 1,90... breit wie die Ochsen, das macht irgendwo Eindruck. Den Jungen in der Einheit fehlt die Lebenserfahrung, die packen das irgendwo nicht. Die sehen das alles mehr als Spaß an. Die haben noch nie das Gefühl gehabt, auch mal zu verlieren. Die denken, die BFE hat schon immer gewonnen. Aber irgendwann wird der große Tag kommen, wo wir verlieren, wo wir mal tierisch auf die Nase kriegen. Ich hab' die Auseinandersetzungen zum 1. Mai in Berlin im Fernsehen gesehen, wo es da die Schlachten gab, wo die ganze Hundertschaft nach Hilfe gebrüllt hat. Und das ist schon etwas derb. Und ich denk' mal, es ist nur 'ne Frage der Zeit, bis wir mal in so eine Lage kommen."

An die Sequenz, in der er das Bild vom „Kasper" zeichnet, also eines Mannes, der sich zum Gespött der anderen macht, schließt er seinen persönlichen Gegenentwurf an. Die idealen Polizisten für die BFE sind männlich, strotzen vor Kraft, sind groß, zwischen 25 und 30 Jahre alt, haben Armee- und Lebenserfahrung, sie kommen Filmfiguren wie *Rambo* und *Van Damme* viel näher als den *echten* Polizisten und Polizistinnen oder gar denen in den aktuellen Werbebroschüren (dort sind sie jung, adrett, gut aussehend, lässig aber vital, offen und freundlich)[16].

Mit diffusen Vernichtungs- und Todesphantasien beklagt sich Lutz Gerber über den (naiven) Nachwuchs, der alles nur als Spiel ansieht, aber noch keine ernsthaften Gefahren durchlaufen hat. Er beschreibt eine Situation, in der es existentiell um Sieg und Niederlage geht, um den reinen Kampf, der auch „Verluste" erzeugt.

Die Anlehnung an Kriegsmetaphern kommt nicht von ungefähr. Diese Phantasien sagen etwas über die Ängste junger Polizisten aus. Lutz Gerber bearbeitet seine Angst durch den auffälligen Rückgriff auf die Vernichtungsmetapher. Dabei entwickelt er düstere Vorahnungen von Gewalt, und zwar mit Hilfe der projektiven Identifikation mit den in Bedrängnis geratenen Berliner Kollegen. Er entwirft das Bild von hundert „um Hilfe brüllenden Männern", denen er – vielleicht vor dem Fernsehschirm sitzend – nicht zur Hilfe kommen kann. Er muss tatenlos mit ansehen, wie seine Kollegen in die Defensive geraten, das schürt die Versagungs- und Vernichtungsängste. Hätten sie jetzt einige der „Ochsen" bzw. einige „Herkules"-Männer um sich, wären sie gerettet. Diese Größenphantasien bewahren ihn vor dem psychischen Untergang. In solchen Situationen können für sein Verständnis weder *junge Männer* noch *kleine Frauen* helfen. Hier werden starke Männer benötigt, die bedingungslos in die Schlacht ziehen, den eigenen Leib zu Markte tragen, gemeinsam siegen oder nötigenfalls gemeinsam untergehen (denn das ist die Konsequenz, wenn einem in einer Schlacht

---

16 Die BFE wurde und wird nachhaltig von ihrer jeweiligen Einheitsleitung geprägt. Lutz Gerbers Erinnerungen an *früher* beziehen sich auf einen Zeitraum, in dem die BFE aufgebaut wurde, nämlich auf die Jahre 1990 und 1993, also *vor* seinem Eintritt in die Einheit. Nachdem, was an Geschichten noch kursierte, legte der damalige Leiter großen Wert auf maskuline Eigenschaften der Bewerber. Mit dem Wechsel der Einheitsleitung veränderten sich die Auswahlverfahren für den Nachwuchs. Dieser sollte nun vor allem ausgeglichen, dabei aber weiterhin professionell und bei guter Kondition sein, weniger Wert wurde aber auf die Körperkraft gelegt. Das Ziel der neuen Leitung war, durch eine Verbesserung des sozialen Klimas den Einsatzwert der Gruppe zu erhöhen. Mit der stärkeren Präsenz von Frauen in der Einheit gelang es ihnen, das frauenfeindliche und *chauvinistische* Klima etwas aufzulockern, was aber trotz intensiver Bemühungen noch während meines Forschungsaufenthaltes nicht vollständig gelungen war. Viele Frauen der Einheit beklagten sich nach wie vor über (nunmehr allerdings weniger gewordene) sexistische und frauenfeindliche Reden der Kollegen. Eine Beamtin, der bereits zu den *alten Zeiten* der Zugang gelang, erzählte, dass sie bei Demonstrationseinsätzen stets als Fahrerin, nicht aber im Zugriffsteam eingesetzt worden sei. Als sie sich darüber bei ihrem Truppführer beschwerte, sagte der: „Du bist 'ne Dose und Du fährst". Dieser rüde Umgangston hatte sich später, wie gesagt, etwas verändert, abfällige Bemerkungen über Frauen waren aber nach wie vor zu hören.

niemand zur Hilfe kommt)[17]. Dort, wo gebrüllt wird vor Wut, vor Aggression, sind Männer unter sich.

Das hat auf der rationalen Ebene mit Polizeiarbeit nicht mehr viel zu tun. Es ist aber die Bezugnahme einer „phantasmatischen Identifizierung" mit dem wehrhaften und virilen Mann (Butler 1995, 135), um den die Phantasie des *Kriegerpolizisten* kreist[18]. Gerber reflektiert hier auf dessen Gegenstück, nämlich die Angst vor *Schwäche und Abhängigkeit.*

Die Krieger-Männlichkeit weiß nicht immer, *wen* sie vor *wem* oder *was wie wann warum* schützen soll. Deshalb orientiert sich Lutz Gerber einerseits am eindeutigen (und *starken*) Gesetz, und er entwickelt andererseits seine Identität aus Bruchstücken von Mythen um die Polizei und deren Aufgabe. Die Erzählungen und die Bilder um den 1. Mai in Berlin oder die Chaos-Tage in Hannover gehören zum Fundus für die Identifikation der Kriegerpolizisten mit ihrer noch ungefestigten und/oder ungeprüften Lieblingsrolle.

Die Angst des Beschützers und Verteidigers besteht in der eigenen Schutz- und Wehrlosigkeit, es ist die Angst, Hilfe zu beanspruchen, sich nicht mehr selbst helfen zu können. Das verunsichert Lutz Gerber zutiefst.

Die Krise dieses Männlichkeitstypus, und hier ist der Krieger der patriarchalen Männlichkeit sehr nah, lässt sich vielleicht so zusammenfassen: Der Beschützer, der nicht beschützen kann, fühlt sich wertlos und überflüssig.

Die Selbstkonstitution des Kriegers

In Gerbers Erzählung tauchen fast nur *jugendliche Gegner* und *jugendliche Krieger* auf. Beide Gruppen sind auf der Suche nach Abenteuern, die sie stark erscheinen lassen oder die zumindest mit starken Sprüchen erzählt werden können. Den Jugendlichen, die in Gerbers Erzählung als Hooligans in Erscheinung treten, hilft dabei die asymmetrische Kampfbeziehung mit der staatlichen Gewalt. Sie suchen für ihre Abenteuer reputierliche Gegner, die dadurch, dass sie sich mit ihnen beschäftigen, etwas zu ihrer Identitätsarbeit beitragen. Sozialarbeit

---

17 Diese soldatischen Lust-Angst-Phantasien, die einen zentralen Bezugspunkt in der Antizipation der eigenen Vernichtung haben, finden sich deutlich beschrieben in Theweleits „Männerphantasien" (1978) der Freikorpsliteratur. Diese hedonistische Benutzung von Gelegenheiten zum Kampf findet sich auch bei Lutz Gerber, natürlich sehr domestiziert.

18 Butler bezeichnet mit dem Ausdruck „phantasmatische Identifizierung" die zahlreichen Orientierungsversuche im Zusammenhang mit der Entwicklung einer eigenen Geschlechtsidentität unter dem Zwang heterosexueller Hegemonie. Identität entwickelt sich nicht am manifesten Gehalt des real Erfahrbaren, etwa in der Nachahmung bestimmter Verhaltensweisen von Erwachsenen, sondern durch die Introjektion von Phantasien über Männlichkeit und Weiblichkeit. Diese werden nicht durch die manifesten Vorbilder gespeist, sondern durch die Assoziation von Symbolen und Bruchstücken der Geschlechtsrolle internalisiert.

versagt auf diesem Gebiet nahezu völlig. Deren Mitarbeiter gehören zur weitestgehend domestizierten Männlichkeitsfraktion, sie bieten alles andere, nur nicht die physische Konfrontation: Die Gesprächs- und Selbsterfahrungsgruppen, Gitarren-, Töpfer- oder Kletterkurse, „heißen Stühle" und soziale Trainings finden sämtlich außerhalb der physischen Konfrontation statt, bei diesen Aktionen geht es gerade um das Ausklammern von Gewalt. Auch die Fanbetreuer, ehrenamtliche Jugendhelfer und Streetworker sind in der Regel Diversions-Männlichkeiten, die bemüht sind, die handgreiflichen Aggressionen umzuleiten in kopfgesteuerte Auseinandersetzung. Sie zeigen sich für die kampflustigen Jugendlichen oft als *schwache Männer* (die häufig „Weicheier" tituliert werden, eine Beleidigungsform, die auch viele Polizisten empfindlich trifft).

Die (jugendlichen) Polizisten gehen – oft unfreiwillig – auf das aggressive Beziehungsangebot ein, sie nehmen Körperkontakt auf, halten es aus mit ihnen, und weisen den einen oder anderen in die Schranken (vgl. Meuser 1999, 58). Daher rührt möglicherweise der Respekt der Hooligans, daher der fast verständnisvolle Umgang miteinander. Beide Parteien wissen, dass sie etwas voneinander haben, mehr noch: dass sie aufeinander angewiesen sind, wenn sie etwas *für sich* tun wollen. Es ist ein fast symbiotisches Verhältnis zwischen Spätadoleszenten, die vielleicht mehr Gemeinsamkeiten als Trennendes haben, die, nur durch den normativen Kontext unterschieden, auf zwei verschiedenen Seiten ein und desselben Handlungszusammenhangs stehen, dabei um ihre Ehre kämpfen und beide ihre Körper bzw. ihre Gesundheit riskieren. Beide befinden sich im Normenzusammenhang des „doing masculinity" (Meuser 1999, 58).

Der Krieger-Männlichkeit muss man die Lust am Kampf nicht mit bürokratischen Mitteln beibringen, sie ist bereits motiviert. Was durch die Organisation aber geleistet werden muss, ist die Disziplinierung der Krieger, insbesondere ihre Verpflichtung auf normative Bindungen (Gesetze) und die Motivation derjenigen Polizisten (und hier auch: der Polizistinnen), die wenig oder keine Lust zum Kampf haben[19].

Die Gefährdungen des Kriegers

Die Krieger-Männlichkeit lebt in permanenter Identitätsgefährdung: Entweder richtet sie Schaden an (und der muss individuell verarbeitet werden) oder sie ist

[19] Natürlich greifen nicht alle Polizisten in gleichem Ausmaß auf die Männlichkeitsdarstellungen des Kriegers zu. Es gibt diejenigen, die Angst haben vor solchen Einsätzen oder zumindest keine Lust, sich auf diese Weise zu gefährden. Im Unterschied zu ihren Gegnern, die das Risiko der Gesundheitsbeschädigung mehr oder weniger freiwillig auf sich nehmen (vgl. z.B. Buford 1994), werden Polizisten aber weder nach ihrer Lust noch nach ihrer Angst gefragt, und meistens auch nicht danach, ob sie am Samstag Zeit für eine Schlägerei mit Hooligans haben oder lieber etwas anderes täten.

zu martialisch und wirkt peinlich, sie macht sich dann im günstigsten Fall lächerlich, im ungünstigeren macht sie sich strafbar. Beide Dispositionen sind wenig stabilisierend, die zweite ist dabei noch kränkender als die erste. Der Aspekt der Beschämung kommt deutlich in der Kritik des Ministerialbeamten an der Uniformierung des BFE zum Ausdruck: Die Forderung nach einer geeigneten Schutzausstattung kommt von den Kriegern selbst. Sie wollen mit einer guten Ausrüstung kämpfen (die Dauerkritik an der polizeilichen und politischen Führung bezieht sich in erster Linie auf mangelhafte Ausstattung, technische Ausrüstung, erst an späterer Stelle stehen Forderungen nach mehr Sozialleistungen und Gehalt). Die Vorgesetzten geben dem nur zögernd nach, weil sie keine martialischen Krieger wollen. Deshalb beobachten sie argwöhnisch, wo es Ausbruchsversuche aus der bürokratischen Kleiderordnung gibt, da sie es als ein Zeichen der Verselbständigung der jungen Männer deuten müssen, die sich nicht mehr an die Anordnungen der Führung halten.

Die Institution Sicherheit und Ordnung wird durch die Kriegertugenden entlastet, sie muss nicht umständlich von Fall zu Fall nachweisen, warum es notwendig ist, die eigene Gesundheit zu riskieren, das besorgen die jungen Krieger selbst, und zwar mit ziemlicher Begeisterung. Die Organisation *peitscht* die jungen Polizisten nicht ideologisch ein. Die Disziplinierungstechniken sind seit Jahrzehnten so stark in den Alltag eingeschliffen, dass es der martialischen Symbole und Rituale (z.B. einer Parade oder eines „Großen Zapfenstreichs") nicht bedarf[20].

Die Krieger ermöglichen durch ihre Bereitschaft zu Disziplin und Gehorsam (die sie noch verbinden mit der Suche nach dem persönlichen Erlebnis), dass sich die Vorgesetzten auf ihre eingeübten Konfliktstrategien verlassen können, die mehr oder weniger polarisierend ist. Nach dieser Auffassung muss die Polizei stets als Sieger aus dem Konflikt hervorgehen, der möglicherweise erst durch ihr Auftreten und die Art und Weise der Bearbeitung zum Null-Summen-Konflikt wird[21]. Indem die Polizisten vor allem besser als ihre Gegner sein wol-

---

20 Eine *ideologische Aufrüstung* geschieht z.B. regelmäßig bei sog. „Fahnenappellen" oder „Tagesbefehlen" im militärisch bzw. quasi-militärischen Kontext, den es in der (Hessischen) Polizei nicht gibt. Der früher in stärkerem Ausmaß erhobene Militarismus-Vorwurf trifft die Polizei heute nicht mehr, weil das Militär zur Lösung gesellschaftlicher Konflikte nicht mehr in Erscheinung tritt und die Polizei sich eine eigene professionelle Identität erworben hat.

21 Diese Form der Konfliktbearbeitung findet sich relativ häufig in Interaktionen unter Männern. Meistens, besonders im polizeilichen Alltagshandeln, sind die (männlichen) Polizisten selbst erheblich an der Konflikteskalation beteiligt. Etwas pointiert könnte man sagen, dass männliche Polizisten aus interaktionstheoretischer Sicht oftmals Teil des Problems werden, und nicht Teil der Lösung sind. Es könnte durchaus eine Haltung von Polizistinnen sein, dass sie die Suppe, die ihnen ihre männlichen Streifenpartner oft einbrocken, nicht auslöffeln wollen. Empirische Arbeiten, etwa zu geschlechtsspezifischen Konfliktstrategien im Polizeialltag, könnten zu diesem Komplex mehr Aufschluss geben.

len, erkennen sie das Regelwerk des *more of the same* an und dem dient folgerichtig die körperliche und technische Aufrüstung. Dass sie damit zum ausführenden Organ der autoritären Variante des staatlichen Gewaltanspruchs werden, können sie aus dieser Haltung heraus nicht erkennen (vgl. Steinert 1994, 103 ff.).

Herr Gerber setzt mit seinem Körper und mit seinem Einsatz staatliche Herrschaft durch. Dadurch, dass er sich in reale Auseinandersetzungen begibt, sichert er das staatliche Gewaltmonopol ab, setzt es im engeren Sinn des Wortes physisch durch. Da die jungen Polizisten der BFE besonders dann eingesetzt werden, wenn der Einsatz für andere, weniger spezialisierte Einheiten, nicht zumutbar erscheint, wird ihnen diese Rolle nicht nur zugebilligt, sondern auch abverlangt. Sie sind nicht nur die besonders motivierten und gehorsamen Krieger, sondern auch häufiger an den polizeilichen Brennpunkten als andere Polizeieinheiten.

Lutz Gerber spricht ausdrücklich von der Verteidigung von Rechten der Menschen, z.B. wenn er sagt, es habe ihm „gestunken, dass andere Leute auf die Straße gehen können und aus der Angst der Bürger Kapital schlagen". Das dahinter stehende Gerechtigkeitsverständnis bleibt etwas verschwommen, er bezieht aber seine Arbeit positiv auf den Schutz von Menschen (die er faktisch nie zu Gesicht bekommt). Er ist derjenige Krieger, der, ohne direkte Verbindung mit den Nutznießern seines Schutzes, an einer *Front* gegen das Böse kämpft. Dieses Böse hat eine Gestalt und er kennt seine Gegner in jeder Hinsicht besser als diejenigen, die er schützen soll, denn mit ihnen ist er ständig in Kontakt, es ist fast ein symbiotisches Verhältnis, während der *Normalbürger* nur angedeutet und ohne Gestalt bleibt.

Es gehört nicht viel Phantasie zu der Annahme, dass Gerber die anderen Männer als Konkurrenten empfindet und als Bedrohung für Frauen und Kinder. Das sagt er nicht ausdrücklich, wie überhaupt Frauen für ihn im Interview keine große Rolle zu spielen scheinen. Aber dass Frauen beschützt werden müssen, geht implizit aus der Passage hervor, in der er von den Frauen in seiner Einheit spricht, die Einheit, deren Kampfkraft durch zu viel Frauen geschwächt wird, weil ihnen die körperliche Durchsetzungsfähigkeit fehlt. Dies muss dann von den Männern kompensiert werden.

Lutz Gerber hat zwar keine größeren Skrupel, auch Frauen zu verletzen, aber er tut das nicht gerne. Dass ihm das bei der Häuserräumung unterlaufen ist, lag daran, dass sich die Frau zur falschen Zeit am falschen Ort aufgehalten hatte, nämlich dort, wo Lutz Gerber nur Männer vermutete. Dies sind beiden einzigen Stellen, an denen in der Schilderung Frauen erwähnt werden (von der frühen Erwähnung seiner Mutter abgesehen). Ansonsten bewegt sich Lutz Gerber stringent in der Interaktion unter Männern. Kampf ist Männersache, und wenn er nicht zum Selbstzweck werden soll, dann braucht man einen Grund, um den es sich zu kämpfen lohnt. Dieser Grund – so ist zusammenzufassen – ist der Schutz des nicht-kriegerischen Teils der Gesellschaft: Frauen, Kinder, alte Menschen. Durch die Verfolgung der „Bösen" erhöht sich nach seinem Empfinden das Sicherheitsgefühl der Menschen. Das verschafft Lutz Gerber die ethische Legitimation für sein Handeln: der Krieger schützt die oft abwesende Bevölkerung gegen meist sehr anwesende Feinde.

Die hegemoniale Männlichkeit in der Polizei bezieht sich auf den Schutz der Gemeinschaft, auf die Verteidigung der (Rechts-)Ordnung und die Abwehr von drohenden Gefahren. Diese Position wurde und wird in allen staatlichen verfassten Gesellschaften mit Spezialisten besetzt. Mit der Herausbildung des Gewaltmonopols wurde diese Funktion stringent auf Männer übertragen, nach innen der Polizisten, nach außen den Soldaten. Beide Gruppen führten und führen unterschiedliche *Kriege* gegen die Feinde der Gesellschaft. Der Schutz spielt sich also in der Triade *Beschützer – Beschützter – Feind* ab.

Die Kriegermännlichkeit beharrt auf ihre Autonomie und verweigert sich, wenn es darum geht, Probleme kommunikativ zu lösen. Das geflügelte Wort vieler Polizisten, man könne als Polizei die gesellschaftlichen Probleme nicht lösen, lässt sich als Rationalisierung lesen: Mindestens die Krieger wollen das gar nicht. Das geduldige Kleinarbeiten von Konflikten in langwierigen Interaktionen hat keine Bedeutung für die Selbstkonstitution des Kriegers, sondern die Verfügbarkeit für riskante *Abenteuer*.

Verteidiger und Beschützer konzentrieren sich auf die dramatischen Störungen des gesellschaftlichen Friedens. Sie interessieren sich nicht für die Alltagskonflikte, sondern halten sich bereit für die große Herausforderung. Dies kommt statistisch nicht so oft vor, wie man denkt[22] und so stellen die Krieger nur in Ausnahmefällen ihre Fähigkeiten unter Beweis, ansonsten sind sie einfach präsent (und üben)[23].

> Auf die letzte Frage, ob er den Polizeiberuf eher als helfenden oder verfolgenden Beruf auffasse, antwortet er mit einem „sowohl als auch. Für die, die Dreck am Stecken haben, ist es ein verfolgender, für die, die im Rahmen der Gesetze bleiben, ist

---

22 Feltes (1993, 349) berichtet von Schätzungen aus den USA, wonach ein Schutzpolizeibeamter einer amerikanischen Großstadt statistisch nur alle 14 Jahre zu einem aktuellen Straßenraub hinzukommt.

23 Die Bereitschaftspolizei wurde als Verbandspolizei konzipiert, die sich für alle möglichen Einsatzlagen *bereit* hält. Sie konnte bislang in die tägliche Polizeiarbeit nur mit größeren Reibungsverlusten integriert werden. Mit der Umstrukturierung der Bereitschaftspolizei ist deren Selbstverständnis prekär geworden, da aus einer Unterstützungs- bzw. *Subsidiär*-Polizei nun eine Organisation geformt werden soll, die mit der Alltagsarbeit der Schutzpolizei kompatibel ist, was nur schwer vermittelt werden kann (zumal die Beamten dort subjektiv natürlich voll ausgelastet sind). In einigen Bundesländern führte das bereits zur Auflösung der Bereitschaftspolizei bzw. der Eingliederung in die Organisationsstruktur des polizeilichen Einzeldienstes.

> es ein helfender Beruf. Weil die, die verfolgt werden, Strafe bekommen und sich dadurch halt das Sicherheitsempfinden für die anderen erhöht. Es geht nun mal nicht ohne Polizei".

Sein Berufsbild rundet Lutz Gerber mit einem markanten und dichotomen Rechtsverständnis ab. Die Guten werden geschützt, die Bösen dagegen bestraft. Lutz Gerber fasst in diesem Satz die gesamte Legitimationsdiskussion von Strafrecht und Polizei zusammen, er erwähnt den generalpräventiven Aspekt von Strafe ebenso wie die Daseinsberechtigung der Institution Sicherheit und Ordnung, allerdings eher plakativ als differenziert. Auf dieser Abstraktionsstufe ist das wenig problematisch, da die Adressaten von Verfolgung und/oder Hilfe nicht benannt werden müssen, und da nicht erläutert werden braucht, was mit dem Begriff „Dreck am Stecken" genau gemeint ist. Es handelt sich, so kann man vermuten, um eine eingeübte Floskel, die vom Sprecher für zustimmungswürdig erachtet wird. „Es geht nun mal nicht ohne Polizei" ist andererseits auch ein Glaubensbekenntnis. Er versichert vor allem sich selbst, dass er einen unersetzlichen Beruf ausübt, ohne den eine Gesellschaft nicht existieren kann. In der projektiven Identifizierung mit der starken Polizei sagt er: Es geht nicht ohne *mich.*

Herr Gerber denkt nicht an reale Hilfs- oder Serviceleistungen, vielmehr wirkt polizeiliche Hilfe nach seiner Meinung meistens mittelbar. Indem die *Bösen* aus der Gesellschaft herausgenommen werden, wird den *Guten* geholfen. Das Argumentationsmuster ist hermetisch. Die reale Verfolgung bestimmter Menschen wird legitimiert mit dem gleichzeitigen Schutz einer unbestimmten Zahl anderer Menschen. Diese werden landläufig als *Gesellschaft* zusammengefasst, die von den Verfolgungspraktiken jedoch meistens nur medial etwas mitbekommt und im Übrigen höchst unterschiedlich von der Polizei geschützt wird. In dieser Argumentation erfährt die Krieger-Männlichkeit ihre stärkste Affirmation: Sie steht im Dienste des Schutzes und der Verteidigung der Gesellschaft. Dabei kümmert sie sich aber nicht um das Große und Ganze, sondern konzentriert sich auf den unmittelbaren Gegner.

Abwandlungen: Der hedonistische Krieger

Vom bisher gezeichneten Krieger-Bild gibt es zahlreiche Varianten. Während Lutz Gerber seine Tätigkeit wesentlich auf den Schutz anderer bezieht, begegnet man in der Polizei auch einer Mentalität, die auf diese Form der Legitimation verzichtet und sich in dieser Hinsicht vom traditionellen Kriegertypus unterscheidet. Die bei Herrn Gerber schon angedeutete *hedonistische* Seite möchte ich anhand eines weiteren Interviews verdeutlichen. Wo der *altruistische* Krieger sein Handeln noch mit Gründen verbindet, die auf die Gemeinschaft bezogen sind („einer muss es ja – für andere – machen"), fehlt der legitimatorische Verweis auf die schutzbedürftige Gemeinschaft bei der stärker hedonistisch geprägten Krieger-Männlichkeit. Sie kämpft für sich und hat Spaß daran. „Spaß haben" ist der Ausdruck für eine Disposition, die aus der aggressiven (körperlichen) Auseinandersetzung das Potential für die Selbstkonstitution schöpft und den Kampf als Chance dazu versteht, während Reden (Verhandeln) für sie eine eher unangenehme Arbeit ist (worin sie sich mit der altruistischen Krieger-Männlichkeit wiederum trifft).

Zur Darstellung der hedonistischen Krieger-Männlichkeit stelle ich Ausschnitte aus einem Interview mit Günter Czerny, einem 23-jährigen Polizisten, vor. Er ist seit 1990 Beamter der Hessischen Bereitschaftspolizei und seit 1994 Angehöriger der BFE, war also zum Zeitpunkt des Interviews erst seit etwas mehr als einem Jahr Mitglied dieser Einheit. Er gehört zu einer statusniedrigen Gruppe in der Polizei, seine berufliche Sozialisation ist noch nicht abgeschlossen. Er repräsentiert stärker als andere den Typus des *jugendlichen Polizisten*.

Günter Czerny stammt aus einer ländlichen Region in Norddeutschland. Er vermittelt zunächst den Eindruck eines jungen Mannes, für den die Welt in Ordnung ist und stellt sich als jemand dar, der sämtliche Klischees des *sympathischen Jungen vom Lande* auf sich vereint. Er sagt, dass er verwurzelt mit seiner Heimat und in seiner Familie sei und zur Polizei vor allem wegen der guten Bezahlung ging. Der Spaß an der Arbeit ist verknüpft mit der Bedingung, regelmäßig nach Hause (zu seinen Eltern) fahren zu können.

Nachdem er zu Beginn des Interviews noch den Eindruck des netten Nachbarsjungen vermittelte, trat ein Wechsel seiner Selbstdarstellung mit der Schilderung des Eintritts in die BFE ein, und zwar in dem Moment, wo die Anfänger ihre *Feuertaufe* erhielten. Jetzt zeigte sich seine Lust auf Kampf, Aktion und Nervenkitzel.

Aber wie kommt es, dass ihr so begeistert in diese Einsätze geht?

Das ist wahrscheinlich das, dass dann nach dem Einsatz jeder erzählen kann, was er erlebt hat und alle das toll finden. Und dann wird halt immer von früheren Einsätzen erzählt. Du hörst, wie jetzt die Alten von den Einsätzen erzählen, was sie damals gehabt haben und von den Kollegen damals, was die damals gehabt haben, und das finden die alle toll. Und wenn Du halt jetzt so einen Einsatz hast, äh, dann finden die das später auch alle toll, dass Du damals eins aufs Maul bekommen hast oder dreißig Mal mit dem Schlagstock draufgehauen hast.

Und wem erzählt ihr so was; intern hier BFE-intern?

Ja, das interessiert wahrscheinlich.... das ist so...so ein typisches Gespräch, das nach jedem Einsatz kommt. „Weißt Du noch damals, Kurden-Autobahn" und so, ... obwohl es jeder weiß, ne, aber es wird immer wieder erzählt. Nach dem dritten Glas

Bier... (2'P). Ich mein' es war natürlich... hat echt im Nachhinein Spaß gemacht, weil es war ein Riesenerfolg, wir haben bis zum nächsten Morgen Sachbearbeitung gehabt und so, Fernsehen war mit dabei...

Das war in Darmstadt oder wo?

Ja, Autobahn Darmstadt, da Rüsselsheim die Ecke. (4'P). Das war noch in der Ausbildung, die richtige BFE hatte Dienst in Frankfurt, die stand schon auf heißen Sohlen, die wollt' schon hinfahren, durfte aber nicht und wir mussten uns da gleich das erste Mal richtig prügeln.

Ach so, da wart Ihr noch gar nicht integriert in die BFE?

Nee, wir waren noch in der Ausbildung. Das waren alles nur Ausbildungsleute aus allen Abteilungen. Die anderen hatten natürlich nachher so einen Hals, als die das gehört haben.

Habt Ihr ja gleich 'ne gute Feuertaufe gehabt. Und ist das von den älteren Kollegen honoriert worden, dass Ihr da....

(unterbricht) na gut, wenn wir da was von dem Einsatz erzählt hatten, da wollten die nichts wissen. Die haben wohl mal hingehört, aber nicht, dass die irgendwie so richtig interessiert waren, dass sie sagen „Oh, das war ja toll" und so. Also einfach neidisch, so, ne. Würde mir ja genauso gehen, wenn ich im Urlaub bin und die anderen fahren nach München und haben einen tierischen Einsatz dort, ne.

Günter Czerny kämpft mit Engagement und Präzision, jedoch ohne auf eine Idee oder eine Ideologie fixiert zu sein. Sein Beruf macht ihm Spaß und dies ist Bedingung dafür, dass er seinen Beruf ausübt. Politische Ideale erwähnte er nicht. Er lebt gesellschaftlich akzeptiert, zeigte sich politisch nicht dogmatisch, jedenfalls nicht auf höhere ideologische Ziele fixiert. Er bezieht sein Handeln nicht auf „Gesellschaft", sondern die „Gemeinschaft" der statusnahen Kollegen, die mit ihm den Beruf als Abenteuer erleben. Er setzt auf Tugenden, die man in anderen Kontexten als soldatische oder „Sekundärtugenden" bezeichnet (Pflichterfüllung, Gehorsam, Verlässlichkeit, Kameradschaft). Die soldatische Kameradschaft, die als Prototyp der Männerbeziehung in „kämpfenden Berufen" gelten kann[24], hat vor allem eine integrative Funktion.

Die Erzählungen dienen vor allem der psychischen Verarbeitung von Einsätzen. Darüber hinaus bereiteten sie die Beamten schon auf die nächsten Einsätze vor. Im Erzählen wird Erlebtes bewältigt und noch nicht Erlebtes antizipiert. Es kommt nicht darauf an, welchen „polizeilichen Erfolg" der Kampf zeitigte. Sieg oder Niederlage, oder anders gesagt, schlagen oder geschlagen werden, beides ist erzählbar, wenn man sich darin bewährt hat. Idealisiert wird nicht etwa

[24] Vgl. dazu Kühne (1996, 174-192).

der beschädigte Körper oder die Niederlage, sondern die Bewährung in der Gefahr. Als *Alte* erscheinen nicht die lebensälteren Polizisten, sondern die Kollegen, die schon mehr erlebt haben als die *Jungen*. Die Gruppe wird als Gefahrengemeinschaft erlebt und dient als Maßstab hinsichtlich der Erlebnisqualität von Einsätzen. In den Geschichten geschieht die (kollektive) Selbstvergewisserung, eine außergewöhnliche Belastungsprobe bestanden zu haben. Das ist das Problem der besonders ausgebildeten Einsatzgruppen in der Polizei: sie kommen häufiger als andere in die Lage, riskante Erfahrung zu sammeln, deren psychische Bewältigung über die Heroisierung und Glorifizierung bewerkstelligt wird. So können Wirklichkeitskonstruktionen Platz greifen, die mit der Alltagsarbeit der Polizei nicht mehr viel gemein haben.

Der organisatorische Hintergrund wirkt verstärkend. In dieser Einheit wird Überlegenheit zelebriert und der Erfolg wird von ihr verlangt. Die Geschichten dienen zur Vermittlung und Aufrechterhaltung eines Elitenbewusstseins. Was zum Beispiel in dem Interviewausschnitt oben *wirklich* passiert ist, lässt sich nur bruchstückhaft rekonstruieren. Im Zuge zahlreicher Demonstrationen 1995 blockierten kurdische Demonstranten auf der Autobahn zwischen Darmstadt und Rüsselsheim den Verkehr und stellten die Polizeiführung vor erhebliche Probleme. Sie drohten, sich mit Benzin zu übergießen und anzuzünden, was zu einer äußerst gefährlichen Situation führte. In dieser Lage entschied sich die Einsatzleitung, junge Beamte der Bereitschaftspolizei, die sich zu einem Auswahlverfahren für die BFE in Wiesbaden befanden, in den Einsatz zu schicken. Die jungen Leute nahmen das offensichtlich begeistert auf, es war für sie eine *Feuertaufe*, sie konnten zum ersten Mal beweisen, zu was sie fähig waren. Was für die Organisation eine absolute Notlösung gewesen sein muss, war für die Novizen die Chance zur Bewährung.

Zweimal tauchte ein Begriff auf, den man von einem erwachsenen Polizisten so nicht erwartet hätte (wohl aber von einem jugendlichen Bandenmitglied, der sich mit anderen Jugendlichen misst): Günter Czerny sprach von *Neid*. Einmal sah er sich und die anderen Neuen beneidet von denen, die nicht dabei waren. Die etablierten BFE- Angehörigen neideten ihnen möglicherweise die Bewährungsprobe oder den Stoff für eine reiche Abfolge von Erlebnissen, die in zahlreiche Geschichten eingehen konnten. Ein anderes Mal ging es um das *Nicht-dabei-sein*. Czerny hatte einen „tierischen" Einsatz versäumt und sah sich benachteiligt. Aus dieser Schilderung wurde die Gefahr, dass bei den Einsätzen real Blut fließen kann, dass man Schmerzen haben und dauerhaft verletzt werden kann, ausgeblendet. *Neid* ist eine Haltung, die in der bürokratischen Sprache der Polizei keinen Platz hat, sondern eher in den Erlebnishorizont einer Jugendbande gehört.

Die individuelle Begeisterung für den Einsatz geschieht im Kontext einer Organisationsstruktur, die früher wie heute (und entgegen der offiziellen Rhetorik) funktionierende Beamte bevorzugt. Nach wie vor wird oben gedacht und unten gehandelt, oben angeordnet und unten ausgeführt.

Wie gelingt es der Organisation, ihren Mitgliedern beizubringen, wie man Situationen, wie die oben geschilderte, bewältigt? Beim Militär scheint das eine besondere Form von Disziplin zu verlangen, die offenbar eng mit Angst verbunden ist[25]. Bei der im Vergleich zum Militär *zivilen* Polizei sind die Techniken der Disziplinierung subtiler. Der Mechanismus funktioniert nicht über *Strafangst*, sondern durch *Überzeugung*. Sie lässt das Risiko der Selbstbeschädigung in den Hintergrund treten und macht die jungen Leute bereit, für *die Sache* ihre Gesundheit aufs Spiel zu setzen. Ich habe an anderer Stelle (vgl. Fußnote 19) argumentiert, dass es keiner ausdrücklichen Ideologisierung junger Polizisten bedarf (und dass es sie nach meinem Wissen auch nicht gibt). Das heißt aber nicht, dass sie nicht trotzdem überzeugt und vorbereitet werden müssten, eigenen und fremden Widerstand zu überwinden.

Zum einen ergreifen die jungen Leute den Beruf freiwillig, sie bringen eine gewisse Bereitschaft mit, sich auf etwas Neues einzulassen und sind bald über das Aufgabenspektrum informiert. Zum anderen ist die Vernichtungs- bzw. Verletzungsdrohung nicht so zentral, dass der Tod jeden Tag vor Augen steht, die Auszubildenden werden (wieder anders als im Militär) nicht über die Frage der Vernichtung eines Feindes, sondern eher über die Figur der *Gewaltbegrenzung* an körperliche Auseinandersetzungen herangeführt. Das gesamte körperliche Training, insbesondere die Selbstverteidigung, steht deutlich im Zeichen der *Überwältigung* von Gegnern (zu ihnen zählt auch der innere Schweinehund), nicht aber deren *Auslöschung*. Schließlich kommt drittens hinzu, dass die Polizeiausbildung eine Zeit des *Probehandelns* ist, in der individuelle Erfahrungen dazu führen können, wieder aus dem Beruf auszuscheiden, was besonders sensible oder pazifistische Bewerber hin und wieder tun. Dies sind singuläre Entscheidungen, denen, anders als beim Militär, nicht der Verdacht der *Desertion* anhängt. Dementsprechend gibt es keine formellen Drohungen, die sich gegen das Verlassen der Organisation richten, denn die Polizei ist *keine totale Institution*[26].

---

25 Zur *Produktion* von Disziplin, besonders der Todes- und Tötungsbereitschaft im Militär vgl. Bröckling (1997).

26 Nach meinem Dafürhalten ist sie es zumindest nicht in der Konzeptualisierung Goffmans (1972, 13-123, bes. S. 17). Wenn man die Frage unter der Perspektive der formalen Abhängigkeit der Akteure bzw. unter dem Aspekt der *Zwangsmitgliedschaft* beleuchtet, dann ist die Psychiatrie eine totale Institution aus der Sicht der Patienten, nicht aber für das Personal; das Gefängnis ist total für die Gefangenen, nicht aber für die Vollzugsbeamten; das Militär aus der Sicht der Wehrpflichtigen total, nicht aber für Berufssoldaten. In der Polizei gibt es für keine Akteursgruppe ei-

Bei Günter Czerny funktioniert die Herstellung von „Kampftauglichkeit" über den Mechanismus der Initiation, d.h. über die Verheißung, mit dem Beweis der *Männertauglichkeit*, mindestens in dem beschriebenen sozialen Kontext, in die Gruppe der erfahrenen Männer aufgenommen zu werden. Für ihn könnte es bedeuten, in der kämpfenden Auseinandersetzung Kindheit und Jugend abzustreifen und sich als Mann zu erleben. Zwar riskierte er in seiner Kindheit und der Jugend sicher das ein oder andere Mal seine Gesundheit, aber damals individuell, als Normbrecher, als Ausbruchsversuch aus der Welt der Erwachsenen. Jetzt wird er von diesen in die Konfrontation geschickt, er partizipiert an ihren Normen, kämpft sie sogar durch. Man kann durchaus von einem gegenseitigen Ausnutzungsverhältnis sprechen. Die Leitungsbeamten treffen Entscheidungen, die sie niemals selbst durchsetzen könnten (und wollten). Dafür brauchen sie Männer (und Frauen), die bereit sind, ihren Körper für diese Entscheidungen zur Verfügung zu stellen und Gesundheitsbeschädigungen zu riskieren. Die jugendlichen Polizisten eignen sich auf diese Weise (in der Konfrontation) habituelle Versatzstücke von den erfahreneren Kollegen der BFE an. Diese gelten als erfolgreiche Männer. Zwar haben sie objektiv betrachtet einen niedrigen Status innerhalb der Organisation, was aber aus der Perspektive der Novizen nicht bedeutsam ist. Die Männlichkeit ist eine von anderen angeeignete (bzw. *ausgeliehene*), da man Modelle für ein erfolgreiches Polizeihandeln benötigt und diese in den erfahreneren Kollegen findet. Männlichkeit bekommt man nicht auf einen Schlag, sondern durch mehrere Initiationsveranstaltungen. Dies sind nicht notwendig gefährliche Erfahrungen, mehr oder weniger angsterregend bzw. schmerzhaft sind sie aber auf jeden Fall[27].

Auch bei der hedonistischen Variante der Krieger-Männlichkeit taucht das Thema *Angst* auf:

> *Und wie steht's in solchen Situationen mit der Angst? Hast Du darüber mal nachgedacht, wann Du mal Angst hattest im Dienst?*

---

ne Zwangsmitgliedschaft. Auch unter dem Gesichtspunkt des Grades der sozialen bzw. psychischen Determination der ihr Unterworfenen kann die Polizei heute nicht als totale Institution gelten, wie sich nicht zuletzt durch die heterogenen Männlichkeitsentwürfe zeigt. Dieses Argument vertiefe ich an mehreren Stellen in diesem Kapitel.

27 Die Initiationen sind zeitlich begrenzt und ermöglichen den jungen Männern (und Frauen) den Eintritt in die Welt der Erwachsenen, die von Strapazen und Prüfungen erzählen können, die etwas überstanden oder durchgehalten haben. Dies dient als Distinktionsmittel gegenüber den Nicht-Initiierten und gegenüber der Außenwelt. Organisationen wie Militär und Polizei stützen auf diese Weise ihre Exklusivitätsansprüche ab. Die älteren unter den Interviewpartnern wussten noch viele Geschichten zu erzählen, vom *Stubendurchgang* angefangen, über den Gewaltmarsch im Gelände bis hin zum (halb) offiziellen Trinkgelage anlässlich der jährlichen Weihnachtsfeier.

Ich sag' mal, die Angst wird fast überspielt von dem Gefühl, dass jetzt endlich mal wieder was kommt. Man ist so heiß drauf, dass mal wieder so was passiert. Wir freuen uns alle schon, wenn wir so einen Einsatz haben. Jetzt zum Beispiel mit den Kurden, das wär' herrlich gewesen, mit den Kurden hier, ne[28]. Und... da, da geht das Adrenalin so hoch, da, da denk' ich irgendwie gar nicht mehr, ne. Angst hatte ich einmal gehabt, das war noch mit der EE *(Einsatzeinheit, R.B.)*, da waren wir auch in Kassel, und da war auch 'ne Kurdensache mit ich glaub' fünfzigtausend Kurden und da hieß es, wir sollen erst in Bereitschaft gehen und da haben wir nur noch gehört über Funk, wie Kollegen mit Steinen beworfen werden und jetzt sollten wir vor laufen. Da hatte ich dann echt ein bisschen Knieschlottern. Also da wusste ich auch nicht, was mich erwartet, und dann war auch nicht so der Verlass auf die Leute, die mit mir mit waren und so, ne. Das ist halt jetzt was anderes. Wenn ich jetzt da bin, da weiß ich, dass paar gute Leute neben mir sind.

Also Du hast gesagt, dass die Erwartung, dass jetzt was abgeht, dass was los ist, dass die so viel Adrenalin ausschüttet, dass da für Angst kein....

(unterbricht) Ja, ich denk' da nicht an Angst. Oder ich unterdrück's halt.

Polizisten müssen lernen, Angst zu unterdrücken, da diese handlungsunfähig machen kann. Der Krieger muss das in besonderem Maße tun, weil er in die angsterregenden Situationen öfter kommt als der *normale* Polizist und in ihnen sich besser bewähren muss (für ihn reicht es nicht, sie einfach zu überstehen). Angst, sonst ein Mechanismus, der als Warnsignal dient und vor Gefahr schützt, wird zum Störfaktor, da der Ort der Gefahr ja gerade aufgesucht werden soll. Während beispielsweise der Wissenschaftler, während seines Feldaufenthalts, mit seiner Angst anders umgehen kann, da er nicht handeln *muss* (er kann beispielsweise die Szene verlassen oder sich im Hintergrund halten), unterdrückt sie der (jugendliche) Polizist, um aktionsfähig zu bleiben.

Den Novizen wird von der Organisation Erfahrungswissen als Handlungsressource angeboten, allerdings unter der Bedingung, dass sie psychische und physische Risiken eingehen: Angst, Kränkungen, Verletzungen. Bedingung ist nicht, dass sie solche Erfahrungen unbedingt machen *wollen,* sie müssen sie jedoch mindestens in Kauf nehmen. Bei der Bearbeitung der damit verbundenen Gefühle helfen die anderen Kollegen: so werden aus Arbeitskollegen Kameraden, es werden gute Leute, mit denen man gemeinsam durch dick und dünn gehen kann. Letztlich wird zwar die Last der persönlichen Verarbeitung dadurch nicht genommen, aber sie erscheint jetzt geringer. Angst ist für Günter Czerny offenbar nicht unverständlich, auch nicht unmännlich. Sie wäre es, wenn er ihr

[28] Gemeint ist die Auseinandersetzung an der Frankfurter Hauptwache (Juli/August 1995). Die Räumung verlief äußerst gewalttätig. Die BFE Wiesbaden wurde nicht eingesetzt, was einige Mitglieder tief bedauerten.

freien Lauf lassen würde. Mit der Unterdrückung zeigt er seine Funktionsbereitschaft und seine Selbstdisziplin, was wiederum als männlich gilt. Immerhin bieten Angsterlebnisse das Material an, das den vielen Storys, Geschichten und Mythen in der Polizei zugrunde liegt. Meistens fließen sie über den psychischen Abwehrmodus der *Verkehrung ins Gegenteil* als Abenteuergeschichten in den Alltagsdiskurs der Cop Culture ein.

Ich habe mit dem Kriegertypus eine Männlichkeitsform vorgestellt, von der ich denke, dass sie nach wie vor hegemoniale Wirkung hat. Auf den ersten Blick widerspricht die Krieger-Männlichkeit deutlich dem Image, das die Polizei von sich vermittelt. Gleichwohl ist sie funktional erforderlich: Die Selbstdarstellung der Polizei als *Freund-und-Helfer* geht implizit davon aus, dass es eine Anzahl von Krieger-Männlichkeiten gibt, die den unfreundlicheren Part der Polizeiarbeit weiterhin zu übernehmen bereit sind.

Die mit der Kriegermetapher verbundene bellizistische Haltung wirkt sich in Abstufungen auf alle Polizei-Männlichkeiten aus. Die Krieger-Männlichkeit muss gar nicht in Vollendung angeeignet werden, um ihre kulturelle Wirkung zu entfalten. Im Gegenteil: je mehr sie sich dem beschriebenen Idealtypus nähert, um so suspekter werden sie der Polizeiführung und um so mehr wirken sie für die Alltagsarbeit der Organisation kontraproduktiv. Einige *bellizistische* Anteile benötigt aber jeder Polizist. Dies gilt in gleicher Weise für die Organisation: Wenn auch die Polizei keine Kriegsorganisation ist, so verfügt sie dennoch über deutliche kriegerische Anteile, die auch jederzeit aktivierbar sind.

4.1.2 Schutzmann

Neben der Männlichkeitsform, deren Kennzeichen der binäre *Freund-Feind-Modus* ist, beschreibe ich nun eine, die sich affirmativ auf den Schutz der (mehr oder weniger konkreten) Gemeinde bezieht.

Sie ist kulturell nicht hegemonial, ich halte sie jedoch für die quantitativ häufigste Männlichkeitsdarstellung in der Polizei.

Die *Beschützer-Männlichkeit* (der *Schutzmann*) verteidigt nicht primär die Rechtsordnung, den Bestand des Staates oder kämpft für eine gerechte, aber abstrakte Sache, sondern hat seinen genuinen Bezug in der lokalen (Wohn-) Gemeinde. Sie bildet den normativen Rahmen seiner Arbeit.

Der *Schutzmann* kümmert sich nicht so sehr um seine Karriere, sondern sucht nach sozialer Geborgenheit. Er setzt sich von der *harten* Männlichkeit der street cops dadurch ab, als für ihn der Auftrag als *Friedensstifter* in Alltagssituationen wichtig ist. Der Schutzmann repräsentiert sozusagen den Typus des *domestizierten street cop.* Dabei bezieht er sich auf andere Werte als der Krieger, das Alter spielt dabei ein wichtige Rolle. Ganz junge Schutzmänner gibt es nicht.

Dazu gehört eine gewisse Altersweisheit, eine Kompetenz, die sich über Praxis vermittelt und über einen längeren Zeitraum angesammelt hat, und zwar in einem Handlungsfeld, in dem er noch Kontakt zur Gemeinde hat (das kann durchaus als Ermittlungsbeamter im Tagdienst eines Polizeireviers sein; der alt gewordene Polizist, der als Sachbearbeiter in der Personalstelle des Polizeipräsidiums gelandet ist, kann sich hingegen nur noch im weiteren Wortsinn als *Schutzmann* bezeichnen, da er niemandem mehr seine Praxiserfahrung zugute kommen lassen kann). Der junge Polizist ist als Novize Krieger oder Aufsteiger, der junge Leitungsbeamte ist Manager oder Bürokrat, keiner von ihnen ist *Schutzmann*. Alle können sich gleichwohl auf eine Tradition berufen, in der Schutz-Männlichkeiten produziert und gepflegt werden. In diesem weiten Verständnis kann jeder von sich sagen, er sei *Schutzmann*. Distinguierend wirkt das Merkmal erst durch die reale Tätigkeit, also durch Handeln, nicht durch kollektive Zugehörigkeit (der Sachbearbeiter *ist* kein Schutzmann, er partizipiert allenfalls an der weitverbreiteten Verwendung des Wortes)[29].

Schutzmänner können älter gewordene Krieger sein, deren Lust an der unmittelbaren Körperpräsentation geringer geworden und in *abgekühlte Erfahrung* übergegangen ist, die vielleicht *weiser* geworden sind (sie sagen dann meistens, dass sie heute *ruhiger* seien als früher). Es müssen aber nie ausgesprochene Krieger-Männlichkeiten gewesen sein. Auch der weniger kampfbetonte junge Mann reift heran, er sammelt Erfahrungen, die ihm den Status eines *Schutzmanns* geben können.

Im Folgen Interviewausschnitt kommt zur Sprache, dass man sich in der Polizei einerseits anpassen muss, sich andererseits aber nicht völlig unterzuordnen braucht, und dass die Polizei wohl eine prägende, nicht aber eine *totale Institution* ist (vgl. dazu Fußnote 25 in diesem Kapitel).

Gerd Hauser[30] ist Polizeihauptmeister bei der Frankfurter Schutzpolizei, Jahrgang 1953, seit 25 Jahren im Dienst. Er ging nicht aus innerer Überzeugung zur Polizei, sondern weil sie für ihn eine aushaltbare Alternative zur Bundeswehr war. Er wollte zunächst nach drei Jahren wieder kündigen, um am Konservatori-

---

[29] Der *Schutzmann* steht im Statusgefüge der Polizei ziemlich weit unten und ist in seinem Zuständigkeitsradius stark begrenzt. Gleichwohl nennen sich viele Polizisten *Schutzmänner*, sie meinen dies nicht als Statusbeschreibung, sondern als Funktionsdarstellung, sie wollen *schützen*. Dies betrifft gerade diejenigen, die später in Führungspositionen übergewechselt sind, denn sie zeigen mit dieser Selbstzuschreibung, dass sie bodenständig geblieben sind, und dass sie weder zu Managern noch zu Bürokraten wurden. Auch einige Kriegermännlichkeiten würden sich als *Schutzmann* sehen, dies dann aber unter dem Gesichtspunkt, ihre bellizistische Haltung als eine friedensstiftende und auf die Gemeinde ausgerichtete zu legitimieren.

[30] Gerd Hauser trat mit 17 Jahren, also 1970, direkt in die Frankfurter Polizei ein, die seinerzeit noch kommunal organisiert war.

um Schlagzeug studieren, hat die Aufnahmeprüfung dort aber nicht mehr abgelegt.

Er wurde bald nach seiner Einstellung zu einem innerstädtischen Polizeirevier versetzt, in dem er bis heute wohnt. Er fand sich gut in den Revierdienst ein, bis es zu einem Dauerkonflikt mit einem Vorgesetzten kam. Der Konflikt spitzte sich zu, als er sich zu einer anderen Dienststelle (Umweltschutz) bewarb, denn der Vorgesetzte denunzierte ihn bei deren Leiter, bezeichnet ihn dort als „linken Chaoten"; Hausers Bewerbung wurde nicht berücksichtigt.

Danach war er einer Reihe von Konflikten ausgesetzt, vor allem in seinem Revier und im Zusammenhang mit seinem politischen Engagement. Intern, im Revierdienst, fühlte er sich ständig von seinem Vorgesetzten, der ihn für einen „Kommunisten" hielt, drangsaliert und schikaniert. Diese Auseinandersetzungen zehrten schließlich so stark an seinen Nerven, dass er sich nach vielen Jahren in ein Revier am anderen Ende der Stadt umsetzen ließ, er entzog sich nach langen Querelen dem Streit und verließ sein angestammtes Revier, um dem Vorgesetzten zu entkommen.

Die vorgestellten Interviewausschnitte setzen historisch an einem Konflikt an, der für Herrn Hauser politisch wie beruflich zu einer *Zerreißprobe* führte. Als Mitglied der GRÜNEN und als *Schutzmann* musste er sich nach langen Dienstjahren einer längeren Einsatzphase an der Startbahn-West des Frankfurter Flughafens aussetzen.

> *Du hast dich ja damit auch zum Teil bewusst aus bestimmten Geschichten rausgehalten.*
>
> Ja, denk ich schon. (Pause) Die Startbahnzeiten waren eigentlich auch (--). Wo Du selbst gar nicht mal so richtig mit zurecht kamst, weil die Notwendigkeit war ja im Zweifel gewesen. Selbst bei einem Kollegen im Haus hat einer gewohnt, das war ein Fluglotse oder was, selbst der hat gesagt, „also bei uns sind die Hälfte dagegen, auch weil die Notwendigkeit einfach nicht da ist". Und das sind irgendwo Fachleute und da hat man schon das Gefühl, dass.., dass welcher Grund auch immer dazu geführt hat, dass sie es jetzt durchgezogen haben, dass es, sind halt irgendwelche Ebenen, die können Dich, die bescheißen Dich von vorne bis hinten. Und Du stehst da, ja und sollst den Rücken für hinhalten. Und da bin ich einmal, da hab' ich (--) hab' ich mich krank schreiben lassen. Weil das, ach das war irgendwie so blöd, gut da hat sich einer verirrt von den Demonstranten, hinter so 'ne Baumaschine, ist halt gerade in die falsche Richtung gelaufen und dann sind die alle hin, wie ein (--) und jeder mal, weißte jetzt, ist halt so, übel ist das. Und ich meine, ich trag das mit mir heim. Und dann bin ich dann (--) war ich erst mal zwei Wochen krank geschrieben. (Pause) Aber das wird immer so sein, da kann sich alles ändern, kann sich wandeln wie´s will, ich mein, Du stehst immer noch da und hast das auszubaden (--).

Die Auseinandersetzung mit der Rolle der Polizei in gesellschaftlichen Konflikten ist für ihn nicht einfach. Er nahm bewusst eine riskante Position ein, ohne dadurch zum Außenseiter zu werden. Seine Auseinandersetzung mit diesem Konflikt endete zunächst im Rückzug in die Krankheit. Das ist weniger ein individueller Mangel an Zivilcourage, wie man von außen betrachtet meinen könnte, sondern das Ergebnis einer Kompromissbildung zwischen seiner politischen Überzeugung und der beruflichen Loyalität.

Gerd Hauser lehnte politisch den Ausbau der Startbahn-West ab, sah sich aber nicht in der Lage, irgend etwas zu bewegen. Es zeigt sich die Ohnmacht des älter gewordenen street cops, der einsehen muss, dass er bei einer bestimmten Komplexität der Konflikte nicht mehr agieren kann, ja selbst zum Spielball der Politik geworden ist. Aus diesem Dilemma gab es nur ein individuelles Entkommen. Er suchte sich Nischen, versuchte, individuell noch human zu bleiben, dazu half ihm das Reden mit Menschen von der anderen Seite. Doch seine eigenen Kollegen, mit denen er gemeinsam seinen Körper riskierte für die umstrittene politische Entscheidung, reagierten anders als er, viele von ihnen verschoben ihre Frustration und ließen sie an den Gegnern dieser Politik aus. Als sie in einer Situation einen einzelnen Demonstranten isolierten, und jeder mit dem Gummiknüppel auf den Mann einschlug, wurde dem politischen Menschen Gerd Hauser klar, dass er auf der *falschen Seite* stand. Er wollte da nicht mitmachen, konnte aber weder gegen die mächtigen Flughafenbefürworter noch gegen seine eigenen Kollegen etwas bewirken. Die Seiten wechseln konnte er jedoch auch nicht. Ihm wurde vielmehr bewusst, dass er zu denjenigen gehörte, die für andere etwas *ausbaden* mussten. Eindeutig und konsequent konnte er sich nicht verhalten. Nur nicht mitzumachen reichte nicht, um die Integrität zu wahren. Das Fernbleiben vom Ort der Auseinandersetzung war in dieser Situation die einzige Möglichkeit, mit dem Konflikt umzugehen.

Die bürokratische Bewältigung dieses Konflikts funktionierte über eine die soziale Wirklichkeit stark vereinfachende Formel: Ausschlaggebend war der Gesetzesvollzug, persönliche Motive hatten dabei keine Rolle zu spielen[31]. Wer sich diese Formel nicht zu eigen machen konnte, weil sie seinen Gerechtigkeitsvorstellungen zuwiderlief, musste entweder rebellieren oder sich entziehen. Die Verschiebung normativer Konflikte auf Verfahrensfragen ist ein für bürokratische Herrschaft konstitutives Merkmal. So wie es Hauser ging, so ging und geht es zahlreichen Polizisten. Zwischen *Unterwerfung* und *Widerstand* liegt für viele

[31] Dieses Muster ist bezeichnend für den polizeilichen Umgang mit gesellschaftlichen Konflikten. Während die Organisation über die Einhaltung der Verfahren wacht, sehen sich die Polizisten von Diskutanten mit Inhalten konfrontiert. Dies führt zu einer mehr oder weniger auffälligen *Sprachlosigkeit* der Polizisten am Ort des Geschehens.

eine mehr oder weniger große Bandbreite von individuellen Bewältigungsstrategien im Umgang mit divergierenden Interessen.

Gerd Hauser bewegte sich oft an der Grenze zwischen *innen* und *außen*, zwischen *wir* und *die anderen*, für ihn waren diese Grenzen nicht starr und angstbesetzt. Aus der Startbahnzeit erzählt er eine weitere Episode:

> Ich kann mich erinnern, ich bin aus der Reihe damals so ein bisschen mit den Leuten auch ins Gespräch gekommen, und Du stehst mit dem Helm und dem Schild da und schwätzt und es gibt ja auch ein Fünkchen und hier und da, jeder gibt dem anderen ja auch Recht, muss er ja auch, ne? Ich hab' gesagt: „Ihr habt Schläger bei Euch und die haben wir auch", ne? Und dann ging's bei denen rum: „Habt Ihr das gehört? Habt Ihr das gehört?", weißt Du, bisschen Objektivität, ne. Und dann irgendwann frag' ich mich, „wo bin ich denn hier? Ach du Scheiße", hab' ich gedacht, da hab' ich ja mitten drin gesteckt, ne. Hab' ich gedacht: „jetzt musst Du irgendwann", na ja und dann einfach gesagt „ich muss mal wieder, ne", bin ich dann zurückgegangen und dann war aber was los, das hab' ich gemerkt, also das war, war es Misstrauen oder war es einfach Bosheit, so also bisschen versucht mich also da nicht reinzulassen, das war so, weißt Du...
>
> *(unterbricht) Die Kollegen?*
>
> Die Kollegen, ja. So ungefähr: „was macht der da drüben bei den Stinkern?" Das war nicht so schön (Pause) aber och das...
>
> *(unterbricht) Und wie war das?*
>
> Ja, wie war das? Ja, erst 'ne Lücke suchen
>
> *(unterbricht) Du sagtest „nicht so schön" – das ist ja richtig höflich*
>
> Ja, ich nehme an, in deren Augen war ich ein Verräter. Dass ich überhaupt mit dem Pack rede. Und so haben sie das auch bisschen (--), erst einmal so ein bisschen geblockt, damit ich halt nicht unbedingt reinkomme (in die Polizeikette, R.B.)
>
> *(unterbricht) Du hast das mit ihnen aber nicht besprechen können. Darüber..*
>
> *(unterbricht)* Wenn einer so reagiert, dann sucht man sich seinen Weg und geht. Also ich weiß nicht, ob das jetzt was genützt hätte. Hat auch gar keiner (--)
>
> *Du hast das immer individuell für Dich entschieden?*
>
> Denk ich schon ja, (--) ich mein, gut, man geht auch oftmals fehl in seinem Urteil oder sonst was, aber im Großen und Ganzen können fünfhundert Leute sagen, das ist schlecht, was Du machst oder – wenn ich mir sicher bin, dass es doch richtig ist, würde ich mich nach diesen Hundert richten.

Hauser verstieß gegen eine *interne Regel*, und er kam mit Demonstranten ins Gespräch[32]. Dabei erinnert er sich vor allem an den Konsens zwischen ihm und den anderen (sicher wird es weniger erbauliche Gespräche gegeben haben, aber die erzählte er mir nicht). Er vergaß sogar kurzzeitig, dass er seinen (geografischen, vor allem aber sozialen) *Standort* gewechselt hatte und sah sich plötzlich von Demonstrationsteilnehmern „umzingelt"[33]. Wider Erwarten gelang ihm das Verlassen der Demonstrantengruppe besser als der Wiedereintritt in die Polizeikette.

Dort wurde er sogleich stigmatisiert, als Überläufer, als *Verräter* behandelt. Die Feindbilder waren eindeutig: die Demonstranten waren „Pack" und wer sich mit ihnen einließ, gehörte nicht mehr ohne weiteres zur eigenen Gruppe, mindestens wurde er suspekt. Doch Hauser gelang es, sich wieder zu integrieren, ohne sich dabei anzubiedern, er blieb distanziert, aber beharrlich. Er blieb mit seiner Entscheidung allein, musste sich auch hier *seinen Weg* suchen und seine Position alleine bestimmen. Das fiel in einer Umgebung, die auf Kollegialität und Solidarität angewiesen war, nicht leicht, er schilderte es aber als immerhin möglich. Vielleicht gelang ihm dies in der Rekonstruktion nach zehn Jahren Abstand besser als in der aktuellen Situation. Doch seinerzeit musste er schon so autonom gewesen sein, dass er auf bestimmte *interne Regeln* der Gruppe nicht mehr so stark angewiesen war wie ein Berufsanfänger (immerhin war er seinerzeit mehr als 13 Jahre Polizist). Zwar bekam er zu spüren, was es heißt, auszubrechen aus der Unauffälligkeit und der Konformität, merkte aber auch, dass das aushaltbar und ein weiterer Verbleib in der Organisation möglich war. So, wie er die Grenze der polizeilichen Normen nicht als absolute anerkannte, so wenig blieb er

---

32 Offensichtlich war es eine Situation, in der sich eine Polizeikette und die Demonstrationsteilnehmer quasi statisch gegenüberstanden. Das kam während der Startbahnauseinandersetzungen häufig vor. Zum Teil wurde, gerade in der Bereitschaftspolizei, von den Vorgesetzten per Weisung verfügt, dass man mit (bestimmten) Demonstrationsteilnehmern nicht zu reden habe, bei den älteren Einzeldienstbeamten hätte ein formelles Verbot nichts gefruchtet. Dies war aber nicht notwendig, da sich bei ihnen längst die Überzeugung durchgesetzt hatte, dass die *Gegenseite* für das polizeiliche Gespräch unerreichbar sei. Die Erfahrungen von street cops taten ihr Übriges. Nicht zu reden, sondern die Kommunikationsangebote der *Gegenseite* zu ignorieren, gehört zu ihrer Form des Schutzes vor Irritation und Verunsicherung. Das Weghören bzw. *Aushalten* des Redestroms ist eine für den Polizeidienst unentbehrliche Eigenschaft, anders könnten street cops die vielen diffusen Information nicht bewältigen. Dieses Vermögen entwickelt sich weder in der Ausbildung noch in Auseinandersetzungen mit politisch hochmotivierten Demonstranten, es stellt sich vielmehr im Alltagshandeln her. Hier lernt man, dem Psychotiker genauso geduldig zuzuhören wie einem redseligen Betrunkenen, dem aufgebrachten Diebstahlsopfer ebenso wie einem von sich überzeugten Vorgesetzten. Insofern hilft eine gehörige Portion *stoischer Ruhe* den Polizisten nicht nur im Alltag, sondern auch im geschlossenen Einsatz.

33 Davor wurden die Beamten stets gewarnt, und es wurden Gerüchte kolportiert, dass es eine Taktik der Gegenseite sei, einzelne Beamte zu isolieren und sie dann zu verprügeln. Diese Form von Grenzüberschreitung war hochgradig angstbesetzt und deshalb auch verboten.

ganz außen vor. Es gelang ihm stets, seinen Platz in der Organisation zu behalten, bzw. neue Plätze zu finden. Dies ist eine weitere Kompetenz des Schutzmanns, nämlich Gegensätze auszuhalten, und ohne missionarischen Eifer mit ihnen zu leben.

Zur eigenen *Männlichkeit* hat der Schutzmann ein anderes Verhältnis als der Krieger:

> Ja gut, ich mein' Männlichkeit, gemeinhin, wird ja wahrscheinlich mit Kraft in einen Eimer gesetzt, denk ich mal, ne. Und so fühlen sich vielleicht auch manche und denken, nur über die... halt weil sie.... weil die Päckchen da oben ein bisschen dicker wären, dann , dann würde das auch ganz anders laufen.
>
> *Wird über so was bei Euch auch gesprochen, gibt es Leute, die so denken in deinem Umkreis, wird das trainiert und gepflegt?*
>
> Ach trainieren, da gibt's genug, da gibt's genug, ja. Wir haben auch einen bei uns, der ordentlich alles mögliche schluckt und isst und... halt so ein Schwarzenegger, das Problem ist nicht, dass man....gut, er hat wahrscheinlich, wenn's sein muss, auch Kraft, das denke ich schon. Aber er braucht sie vielleicht auch eher als ein anderer, der sich nicht... der zwar weiß, dass er Kraft hat, aber der nicht so drauf baut, dass er sie benutzen muss, ne. Da geht der andere vielleicht schon mal ganz anders an den Fall ran, um überzeugender zu sein, in dem, was er sagt, um überhaupt überzeugen zu können, als der mit seinen Päckchen. Aber gut, er braucht's halt, das ist... heutzutage wie das Handy, das ja auch das eigentliche Selbstbewusstsein bei den meisten erzeugt.

Entgegen der affirmativen Haltung von Lutz Gerber zu „starken Männern" will Gerd Hauser jedoch nicht den Männern gleichgesetzt werden, für welche die Größe der (eigenen) Muskelpakete Auskunft über das Maß an Männlichkeit geben. Er vermutet (entgegen der oft von Polizisten behaupteten *präventiven Wirkung* von Stärkedemonstration), dass sie eher bereit sind, sie im Konflikt einzusetzen. Er selbst hält es eher mit der verbalen Überzeugungskraft. Gerd Hauser spricht im Folgen nicht über Männlichkeit im Allgemeinen, sondern über seine eigene. Die maskuline *Körper-Männlichkeit* ist ihm mehr oder weniger fremd, sie reicht mindestens nicht aus, um den Job gut zu machen. An einer früheren Stelle des Interviews (die nicht abgedruckt ist), sagt er, dass er während seiner 25-jährigen Dienstzeit erst zwei Mal einen „Widerstand" gehabt habe, und der sei jeweils durch ungeschicktes oder provozierendes Verhalten der Kollegen verursacht worden[34]. Hauser hat nach seinen Angaben noch nie seinen Schlag-

[34] Als *Widerstand* werden in der Fachsprache der Polizei körperliche Gewalthandlungen zwischen Polizisten und ihrer Klientel im Rahmen der Dienstausübung bezeichnet. Sei es, dass sich jemand gegen eine Festnahme wehrt oder die Beamten angreift, oder sich gegen einen Angriff der

stock eingesetzt, lediglich einmal hat er jemandem während einer Demonstration mit dem Fuß vor das Schienbein getreten (und sich anschließend bei ihm dafür entschuldigt, da hierfür überhaupt kein Grund vorlag, so sagt er). Er vermittelt das Bild eines besonnenen Polizisten, der mit körperlicher Gewalt vorsichtig und defensiv umgeht. Dabei ist er aber keineswegs vollständig pazifistisch. Auf die Frage nach seinem Verhältnis zur Gewalt sagt er:

> Also, es kommt auch drauf an, wen du gegenüber hast, glaub' ich. Wie es in den Wald reinschallt, das ist ein richtiges Sprichwort, muss ich sagen, aber man muss da ein bisschen irgendwo doch drüber stehen. Weil, wenn Dich einer provozieren sollte, (--) hat er das gern, dass du, ...ja gut, sagen wir mal, wenn er mich unfair treffen würde, mit irgendwas vergleichen würde, was nie sein kann, (--) also so Nazi oder so was, gell, also dann kann ich schon empfindlich werden. Und dann würd' ich ihm.... das würd' ich ihm auch heimzahlen. Dann würd' ich, wenn sich's anbietet, auch eine erzieherische Ohrfeige, die würd' ich dann auch.... das war' dann meine... so wie ich sag'... wie ich sie sehe... richtige Antwort. Weil, das, das... so was, das kann ich dann nicht dulden...
>
> *(unterbricht) da bist Du dann empfindlich...*
>
> .... da war' ich dann empfindlich. Also bei Sachen, die nicht sein können oder die nicht sind, die ganz einfach nicht sind, was nicht wahr ist, und da könnt' mich einer... da ist halt (--). (Pause) Aber das braucht schon viel... braucht schon viel.

Gewalt als Ressource kennt er wohl und setzt sie ein, z.B. wenn er empfindlich getroffen wird oder aus *erzieherischen Gründen*. Wichtig ist für ihn, dass man

---

Polizei wehrt, alles wird unter dem Terminus *Widerstand* subsumiert. Dies hat jedoch eine stärker askriptive als deskriptive Bedeutung, und zwar auf beiden Seiten der Gewalthandlung: Mit *Widerstand* („...gegen Vollstreckungsbeamte", wie der § 113 StGB vollständig heißt) wird zum einen die Unbotmäßigkeit des sich gegen eine staatliche Maßnahme wehrenden Publikums bereits festgeschrieben. Zum anderen ist es aber keine Ehre für einen Polizisten, von den Kollegen *Widerstandsbeamter* genannt zu werden. *Widerstände* können extrem karrierehinderlich sein, da sie Nachforschungen nach sich ziehen können, die den Beamten als nicht förderungswürdig erscheinen lassen, zumal dann, wenn die Gegenseite ihrerseits eine Strafanzeige wegen „Körperverletzung im Amt" gegen den Beamten erstattet. *Widerstandsbeamter* ist deshalb unter *street cops* eine mehr oder weniger abwertende Bezeichnung, da sie ausdrückt, dass der Kollege *etwas nicht verstanden* hat, nämlich die Dinge so zu regeln, dass sie *kein* gerichtliches Nachspiel haben und *keinen* formalen Mehraufwand erzeugen. Der *Widerstandsbeamte* handelt gegenüber den falschen Leuten in den falschen Situationen mit falschen Mitteln. Das ist für die Streifenpartner mit Risiken, wie Gesundheitsgefährdung, Verstrickung in Vorwürfe und Untersuchungen, Karrierebehinderung verbunden. Übrigens gibt es bislang keine Notwendigkeit, sich eine weibliche Form zum Widerstandsbeamten hinzuzudenken, da es offensichtlich keine typischen Widerstands*beamtinnen* gibt. Das soll nicht heißen, dass Frauen nicht hin und wieder handgreiflich werden (davon handelt die Szene der Körperverletzung durch eine Polizistin in Zif. 5.2.2), aber es gibt weder Typisierungen noch die entsprechenden Geschichten von *schlagenden Frauen*.

dabei *über den Dingen* steht, sich nicht verstricken lässt in die Spirale von Provokations- und Beleidigungsritualen, und dass man weiß, *was* man *wann* machen muss. Diese Erfahrung des Praktikers ist nicht unbedingt in Übereinstimmung zu bringen mit der Theorie der Dienstvorgesetzten oder mit den Vorschriften des Gesetzes. Es ist ein *praxiserprobtes* Wissen, das sich durch eigene und kommunizierte Erfahrung speist. Er schlägt nicht blindlings zu, nicht aus Aggressivität oder im Affekt, sondern *an Vaters statt,* erzieherisch. So legitimiert er seine Gewaltsamkeit.

Für Gerd Hauser ist die Welt, in der er agiert, überschaubar. Es gibt für ihn allerdings auch Situationen, die ihn empfindlich werden lassen, dann steht er nicht mehr über den Dingen, sondern fühlt sich zutiefst beleidigt und involviert. Das kategorische „es kann nicht sein" könnte mit dem sprichwörtlichen „... was nicht sein *darf*" ergänzt werden. Jedenfalls liegen seine Nerven blank, wenn er in die Nähe von Nazis gerückt wird. Dann kann es passieren, dass er aus Betroffenheit zuschlägt, nicht als „erzieherische Ohrfeige". Ihn als Nazi zu beschimpfen, kann er nicht dulden, dann erwidert er diese Beleidigung sofort. Er spricht in der Möglichkeitsform, ob so etwas tatsächlich passiert ist, bleibt offen. In der Regel hat er Distanz zu seiner Berufsrolle, er handelt kontrolliert und strategisch.

> Einer, der hat wirklich mal... aber das, das geht aber jetzt... gut, vielleicht sagst Du, das ist Gewalt, ich sag, es ist <u>keine</u> Gewalt. Wir hatten also folgende Sache: war 'ne Familienstreitigkeit. Kleiner Italiener, hat bei der Freundin irgendwie scheinbar die ganze Wohnung renoviert und jetzt hat er seine Schuldigkeit getan und sollte abserviert werden. Scheiße war das. Na ja gut, (--) es mit der Mutter von der Frau und einem Kind und allem, ich wollt also erst mal Ruhe haben. Er hat... ich hab' wirklich gesagt, also erst einer, dann der andere... er hat wirklich nicht Ruhe gehalten und ich hatte es ihm angedroht... und ich hab' ihm eine Ohrfeige verpasst. Im Beisein seiner... Italiener, kannst Dir vorstellen.... da hat er vor mir gestanden, wär' fast explodiert, hat sich aber besonnen und dann ist er dann mitgegangen. Wir haben dann die Wohnung verlassen, war ja sonst weiter nichts. Das war... war ein Kollege vom fünfzehnten (15. Polizeirevier Frankfurt, R.B.), der hat ausgeholfen bei uns die Nacht... und der hat natürlich den Autoschlüssel stecken lassen und kam dann nicht in den Funkwagen. Und dann hat dann dieser Italiener bei sich nachgeguckt und hat uns geholfen, das Auto zu öffnen. Aber erst, nachdem ich ihm erklärt hatte, weshalb eigentlich die Ohrfeige kam. Hab' ich gesagt, „erstens", hab' ich gesagt, „Ruhe und zweitens gehst Du jetzt heim zu Deiner Frau, deswegen hast Du sie auch gefangen". Und dann war der kleinlaut und dann hat der uns wirklich geholfen, das Auto aufzumachen. Und da dacht' ich, da wär' die Erziehung.... da ist die angekommen.
>
> *Aber der hatte doch einen Streit mit seiner Frau oder?*
>
> Nee, mit der Freundin, das war doch die Freundin, der war doch verheiratet. Der hatte doch Kinder daheim gehabt. Aber seine Freundin, die...

(unterbricht) ....also Du warst auf der Seite auch des moralischen Rechts...

...denke ich, ja. Man muss manchmal.....

(unterbricht)... und das hat er angenommen....

und er... bei ihm hat's gewirkt, ja. Aber da, da seh' ich also persönlich... das seh' ich jetzt nicht als Gewalt an... gut, das ist 'ne Art von Gewalt ist das schon, das ist schon richtig, aber es ist bis jetzt keine Gewalt im Sinne von Schlagen, von Schlägereien, von Prügeln oder sonst was, ne. Also das würd' ich nicht machen, brauch' ich ja auch gar nicht. Aber das ist... an richtiger Stelle... wohlgesetzt, so würd' ich das mal sagen. Aber hat mit, mit Schlägereien und, und mit Prügel und Misshandeln überhaupt.... überhaupt nichts zu tun. Ich hab' zwar mal geschrieen, aber innerlich schon gegrinst, weil ich....weil das sind Sachen.... nee, das ist nicht so, also dass ich da....die Beherrschung würd' ich deswegen nicht verlieren, weil das so wichtig gar nicht ist. Nur, du musst halt mal irgendwo einen Trennungsstrich ziehen und da musst du überlegen, was du machst.

Die semantische Unterscheidung von Gewalt und Prügel macht auf das Dilemma von Gewaltmonopolisten aufmerksam. Sie wissen, dass das, was sie nach ihrer Meinung tun müssen, von anderen Betrachtern sehr wohl als unzulässige Gewalt definiert werden kann, nicht nur von Menschenrechtsbewegten oder Opferanwälten, sondern auch von Vorgesetzten, der ermittelnden Staatsanwaltschaft und später vom erkennenden Gericht. Nicht die Gewalt an sich ist diskreditiert, sondern die Gewalt an der falschen Stelle (oder die falsche Gewalt an der richtigen Stelle – so könnte man das polizeiliche Verhältnismäßigkeitsprinzip umgangssprachlich übersetzen, denn angemessen ist sie dann, wenn *Anlass* und *Ausmaß* in einem geeigneten Verhältnis stehen). Über diese unverbindliche Aussage hinaus bleibt offen, was „wohlgesetzt" im einzelnen heißt. Bei Gerd Hauser könnte es sich um eine Ohrfeige handeln, bei anderen um einen *wohlgesetzten* Tritt in den Allerwertesten, wieder bei anderen um einen *wohlgesetzten* Faustschlag in den Magen oder um einen *wohlgesetzten* Armhebel. All diese Einwirkungen können äußerst schmerzhaft sein und bleibende Folgen haben. Für alle gibt es Legitimationsmöglichkeiten. Doch die Rekonstruktion ist schwierig, und noch schwerer ist es, darüber einen (öffentlichen) Dialog zu führen[35].

Auf die Frage, welchen Werten er sich verpflichtet fühlt, antwortet er:

Weißt Du, ich sag', sag' ganz einfach, selbst bei 'nem Einbruch 'ne Schachtel Zigaretten mitgehen lassen, so was geht schon nicht mehr. Selbst das geht schon nicht

[35] Auch mir gegenüber fällt es Herrn Hauser nicht leicht, präziser zu werden, da er offenbar ein anderes Normensystem bei mir vermutet („...vielleicht sagst Du, das ist Gewalt, ich sag', es ist keine Gewalt"). Er antizipiert meine Kritik und immunisiert sie, indem er die Bewertung als bloße subjektive Meinung qualifiziert. Er will sich nicht irritieren lassen.

> mehr, sag' ich. Und da bin ich mit Sicherheit immer richtig. Ob ich jetzt damit zeitgemäß bin, das weiß ich nicht. Aber das ist auch zweitrangig. Ehrlichkeit, würde ich sagen. (Pause) Weil, es muss sich ja irgendeiner auf einen verlassen können. Und wenn ich das halt mach', dann bin ich das halt, auf den er sich verlässt. Und dann kann ich natürlich nicht...

Herr Hauser kann als ein pragmatisch denkender, nicht zum Fanatismus neigender, wertkonservativer Mann beschrieben werden, der durch ein Vierteljahrhundert Polizeiarbeit geprägt ist. Im Zweifel verließ er sich in dieser Zeit auf sein Gewissen statt auf die Mehrheit der Kollegen und kam damit gut zurecht. Obwohl er diese Distanz immer (aus-)gehalten hat, ist er kein Außenseiter, sondern hat in der Polizei seinen sozialen Ort gefunden. Das liegt sicher auch darin begründet, dass die hegemonialen Handlungsmuster (z.B. sich aufeinander verlassen können) für ihn bedeutsam und handlungsbestimmend sind. Vorgesetzte sind auch für ihn ein Problem, da sie – im Gegensatz zu ihm – nicht mit offenen Karten spielen und ihn wegen seiner Geradlinigkeit ausgrenzen wollen. Er bemängelt, wie Lutz Gerber, an den Vorgesetzten deren Uneindeutigkeit, ihre Unaufrichtigkeit und ihre Undurchschaubarkeit.

Souverän fühlt er sich in Situationen, die er selbst beeinflussen kann, in denen er den Verlauf der Interaktion (mit)bestimmen kann. Im geschlossenen Einsatz dagegen fühlt er sich als ausführendes Organ reduziert, er möchte nicht für etwas *verheizt* werden, was er nicht überblicken kann.

Sein Konflikthandeln zentriert er um den Aspekt des *Überzeugens* (vielleicht auch des Überredens), er will Probleme *vernünftig* lösen, was die Einsicht beim Konfliktgegner einschließt. Seiner Rolle als Verwalter des Gewaltmonopols ist er sich durchaus bewusst, er stellt sein Gewalthandeln in einen höheren Sinnzusammenhang (seine pädagogische Intention geht sogar so weit, dass er dem Adressaten erklärt, warum er gerade Gewalt angewendet hat). Er hat eine für ihn schlüssige und ausreichend genaue Vorstellung davon, wann er Gewalt in welcher Form („dosiert") einsetzt und unterscheidet dies von *entgrenzter* Gewalt.

Auf diese Weise gelingt es ihm, sein eigenes Handeln zu legitimieren, ohne das Handeln der Polizei als Organisation (z.B. beim Flughafenausbau) rechtfertigen zu müssen. Er identifiziert sich nicht mit der Gesamtorganisation, sondern mit seinem engeren Arbeitsbereich, mit seinem direkten Tätigkeitszusammenhang.

Herr Hauser repräsentiert einen Männlichkeitstypus, der seiner Organisation und seinen Vorgesetzten gegenüber nicht unbedingt loyal ist (weil sie es seiner Meinung nach nicht verdient haben), wohl aber seiner eigenen Moral treu bleibt. Er hat in der Polizei nichts mehr zu erwarten, wird dort keine Karriere mehr machen, er gehört zu einer Statusgruppe (Endstufe mittlerer Dienst), die für die Polizei ein *Auslaufmodell* ist. Er hätte sich um einen Aufstieg bemühen und heute mindestens im gehobenen Dienst sein können. Das hätte ihn aber anfällig für eine Infragestellung seiner *Arbeitsmoral* gemacht. Er hätte sich dann nicht mehr so einfach aus der Polizeipolitik heraushalten können, hätte sich intensiver mit der Organisation identifizieren, mehr Kompromisse eingehen, vielleicht Befehle weitergeben müssen, hinter denen er selbst nicht gestanden hätte, vielleicht hätte er sich dem System vollständig angepasst. Da er darauf verzichtet hat, bleibt er *Befehlsempfänger*, behält dabei jedoch eine *begrenzte Autonomie* und sichert seine persönliche Integrität.

Der Schutzmann ist eine *Nischen-Männlichkeit.* Er kennt die Mechanismen des bürokratischen Apparates, hat gelernt, sich in ihm einzurichten, er hat erkannt, dass er nicht viel verändern kann. Er weiß auch, wie er die Strukturen für seine eigenen Ziele nutzen kann. Der *Schutzmann* erscheint in der Gestalt von Herrn Hauser als Mann, der (die Gemeinde) schützt, der aus dieser Gemeinde kommt und/oder sich zu ihr bekennt, der aber gleichzeitig einer Organisation angehört, die der Gemeinde deutlich entrückt ist. Er verkörpert die konservativen Werte des Erhalts einer gemeindlichen Ordnung und steht gleichzeitig vor der Aufgabe, sich im Apparat einzurichten, die bürokratischen Vorgaben zu beachten. Neben der aktiven Form des Schützens, so eine zweite Lesart, lebt dieser Männlichkeitstypus aber selbst im Schutz der Normalität. Dies muss er sich manchmal zurechtlegen, und er muss dafür Kompromisse eingehen, da es oft eine Diskrepanz zwischen dem Wünschenswerten und dem Möglichen auszugleichen gilt. Er lebt aber vor allem im Schutz der Strukturen, die eine gewisse Unauffälligkeit voraussetzen und dafür ein *Auskommen in der Organisation* anbieten. Der *Schutzmann* ist nicht nur ein Mann, der schützt, sondern auch ein *geschützter Mann.* Dieser Männlichkeitstypus arbeitet im weniger spektakulären Alltag des Gewaltmonopols. Dabei hat er durchaus eine Vorstellung von der Bedrohung dieses Friedens, jedoch fixiert er sich im Gegensatz zur Krieger-Männlichkeit nicht auf eine personifizierte Feindfigur. Er fühlt sich für den Frieden in dieser Gemeinde (seinem Revier) zuständig, nicht für die Verbrecherjagd.

4.1.3 Aufsteiger

Die Polizei bietet durch eine *Laufbahnverordnung* einigermaßen berechenbare Beförderungsmöglichkeiten, was nicht unerheblich zur Disziplinierung des Personals beiträgt. Die Aussicht auf eine Beförderung bzw. die Angst vor Nichtbeförderung beeinflussen das Berufshandeln nicht unwesentlich. Gleichwohl ist eine individuelle Karriereplanung in der Polizei nicht möglich[36]. Vielmehr ist es

---

36 Meine Überlegungen beziehen sich auf die Besoldungsstufen, in denen man noch mehr oder weniger planmäßig befördert wird, also insbesondere auf den mittleren und den gehobenen

von einigen, bürokratisch festgelegten Parametern abhängig, ob und wann man befördert wird. Das fängt mit dem dienstlichen Leumund an (vergegenständlicht im Begriff der *sauberen Personalakte)*, geht über das Dienstalter, die theoretischen Leistungen und hängt schließlich von der Größe der personalführenden Behörde ab. Generell kann man sagen, dass man sich in der bürokratischen Organisationen *bereit halten* muss, um, wenn man an der Reihe ist, an Beförderungsverfahren teilnehmen zu können.

Ich beschreibe im Folgen einen Typus, der sich bereit hält und den man als *unauffälligen Aufsteiger* bezeichnen kann.

Thorsten Neumann war zum Zeitpunkt des Interviews 31 Jahre alt. Seit 14 Jahren ist er Polizist und mittlerweile im gehobenen Dienst der Schutzpolizei. 1981, im Alter von 17 Jahren, begann er die Ausbildung in Kassel.

In den Schilderungen der Umstände der Berufswahl zeigt sich, wie bei Gerd Hauser, dass es ihn nicht gerade zur Polizei drängte, sondern dass er das Bewerbungsverfahren als eines unter mehreren absolvierte. Er verließ die Schule mit der Mittleren Reife und unterzog sich der Grundausbildung in Kassel. Dort fiel er weder durch besonders herausragende Leistungen noch durch gravierende Mängel auf. Auf die Frage, ob er bemerkt habe, dass sich während seiner Berufszeit etwas an ihm veränderte, antwortet er:

> Also, auf jeden Fall bin ich selbständiger geworden. Ob das jetzt... also auch von der Erziehung her lag, also mein Vater war doch relativ streng, sag ich mal, dass man da immer so einen gewissen Respekt einem gegenüber bringt... also solche gewissen Ängste vom Unbekannten, die werden einem dann schon genommen. Man hat natürlich schon Ängste, das ist klar, ich will das nicht abstreiten, aber man geht auch schon bisschen selbstsicherer halt mit vielen Sachen um, ne. Wobei ich an mir festgestellt habe, dass ich in Uniform... ich will das jetzt nicht als Versteck unbedingt so sagen, aber man reagiert, also ich zumindestens reagiere anders in Uniform, wenn ich jetzt tätig werde, bin ich mir meiner Rolle irgendwo bewusst, die ich jetzt habe, vielleicht auch, weil das von der Polizeischule so anerzogen wurde, dass man jetzt Maßnahmen auch durchsetzen muss, wenn die erforderlich sind, ne. Also ich verhalte mich in Uniform anders, sag' ich mal, wenn ich Maßnahmen treffen muss, als wenn ich jetzt privat irgendwo bin. Also für mich ist die Uniform schon irgendwie 'ne Maskerade, um das mal krass auszudrücken, ja.

Die Erfahrungen mit dem autoritären Vater erleichterten den Umgang mit Autoritäten in der Organisation, denn offenbar wusste Herr Neumann, wie er mit autoritären Männern umgehen muss. Die ersten Erfahrungen in der Polizei halfen ihm andererseits, sich von seinem Zuhause zu lösen. Er lernte (das unterschied

---

Dienst. Individueller werden die Selektionskriterien für den Sprung in den höheren Dienst, hier im besonderen bei der Besetzung von Spitzenpositionen in dieser Ebene.

offenbar die Berufsausbildung von der Familiensituation) dass er nicht nur den Vorgesetzten gegenüber gehorsam sein musste und dass es viele Autoritäten in der Polizei gab, sondern auch, dass die Uniform, die er trug, Autorität verkörperte. Er konnte sich sogar hinter ihr verstecken, wenn er sich noch zu ungefestigt in seiner Rolle als Polizist fühlte. Er erfuhr, dass er sich in Uniform anders verhielt als im privaten Bereich. Die Grundausbildung war für ihn die Zeit der Transformation, der Initiation und der Entwicklung einer beruflichen Identität. Am Thema *Uniform* wird im Übrigen deutlich, wie bedeutsam die symbolisch-expressiven Elemente für eine Berufsidentität der Polizisten sind. Nicht an die Gesetzestexte aus dem ersten Ausbildungsjahr erinnert sich Thorsten Neumann, sondern an die Symbole der Macht.

Er durchlief das erste Jahr in Kassel problemlos und wurde anschließend (im zweiten Ausbildungsjahr) nach Wiesbaden versetzt. Dort begann eine für sein Berufsbild schwierige Zeit.

> *Und wo war die Weiterbildung?*
>
> Die war in Wiesbaden in der Mudra. Da war halt damals für uns schon das Problem, wir kamen relativ früh an die Startbahn, das heißt, wir hatten schon Blockunterricht aufgrund der Einsatzsituation, das heißt, wir mussten sechs Wochen Schule machen und sechs Wochen Einsatz. Das ist halt für eine Weiterbildung, ich mein, wo man eigentlich was lernen soll, schon bisschen schockierend, ne. Da kam man halt das erste Mal in Kontakt mit dem Gegenüber.
>
> *Im zweiten Dienstjahr war das?*
>
> Ja, ich muss sagen, Auseinandersetzungen hatten wir zu diesem Zeitpunkt noch nicht, so an der Startbahn, nur ich hab' halt ein Menschenbild schon gezeigt bekommen von Leuten, ähm... gut, man steht da halt in einer Reihe, das war damals das Konzept, dass wir... Deeskalation... die Polizei nicht hinter der Mauer, dass sie dann als Zielscheibe benutzt wird, sondern wir mussten vor die Mauer, auch im kompletten Zug, und, ja haben wir dann gestanden praktisch, in einer Reihe. Und die Leute sind an uns vorbeigezogen, die Sonntagsspaziergänger, und dann steht dann halt ein Opa vor einem, jetzt direkt nicht vor mir, aber vielleicht neben meinem Kollegen, und guckt Dich dann halt an, ist schon in den personellen Raum reingekommen, ja, also was ich schon nicht dulden würde, von meiner Art her oder von meiner Person her, und das mussten wir jetzt halt dulden, weil man in der Uniform ist, und – ja wird halt aufs Übelste beschimpft, ne: „Wenn ich einen Sohn hätte wie Du, ja, den würd' ich eigenhändig erschlagen". Ja, das ging dann los auch mit Bespuckungen, dass Leute bespuckt wurden von uns, ja, das hab' ich jetzt von Erzählungen mitbekommen, selbst habe ich das nicht gesehen... und... also, es war schon erschreckend, ja. Und da hat mir wiederum geholfen die Uniform, dass ich mich dahinter verstecken kann. Ich hab' das also zwar so registriert, aber ich hab' das nicht persönlich genommen. Das ist für mich noch die andere Seite der Uniform, dass man nicht

> sich versteckt, dass man halt der Härtner ist hinter der Uniform plötzlich, und Daheim, wenn man sich auszieht, ist man wieder brav, sondern auch, dass man viel abprallen lässt, ja. Es geht ja nur um die Uniform, sag ich mal.

Wieder spielte die Uniform eine Rolle, diesmal, um sich innerlich mit seiner Berufsrolle auseinander zu setzen. Dabei ging es aber nicht um die Herstellung einer Rollendistanz[37] (was man hätte vermuten können), sondern um die Vergewisserung, dass er sich nicht persönlich angesprochen fühlen musste, da die Beleidigungen auf seine Rolle als Repräsentant des Gewaltmonopols zielten. Er benutzte die Uniform als Rüstung, an der die Verunsicherungen und Kränkungen abprallten. Das zweite Jahr war geprägt durch häufige Einsätze an der Startbahn-18-West des Frankfurter Flughafens. Der Schonraum, den Berufsneulinge sonst für sich in Anspruch nehmen können, existierte nun nicht mehr. Neumann wurde mit einem Dilemma konfrontiert, für das er (wie im Übrigen die gesamte Polizei) keinen Ausweg sah: Alte Menschen, vor denen er Respekt zu haben gewohnt war, zeigten ihren Unmut gegen eine ihrer Meinung nach verfehlten Politik, und sie zeigten diesen Unmut den jungen Polizisten gegenüber. Deren klassische Feindbildkonstruktionen (die vor allem auf junge Leute gerichtet waren) griffen hier nicht. Die Provokationen konnten nicht mit dem gewohnten Erklärungsmuster bearbeitet werden (z.B. mit *ideologischer* Verblendung), es blieb nur der innere Rückzug. Die Uniform half dabei, sich unempfindlich zu machen gegenüber den Aggressionen aus der Bevölkerung.

> *Hat das Auswirkungen gehabt auf Deine Einstellung zum Beruf, also hat Dich das in Deiner Berufsentscheidung bestärkt oder hast Du sie auch schon mal infrage gestellt in dieser Zeit?*
>
> Nee, die hab ich eigentlich nicht infrage gestellt. Für mich war das jetzt so, äh, ich war jetzt in der Gruppe drin, sag ich mal, irgendwo, und bei mir ist das so, wenn's relativ im Anfangsstadium, wo ich merk', ich pass' da nicht rein oder ich will da nicht reinpassen, dann fällt's mir auch leicht auszusteigen, aber... auch wieder in der Erziehung vielleicht zu suchen... wenn ich mal drin bin, dann versuch' ich auch mit allen Mitteln, da reinzugehören. Also, mir selbst gegenüber was zu bestätigen... was ich mal angefangen hab', das zieh' ich auch durch, ja. Und ich hab' also versucht, jetzt solche Sachen... also die haben mir überhaupt nie was ausgemacht. Ich bin da eher... mir hat da eher ein Problem was ausgemacht, so Angst zu haben. Wenn wir jetzt in den Wald gegangen sind und wir wussten, Störungen... Störer sind da, äh, dann eher jetzt Angst zu haben und trotzdem noch irgendwie die Verpflichtung, Du kannst jetzt nicht weglaufen, weil vielleicht jetzt ein Kollege da steht oder dem

[37] Den Begriff *Rollendistanz* verwende ich im Sinne Goffmans (1961) zur Bezeichnung der Möglichkeit, sich demonstrativ (z.B. durch Ironisierung) von der Erfüllung der Rollenverpflichtung zu lösen.

> nachher... wenn du weggehst, dann ist der dann ganz alleine oder was, das war für mich halt das Bild jetzt, Ängste abzubauen, sag' ich mal. Also deswegen wollte ich auch nicht... hab ich versucht, drin zu bleiben. Also aufhören wollte ich insgesamt nicht bei der Polizei. Egal, was da gekommen ist. Also es waren wohl Situationen gewesen, wo man sich sagt: „Na ja, jetzt müsste man eigentlich aufhören, weil's auch gefährlich ist". Ein Erlebnis hab' ich noch, auch an der Startbahn, da war halt totale Dunkelheit, wir wussten, ein Störerblock, einen autonomer, der hat also vorher Molotow-Cocktails geworfen, wir mussten raus in der Dunkelheit in den Wald, hatten unsere Helme noch, die hellen, und haben die auch verfolgt in ein Waldstück und Du hast nachher nichts mehr gesehen. Wir konnten uns noch erkennen durch die Helme und wir wussten nur, die sind noch da. Da kamen auch noch Steine, Stöcke sind geflogen, aber es war aus der Dunkelheit. Und da hab' ich mich halt auch hinter'n Baum geknallt, wir sind nicht weiter vorausgegangen, weil irgendwo die Muffe... ja und die anderen waren ein paar Meter vor uns. Wahrscheinlich genauso viel Angst wie wir. Und dann kam der Hubschrauber und hat uns angeleuchtet. Und jetzt mach' denen mal da oben begreiflich, dass der nicht uns anleuchtet... und dann ist die Angst halt noch größer, ne, sag' ich mal. Aber das war jetzt so'n... das muss ich auch sagen... sind natürlich wieder Steine gekommen und Stöcke, jetzt nicht direkt auf einen... da ist direkt vor mir einer aufgefallen, aber da hat man auch mal gesehen, wie gefährlich das ist. In was für 'ne Scheiße man da reingedrückt wird. Und... aber trotzdem hat man nie aufgehört... hinterher war das alles nur spannend gewesen, ne. So hart das jetzt klingt. Also so Nervenkitzel. Andere springen mit dem Seil runter und vielleicht war das bei mir... Toll fand ich die Situationen nie, wenn man drinsteckt, aber hinterher... Und so entstehen dann auch die Storys, ne. Aber mehr ist da nicht abgelaufen. Aber das waren halt so die Sachen, die mich dann beschäftigt hatten, damals. Aber, dass ich aufhören wollte oder so was, nie.

Der Umgang mit der Angst wurde erleichtert durch die frühzeitige Identifikation mit der eigenen Berufsgruppe. Offenbar hatten die Zugehörigkeitsbedürfnisse stets die Oberhand behalten vor dem Zweifel. Er sah die Situation als schicksalhaft gegeben an. Seine Ängste bearbeitete er dadurch, dass er die reale Lage umdefinierte in eine Abenteuerszene. In ihr ging es vor allem um Disziplin, Selbstüberwindung, Konzentration auf den Augenblick.

Als er sich im Wald mit Autonomen herumschlug, hatte er Angst, ließ sich durch sie jedoch nicht lähmen. Die Erfahrung, Angst haben zu können und trotzdem nicht handlungsunfähig zu sein, dürfte sicher prägend für Herrn Neumanns Selbstwertgefühl gewesen sein.

Um den Polizeiberuf ausüben zu können, muss man lernen, mit seiner Angst umzugehen. Die Bewältigung findet weitgehend informell statt, indem man sich nachher die Einsatzgeschichten erzählt. Der Hubschrauber, der die eigenen Leute anstrahlte statt den Gegner, der die Polizisten im Licht erscheinen ließ statt die anderen, der sie zur Zielscheibe für die Wurfgeschosse der Autonomen machte, dies alles ist nicht nur kalte Faktizität, sondern auch der Stoff, aus dem Polizeigeschichten und Erinnerungen gemacht werden. Die Erfahrungen an der Startbahn sind nur schwer mit der Alltagsarbeit der Polizei zu verbinden. Doch sie prägen die jungen Menschen in der Polizei nachhaltig[38].

Dieses Beispiel zeigt, welche Eigenschaften für eine (Be-) Förderung in diesem Beruf tauglich sind: Man muss sich im Alltag bewähren, sich und anderen zeigen, dass man auch in Ausnahmesituationen handlungsfähig ist, ohne überzureagieren oder sich paralysieren zu lassen, man darf sich nicht traumatisieren lassen und man darf sich nicht frühzeitig in einer Haltung der Resignation oder Verbitterung verfangen.

Die Organisation kompensierte die besondere Belastung ihres Nachwuchses dadurch, dass sie *trotz widriger Umstände* den Abschluss der Fachprüfung[39] ermöglichte, und erst im letzten Moment (ein sechsmonatiger Aufenthalt an der Hessischen Polizeischule) bekam Herr Neumann wieder einen *normalen* Schulalltag mit.

Nach Beendigung der Ausbildung kehrte er in dieselbe Einheit der Bereitschaftspolizei zurück, und nahm erneut an den Einsätzen teil, wie er es vorher getan hatte, jedoch entfiel nun der Theorieanteil (als Ausstieg aus dem Schichtrhythmus) ganz. Er drohte, in einem Klima langweilender Routine zu versinken, spricht von einem *Gruppenwagensyndrom* („hinten drin sitzen, im Prinzip rumhängen; da wurde das Schutzschild quer genommen, da konnten einige Karten spielen....“). Er hielt diese Zeit jedoch durch, ohne aufzufallen und wurde schließlich als Gruppenführer eingesetzt. Dies erzeugte einen neuen Konflikt, da er nun seinen ehemals gleichgestellten Kollegen etwas zu befehlen hatte. Trotzdem arrangierte er sich mit seiner neuen Tätigkeit, und er überwand schwierige Situation dadurch, dass er in Kommunikation mit seinen Kollegen blieb, sich austauschte, Dinge besprach, Erfahrungen sammelte.

Sich in neuen Rollen schnell zurechtfinden und sich mit ihnen abfinden, sind weitere Bedingungen für einen Aufstieg in der Polizei. Thorsten Neumann entspricht dem Typus des *findigen Polizisten*, der sozial wach ist, der aufmerksam bleibt und nach neuen Anforderungen sucht. Er ergriff seinerzeit die Initiative, wo dies möglich und für seine Erfahrungen förderlich war. Neumann hatte offenbar einen wohlwollenden Vorgesetzten, der ihn förderte und ihm ein entsprechendes Zeugnis ausstellte, als er sich nach einigen Jahren für die Fachober-

[38] Ein leitender Beamter des Polizeipräsidiums Frankfurt sprach sogar von zwei Einstellungsjahrgängen, die durch die Startbahn-Einsätze „komplett verdorben“ worden seien. Das ist bedeutsam unter dem Gesichtspunkt des veränderten Selbstverständnisses der Organisation. Sie weiß, dass diese Entfremdungserfahrungen des polizeilichen Nachwuchses kontraproduktiv sind für eine Polizei, die sich einer bürger- und gemeindeorientierten Arbeit verpflichtet sehen will.

[39] Sie entspricht der *Gesellenprüfung* im Handwerk, erst nach der sog. I. Fachprüfung gelten Polizisten als vollwertig ausgebildet.

schule (FOS[40]) bewarb. Dort wurde er mit einer völlig neuen Materie konfrontiert. Der Anspruch der Institution auf Allgemeinbildung des Führungsnachwuchses bedeutete für Thorsten Neumann, dass er nun mit klassischer Literatur in Berührung kam, dass er interessante Themen aus der Geschichte, der Psychologie und der Soziologie entdeckte, und dass er für die naturwissenschaftlichen Fächer lernen musste. Zwar hatte er noch Kontakt mit früheren Kollegen, war aber vom Polizeidienst für ein Jahr vollständig abgekoppelt. In Studentenkneipen suchte er neue soziale Kontakte und fühlte sich dort wohler als in der Kantine der Polizeischule. Neumann probierte Dinge aus, die andere Polizisten nicht ausprobieren konnten oder wollten. Nach der FOS wurde er dann, nach einem kurzen Intermezzo in der Bereitschaftspolizei, zur Fachhochschule abgeordnet, an der er drei Jahre lang studierte.

Förderlich für den Aufstieg ist es, wenn man an der Theoriearbeit sogar Spaß hat. Bedingung ist es allerdings nicht, man muss sie lediglich durchstehen.

> Ja, gut und die hab' ich dann halt soweit durchgezogen, die FH, mit allen Höhen und Tiefen. Auch in Bezug auf das, was man eigentlich vermittelt bekommt. Es ist nicht das, was man sich vorgestellt hat. Man kriegt da so was... ich mein', das ist typisch für die FH, vielleicht, ich kannte es halt vorher nicht, und kenne es auch immer noch nicht. Das heißt, du kriegst zum Beispiel 'ne Theorie vorgestellt, Aggression-Frustration, die wird hingenommen, andere Theorien kriegst Du nicht so, also Du hast nicht die Möglichkeit, zwischen mehreren zu wählen, sondern bekommst ein Schema. Also jeder, der Aggressionen entwickelt, zum Beispiel, wird jetzt bei uns verinnerlicht, der hat vorher 'n Frust gehabt, ja. Hilft Dir zwar mal über vieles hinwegzusehen, um ihn nachher auch mal in Arm zu nehmen (lacht), sag' ich jetzt, ne. Aber dass es auch andere Theorien gibt... bleibt auch nicht die Zeit, sag' ich mal, dass das alles sehr intensiv gemacht wird... Dich dann... also sag' ich mal zu studieren, wie man es eigentlich gerne haben würde. Aber das ist für mich dann auch vielleicht nur so ein Anspruch, den man gar nicht braucht bei der Polizei, ich weiß es nicht.

Neumanns Bildungsstreben konnte von der Fachhochschule der Polizei nicht zur Gänze befriedigt wurde. Statt autonom studieren zu können, musste er vor allem Definitionswissen lernen. Darin fügt er sich nur widerwillig, fand aber schließlich eine Erklärung und sich mit der Sache ab. Die Haltung der *Einsicht in das*

40 Da die meisten Polizisten mit Mittlerer Reife zur Polizei kamen, mittlerweile aber die Ausbildung zum gehobenen Dienst an einer Fachhochschule erfolgte, musste die Behörde einen eigenen Schulzweig schaffen, der den Beamten die Qualifikation der Fachhochschulreife verlieh. Dies leistete die FOS, zu der die Kandidaten ein komplettes Jahr abgeordnet wurden. Das bedeutete den Erwerb des Fachabiturs bei vollem Gehalt, was aber mehrheitlich nicht als Chance und Bereicherung, sondern tendenziell als zusätzliche Belastung empfunden wurde. Dieser Schulzweig wurde mittlerweile geschlossen, die sog. „Laufbahnbewerber" aus dem mittleren Dienst werden nun ohne FOS-Abschluss zur Fachhochschule zugelassen.

Unumgängliche erleichtert die Bewegung im Apparat, der auf persönliche Neigungen kaum Rücksicht nimmt.

Nach der Ausbildung zum gehobenen Dienst wurde er zum Polizeipräsidium nach Frankfurt versetzt. Dies entsprach zwar nicht seinem persönlichen Wunsch, er fügte sich aber in der Entscheidung, wobei ihm wieder die Überlegung half, dass es jetzt an der Zeit sei, woanders, z.B. in der Großstadt, zu arbeiten. Er wurde dort in einer größeren Einheit eingesetzt. Er besetzte, so oft es ging, die Stelle des Leiters des Überfallkommandos und profilierte sich mit verschiedenen Veränderungsvorschlägen, die er schriftlich dem Leiter der Schutzpolizei präsentierte. Allerdings erfuhr er nun erstmals und unmittelbar, dass sein Engagement nichts bewirkte.

> Der Leiter ging mal rum, hat gefragt, wie ist das beim Überfallkommando und wollte Kritikpunkte vom Überfallkommando haben. Da hab' ich mich hingesetzt und hab' die mal wirklich... vier oder fünf Seiten hab' ich geschrieben, was mir halt so gut gefällt. Aber nicht so, dass er einen ... Zugzwang halt kommt, sondern ich hab' gesagt, man müsste das mal anbieten. Oder wann kommt denn mal einer vom SEK und macht mal 'ne Stunde Unterricht übers Fesseln. Oder Wirkung der Schutzweste. Einfach mal, um diesen Kreis 'Überfallkommando' ein bisschen fitter zu machen. Ist gar nicht gewollt. Hat sich nichts getan, und das hat mich enttäuscht. Und ich hatt' dann auch bisschen Bedenken, vielleicht auch Angst, wobei Angst war nicht so vor mir. Sondern ich hab' mir gedacht, „komm', das wird zu gefährlich, irgendwie". Es hat mich so ein bisschen gestört, rauszufahren, in Situationen zu kommen und vielleicht passiert mal irgendwas und Du wusstest die ganze Zeit, das kann jederzeit (--) passieren. Dass ich nicht Recht hab', sieht man, es fährt immer noch so und es passiert relativ wenig. Vielleicht hab' ich auch 'ne andere Vorstellung von dem ganzen Haufen. Aber die Situationen sind da und es wird... keiner hat ein Interesse, da was zu ändern, und da hab ich gesagt, „komm, da musst Du weg".

Als ihm bewusst wurde, wie gering sein Einfluss auf die Bedingungen seiner Arbeit war, ging er zur Bereitschaftspolizei zurück, jedoch ohne großes Aufbegehren. Er hatte seine Kooperation angeboten, sich engagiert, dies wurde im engeren Kollegenkreis wohl gewürdigt, führte jedoch nicht zu einer Strukturveränderung. Neumann wurde mit einem weiteren *Prinzip bürokratischer Organisationen* konfrontiert: Als einer von vielen Mitarbeitern wurde er aufgefordert, Veränderungsvorschläge zu machen, sein Fachwissen einzubringen bzw. dem Vorgesetzten zur Verfügung zu stellen. Er engagierte sich in der Hoffnung, dass man ihn ernst nimmt und er einen Beitrag zur Verbesserung der Arbeitsbedingungen in der Organisation leisten kann. Der Innovationsimpuls blieb jedoch irgendwo im bürokratischen Getriebe stecken, die Organisationsleitung war möglicherweise gar nicht interessiert an einer Veränderung, sondern vertraute darauf, dass alles weiterhin so läuft wie bisher. Das wirkt auf den Mitarbeiter als Geringschätzung und verdeutlicht ihm seine inferiore Position in der Organisation. Viele ziehen sich nach einer Reihe solcher Erfahrungen irgendwann resigniert zurück. Neumann reagierte auf diese Kränkung, indem er sich versetzen ließ.

Als weitere Bedingung für den regelmäßigen Aufstieg gilt, dass man nicht unangenehm auffallen darf. Jede Disziplinarstrafe und schon Disziplinarermittlungen sind beförderungshinderlich. So kann man durch besondere „Schlagfertigkeit“ bei den statusnahen Kollegen möglicherweise an Ansehen gewinnen, dies ist aber gleichzeitig ein Hinderungsgrund, was die Berufsplanung betrifft, denn außerhalb der Subkultur der street cops ist diese Form der Auseinandersetzung eher hinderlich. Die Kunst des unauffälligen Aufstiegs besteht darin, dass man die hegemonialen Männlichkeitsmuster und die anderen Konformitätsregeln (besonders natürlich die *Handlungsmuster)* kennen und sich mit ihnen arrangieren muss, auf der anderen Seite diese Anweisungen aber nicht *zu genau erfüllen* darf. Man muss dabei sein und gleichzeitig Distanz wahren können. Bei dem Umgang mit Kollegen muss man ein Gespür dafür entwickeln, in *welchen Situationen* man mit *wem wie viel* mitmachen muss, und ab wann man sich besser distanzieren sollte.

> Ich übe jetzt den Beruf eigentlich aus, weil's mir Spaß macht. Ich könnt' jetzt auch sagen.... ich könnt' jetzt auch nicht sagen, mir macht die Gewalt Spaß. Ich hab' zum Beispiel noch nie einen Schlagstockgebrauch gehabt. Ich hab noch nie im Dienst einen verprügelt oder so was, ja oder Zwang angedroht. Ich kam noch nie in die Situation, ja, wobei ich auch sagen... also ich hab' mehr privat und eher spät Gewalt kennen gelernt. Das war hier mit dem Freundeskreis, ja. Auch mit erschreckenden Wirkungen. Darf man gar nicht erzählen. Da hab' ich... eigentlich müsste ich dann merken...mit der Gewalt, die Du da bringst, hast Du eigentlich gar nicht drauf, so ungefähr, ja. Also von daher... also mit Gewalt hab' ich relativ wenig zu tun gehabt, ja. Auch mit was durchzusetzen, also ich bin ja mehr wohl der Labertyp.

Neumann kann sich in Einsatzsituationen behaupten, ohne dabei übertriebene Härte zu zeigen, er fühlt sich in der Praxis wohl, kann sich gleichzeitig mit Theoriearbeit anfreunden. Für ihn ist Neues nicht abschreckend und er verfügt über das Geschick, sowohl innerhalb der Organisation als auch gegenüber dem Publikum schnell Kontakte herzustellen bzw. Situationen nicht entgleiten zu lassen[41].

---

[41] Der Ausdruck „Labertyp“ beschreibt nicht das Gleiche, was mit dem von Jürgen Habermas (1988) stammenden Begriff der *kommunikativen Kompetenz* gemeint ist, denn bei Neumann ist klar, dass er mit dem Publikum aus einer Macht- und Herrschaftsposition heraus umgeht. Ihm liegt nichts an einer *herrschaftsfreien Kommunikation*, sondern er setzt seine rhetorische Fähigkeit ein, um Situationen zu entschärfen, in denen er ansonsten in Gefahr geraten könnte. Während einer Personenkontrolle, die ich beobachtete, ereiferte sich der Betroffene stark, und rief wiederholt, dass man mit ihm vorsichtig umgehen müsse, da er einen schwarzen Gürtel in Karate habe. Neumann antwortete ihm, mit schalkhaftem Lächeln und sichtlich amüsiert: „Na und, ich

Auch Herr Neumann definiert seine Berufshaltung mit „Spaß“, jedoch nicht am Kampf, sondern an der Kommunikation. Er hat bereits einige Praxisfelder in der Polizei durchlaufen und muss dort auch in schwierigen Situationen gewesen sein, er wurde jedoch noch nicht in Gewalteinsätze verstrickt, zumindest nicht in solche, die ihn psychisch oder dienstrechtlich belastet hätten. Dies lenkt die Aufmerksamkeit auf eine ziemlich undramatische Seite des Polizeialltags: Viele Polizisten kommen in ihrer Berufsausübung gar nicht in die Lage, extreme Gewalt zu erleben, es fehlt schlicht an Gelegenheiten. Gleichzeitig können aber fast alle Gewaltgeschichten erzählen. Das lässt den Schluss zu, dass die Gewalterlebnisse so in den Alltag der Polizisten eingebaut sind, dass sie sich jeder einzelne als Geschichte aneignen kann, ohne sie notwendigerweise selbst erlebt haben zu müssen[42]. Zum anderen ist es für das unauffällige Leben in der Organisation nützlich, über Szenen wie diese zu verfügen (um nicht als Anfänger oder gar als Theoretiker zu gelten), ohne aber zu tief in sie verstrickt gewesen zu sein.

hab' 'ne schwarze P6“ (das ist die Marke der Dienstwaffe, auf die er gleichzeitig mit dem Finger tippte). In dieser Situation wusste jeder der Beteiligten, wer das Sagen hatte, die Lage war entschärft und beruhigt, jedoch nur unter Rekurs auf ein zentrales Machtinstrument der Polizei. Durch die Verbindung von realer Herrschaftsgeste und Ironie/Witz konnte der Beamten die Situation gleichzeitig entdramatisieren und kontrollieren. Auch das ist ein Ausdruck von Definitionsmacht der Polizei.

42 Dies ist übrigens eine Kuriosität, die mich schon lange begleitet: Die Polizei ist eine Organisation, die ihren Mitgliedern *Abenteuergeschichten* geradezu aufdrängt. Als ich 1975 die Berufsausbildung begann, erzählten unsere Ausbilder ihre Erlebnisse von ihren eigenen Einsätzen. Sie erzählten vom Terroranschlag während der Münchner Olympiade 1972, von den vielen gewaltsamen Häuserräumungen in Frankfurt oder den Demonstrationen um die Fahrpreiserhöhung, von den zahlreichen Einsätzen während der Studentenproteste etc. Später kursierten andere Geschichten unter den Kollegen. Die Einsatzorte waren andere, fast alle waren jetzt an den Baustellen der diversen Kernkraftwerke oder bei anderen Massenveranstaltungen. Wieder eine Weile später waren alle intensiv an den Auseinandersetzungen an der Startbahn-West am Frankfurter Flughafen beteiligt. Dann waren es die Chaos-Tage in Hannover oder Castor-Transporte. Lange Zeit danach verstärkten sich dann meine Zweifel an der Authentizität dieser Erzählungen. Dabei waren sie sicher nicht ganz frei erfunden, und im Übrigen glichen sich die Schauplätze in einiger Hinsicht (überall musste man z.B. in Massenunterkünften schlafen, fuhr in Kolonnen hin und zurück, konnte mit Hubschraubern eingesetzt werden, traf Kollegen aus dem ganzen Bundesgebiet). Mit zunehmendem zeitlichen Abstand war eine Wahrheitsprüfung nicht mehr möglich. Ob der Erzähler nun in Kalkar war oder nicht, und ob er dort im Hubschrauber eingesetzt wurde oder als Hilfskoch in der Feldküche, all diese Details waren nicht nachprüfbar. Darauf kam es nicht an, wichtig war, dass man mit dem Anspruch auf Glaubwürdigkeit sagen konnte: „Ich war dabei“. Das sagt viel aus über die Konstitution von *kollektiver Identität*: Polizisten aus verschiedenen Generationen, Statusgruppen und Landesteilen verfügen nicht nur über reale, sondern auch kommunizierte Erfahrungen. Die Baustelle eines Kernkraftwerks 1977, das Gelände eines Flughafens 1987 oder die Begleitung eines Castor-Transportes 1997: immer sind es markante und exklusive Situationen, die nur von denen, die dabei waren oder dabei gewesen sein könnten, erzählt und in ihrem Erlebniswert gemessen werden. In diesem Sinne konstituiert sich die Identität des Polizisten auch aus Geschichte(n).

Thorsten Neumann hat für sich viele Vorteile aus dem Bildungssystem der Polizei gezogen, ist aber dennoch zurückhaltend, was eine Weiterempfehlung des Berufs anbelangt[43]:

> *Wenn jetzt ein junger Mensch, der weiß, dass Du Polizist bist, Dich fragen würde, wie das mit dem Polizeiberuf ist, also, der sich für den Beruf interessiert, was würdest Du ihm denn erzählen?*
>
> Siehst Du, jetzt kommt total das Gegenteil. Ich hab' bisher allen gesagt, „macht's bloß nicht".
>
> *Warum?*
>
> Nicht, weil ich persönlich enttäuscht bin, sondern weil, weil's wie gesagt, Glück ist, ob man diesen Weg geht. Also wenn jetzt einer mich fragt, „ich würd' gern zur Polizei gehen, und das und das machen....", mich hat's auch mal interessiert, Hubschrauberpilot zu werden, nur mal am Rande, ich meine, das erreichst Du eh' nicht. Also man muss erst mal einen aufklären, ne. Allerdings muss man sagen, der Beruf wird doch immer alltäglicher. Früher war das (--) mit Entbehrungen verbunden, heute ist es wohl auch mit Entbehrungen verbunden, aber heute ist es... ja, die Ausbildung verbessert sich, man macht ein Studium, ja, also heute kann man schon dem ein oder anderen mal empfehlen, das zu machen. Hochschulreife hast Du da, wenn Du... kannst Du wieder gehen. Machst kostenlos das Abitur, ne... also wir mussten ja noch alles durchlaufen, mittlerer Dienst, um dann vielleicht das Abitur mal zu machen. Um was anderes zu machen, ne. Und heute ist halt so, gut, Du hast das Abitur in vielen Fällen, im Moment geht's nur mit Abitur, aber die wollen auch wieder einstellen, die Realschule haben. Ich würde sagen, da kann man noch was rausholen, da kann man sich noch was holen von dem ganzen Kuchen.
>
> *Ich hab' jetzt noch nicht verstanden, warum Du so kategorisch den Leuten abraten würdest.*
>
> Ja, also ich rate denen ab, weil... ich sag' mal, in vielen Fällen hatt' ich auch mal Glück gehabt, aber, wenn Du heute siehst,... Du musst immer zum richtigen Zeitpunkt am richtigen Ort sein. Das ist bezeichnend für unsere Gesellschaft, ja, in vielen Fällen auch für die Polizei. Ich weiß nicht, wenn einer jetzt Kommissar werden will... gut, heute ist wieder was anderes. Aber früher hab' ich denen abgeraten, weil, ich konnte nie einem sagen, es wird so laufen, wie bei mir, ja. Wenn mich mal einer gefragt hätte, es würde ihn interessieren in den gehobenen Dienst wegen Geld oder so was, dann hätt' ich früher nie (--)... das mein' ich damit. Und wenn heute einer

[43] In einigen Untersuchungen wird das als Zeichen eines allgemein verbreiteten Unzufriedenheitspotentials gewertet. Danach würden mehr als 50% der Polizisten ihren Beruf nicht noch einmal ergreifen und ihn auch keinem Bekannten weiterempfehlen, wobei die Zurückhaltung bei jüngeren Beamten noch höher ausgeprägt ist als bei älteren (vgl. Feltes 1990, 200; Hermanutz/Buchmann 1991, 77; Polizeireform in Niedersachsen/Reformkommission 1993, 113).

> fragt, na ja gut, heute ist das Bild auch anders. Heute kommt das Studium, da würd' man eher mal sagen „okay“. Da wandelt sich das. Ja und ansonsten, jetzt würd' ich... wenn man sich so unterhält... es ändert sich bestimmt auch was, langsam. Wird viel überdacht. Zu dem damaligen Zeitpunkt war's halt auch, darauf wollte ich hinaus, früher, wenn Dich einer gefragt hätte, da hab' ich halt immer Kassel (die Grundausbildung, R.B.) im Kopf gehabt, ja, und verkraftet das jemand auch so. Oder kriegt er auch mal 'en Knacks oder was. (Pause) Ja bezeichnend ist für mich der, der mit mir im Zug hochgefahren ist nach Kassel, der ist jetzt im Moment Hundeführer in Wiesbaden und der ist,... wenn der hier sitzt, wärst Du wahrscheinlich erschreckt... ist ein lieber Kerl, total geil, ein guter Freund von mir. Ich hab' dienstlich überhaupt nichts mit ihm zu tun, ne. Aber er ist von der ganzen Art her sehr, sehr aggressiv auch. Und den hat das Bild verändert. Wenn ich sage, mich hat die Polizei bereichert, jetzt... weil von meiner Art her... jetzt persönlich, mich hat das alles mal neugierig gemacht und ich seh' das auch mal aus einem anderen Blickwinkel, mein ich zumindest, es ist ja immer aus meiner Sicht, so ist der, *(holt tief Luft, sagt das Folgende gepresst und etwas leiser)* der ist Widerstandsbeamter geworden, ja. Es ist so. Der hat 'zig KV (Körperverletzung, R.B.) im Amt gemacht und so was. Und ich weiß nicht, ob... der ist sonst ein ganz lieber Typ eigentlich, wie ich ihn früher kenne vom Fußballspielen, ein ganz lieber Typ. Der hat halt das negative Bild bekommen. Also es ist unheimlich persönlichkeitsabhängig, von den Persönlichkeitsmerkmalen würd' ich mal einfach behaupten. Das hängt halt davon ab, wie einer, der mich dann fragt, ob er das machen würde, wie ich den einschätze, vielleicht. Na heute ist es nicht mehr so, weil heut' fangen sie an mit Abitur, wie gesagt, und... das Berufsbild hat sich ja auch gewandelt. Mehr kann ich dazu nicht sagen.

Der Vergleich *früher – heute* ist polarisierend. Die Kaserne wird mit Disziplin und Entindividualisierung verbunden, das Studium mit individueller Freiheit und Entwicklungsmöglichkeit. Thorsten Neumann sieht seine eigene Berufserfahrung zwar durchaus positiv, rät aber trotzdem vom Polizeiberuf ab. Er reproduziert ein verbreitetes Muster: Die Ausbildung hat sich verändert, sie ist akademischer geworden, weniger formal und weniger disziplinorientiert. Seine Argumentation unterscheidet sich in einem wesentlichen Punkt von der sonst dominierenden Position: er findet die frühere Ausbildung nicht *besser,* er glorifiziert nicht die Vergangenheit. Er verbindet implizit mit den früheren Ausbildungsbedingungen eine Disposition zur psychischen *Verhärtung*, die in seiner Hypothese zur Entwicklung des „Widerstandsbeamten“ ihren Ausdruck findet. Dies ist möglicherweise eine das Problem insgesamt etwas verkürzende Schlussfolgerung, bildet jedoch gegenüber der sonst üblichen Glorifizierung früherer Strapazen eine Ausnahme[44]. Die *Verhärtungsmöglichkeit* wiegt mehr (weil sie erfahrungsgesättigt

---

[44] Zahlreiche Geschichten aus dem „Alltag der Bereitschaftspolizei“, die ich während des Feldaufenthaltes gesammelt habe, drehten sich um die vielen kleinen und großen Schikanen, Erniedrigungen, Demütigungen, die sich die Ausbilder gegenüber den Anwärtern leisteten. Die damals

ist) als die *Entwicklungsmöglichkeit*. Deshalb zögert er, den Beruf anderen weiterzuempfehlen.

Er sagt von sich, dass er während seiner Berufslaufbahn oft Glück gehabt habe. Er bezieht es offenbar darauf, dass er zu den richtigen Zeiten von den richtigen Menschen gefragt oder mindestens angeregt wurde, etwas für seinen Aufstieg zu tun. Glück hat er auch insofern gehabt, als er nie in Situationen geriet, die seine Beförderung hätten gefährden können. Neumann scheint nicht sonderlich aktiv an seiner Laufbahnplanung gearbeitet, sondern lediglich die Möglichkeiten und Bedingungen der Organisation mehr oder weniger intuitiv genutzt zu haben (offensichtlich wird er dabei nicht ganz passiv geblieben sein).

Als weiteres Merkmal der bürokratischen Organisation wird deutlich, dass sie die Angehörigen der unteren Hierarchieebenen eine gewisse Zeit in der Unauffälligkeit der allgemeinen Routinen behält. Die Mitarbeiter erkennen zu einer bestimmten Zeit, dass es nun soweit ist, auf sich aufmerksam zu machen. Bei den meisten gelingt das früher oder später, denn die Organisation benötigt stets Nachwuchs in den nächst höheren Positionen. Ein individueller, detaillierter Planungseifer ist jedoch eher hinderlich. Insofern ist die im Interview vorgestellte Passivität Neumanns zwar möglicherweise nachträglich konstruiert, als idealtypische Haltung weist sie aber auf die Funktion von *Unauffälligkeit und Bereitschaft* in der Polizei hin. Er ist offen, lässt sich anregen, reagiert flexibel, hält sich bereit für den Ruf. Dieser Typus hat die besten Aufstiegschancen in bürokratischen Organisationen.

Wenn sich auch keine allgemeinverbindlichen Muster für eine aktive Berufsplanung benennen lassen, so gibt es doch einige Determinanten, die einem Aufstieg eher hinderlich sind, so z.B.

- das Beharren auf dem *eigenen* Erfahrungswissen
- die Fixierung auf Partikularnormen (z.B. die Kultur der street cops)
- Verfehlungen, die disziplinarisch geahndet werden können
- die Abneigung, neue Informationen zu verarbeiten oder wieder die „Schulbank zu drücken".

Der unauffällige Aufsteiger hat also sowohl etwas vom Krieger als auch vom Schutzmann, er ist darüber hinaus aber auch *bereit* und *fähig*, sich den bürokratischen Aufstiegsregeln der Organisation zu unterwerfen. Er will – im Gegensatz zum Schutzmann – jedoch explizit an der Organisationsmacht teilhaben.

---

unangenehmen Erlebnisse werden später in der Regel abgewehrt und ins Gegenteil verkehrt, als notwendige Initiationsrituale behandelt und sogar partiell glorifiziert.

4.2 Integrationsfähige und separierende Differenz

Die nun folgenden Beispiele beziehen sich auf Männlichkeitsmodelle, die sich mehr oder weniger deutlich von der hegemonialen bzw. vorherrschenden Form absetzen.

4.2.1 Homosexualität: „Nur tuntig darfst Du nicht sein"

In allen homosozialen (Männer-)Gruppen finden sich Praktiken, Traditionen und Rituale, die der Markierung von Grenzen und Intimitätszonen dienen, z.B. der Grenze zwischen Freundschaft, Kameradschaft und Liebe. Dies gilt insbesondere für Berufe, in denen man praktisch stets in Gruppen arbeitet. Der allgemeine „sexual talk"[45], sexualisierte (Frauen- und Männer-) Witze, die aggressive Körperlichkeit und die Trinkrituale gehören dazu. Berührungen unter Männern jenseits des Händedrucks sind nur in bestimmten kulturellen Ritualen (namentlich unter Alkoholeinwirkung oder im Sport) möglich. Emotionsdarstellungen gehören ebenfalls nicht in das Verhaltensrepertoire der dominanten Männlichkeit, es sei denn, es geschieht wiederum in legitimierenden Kontexten, z.B. im Sport[46].

Davon abweichendes Verhalten erregt schnell den Verdacht, unmännlich zu sein. Für die meisten Männer ist, wie bereits gesagt, das angst- und aggressionsbesetzte Gegenstück zur *normalen* Männlichkeit nicht *weiblich*, sondern *unmännlich* oder, wie ich es im Zusammenhang mit abweichender Männlichkeit bezeichnen würde, *weibisch* (effeminiert). Unmännlich sein ist „ohne Ehre" sein, unfähig, seinen Platz zu behaupten, unprofessionell (vgl. Steinert 1997a, 149).

Deshalb versuchen Männer in der Polizei bei der Ausgestaltung ihrer Berufsrolle auf jeden Fall den Eindruck zu vermeiden, sie seien unmännlich. Im

45 Nach einer vom Innenministerium Nordrhein-Westfalen in Auftrag gegebenen Umfrage fühlt sich jede vierte Polizistin von Kollegen oder Vorgesetzten sexuell belästigt, das fängt schon bei der sexualisierten Sprache (sexual talk) an (aus: Frankfurter Rundschau vom 2.12.98: „Polizistinnen beklagen Übergriffe" von Karin Dalka). Bei allen Vorbehalten gegenüber quantitativen Umfragen (ausgewertet wurden 45% der an 7826 Polizistinnen verschickten Fragebögen), scheint die Neigung zur Verletzung der psychischen und physischen Integrität von Kolleginnen bei männlichen Polizisten doch evident zu sein. Genau das wollen aber die Männer in der Polizei nicht wahrhaben, und sie erfinden allerlei Rationalisierungen, welche die Zudringlichkeiten *erklären*, wenn sie sie nicht gänzlich abstreiten. Zu ähnlichen Ergebnissen, jedoch deutlich vorsichtiger formuliert, kommt der Zentrale Psychologische Dienst der Bayerischen Polizei in einer Umfrage bei der Münchener Polizei (vgl. Polizeipräsidium München 1997).

46 Die Veränderung des öffentlichen Gefühlsmanagements von Männern erkennt man gut im Sport: Wer hätte beispielsweise im Jahre 1954, als Deutschland im Endspiel der WM gegen Ungarn knapp mit 3:2 Toren siegte, von Fritz Walter Tränen gesehen (und ertragen)? Heute gehört es fast zum guten Ton, dass Männer (auch) bei sportlichen Höhepunkten ihren Gefühlen freien Lauf lassen, und die Träne des Mannes stört niemanden mehr, wohl aber (nach wie vor) *der Mann als Träne* (das haben wir wiederum von der Fußballweltmeisterschaft 1998 in Frankreich gelernt).

Fall von Homosexualität steht dafür ein zwar wenig einfühlsamer, aber immerhin verbindlich codierter Fachausdruck zur Verfügung: Der weibische Mann wird *Tunte* genannt.

> „Homosexualität ist die am stärksten ausgegrenzte Form von Männlichkeit. Homophobie gehört zum Kernbestand der hegemonialen Maskulinität in der bürgerlichen Gesellschaft .... In soziologischer Perspektive ist Homophobie nicht als psychische Abwehrreaktion verdrängter Impulse zu verstehen, sondern als Verteidigung der zentralen Institution der hegemonialen Maskulinität. Wie keine andere Form des Mannseins wird Homosexualität als Angriff auf die Norm der Heterosexualität wahrgenommen, mithin auf die Basis der Geschlechterordnung“ (Meuser 1998, 101).

Diese apodiktische These deckt sich nicht mit meinen eigenen Ergebnissen aus der Polizeiuntersuchung, zumindest nicht in dieser Stringenz. Ich habe dagegen den Eindruck, dass die Öffentlichkeit (und immer mehr Männer) gegenüber differenten Lebensentwürfen heute toleranter reagieren, solange sie den eigenen Lebensentwurf nicht infrage stellen[47].

Vielleicht sind die vielfältigen Männlichkeiten und deren Wandlungsformen bislang empirisch zu wenig beachtet worden. Nach meiner Einschätzung gibt es in der Polizei auch Formen des Umgangs mit Differenz, die nicht notwendig exkludierend sind, d.h. Polizisten reagieren nicht auf jede Abweichung mit (sozialem) Ausschluss.

Ich wähle (eine bestimmte Ausgestaltung von) Homosexualität in der Polizei als ein Beispiel für *tolerierbare Abweichung* (andere Beispiele ließen sich finden)[48].

Mein Interviewpartner, Herr Quirin, war zum Zeitpunkt des Interviews 40 Jahre alt und seit 24 Jahren Polizist, davon die überwiegende Zeit auf dem von mir untersuchten Polizeirevier in Frankfurt[49].

---

47 Nach einer Umfrage, die von der „Männerarbeit der Evangelischen Kirche in Deutschland“ sowie der „Gemeinschaft der Katholischen Männer Deutschlands“ im Jahre 1998 herausgegeben wurde, stehen insbesondere die sog. *neuen Männer* der Homosexualität aufgeschlossen gegenüber (vgl. Zulehner/Volz 1998, 277).

48 Ich wurde auf das Thema Homosexualität aufmerksam, weil ich in einer Forschungsstation einen schwulen Polizisten traf, der in der Dienstgruppe, in der er arbeitete, eine wichtige Rolle innehatte. So wurde ich nicht nur als Soziologe, sondern auch als heterosexueller Mann mit Homosexualität unmittelbar konfrontiert. Sicher spielen meine Gegenübertragungen (z.B. die Ambivalenzen von Nähe und Distanz) hier eine besondere Rolle. Homosexualität bietet sich aber unter dem Gesichtspunkt der Infragestellung heterosexueller Männlichkeit sowieso als Thema an.

49 Beide haben wir seine Homosexualität eine ganze Zeit lang aus dem Interview herausgehalten. Etwa in der Mitte komme ich dann auf diesen zentralen Aspekt in seiner Biografie zu sprechen, weil klar war, dass wir uns gerade deshalb getroffen hatten.

Du hast Dich vor noch nicht allzu langer Zeit als schwuler Mann zu erkennen gegeben. Welche Erfahrungen hast Du mit Deinem Schwulsein im Polizeidienst. Wie war's vorher und wie geht's Dir jetzt?

Vorher war's halt so, dass die Kollegen von meinem Privatleben nicht viel wussten. Sie wussten zwar, dass ich Sport mache.... ja, das war's eigentlich schon. Wo ich herkam und so, aber das war's eigentlich schon. Und es ist im, im Streifenwagen, wenn man da zehn Stunden zusammen Dienst macht oder zwölf, kann man zwangsläufig nicht nur über Dienst reden, sondern es kommt auch ganz automatisch jetzt in den privaten Bereich rein, wo halt die Kollegen oder die Kollegin dann was erzählt, und dann möchte man eigentlich was erzählen, ja, aber man lässt's, weil man ja äh, anders ist als die oder weil man denkt, die haben Vorurteile. Ja, und das hat sich halt geändert, als ich mich geoutet hab'. Und da fanden schon interessante Gespräche statt über das Thema.

Gespräche, die Dich weitergebracht haben, also die Dich befreit haben oder die....

....die mich befreit haben, die andere Kollegen aber auch weitergebracht haben oder auch die Kollegin, die gesehen hat, dass es bei der gleichgeschlechtlichen Lebensweise genau dieselben Probleme gibt wie bei der heterosexuellen eigentlich auch, ne. Beziehungsmäßig jetzt mal, ne.

Für Timo Quirin können einige Grunderfahrungen im Polizeidienst ausgemacht werden: Isolation, Abspaltung, Einsamkeit, Vorsicht und vielleicht die Suche nach Authentizität. Die Schilderung seines Dienstlebens steht in krassem Gegensatz zu den Ängsten der meisten heterosexuellen Beamten, die fürchten, dass schwule Kollegen ihre Grenzen überschreiten würden, vielleicht mit ihnen im Streifenwagen flirten[50]. Die Wirklichkeit hält diesen Phantasien natürlich nicht

[50] Bezogen auf heterosexuelle Kontakte ist dies eine hartnäckige Männerphantasie. Lange Zeit hielten sich in der Polizei die Gerüchte, dass ein gemischtgeschlechtliches Streifenteam nichts anderes zu tun habe, als in das nächst gelegene Waldstück zu fahren, um dort miteinander zu kopulieren. Um dieses Thema rankten sich, landauf, landab, in Ost und West, zahlreiche Geschichten und Episoden, die oft aktualisiert wurden, wenn ein Streifenteam aus einem Mann und einer Frau bestand. Mittlerweile dürften diese Phantasien aus dem Bewusstsein der meisten Beamten weitgehend zurückgedrängt sein, da die Kontakte mit weiblichen Kolleginnen so häufig geworden sind, dass wenig Platz für Phantasie bleibt. Sie sind aber schnell aus der Latenz hervorzuholen. Das Thema „sexuelle Aktivitäten zwischen Männern und Frauen" ist äußerst virulent im Polizeidienst. Die zumeist vorsichtigen Versuche, das Geschlechterverhältnis in der Polizei zu analysieren, stehen ganz überwiegend unter der einschränkenden Prämisse, dass Sexualität zwischen Männern und Frauen ein Problem darstellt. Der Psychologische Dienst der Bayerischen Polizei erhob z.B. in einem standardisierten Fragebogen Daten zu diesem Thema. Demnach fühlten sich von 74 befragten Polizistinnen zehn (= 13.5%) als Opfer von „penetranter Anmache/sexueller Belästigung (verbal, körperlich, Pin-up-Girls, Pornos usw.)" (die Formulierung war vorgegeben). In der gleichen Studie bezeichneten sich allerdings auch vier der 76 befragten Männer (=5.3%) als Opfer sexueller Attacken, wobei aus der Veröffentlichung nicht hervor geht, ob damit Übergriffe von Männern oder von Frauen gemeint sind (vgl. Polizeipräsidium München 1997, 47).

stand. Quirin hätte sich lediglich ein offeneren Umgang, eine Kommunikation über sein Privatleben gewünscht. Er kann sich nicht in gleicher Weise mitteilen, wie das die anderen tun. Das Hegemoniale an der heterosexuellen Männlichkeit hat zur Folge, so verstehe ich Connell, dass sie so leutselig und offen über alles reden kann (und darf): Frauen, Familie, Kinder, Freundin, Geliebte, Hobby, Haus und Auto. Für Quirin war das nicht möglich. Das Thema *Privatleben* war nahezu tabu, wahrscheinlich hat er sich auch beim Anblick attraktiver Männer eher zurückgehalten.

Seit wann weißt Du von Deinem Schwulsein? Ist das schon vor der Polizei gewesen?

Das wusste ich schon vor der Polizei, ja. Ich wusste natürlich nicht, dass es da so 'ne regelrechte Schwulenszene gibt, oder, ich wusste auch nicht, dass das jetzt unbedingt Homosexuali...., doch Homosexualität schon. Schwulsein, oder schwul war damals noch ein Schimpfwort, tja, ich hab' eigentlich so eher gedacht, dass ich der einzige bei der Polizei bin, der so fühlt, ne.

Und dieses Denken hat sich wahrscheinlich auch 'ne Weile gehalten?

Ja, das ist klar, mmh.

Wie ging das dann weiter? Also irgendwann hattest Du das Gefühl, es gibt da noch andere, oder...

...ja, es wurde da ein Seminar angeboten von einem Journalisten aus Berlin, das Seminar fand statt im Waldschlösschen und da ging's um Schwule und Lesben in der Polizei. und da hab' ich mich auch angemeldet, bin dann auch hingefahren, das war ein Wochenende, Freitag bis Sonntag....

(unterbricht).. da wusste aber in Deiner dienstlichen Umgebung noch niemand....

Der Harry, der wusste also Bescheid. Dem hatte ich mich auch.... bei dem hatte ich mich auch geoutet, vorher schon. Ne Kollegin, bei der ich mich geoutet hab', die hat mich eigentlich auf das Seminar erst aufmerksam gemacht, das stand in der Gewerkschaftszeitung. Und, bin ich da hingefahren, den anderen Kollegen hab' ich gesagt, ich nehm' an einem Seminar teil, was weiß ich, Vereinsarbeit oder so was. Tja, und da hab' ich dann gesehen, dass es andere Schwule und Lesben in der Polizei auch gibt, dass andere ganz offen leben und da keine Probleme mit haben. Und die haben mir halt bisschen den Kopf gewaschen. Und ich bin dann halt von dem Seminar nach Hause gekommen, hatte Sonntag abends Nachtdienst und hab' dann gleich mit dem vertretenden Dienstgruppenleiter drüber gesprochen, was er davon hält, ich möcht' mich outen, möcht' auch nicht mehr viel länger warten, sonst hab' ich wieder Angst. Und da haben wir uns morgens um vier Uhr mit der Dienstgruppe zusammengesetzt und bis sechs Uhr über das Thema gesprochen. Sehr interessant, muss ich sagen. Und ich hatte eher ablehnende Reaktionen erwartet, die aber nicht eingetreten sind. (5' Pause) Für mich war halt das Glück, dass ich, en Ruf hatte in ...

auf der... oder einen guten Ruf auf der Dienststelle hatte, ne. Und die Kollegen halt alle schon über Jahre mit mir zusammen waren.

(unterbricht)..ja, ich kann mir vorstellen, dass Du als ziemlich tough giltst oder, wie sagt man, so durchsetzungsfähig oder ...

..ach, von meinem Schwulenauftreten jetzt oder was?

Nein, eher von Deinem dienstlichen Auftreten...

....ach so, ja. Und, von daher hatte ich keine Probleme, ne. Anders ist es, wenn jemand neu auf 'ne Dienststelle kommt und der Ruf eilt ihm voraus, ne. Das ist schon wieder was anderes, und er kennt die Leute vielleicht auch nicht, wo er hinkommt, ne. Ich mein, bei mir war's jetzt so, dass ich dann auch gewechselt bin, und die Kollegen in der neuen Dienstgruppe wussten natürlich, was Sache ist, nur, es ist kein Thema. Man spricht da drüber nicht in der Dienstgruppe. Wir haben jetzt erst...am 30. Dezember war's oder so, da hab' ich mit 'nem Kollegen länger darüber gesprochen, ne, dass.... Jeder weiß es, man macht's aber nicht zum Thema.

Wie die meisten Männer und Frauen mit abweichenden Lebensentwürfen verbirgt Quirin seine sexuelle Orientierung vor den Kollegen, bis er sich sicher genug fühlt, sich zu ihr zu bekennen. Erst die sich formierende Infrastruktur schwuler Polizisten und lesbischer Polizistinnen ermuntert ihn (wahrscheinlich unterstützt sie ihn und fordert nachdrücklich, vielleicht wurde er sogar moralisch unter Druck gesetzt), sich anders als bisher zu verhalten. Eine zusätzliche Bedingung dafür, dass die Kollegen ihn weiter akzeptieren konnten, lag darin, dass er ein ausgewiesener street cop ist, mit viel Erfahrung und gutem Durchsetzungsvermögen. Er hat viele typische Eigenschaften des street cops, indem er etwa bereit ist, seine Gesundheit im Einsatz zu riskieren[51].

Herr Quirin hat sich durch sein Engagement im Dienst Respekt und Anerkennung unter den Kollegen verschafft. Eine plötzliche Meinungsänderung, etwa dass schwule Männer in der Polizei nicht zu gebrauchen wären, da sie zu weich seien, war nicht zu erwarten. Er bewies jahrelang, dass sie keine Bedenken wegen eines sexuellen Angebots haben mussten, und mit seinem Bekenntnis machte er es den Kollegen leichter, tolerant zu sein. Der Vorgang ist dennoch nicht ungezwungen, zum *Bekenntnis* gehört nach wie vor Mut, in den Diskursen der Homosexuellenverbände sind die Szenarien bereits thematisiert und durchgespielt worden. Die Kollegen müssen noch aufwendig ins Vertrauen gezogen werden. Sie sollen wissen, mit wem sie es zu tun haben. Indem er sich bekennt, unterstreicht er, sicher unbewusst, seine Ausnahmesexualität. Er wirbt bei seinen heterosexuellen Kollegen und der Kollegin um Verständnis und Toleranz, ob-

---

[51] In Zif. 5.3. wird die Verfolgung eines mutmaßlichen Autodiebes beschrieben; dabei war Timo Quirin der Protagonist.

wohl es nach Überzeugung der Szene nichts zu verbergen gibt. Mit seinem „Bekenntnis" stützt er die Normalitätskonstruktionen seiner Kollegen. Denn von den heterosexuellen Männern käme niemand auf die Idee, sich für seine Sexualität zu rechtfertigen, auch nicht der verheiratete Kollege in der gleichen Dienstgruppe, der eine Geliebte im Revierbereich hatte, mit der er sich ab und an traf, und von dem seine Kollegen sagten, er sei auf Fußstreife oder sonst unabkömmlich, wenn seine Ehefrau anrief. Der Seitensprung ist im hegemonialen Moralmuster aufgehoben, die gleichgeschlechtliche Lebensweise nicht.

Die Information mag den einen oder anderen überrascht haben, denn Timo Quirin gab nie einen Hinweis auf eine andere sexuelle Präferenz. Vielleicht fühlen sich einige Kollegen bei einem Vorurteil ertappt, vielleicht sagen sie, dass er sich doch verhalten habe wie ein „normaler" Mann[52].

> *Was mich noch interessiert, ist, ob Schwulsein verbunden ist mit einer anderen Sicht auf Polizeiarbeit, z.B. im Umgang mit anderen Leuten, zu anderen Gruppen oder so?*
>
> Man hat vielleicht ein größeres Einfühlungsvermögen, das kann schon sein, ja.
>
> *Also mir geht gerade durch den Kopf, dass ein zentrales Thema bei Dir ja das Verständnis für andere ist, also das, was Du Menschlichkeit genannt hast, und dass dabei Kommunikation eine große Rolle spielt, also reden und sich einfühlen in den anderen und so.*
>
> Ich meine... oder sagen wir's mal so: bei Schwulen ist es... oder bei Lesben auch, ist es ja so, dass man eigentlich sehr viel Konflikte hat. Ich seh's ja jetzt bei meinem Vermieter oder man versucht, Konflikten aus dem Weg zu gehen, indem man halt nicht händchenhaltend über die Zeil geht oder sich nicht.... oder nicht in der Öffentlichkeit Zärtlichkeiten austauscht. Also man möchte keine Konflikte. Und vielleicht von daher ist es beim Schwulen oder bei 'ner Lesbe auch so, dass man halt versucht, Konflikte von anderen zu nehmen. Oder die Konflikte, die bestehen, zu regeln.

Das Einfühlungsvermögen von Timo Quirin ist das eines Betroffenen. Offenbar führte dies zu einem höheren Maß an Aufmerksamkeit für Diskriminierung in seinem Berufshandeln. In seiner Rolle als Polizist kann er seinen Minoritätsstatus zeitweilig ablegen, er agiert aus einer anerkannten Position heraus. Die eige-

---

52 Im Sozialraum der Dienstgruppe hing neben einem Kalender mit halbnackten Frauen auch ein Kalender mit ebensolchen Männern. Angeblich haben die Männer der Dienstgruppe ursprünglich ihrer Kollegin „auch was für's Auge" bieten wollen. Nun, so sagten sie nach dem *Bekenntnis* des Kollegen, könnten sich wenigstens zwei an dem Kalender erfreuen. Das zeigt, dass das hegemoniale Denkmuster nicht infrage gestellt worden ist, es wurde lediglich eine neue Variation hinzugefügt (dass schwule Männer sich gerne Fotokalender mit halbnackten Männern anschauen, so wie viele heterosexuelle Polizisten sich Frauenkalender ansehen).

ne Konflikterfahrung ist seine Privatsache; sie befähigt ihn gleichwohl zu einer anderen Wahrnehmung sozialer Konflikte und erweitert vermutlich das Spektrum seiner Interventionsmöglichkeiten und seines Umgangs mit Emotionen.

Als Beispiel für einen besonderen psychischen Konflikt, den er möglicherweise anders als andere Männer bearbeitete, erzählte er mir während einer Streifenfahrt folgende Begebenheit:

> An Heiligabend wurde die Streife (er war mit einer Kollegin unterwegs) zu einer Kirche beordert. Eine ältere Frau war auf den Stufen zum Kirchenportal tot zusammengebrochen, während in der Kirche gerade die Christmette gehalten wurde. Um der Gemeinde den Anblick einer Toten zu ersparen, habe er schließlich mit dem Einverständnis der Angehörigen und mit Hilfe der Kollegin den Leichnam einige Meter hinter die Kirchenmauer geschafft und dort auf den Bestatter gewartet. Mittlerweile war die Gemeinde beim Schlusslied angelangt, die Kirchentüren öffneten sich und die beiden hörten das „Oh Du fröhliche" und die festlichen Orgelklänge. Sie standen so neben ihrer Leiche und wurden beide plötzlich vom Schmerz überwältigt. Timo und seine Kollegin nahmen sich in die Arme und weinten.

Herr Quirin erzählt die Episode im Zusammenhang mit Männlichkeitsbildern in der Polizei. Er bestätigt, dass man als Mann eher hart sein müsse, und dass es Frauen in der Polizei in dieser Hinsicht etwas leichter hätten, weil sie zu ihren Gefühlen eher stehen könnten. Er dagegen müsse seine Gefühle oft zurückhalten bzw. die Kontexte definieren, in denen er sich anders verhält. Vielleicht hätte ein anderer Mann seine Überwältigung der Kollegin gegenüber nicht so offen gezeigt oder in die Form des Beschützers gekleidet, der die Frau weinen lässt. Die Szene ist sicher nicht spektakulär, sie deutet aber an, dass das traditionelle Rollenmuster von Männern und Frauen in der Polizei suspendiert werden kann, ohne dass der Mann an Männlichkeit verliert. Er kommuniziert seine Gefühle offener als viele seiner Kollegen. Das entspannt das Verhältnis zu den Kolleginnen, da er nicht die Rolle des *starken* Mannes ausspielen muss. Das soll nicht heißen, dass das Zeigen von Gefühlen den anderen Männern gar nicht möglich wäre, aber die Tatsache, dass Timo Quirin mir gerade diese Episode angeboten hat, weist darauf hin, dass er etwas Besonderes gefühlt und getan hat. Man stellt sich im Allgemeinen nicht vor, dass sich ein Streifenteam in den Arm nimmt und weint. Es kam wohl hinzu, dass beide empfänglich für die emotionale Verarbeitung menschlicher Schicksale waren und dass die Situation (Weihnachten) derartige Gefühle noch verstärkte.

Timo Quirin hat sich nicht nur gegenüber seiner unmittelbaren Bezugsgruppe zu erkennen gegeben, sondern darüber hinaus noch eine landesweite Aufklärungskampagne innerhalb der Polizei initiiert. Möglicherweise ist diese befreiende Erfahrung das Ergebnis einer langen Bemühung, aus der Anonymität und der

Verborgenheit herauszutreten und sich gegenüber einer größeren Öffentlichkeit neu zu positionieren.

Du hast vorhin erwähnt, dass Du Sprecher von einer Gruppe bist, was ist das für eine?

Ja, Vorsitzender vom Arbeitskreis homosexueller Polizisten in Hessen. Das ist also ein Verein, wir haben 25 Mitglieder (*aus ganz Hessen?*), ja, eher aus Südhessen, also nach Nordhessen haben wir da noch wenig Verbindung, ja.

Seit wann besteht Ihr?

Wir bestehen jetzt seit... ja im zweiten Jahr sind wir jetzt.

Und was ist Eure Idee oder Euer Ziel?

Ja, wir wollen halt Ansprechpartner sein für Schwule und Lesben in der Polizei, wenn die Probleme haben. Wir haben da also auch mit unserer Personalberaterin Kontakt aufgenommen. Da hängt auch ein Plakat von uns bei ihr an der Wand, falls da Leute zu ihr kommen, die Probleme aber nicht offen da... vielleicht auch drüber reden, dass die dort vielleicht auch sehen, da gibt's 'ne Gruppe... oder, sie kann uns also auch empfehlen, da gibt's halt 'ne Gruppe, die als Ansprechpartner dient. Wir wollen Homosexualität in der Polizei zum Thema machen oder haben es auch schon gemacht. Wollen, dass so was in der Ausbildung besprochen wird, dass es so was halt gibt, und versuchen damit natürlich auch, die Berührungsängste von Heterosexuellen Schwulen und Lesben gegenüber zu nehmen, ne. Denn das Problem besteht ja. Wir haben ja auch mit in Anführungsstrichen... oder größtenteils oder oft mit Randgruppen, in Anführungsstrichen, zu tun. Und da zählen.... oder da werden ja Schwule und Lesben halt auch dazu gezählt. Und da soll halt einfach ein Polizist oder 'ne Polizistin ganz normal mit umgehen können. Derjenige, der zur Polizei kommt, 'ne Anzeige machen will, vielleicht auch Geschädigter ist aus, aus antischwuler Gewalt, der soll sich wohl fühlen bei der Poli..... wohl fühlen ist das falsche Wort, aber der soll sich geborgen fühlen oder verstanden fühlen, ne. Und nicht vielleicht noch sein Schwulsein 'nem Polizisten gegenüber, na, rechtfertigen. Oder keine Angst haben zu sagen, ich bin schwul und bin in 'nem Park überfallen worden, ja.

Aber in erster Linie seid ihr sozusagen für die Kolleginnen und Kollegen, die gleichgeschlechtlich leben wollen oder es schon tun, zuständig?

Mmh. Ja.

Und wird das nachgefragt? Also hast Du da schon Erfahrungen, ob sich, ob sich Leute jetzt anders verhalten?

Meine ehemalige Dienstgruppe auf jeden Fall, zumal die jetzt die Problematik eines Schwulen oder einer Lesbe kennen. (3' Pause) Ob das jetzt.... oder sagen wir mal so:

> durch 'ne Versetzung von Kollegen in 'ne andere Dienstgruppe, auf ein anderes Revier, hat sich das auch schon wieder verändert. Er wirkt jetzt auch auf seine Dienstgruppe ein. Leute, die mich kennen, jetzt, in der ganzen Direktion.... könnt' ich mir schon vorstellen, dass die einen Schwulen jetzt anders sehen. Schwule, na ja, tuntig, Frauenkleider und so, so werden sie ja meistens angesehen. Aber dass die eigentlich ganz normal aussehen, das haben jetzt die Kollegen halt gesehen, die mich kennen und meinen Artikel vielleicht gelesen haben in der Polizeirundschau oder darüber halt gesprochen wurde, ne, das mitbekommen haben, dass da halt... dass ich halt schwul bin. Nur tuntig darfst Du nicht sein, sonst würden die mich nicht akzeptieren. Aber so.... Ich werd' nicht angesprochen von denen. Die haben Berührungsängste da, ne. Also, man wird nicht angesprochen drauf, aber ich hab' auch nicht bemerkt, dass sich jetzt das Verhältnis zu anderen Kollegen von anderen Dienststellen jetzt verschlechtert hat.

Der letzte Interviewabschnitt steht unter dem Aspekt der Wirkungen und Konsequenzen seines Bekenntnisses zur Homosexualität. Timo Quirin legt seine Isolation ab und nimmt die Herausforderung an, gegenüber einer unbestimmten Öffentlichkeit als Aufklärer aufzutreten. Sowohl innerhalb der Polizei als auch gegenüber der Homosexuellenbewegung will er Aufklärungsarbeit leisten, und das bedeutet, sich erneut in zwei Welten zu bewegen, zwischen ihnen sogar zu vermitteln. Einerseits will Quirin, dass (heterosexuelle) Polizisten sowohl die homosexuellen Kollegen und Kolleginnen als auch die Opfer von antischwuler Gewalt verstehen. Andererseits will er erreichen, dass die homosexuellen Anzeigeerstatter sich von der Polizei verstanden und kompetent behandelt fühlen. Dieses umfangreiche Unterfangen muss frühzeitig an Grenzen stoßen. Nach mehr als zwanzigjähriger Übung im Trennen zwischen den Welten der heterosexuellen Polizei und der homosexuellen Szene, will Quirin nun mit großem Eifer diese Welten in Beziehung zueinander bringen. Er bemüht sich um Auseinandersetzung und ist enttäuscht, dass seine Initiative nicht in dem Umfang angenommen wird, wie er sich es gewünscht hätte. Diese Enttäuschung verdrängt er jedoch weitestgehend. Das Vorpreschen orientiert sich nicht mehr an der nüchternen Prüfung des faktisch Machbaren in der Polizei, sondern an dem Wunsch, sein bisheriges *Leben in zwei Welten* aufzuarbeiten und in einen Lebenszusammenhang zu überführen. Er will dieses Leben als Mitglied einer *abweichenden Minderheit* beenden und sich eine neue soziale Identität schaffen. Die Herstellung von Normalität fällt jedoch schwer, da die Resonanz weitgehend ausbleibt. Die Differenz zu den heterosexuellen Polizisten wird durch dieses Engagement jedenfalls nicht überwunden.

Zusammenfassend kann man sagen, dass Homosexualität in der Polizei unter bestimmten Bedingungen geduldet wird. Als solche wären zu nennen:

1. Die heterosexuelle Männlichkeit darf nicht infrage gestellt werden (das kann auch heißen: man akzeptiert Homosexualität, will nichts persönlich mit einem homosexuellen Polizisten zu tun haben).
2. Die Grenze zwischen männlich und unmännlich darf nicht infrage gestellt werden. Tuntigkeit ist mit (erzwungener) Passivität konnotiert, weshalb mit dem Begriff nicht primär die „Degradierung als Frau" (Badinter 1993, 143) gemeint ist, sondern die Passivität des Mannes, der sich wie eine *schwache Frau* darstellt.
3. Außerdem dürfen die Dominanzkonzepte der heterosexuellen Männer nicht angegriffen werden. Über das Verbot der Infragestellung der eigenen sexuellen Identität (vgl. 1.) hinaus geht es um die Gefährdung (bzw. Sicherung) der hegemonialen Männlichkeitskonzepte, die sich auf Zeugung, Schutz und Versorgung von Angehörigen beziehen.

Die Polizei hat sich mit Homosexualität immer schwer getan und tut es wohl heute noch[53]. Dabei schließt sie sich aber nicht (mehr) hermetisch ab, sondern eröffnet vorsichtig einen Dialog mit *dem Fremden.* Eine institutionalisierte Zusammenarbeit zwischen Polizei und Homosexuellenverbänden gibt es erst seit kurzer Zeit, in der Regel halten aber einzelne Polizeibeamte Kontakt zur Szene[54].

[53] Im Jahr 1998 versuchte der Soziologische Dienst der Hessischen Polizei ein Seminar an der Hessischen Polizeischule zum Thema „Homosexualität und Polizei" zu veranstalten, das aber auf Anweisung des Innenministeriums umbenannt werden musste in „Toleranz in der Polizei – Umgang miteinander – Umgang mit besonderen Gruppen" (vgl. Altbürger, Dirk: „Homosexualität ist tabu. 'Toleranz in der Polizei' gefällt Innenministerium besser", in: Frankfurter Rundschau v. 26.3.98).

[54] Besonders die Zunahme von Gewalttaten gegen homosexuelle Männer führte bereits früh zur fallspezifischen Kommunikation, jedoch auf die zuständigen Fachdienststellen der Kriminalpolizei beschränkt. In Frankfurt gab es 1989 eine erste Begegnung zwischen der Polizei (K 13) und der Frankfurter Schwulenberatungsstelle „Switchboard". Die Berliner Polizei folgte 1990 als bis dahin einzige Behörde mit der Einrichtung einer Planstelle, die man „Ansprechpartner für gleichgeschlechtliche Lebensweisen" nannte, und die fünf Jahre lang mit dem mittlerweile bundesweit bekannten Kriminalhauptkommissar Heinz Uth besetzt war, der dafür mit dem Bundesverdienstkreuz ausgezeichnet wurde (vgl. Uth 1996, 146). Erst in jüngster Zeit installieren mehrere Polizeipräsidien Ansprechpartner für Homosexuelle in ihren Behörden. Das geschieht nicht notwendig aus Sympathie und neuer Liberalität, sondern weil die Gewalt gegen homosexuelle Männer (und unter ihnen) stetig zunahm und im Übrigen die Schwulenbewegung über eine stärker werdende Definitionsmacht verfügt als noch vor zehn Jahren. In der Regel begründet die Polizeiführung den Kontakt zur Homosexuellenbewegung mit dem Gewaltargument. Die Frankfurter Polizei hat den Leiter des damaligen Kommissariats 13 benannt (vgl. Kowalski 1996), der Wiesbadener Polizeipräsident initiierte 1997 ein Projekt „Gewalt gegen Schwule" (vgl. Frankfurter Rundschau v. 6.10.98: „Ein Polizist für Schwule. Wiesbadener Projekt gegen Gewalt und für Toleranz"). Eine wirkliche Anerkennung der Schwulenbewegung durch die Polizei ist noch nicht geleistet, eher eine vorsichtige Auflösungen des Misstrauens.

Das Tabu, von Homosexualität und Homosexuellen zu reden, bricht in der Polizei erst langsam auf. Im Rahmen eines ersten bundesweites Treffens von homosexuellen Polizisten und Polizistinnen im Jahre 1994 in Göttingen (vgl. Dobler 1996), an dem 30 Männer und 3 Frauen teilnahmen, gaben 80% der Teilnehmer und Teilnehmerinnen an, dass sie auf ihren Dienststellen *verdeckt* leben, meist aus Angst vor Diskriminierung oder aufgrund der Erwartung, bei Beförderungen benachteiligt zu werden. Umgekehrt berichteten dort aber viele Teilnehmer und Teilnehmerinnen von Diskriminierungserfahrungen im Privatleben. Einige wurden angefeindet, weil sie in der Polizei arbeiteten, mit der die meisten Homosexuellen schlechte Erfahrungen gemacht haben. Dies scheint in besonderem Maße für die Lesbenszene so zu sein, die in stärkerem Ausmaß als politisiert gilt als die Schwulenszene (vgl. Marbach 1996).

Im Anschluss an dieses Treffen gründete sich in Hessen 1995 der Arbeitskreis homosexueller Polizisten und Polizistinnen e.V. (AHPol), woran Timo Quirin beteiligt war, und in dem er heute noch aktiv mitarbeitet.

Wie ich aufzuzeigen versucht habe, steht Homosexualität nur als ein Beispiel für eine Form der Abweichung von hegemonialen Normen, die nicht notwendig zum Ausschluss führt. Bedingung dafür ist, dass die abweichende Haltung die hegemoniale nicht infrage stellt. Abweichung ist mit anderen Worten integrationsfähig, wenn sie *additiv, nicht alternativ* zu den vorherrschenden Praxen steht. Anders verhält es sich dagegen, wenn man sich nicht damit begnügt, lediglich *anders* zu sein, sondern die Frage nach dem *richtigen Handeln* schärfer stellt, und diese Frage anders als die Mehrzahl der Organisationsmitglieder beantwortet. Dieser Typus soll nun anhand der Kategorie des *falschen Idealisten* erläutert werden.

4.2.2 Falscher Idealismus

Das Männlichkeitsmodell, das sich am intensivsten mit Fragen nach dem *richtigen Handeln* auseinandersetzt bzw. die ethische Frage des Polizeiberufs am stärksten fokussiert, fasse ich in dem Typus des *Idealisten* zusammen. Um zu betonen, dass sich dieser Idealismus an zentralen Stellen von den Vorstellungen anderer Polizisten abhebt, und um hervorzuheben, dass die Moral von Polizisten durchaus universellen Werten verpflichtet sein kann, dann aber notwendigerweise von den jeweiligen Partikularnormen abweicht, nenne ich ihn *falschen Idealismus*. Das Wort *falsch* bezieht sich auf die Normengeltung der direkten sozialen Umgebung. *Falsch* wäre *richtig* in Bezug auf die Menschenrechte oder die Werte von *Amnesty International* oder in Bezug auf die Werteordnung vieler anderer Polizisten und der Leitbilder der Polizei. *Richtig* ist aber *falsch*, wenn Krieger-Männlichkeiten unterwegs sind, die in abgeschotteten Gruppen eigene

Gerechtigkeitsvorstellungen entwickeln und deren Geltung durchsetzen. Dabei entspricht dieser Idealismus in weiten Bereichen der gängigen Haltung von street cops, er bewegt sich nämlich in einem Gerechtigkeitsmodus. *Abweichend* wird er jedoch, sofern er sich gegen die geltenden Normen des sozialen Nahraums wendet. Es ist keine bloß additive Haltung, sondern eine, die andere ausschließt und für sich einen größeren Geltungsanspruch erhebt.

Nicht die konkrete Handlung, sondern die dahinter stehende moralische Haltung erzeugt unter den Kollegen die Unsicherheit, die wiederum zur Marginalisierung führt. Für street cops steht der *Verrat* und die *Abweichung* im Vordergrund[55]. Offiziell wird die Haltung dagegen als Aufrichtigkeit gewertet und als Beleg für die *Selbstregulierungsfähigkeit* der Polizei dargestellt.

Mein Interviewpartner, Udo Geißler, ist 1971 geboren und seit 1991 Polizeibeamter in Hessen. Er wollte unbedingt zur BFE, und zwar dezidiert nach Wiesbaden, ist aber zunächst zu einer anderen BF-Einheit versetzt worden. Er wollte sich schließlich dort niederlassen, mietete eine Wohnung in der Nähe, fühlte sich dort aber insgesamt einsam und unzufrieden. Er kompensierte die private Leere durch dienstlichen Eifer, er sagt, er sei stets froh gewesen, wenn er Dienst gehabt habe, weil damit eine sinnvolle Tätigkeit verbunden war. Die Einheit unterstützte regelmäßig (wie alle Einheiten der Bereitschaftspolizei) die Frankfurter Polizei im sog. „Raub-Rauschgift-Programm". Innerhalb eines solchen Einsatzes kam es zu einem Vorfall, der in der regionalen Öffentlichkeit großes und lang andauerndes Aufsehen erregte[56]. Dieser Vorfall führte zu einem

---

55 Eine andere, hier: kollektive Abweichung, die unter dem Begriff des (falschen) *Idealismus* zu subsumieren wäre, betrifft die „Bundesarbeitsgemeinschaft Kritischer Polizistinnen und Polizisten" (BAG). Sie fällt etwas aus dem Rahmen meiner Systematik, da es sich dabei nicht um ein Männlichkeitsmuster handelt, sondern um einen Zusammenschluss von Männern und Frauen, die ihre Kritik an der Polizei, von der sie umgeben sind und in der sie arbeiten, deutlicher als andere (vor allem: öffentlich) äußern. Mittlerweile kann man die BAG als *institutionalisierte Abweichung* bezeichnen, in der persönliche Betroffenheit in eine *organisierte* Kritik an der Institution überführt wurde. Bezeichnenderweise wird die BAG außerhalb der Polizei, insbesondere von den Medien, viel stärker wahrgenommen als innerhalb. Auch dies ist ein Zeichen der Institutionalisierung, denn die BAG wird stets angefragt, wenn es um einen kritischen Kommentar der aktuellen oder grundsätzlichen Polizeipolitik geht (exemplarisch dazu vgl. Bundesarbeitsgemeinschaft kritischer Polizistinnen und Polizisten 1993; Mahr 1992; Dalka, Karin: „Die mit den vielen Diszis", in: Frankfurter Rundschau v. 28.10.96 und dies.: „Kritische Polizisten warnen vor Diskriminierung", in: Frankfurter Rundschau v. 24.11.97). Eine Untersuchung der psychischen Dispositionen von Menschen, die in der Polizei opponieren, ist wahrscheinlich den gleichen Schwierigkeiten ausgesetzt wie eine Suche nach psychischen Dispositionen, die einen typischen Polizisten formen. Da dies eine eigene Frage ist, die hier nicht näher untersucht werden kann, werde ich mich mit der BAG nicht weiter beschäftigen, sondern belasse es bei dem Hinweis auf ihre Existenz und den weiteren Forschungsbedarf.

56 Ich gebe an dieser Stelle einige Überschriften aus der Frankfurter Rundschau wieder, um zu zeigen, wie sich die Wahrnehmung durch die Medien und die entsprechende Sprache im Verlauf der Jahre verändert hat. Die Berichterstattung begann mit „Polizisten als Schläger angeklagt"

komplexen Strafverfahren gegen Polizeibeamte, in dem letztlich drei Mitglieder einer BFE zunächst vom Dienst suspendiert, später verurteilt und aus dem Polizeidienst entlassen wurden. Als Folge dieses Verfahrens wurde die gesamte Einheit aufgelöst[57].

Dieses Interview werde ich etwas ausführlicher als die anderen darstellen, denn das Material eignet sich für eine weit über meinen Interpretationskontext hinausgehende Darstellung von Konflikten in der Polizei. Das Ereignis, das im Mittelpunkt des Interviews steht, die Misshandlung eines festgenommenen ausländischen Mannes, erzeugte nicht nur Medienaufmerksamkeit, sondern stellte auch das Selbstverständnis der Polizei nachhaltig infrage. Noch aufschlussreicher als die auslösende Handlung selbst war allerdings der Umgang mit den Folgen innerhalb der Organisation. Vor allem der institutionelle Umgang mit dem Diskriminierungsvorwurf ist der Grund dafür, dass ich längere Interviewpassagen als zusammenhängenden Text wiedergebe[58]. In ihnen entstehen relativ au-

---

(Frankfurter Rundschau v. 26.9.96), ihr folgte „Noch nie so krass erlebt" (Frankfurter Rundschau v. 4.10.96), wo besonders die Zeugenaussage von Udo Geißler behandelt wurde. Über das Ende der Gerichtsverhandlung wurde mit dem Titel „Bis zu drei Jahre Haft für prügelnde Polizisten" (Frankfurter Rundschau v. 10.10.96) berichtet. Im Jahr 1997 legte die Überschrift bereits einen *Gesinnungswandel* nahe: „Nach Haftstrafen jetzt Einsicht und Reue" (Frankfurter Rundschau v. 12.9.97) – dabei ging es um das Berufungsverfahren vor dem Landgericht Frankfurt, das die beschuldigten Polizisten angestrengt hatten, und in dem sie sich – im Gegensatz zur ersten Instanz – erstmals zu den Vorwürfen äußerten. In der Zwischenzeit beriefen sie sich auf eine „unzureichende (...) Einsatzvorbereitung" durch die Vorgesetzen. Hätten sie in der Erstinstanz ihr Handeln mit den strukturellen Rahmenbedingungen der Polizei begründet, dann hätte ihnen das zum einen mildernde Umstände eingebracht, zum anderen die öffentliche Diskussion über den Zustand der Polizei verschärft. Da sie aber damals schwiegen, konnte das Argument von den bedauerlichen Einzelfällen, den *schwarzen Schafen* bzw. der *individuellen Pathologie* aufrecht erhalten werden. Auf diese Weise haben sich die „schwarzen Schafe" (die für ihre Kollegen gar keine waren) in der ersten Instanz noch institutionell *nützlich* verhalten, und erst in der Folgezeit, nachdem die öffentliche Aufmerksamkeit merklich nachgelassen hatte, beriefen sie sich auf strukturelle Defizite in der Polizei.

57 Genauer handelte es sich dabei um eine Dislokation, da zwar diese Einheit zu existieren aufhörte, nicht aber die Struktur der BFE. Das Problem einer subkulturellen Normabweichung in der Polizei wurde nicht gelöst. Kurze Zeit darauf wurde die BF-Einheit am gleichen Standort wieder installiert, und zwar mit Beamten eines Standorts, der wegen der Umstrukturierung der Bereitschaftspolizei komplett aufgegeben wurde. Im Ergebnis wurde eine BFE lediglich durch eine andere ersetzt.

58 Während es über die kriminalistische Ermittlung und über den Strafprozess viel ausgewogeneres und genaueres Aktenmaterial geben dürfte, als die wiedergegebene Schilderung, scheint es über den Umgang der Polizei mit der Problematik außer den internen Ermittlungsberichten (z.B. Anhäuser 1995) nur die offiziellen Unterlagen der vorgesetzten Dienststellen zu geben. Insofern ermöglicht das abgedruckte Interviewmaterial Einblicke in *verborgene Welten* der Polizei. Was es jedoch nicht leisten kann und will, ist eine *objektive* Darstellung des Geschehens. Auslassungen, interessengeleitete nachträgliche Veränderungen der Wirklichkeit und andere subjektive Faktoren bleiben größtenteils ungeprüft. Der Text ist keine kriminalistische oder juristische *Fallrekonstruktion.*

thentische Bilder von den Handlungsbedingungen in der Polizei und der Schwierigkeit, sich als Polizist eindeutig zu positionieren. Das Interview gibt Einblick in eine polizeiliche Lebenswelt, die voller Paradoxien steckt, und die ansonsten dem öffentlichen Blick eher verschlossen bleibt. Der Text ist sicher zunächst als subjektive Rekonstruktion zu lesen. Darüber hinaus wird jedoch auch eine die individuelle Wahrnehmung transzendierende *Organisationspraxis* sichtbar, in die diese Subjektivität eingewoben ist.

> *Und dieser besagte Vorfall, der war im Oktober (1994, R.B.)?*
>
> Oktober. 12. auf 13. Oktober. Eine Woche später hab' ich's ungefähr rübergebracht zum Vorgesetzten, also so am 17. war das, nee, 19., 18., 19., ja.
>
> *Und Ihr seid den normalen RKB – Dienst gefahren oder?*
>
> Sowohl als auch... auch RKB – Dienste waren, glaub' ich, so die Mehrheit der Dienste, die du gefahren bist.
>
> *Und das war 'ne Gruppe, mit der Du Dich auskanntest, also kanntest Du die Leute, die dabei waren?*
>
> In der besagten Nacht? Nee, in der Konstellation sind wir noch nie gefahren. Die kannte ich wohl....
>
> *(unterbricht)... aber das waren auch BFE-Angehörige, (ja, ja) nur kanntest Du die nicht aus Deinem Trupp?*
>
> Nein, die waren auch nicht in meinem Trupp, die waren... aus Einsätzen hab' ich grad einmal... man kennt ja jeden eigentlich, aber Diensterfahrung speziell RKB hatte ich mit denen noch keine. .... Also ich hatte mit den Kollegen.... wir waren nicht... wir waren keine Freunde, Freunde will ich die nicht nennen, aber wir waren Kumpels gewesen, auch nach dem Dienst. Ja und dann.... zumindest in der Zeit, wo ich halt noch in der Abteilung wohnte, hat man sich regelmäßig auch nach Dienstschluss getroffen, weil alle drei glaub' ich, in der Abteilung auch geschlafen haben. Und nachdem ich dann meine eigene Wohnung hatte, war ich dann nicht mehr so mit denen zusammen.

Die Rahmenbedingungen werden knapp umrissen. Die jungen Polizisten kommen nicht aus der Gegend, sie haben eine Schlafmöglichkeit in der Polizeiunterkunft und verbringen dort ihre Freizeit während der Einsatzwochen. Man kennt sich zwar vom Sehen, hat aber keine näheren persönlichen Kontakte. Die Isolation vom gesellschaftlichen Leben kann als eine erste Bedingung für die Entwicklung subkultureller Normen genannt werden. Die Welt der Bereitschaftspolizei spielt nicht nur während der Dienstausübung, sondern auch während der Freizeit eine Rolle für die Polizisten.

Auf den Vorfall selbst kommt er anschließend zu sprechen:

Dann erzähl doch mal, wie das... was in Dir da vorgegangen ist.

Ja, was ist in mir vorgegangen? Du, ich saß da drin in dem Auto und, im ersten Moment, als das erste Mal so geschlagen wurde (..), ich saß halt vorne als Beifahrer. Und du hörst, dass da einer hinten geschlagen wird, drehst dich um, siehst das auch, da denkst du erst mal, es kann nicht sein, also der wird seinen Grund dafür haben. Er macht das ja nicht so aus Spaß, weil du ja erst mal keine Körperverletzung im Amt siehst. Du denkst ja, alles ist okay. Bin ein halbes Jahr erst dabei, die Kollegen wissen schon, was sie machen. Nur, nachdem... na ja, das halt mehrmals war und der ja gefesselt hinten saß und ich nachher gedacht habe „irgendwie... da stimmt irgendwas nicht", da hab'... fängst du dann wirklich an zu zweifeln und sagst „irgendwas läuft da schief, da hinten, und zwar gewaltig". Und dann äh, letztendlich, kriegst du das dann noch mit und denkst Dir, ja, das kann nicht wahr sein, was da hinten passiert und suchst irgendwie trotzdem noch für 'ne Rechtfertigung, aber du weißt irgendwie schon, äh, die verkloppen den da hinten und du sitzt jetzt hier vorn. Was machst du jetzt?

Hast Du das zum ersten Mal erlebt, dass ein Mensch geschlagen worden ist?

Im Polizeidienst oder...?

Oder hast Du schon öfter mal solche Auseinandersetzungen mitgekriegt?

Also in <u>der</u> Form hab' ich das erste Mal gesehen. Ich mein... klar, wenn da irgendwie einer zu dem mal sagt, „hier stell' Dich an die Wand und mach die Arme auseinander und die Beine nach hinten", und der das nicht tun will, dann packt man ihn mal härter an oder so, aber dass einem ins Gesicht geschlagen wird, so richtig, das hab' ich so noch nicht erlebt. Also das war für mich.... einer der gefesselt war und nichts tun konnte, der eigentlich alles bereit war zu tun, weil er ja auch Angst hatte; vor allem, vor den Repressalien und vor der Ohnmacht, der er halt doch ausgeliefert ist, und da hab' ich.... nee, hab' ich gesagt, dass.... dann läuft das halt nicht. Dann hat sich das halt immer so weiter zugespitzt, der hat dann offenbar die Waffe in der Hand gehabt und drückt sie dem in... in Mund rein und dann.... dann... ja da bist du im ersten Moment (schluckt) weißt du nicht, ob du heulen sollst oder ob du lachen sollst. Du weißt echt nicht, was da jetzt ist, und da war ich... ich weiß noch, das war... das hab' ich auch so ausgesagt, dass ich in dem Moment, wo er die Waffe ihm in Mund ge... gesteckt hat, dass ich da zu dem Fahrer gesagt hab, total überrascht, „der steckt dem ja die Waffe in Mund". Und, für mich war das, zum Glück, war das... und ich dann... weiß ich heute...., war das 'ne Situation, die für mich halt auch... wie soll ich sagen, auch wirklich überraschend kam, und dass ich dann auch nüchtern gehandelt habe. Ein anderer hätt', hätt' das vielleicht erst beim vierten Mal, mitbekommen oder so und für mich war das halt absolut... „was macht der da?" Ein anderer...., ja, ich sag', ich hab' da richtig gehandelt oder hab' das richtig empfunden, dass da was schief läuft und... und äh, der hat dann halt auch geflennt und, und hat dann auch geschrien vor Schmerzen teilweise auch und... und, da zuckst du dann auch mal zusammen, ja, und das ist wirklich wie in einem schlechten Film. Und, und irgendwie konnt' ich nix machen, ich hätt' ihm gern geholfen und hätt' gern diese Sachen unterbunden, aber irgendwie hast du so 'ne Angst davor, irgendwas falsch zu machen, alleine dazustehen. Es heißt ja immer, man soll, wenn irgendwas schief läuft, soll man das nicht gerade im Beisein des Gegenübers irgendwie ausdiskutieren oder so, und irgendwie, man pfuscht da auch ungern rein. Hinterher kann man drüber reden, aber irgendwie war das... für ihn wäre... wäre das schon zu spät gewesen, und rein gefühlsmäßig hab' ich mir halt immer gesagt, die sind alle schon länger dabei und was soll ich da jetzt tun, hören die überhaupt auf mich oder... oder steh' ich dann hinterher alleine da und die streiten's ab, die hätten nie was gemacht und dann steh' ich.... bin ich der Depp. Und, und da hab' ich mich dafür halt entschieden, nichts zu tun, also gar nichts, aus dem Fenster zu gucken. Und, na ja gut, das hat man mir wohl auch angemerkt und man hat mich auch begutäugelt und hat mich mal so angeschaut, „tut er was, tut er nichts, sagt er...".

(unterbricht) ...die Kollegen im Bus?

Ja. Und ich.... haben sie trotzdem weitergemacht. Ich, ich hab nichts gemacht, hab' nichts unterstützt, hab' aber auch nichts dagegen, also widersprochen. Und, das war für die halt Grund, trotzdem weiter zu machen.

Der Fahrer war der Chef?

Das war der Truppführer, ja, war der Chef. Und... na ja, die hinten... ja, die waren... die waren alle schon etwa ein Jahr, mindesten ein Jahr länger dabei als ich. Und vor denen hatte ich auch (...) Respekt, also was heißt.... was das Dienstliche angeht, auf jeden Fall. Ich war ein halbes Jahr überhaupt mal dabei. Bin noch nicht so viel RKB's gefahren, kannte mich in Frankfurt nicht aus. Deswegen ist auch der Chef gefahren. Und....

(unterbricht).... Und Ihr habt vorher auch nie über Standards der Festnahme gesprochen, also über so Dinge, die wichtig sind im Polizeidienst.

Doch, sicher. Man hat das auch geübt, indem man als Kollegen... Rollenspiele hat man gemacht, man ist.... hat... ist auf die Parkplätze gegangen, bei uns intern, und dann hat man.... der eine hat dann was einstecken gehabt, und dann haben wir halt richtige Rollenspiele.... geübt. Mit Ansprechen.... da war das natürlich klar, dass.... das war normal irgendwie, dass der dann halt durchsucht wurde, an die Wand gestellt wurde und dann durchsucht, festgenommen, und das war.... so war für mich praktisch, äh, die normale Kontrolle, so wie wir das geübt haben.

Du hast gesagt, dass Du Dich mit den Kollegen ja zum Teil auch außerhalb des Dienstunterrichts getroffen hast. Hast Du da nicht mitgekriegt, dass die irgendwie schon überreagieren, ich will sagen, spricht man da nicht auch über so Sachen, was man zum Beispiel mit den vielen Junkies machen sollte?

Doch, doch, auf jeden Fall, da... ich.... oftmals kommen da die Sprüche rüber, äh, „die gehören verschlagen", nur in dem Moment, nachdem.... das hab' ich mir auch hinterher noch so gedacht.... das nimmt man aber alles nicht so wahr, weil man das nicht für möglich hält. Klar, ich... manchmal empfindet man genauso und sagt, hier, dem gehört einfach ins Gesicht geschlagen oder so. Aber das heißt noch lange nicht, dass ich das tun würde und auch, dass ich das wirklich ernst mein'. Das ist nur manchmal die Aggression. Und so hab' ich das auch verstanden. Die sind aggressiv, die sind auch schon länger dabei, da ist ein bisschen Frust und, ich kenn' mich nicht aus, vielleicht haben die wirklich... manchmal hab' ich so das Gefühl gehabt, sucht man nur für einen.... die werden manchmal, auch wenn sie nichts getan haben, in so 'ne Beschuldigtenrolle reingesteckt, die ganzen Ausländer oder die ganzen Dealer, die ganzen Junkies, die werden alle eben verurteilt und (2'P) ich da auch mitgeschwommen, ich hab' da auch mit Sicherheit meine Witze gemacht oder hab' dazu genickt und gesagt, „ja, klar, dem gehört's nicht anders". Aber mit Sicherheit hab' ich das äh, nicht registriert, was ich da eigentlich damit sage. Man hat sich da... das war auch so ein Gruppenzwang. Ja, warum soll ich jetzt widersprechen. Warum soll ich jetzt alles andere sagen. Und da... aber in dem Moment war ich da live dabei, hab' ich gemerkt, da läuft das (...), von dem, was er also immer gesagt hat, das hat er jetzt gemacht. Und da hab' ich gemerkt, „nee, das ist genau das, was ich nicht will". Und da wurde mir klar, „das kannst du nicht so hinnehmen". Das ist, das ist... schon alleine aus dem Bauch heraus. Das war das Schlimmste. Das war schlimmer als der Hundertdreiundsechzig[59], sag ich mal. Weil der... gut, was, was der Vorgesetzte nicht weiß, das macht ihn nicht heiß, das kann ich auch verheimlichen. Aber das Schlimmste ist, ich muss damit fertig werden. Und als der eine äh, der dritte Geschädigte, der, der Letztere, als der mir gegenüber saß und hat geheult und hat, hat mit seinem ausländisch gesagt, in seinem Dialekt, äh, „was macht Ihr nur mit mir, was macht Ihr nur mit mir. Ich hab' Euch doch nichts getan". Da hab' ich gewusst, also dass es .... in so 'ne Situation will ich nie wieder reinkommen. Und da hab' ich aus dem Fenster geguckt, dem konnt' ich nicht in die Augen gucken. Weil ich gewusst hab', das ist, das ist Ohnmacht, absolut. Und in dieser Situation möchtest du nie stecken, auch wenn du mal im Ausland bist und dich hauen sie so her.

Du hast eben von Deiner Ohnmacht gesprochen. Wie war das genau?

Ich war (auch) ohnmächtig, weil ich nichts gemacht hab'. Ich war... ich hab' das hingenommen. Nur hab' ich mich für mich dann hinterher entschieden, ich mach' irgendwas, das lass' ich nicht zu. Zumindest für die Zukunft, für den Abend hab' ich's schon zugelassen. Logisch, hätt' ich irgendwas gesagt, die hätten für den A-bend mit Sicherheit aufgehört. Da hab ich mir das... ging mir das oftmals durch den Kopf. Na ja gut, und dann? Was mach' ich dann? Dann bin vielleicht.... dann fahr' ich nie wieder mit denen zusammen, da kommt nichts Ganzes dabei raus und, ja dann steh' ich da und dann bin ich das schwarze Schaf. Und hinterher war mir das

[59] Gemeint ist § 163 StPO; er gibt vor, dass Polizeibeamte *alle Straftaten*, die sie beobachten, verfolgen bzw. anzeigen müssen, also auch Straftaten von Kollegen während der Dienstausübung (zusammengefasst unter dem Terminus „Legalitätsprinzip").

eigentlich sogar recht, dass ich das dann erst... denk ich mal 'ne Woche her, aufgedeckt hab' oder ins Rollen brachte, dass das dann wirklich.... Nägel mit Köpfen gemacht werden konnten und die dann richtig drankamen und nichts mehr vertuscht werden konnte. Hätt' ich ihnen das in dem, in dem selben Abend noch an die.... gesagt, „hier hört zu, was Ihr da macht ist Scheiße, ich will da nicht mitmachen". Da hätten die aufgehört und ich wär' das... der schwarze Peter gewesen. Und, das wollt' ich auch nicht, das geht.... genau davor hab' ich eigentlich Angst gehabt, irgendwie Außenseiter zu sein. Man will ja... als Polizeibeamter muss man ja zusammenarbeiten und nicht alleine... der allein agierende Polizeibeamte ist der... genau das, was nicht gewollt wird, ja, und das, das will ich nicht.

Wem hast Du Dich zuerst anvertraut?

Diana[60], die wär' sowieso... also ich kam Donnerstag um sechs aus dem Nachtdienst und wir hatten uns für abends verabredet. Sie ist von X. nach, Y., äh, nach Z. gefahren, abends um sechs war sie bei mir. Und ich fang dann so langsam an, „hier der Dienst heute war auch nicht...." oder „der letzte Nachtdienst war heute, den wir hatten, der war auch nicht so toll", hab' ich gemeint. Ich hab' das irgendwie noch gar nicht richtig registriert. Ich hab' nur gewusst, da war irgendwie was Scheiße gelaufen. Und dann sagt... ja, und weil's halt auch 'ne Kollegin ist, äh, haben wir halt darüber geredet, so normal, „ja was ist denn nun", hat sie so gesagt und „erzähl mal". Und da hab' ich halt so von Anfang an erzählt. Und da... und dann hab' ich... ja, also noch nichts vom Dienst erzählt, sondern, was mich so allgemein bedrückt, und da hab' ich gemeint, „ja, und dann hat der eine Kollege sogar im Dienst heute dem die Waffe...." das war so mein Highlight, das hab ich als erstes erzählt, äh, „dem die Waffe in 'n Mund gesteckt". Und dann guckt sie <u>mich</u> so an und ich guck <u>sie</u> so an und dann äh, wusst' ich aufgrund ihrer Reaktion „hoppla, da ist eigentlich viel mehr passiert, als ich jetzt überhaupt die ganze Zeit schon registriert hab',„ ja, also das, das da jetzt wirklich was passieren muss, dass ich da nicht eingeschritten bin, das war schon, schon heavy, und, und... aber jetzt muss aufgrund der <u>ersten</u> Reaktion eines Außenstehenden äh, hab' ich gemerkt, „oh, das ist doch ein Riesending gewesen, eigentlich, ne". Und dass ich eigentlich nicht mehr drumrum komm'. Und dann hat sie noch mal so drüber geredet, ja, und dann... ja, wollten wir unbedingt, also sie hat gesagt, „hier ich leg Dir nur nahe, das musst Du wissen", das hat sie so gesagt, weil sie wollte, dass das von mir aus kommt, und dann hab' ich... hab' ich gesagt, „nee, wir müssen was machen". Und dann hat sie gesagt „gut, das... so seh' ich das auch. Gehen wir über'n obersten Chef, über die Schiene". Weil ich wollte irgendwie... hatte Ängste, ja, Freunde zu verlieren, äh, Kollegenkumpels und da halt der schwarze Peter zu sein, dann letztendlich doch. Und da wollt' ich das auf anonymer Basis machen und... was nie gegangen wäre. Wär' nie gegangen. War mir

[60] Diana, eine Kollegin von Udo Geißler, die er seit der Zeit an der Polizeischule kannte, kann man wahrscheinlich als seine freundschaftliche *Vertraute* bezeichnen. Sie kannte den internen Dienstbetrieb, ohne in ihn verstrickt gewesen zu sein, denn sie arbeitete bei einer vorgesetzten Dienststelle von Udo Geißler.

auch klar, dass ich.... ich hab' mir da selbst was vorgemacht, ich wollte nur den Einstieg so äh schaffen und äh mir was vormachen und...

(unterbricht) ... ja, auch bisschen Zeit gewinnen....

(unterbricht) ja genau, genau. Zuerst.... klar, so schichtweise den Druck abzulassen. Und dann ist es halt.... hat's nicht geklappt. Und dann bin ich dann selber zu meinem Zugführer gegangen und hab' das dem erzählt und....

(unterbricht) ... wie hat der reagiert?

Also der war wirklich getroffen, der... der war halt.... na ja, ich mein, gut, aufgrund dessen, dass er... dass man mit ihm seine Spielchen so.... ich meine, man hat den oftmals auch verarscht. Er war halt nicht der Einheitsführer, der... vor dem man Respekt hat, der Autorität hat. Der, der wurde halt oftmals, ja wirklich verarscht, mehr kann man eigentlich nicht dazu sagen. Und dementsprechend war er jetzt auch wie vorn Kopf geschlagen. Der war.... also der hätte vor dem Gespräch hätte er noch schwören können, in seiner Einheit passiert so was nicht. Danach war er halt wirklich fertig, war bedrückt, enttäuscht und ging das halt sofort nach oben. Und das hab' ich dem auch so abgenommen.

Der hat dann was geschrieben dazu oder wie lief das?

Nee, der ist, wir sind, das ging erst alles mündlich. Zum Hundertschaftsführer, Abteilungsführer, Kripo, das war dann der Gang.

Udo Geißler ist durch sein Erlebnis zu einer *öffentlichen Person* geworden. Das häufige Erzählen half ihm möglicherweise bei der Bewältigung des Erlebten. Bezogen auf unser gemeinsames Arbeitsbündnis heißt das, dass er die Situation wahrscheinlich auch benutzte, um auf ähnliche Weise in seiner Entscheidung bestätigt zu werden, wie es seine Freundin Diana getan hatte und wie sie ihm auch von offizieller Seite der Polizei gegeben wurde. Meine Gegenübertragungsreaktion wies in diese Richtung: Ich wollte ihn bestärken, ihm signalisieren, dass ich sein Dilemma, seine Selbstzweifel und schließlich seine Entscheidung gut verstehen konnte. Ich verstand, dass er in der Situation im Bus nicht intervenieren konnte. Ich identifizierte mich so stark mit Udo Geißler, dass ich mich selbst dort sitzen sah als einen Polizisten, der noch alles vor sich hat, der überzeugt ist, dass er einen guten Job macht, und dem plötzlich bewusst wird, dass er in einem Handlungszusammenhang steckt, der ihn nicht weiter „unschuldig“ bleiben läßt. Mit meinem Wunsch, ihn zu unterstützen, reagierte ich unbewusst auf seine Suche nach Bestätigung, denn offenbar war er sich immer noch nicht sicher, dass seine Entscheidung akzeptiert wurde. Für die meisten der Kollegen wurde er zum „schwarzen Schaf“ bzw. zum „Kameradenschwein“ und er war auf Bestätigung von außen angewiesen. Ich konnte mich insofern gut in ihn einfühlen, als ich spürte, wie er zwei normative Ansprüche miteinander verglich, denen er beiden nicht ganz genügte: Weder war er so konsequent, dass er die Handlung gleich unterbunden hätte noch hat er seine Kameraden gedeckt. Er bewegte sich zwischen zwei Welten, beiden gegenüber musste er sich rechtfertigen.

Gegenüber Vorgesetzten und der Öffentlichkeit muss er sein Zögern vor der Offenlegung begründen, gegenüber seinen statusnahen Kollegen muss er begründen, warum er überhaupt etwas gesagt hat.

Wahrscheinlich hat er alle Sätze schon so oder ähnlich präsentiert. Seine Schilderung ist *eine Wahrheitsbehauptung*, die ich annahm. Es ging mir ja nicht um eine *Tatsachenrekonstruktion* wie vor Gericht, sondern um *seinen* Text, d.h. darum, was er daraus gemacht hat, und was er nun bereit war, mir in diesem speziellen setting anzubieten.

Man wird Udo Geißler nicht als *abgebrüht* oder *mit allen Wassern gewaschen* bezeichnen können[61]. Er hat vor diesem Ereignis noch nie gesehen, dass Menschen von Polizisten bewusst misshandelt worden sind. Seine bisherigen Erfahrungen mit körperlichen Auseinandersetzungen konnte er in sein moralisches Gerüst einbauen. „Härter anfassen", wenn jemand nicht hören will, das war mit einer humanistischen Grundhaltung noch zu vereinbaren. Eine Wahrnehmungsschwelle bestand darin, dieses „härter anfassen" als Übergriff, als Körperverletzung, als Misshandlung, als Folter zu identifizieren. Aus der Distanz heraus erscheint das klar, aber er befand sich inmitten einer Handlungsdynamik, von der er sich nicht distanzieren (und darüber nachdenken) konnte. Er befand sich in einem für Polizisten typischen Dilemma: Sein Maßstab von Normalität und Abweichung geriet durcheinander. Es gelang ihm nicht mehr, die Abweichung bewusst wahrzunehmen und zu begreifen, dass er mit seinen Normalitätskonstruktionen nicht mehr weiterkam, dass er nicht mehr so tun konnte, als sei nichts gewesen[62]. Er war dabei, sich in jedem Fall *die Hände schmutzig* zu machen:

---

[61] Eindruck, dass man Geißler nicht als *abgebrüht* bezeichnen kann, beruht im wesentlichen auf meiner subjektiven Wahrnehmung, die sich durch die Interpretation der Interviewpassagen ergab (z.B. als er sagt, noch niemals vorher gesehen zu haben, wie ein Mensch zusammengeschlagen worden sei) und die sich mit meiner Beobachtung im Handlungsfeld der BFE deckte.

[62] Die Konstruktion von *Normalität* bei Polizisten ist, wie bereits deutlich wurde, mit den Normalitätskonstruktionen anderer Menschen nicht zu vergleichen. Goffman (1994, 20 ff.) bezeichnet *Normalität* als Bestandteil der öffentlichen Ordnung und sieht sie als gegeben an, wenn neben der situativen Angemessenheit und der Verfügbarkeit über Handlungsressourcen auch ein gewisses Maß „höfliche Unaufmerksamkeit" (civil inattention) möglich ist, also eine Form von taktvoller Gleichgültigkeit (wir sehen das bei fast jedem Freiluftkonzert, wenn *vor* der Bühne ein Mensch sich zu produzieren beginnt und unsere Aufmerksamkeit von der Darbietung *auf* der Bühne ablenkt; meistens toleriert dies das Publikum bis sich der Mensch ausgetobt hat und geht). Höfliche Unaufmerksamkeit ist daran geknüpft, dass keine Territorien verletzt werden (Goffman 1994, 21 f.). Dieses Alltagsverhalten ist bei Polizisten suspendiert. Sie müssen in ihrem professionellen Handeln die Situation und den Raum nicht nur überwachen, sondern auch *aktionsbereit*

entweder mit der Duldung einer Misshandlung oder mit dem Verrat an den Kollegen.

Das Handlungsmuster, das dieses Dilemma erzeugt, heißt: Polizeiliches Handeln ist legal und legitim, was wir tun, ist rechtens (Zif. 5.2.1). Dieses Handlungsmuster ist funktional notwendig, um die Gewaltsamkeit von Polizeibeamten sowohl zu ermöglichen als auch zu begrenzen, denn Polizisten handeln, wenn sie Gewalt anwenden, immer in einer exklusiven Situation. Die *Gewissheit,* dass alles mit rechten Dingen zuging, wurde mindestens für Udo Geißler zerstört (möglicherweise dachten die drei Täter weiterhin, dass diese Behandlung angemessen sei).

Er zweifelte zunächst an seiner eigenen Wahrnehmung, nicht an der Unrechtmäßigkeit der Handlung der anderen. Selbst nachdem er sicher sein musste, dass das, was er gerade miterlebte, nicht mehr „normal" war, zögerte er. Geißler hatte Angst vor dem Alleingang, da er von der Wirksamkeit eines anderen Handlungsmusters wusste: Was wir tun, tun wir gemeinsam, wir sind eine Gefahrengemeinschaft, wir halten zusammen (vgl. Zif. 5.2.2). Dies wird, wie alle Handlungsmuster, nicht angeordnet, sondern es wird vollzogen und vorgelebt. Auch dieses Handlungsmusters ist oft nützlich, manchmal überlebenswichtig, in der Regel verhindert es jedoch ebenso den *Alleingang* und die Opposition. Die Angst davor, ausgegrenzt zu werden, wirkt für Udo Geißler stärker als der Wunsch, die Szene zu unterbrechen. Zu dem eben erwähnten Handlungsmuster gehört der Zusatz: Keine gegenseitige Kritik in der Öffentlichkeit. Dieser Zusatz verpflichtet ebenfalls. Letztlich fühlt sich Herr Geißler ja auch deshalb paralysiert.

Während im hinteren Teil des Wagens ein Mann misshandelt wurde, suchte er für sich nach neutralisierenden und entlastenden Argumenten, um die aufkommenden Gewissensbisse zu beruhigen. Das Vertrauen in die längere Diensterfahrung der Kollegen war brüchig. Er hatte vor allem Angst, als Neuling nicht ernst genommen zu werden, die Praxis der anderen wog für ihn zunächst schwerer als seine eigene moralische Überzeugung und seine Skrupel. Kurze Zeit konnte er sich damit beruhigen, dass sie – da sie schon länger dabei waren – besser wussten, was sie taten. Seine innere Auseinandersetzung setzte für die anderen aber falsche Signale: Sie interpretierten sein „aus-dem-Fenster-schauen" als implizite Zustimmung, sie konnten darauf vertrauen, dass das, was man gemein-

sein (und wenn es sein muss, fremde Territorien verletzen). Auch diese *Aktionen* (z.B. eine Personenkontrolle oder eine Festnahme, eine spontane körperliche Auseinandersetzung) begründen Routinen, sie werden *normal*, jedoch nur für Polizisten. So ist das Anlegen von Handfesseln nach einer Festnahme ein durchaus routinierter und *normaler* Vorgang für sie. Für denjenigen, der spürt, dass er jetzt wehrlos ist, ist dies völlig anders, ebenso wie für den Passanten, der gerade in dem Moment hinzukommt, in dem die Beamten den Mann abführen und er sich dagegen sträubt.

sam tut, auch gemeinsam zu verantworten sei. Wer dabei war, hat mitgemacht (der Volksmund kennt das auch).

Eine situativ-stressinduzierte Überreaktion der Beamten scheidet wahrscheinlich als Erklärungsrahmen aus. Die in Rede stehende Handlung war, wie die meisten Maßnahmen im RKB-Programm, eigeninitiiert, die Beamten kontrollierten nach eigenem Ermessen mehr oder weniger viele Personen, und das mehr oder weniger intensiv. Sicherlich bewegten sie sich in einem schwierigen und psychisch belastenden Arbeitsfeld. Das trifft aber für andere Berufe ebenfalls zu. Die Menschen, mit denen Polizisten im RKB-Dienst zu tun haben, können für die Diskriminierungspraxen ebenso wenig verantwortlich gemacht werden wie die anderen widrigen Umstände der Arbeit. Immerhin handelt es sich dabei um polizeiliche Dauerkonflikte und sie gehören zum Kernbestand polizeilicher Arbeit. Was menschlich verständlich erscheint, ist professionslogisch noch lange nicht in Ordnung.

Was vielmehr deutlich wurde, ist dreierlei: Zum einen die Unfähigkeit der Organisation, ihre Mitglieder auf diese Einsätze adäquat vorzubereiten, zum zweiten die Unfähigkeit, den Anzeigeerstatter wirkungsvoll zu schützen und zum dritten die Unfähigkeit der Polizisten, zwischen Täter und Tat zu unterscheiden.

Die Beamten wollten (wie sich später bei der gerichtlichen Verhandlung zeigte) von dem Mann die Herausgabe vermuteter Drogen erzwingen. Sicher waren sie mit anderen Mitteln in der Vergangenheit des öfteren gescheitert. Dies frustrierte sie offensichtlich derart, dass ihnen die Relation zwischen Mittel und Zweck abhanden kam. Es dominierten offensichtlich die Normen in dieser Gruppe vor der individuellen Rechtmäßigkeitsprüfung.

Das Dirty Harry-Problem des Polizisten

Was Polizeiarbeit so schwierig macht, ist die Tatsache, dass street cops sozusagen *im Dienste* des Gewaltmonopols in Handlungen verstrickt werden, die sie nicht bürokratisch einwandfrei lösen können, dass sie sich einlassen (müssen) in einen Handlungszusammenhang, der in manchen Fällen Kriminalität benannt wird, in anderen Diskriminierung. Klockars (1980, 37) hat dieses Dilemma das Dirty Harry-Problem genannt:

> „The troublesome issue in the Dirty Harry problem is not wether und some utilitarian calculus a right choice can be made, but that the choice must always be between at least two wrongs. And in choosing to do either wrong, the policeman invevitably taints or tarnishes himself."

Unter den Polizisten gibt es diejenigen, die mit ihren *guten Absichten rechtswidrige Handlungen begehen* und rechtfertigen[63] und solche, die trotz ihrer *schlechten Absichten* die *guten Ziele* der Organisation erreichen. Beide Haltungen erzeugen im Alltag der Polizei nicht unerhebliche Probleme. Die erste Variante wird in dem Interview ausgiebig behandelt, die zweite Variante, das Erreichen *guter Ziele* mit *schlechten Absichten*, schließt an mein Argument an, dass Handlungen erst innerhalb eines normativen Kontextes klassifiziert werden können. So kann hinter der häufigen Kontrolle junger ausländischer Männer durchaus eine Haltung von Fremdenfeindlichkeit stehen, gleichzeitig aber die Festnahmestatistik der Dienststelle anheben und deshalb erwünscht sein bzw. sogar gefördert werden.

Skolnick (1966) fasst dieses Dilemma so zusammen:

> „... He (the policeman) sees himself as a craftsman, at is best, a master of his trade ... [he] draws a moral distinction between criminal law and criminal procedure. The distinction is drawn somewhat as follows: The substantive law of crimes is intended to control the behavior of people who wilfully injure persons or property, or who engage in behaviors having such a consequence, such as the use of narcotics. Criminal procedure, by contrast, is intended to control authorities, not criminals. As such, it does not fall into the same *moral* class of constraint as substantive criminal law." (Skolnick [1966], zitiert nach Klockars [1980], 46, Hervorhebung dort)

Skolnick führt seine Argumentation mit einem Beispiel fort: Wenn ein Polizeibeamter (in seiner Freizeit) Drogen nimmt oder stiehlt oder sich prügelt, dann werden höchstwahrscheinlich auf ihn die gleichen Standards der Strafverfolgung angewendet werden, wie auf jeden anderen Bürger. Werden Gesetze aber zur erfolgreichen Dienstausübung übertreten, wird dies in einem anderen Bewertungsmaßstab betrachtet. Klockars konstatiert:

> „What troubles Skolnick about his craftsman is his craft. The craftsman refuses to see, as Sklonick think he ought to, that the dirty means he sometimes uses to achieve his good ends stand in the same moral class of wrongs as those he is employed to fight". (Klockars 1980, 46)

Die meisten Polizisten können ihre Arbeit nicht *erfolgreich* erledigen, wenn sie sich ausschließlich an alle möglichen Regeln halten. Die „Dirty-Harry-Polizisten" wissen, dass sie niemand versteht, der nicht auch *street cop* ist wie sie. In einigen Fällen (die sich nicht jeden Tag zutragen, die sich aber stets ereignen

[63] Hierunter fällt insbesondere die Anwendung verbotener Vernehmungsmittel, um das Geständnis eines Verdächtigen zu erlangen, von dessen *Täterschaft die Beamten überzeugt* sind (respektive die Herausgabe von Drogen, von deren Vorhandensein sie überzeugt sind).

können) kommt es zu quasi *vorprogrammierten menschlichen Katastrophen*, wie sich eine im besprochenen Interview ereignete.

In der oben beschriebenen Szene zelebrieren die Polizisten ihre Überlegenheit und demonstrieren die Unterlegenheit und Handlungsunfähigkeit des (männlichen) Gegners. Dies gehört zu den Degradationsritualen unter Männern, sie dienen dazu, dass aus einem *Konkurrenz-Mann* ein unterlegener, einen *Nicht-Mann* wird.

Für Udo Geißler ist die Grenze des Zulässigen überschritten worden, und der Konflikt ergibt sich aus dem Umstand, dass sein eigenes Normenverständnis von dem der anderen Kollegen dramatisch abweicht. Dies verdeutlicht eine andere Stelle des Interviews:

> *Meinst Du, die anderen waren schon durch Frankfurt geschädigt?*
>
> Ja, doch, auf jeden Fall. Also zumindest ein paar auf jeden Fall, die.... doch also ich würd' sagen, ein absoluter Frust. Nur Frust, in neunundneunzig Prozent nur mit Ausländern zu tun zu haben, dann äh, Frust halt diesen RKB-Dienst, diesen Früh-, Nacht-, Spät-, gab's ja damals noch, diese unregelmäßigen Dienste, und dann halt, ja, einfach Frust, jemanden zwei Stunden später, nachdem man ihn festgenommen hat, wieder auf der Straße zu sehen, ja und dann.... das ist ständige Verarscherei. Und äh, die hatten das auch schon länger gemacht. Und dann natürlich auch so ein bisschen, ja, „wir haben heute siebzehn Gramm, Ihr habt nur drei Gramm" oder so, weißt Du, so ein bisschen für die Statistik zu arbeiten. Da gab's auch... hab' ich auch mitgekriegt, dass es da stets so bisschen mit anderen Abteilungen, mit anderen Einheiten gab, die haben... gibt ja auch so 'ne monatliche Bilanz, welche Einheiten was sichergestellt oder festgenommen hat oder... und da wollte man schon stets mit oben dabei sein. Und es gab dann auch... im Geschäftszimmer hat man dann irgendwie so ein mündliches Lob empfangen oder so, das so nicht offiziell war, sondern man wusste einfach, wenn man eine Festnahme getätigt hat, dann kommt irgendwann mal einer auf einen zu und es wird halt auch registriert und, na ja, von dem... ja, es, es tut, es tut einen dann auch anstecken. Das... klar, logisch, das ist ja dann auch... Erfolgserlebnisse. Nur, wenn man halt nur noch Festnahmen machen will oder nur noch Sicherstellungen machen will um jeden Preis, um dann halt irgendwo nach außen hin jemand zu sein, ich weiß es nicht.

Udo Geißler kennt die gängigen Argumentationsmuster und eignet sie sich selbst an: die Arbeit ist frustrierend, da die Leute nicht eingesperrt werden. Die des öfteren vorgetragene Frustrationshypothese bezieht sich darauf, dass die Polizisten Menschen hinter Schloss und Riegel bringen wollen, die anderen Instanzen dem aber nicht folgen. Dem Rechtsverständnis der Justiz setzen Polizisten ihr eigenes Wertesystem entgegen. Sie führen eigene *Hit-Listen* und konkurrieren untereinander um den Ruf, die erfolgreichste BFE zu sein[64]. Das kann nur in einem Organisationsklima gedeihen, das sich gegenüber anderen Bewertungen von Polizeiarbeit isoliert. Es sind wieder die älteren Männer (die nicht mehr in den Mannschaftswagen, sondern in Geschäftszimmern, also im *Warmen* sitzen), die den Jungen die *Gütesiegel* verleihen.

Als normative Instanz für street cops gelten die *eigenen Leute* aus der *Bereitschaftspolizei.* Sie sind in der Lage, die jungen Beamten anzuspornen, sie in eine selbst erzeugte Repressionsspirale, in der es nur um Festnahmen und Sicherstellungen geht, zu treiben (vermutlich mit positiven, vielleicht auch mit negativen Sanktionen). Polizei und Justiz könnten ganz gut auf die Vielzahl der sichergestellten *geringen Mengen* Drogen verzichten, ebenso wie auf die wiederholte Festnahme von Kleindealern, die nur statistisch erfasst werden. Nicht so die Polizisten: für sie ist die *Zählung der kleinen Fische* ein Teil ihrer beruflichen Identität. Die derzeitige Praxis gesteht der Polizei keinen eigenen Ermessensspielraum zu, das Verfahren kann erst durch die Staatsanwaltschaft gestoppt werden. Dies führt zu der paradoxen Situation, dass die street cops mit hohem persönlichem und bürokratischem Aufwand etwas in Gang bringen müssen, von dem sie genau wissen, dass es bereits von der ersten justiziellen Instanz wieder abgebrochen werden wird. So werden individuelle Frustrationserfahrungen institutionell hervorgebracht und perpetuiert, und es erklärt sich niemand für die Abschaffung oder Bearbeitung dieser Paradoxie zuständig.

Bürokratisch sind Polizisten zur Verdachtschöpfung nicht zu verpflichten, sie müssen deshalb anderweitig vom Sinn ihrer Arbeit überzeugt sein. Dieser Sinn speist sich nicht aus der Rationalität der Drogenfahndung des Fachkommissariats oder der Strafprozessordnung. Verdachtschöpfung verläuft entlang der

64 Die BFE, die ich seinerzeit begleitete, machte (damals) im Vergleich zu der hier in Rede stehenden auf mich den Eindruck, als wären in ihr solche Übergriffe nicht möglich gewesen, vor allem, weil sie sich an dieser Art von Wettbewerb nicht beteiligte (es war schon über das Klima in der *delinquenten* BFE einiges kolportiert worden, nicht zuletzt durch Udo Geißler selbst, der ja früher dort gearbeitet hat). Dies wurde ihnen von der Leitung immer wieder mahnend vorgehalten, und das Selbstbewusstsein dieser Einheit speiste sich geradezu aus der Differenz zu der Nachbareinheit und der Entwicklung einer Professionalität, die *Humanität* mit einschloss. Ich schränke meine Wahrnehmung deshalb auf die damalige Zeit ein, weil ich davon überzeugt bin, dass das Gruppenklima nachhaltig durch die beiden Einheitsleiter bestimmt wurde. Während meines Feldaufenthalts, besonders während der RKB-Einsätze in Frankfurt, waren der Einheitsleiter oder sein Vertreter ständig mit den einzelnen Streifenteams in Verbindung. Damit war natürlich die soziale Kontrolle über die einzelnen Trupps verbunden. Das war möglich, da von der Leitung glaubhaft ein ausgewogenes Maß von Unterstützung und Kontrolle angeboten wurde, dessen Parameter transparent waren: Fachliche Mängel oder Unsicherheiten wurden gemeinsam behoben, Übergriffe wären aber in dieser Konstellation nicht gedeckt worden. Mit einer personellen Veränderung der Leitung (die mittlerweile eingetreten ist) verändert sich zwingend das Klima innerhalb der BF-Einheit. Zu naivem Glauben an die übergriffssicheren Strukturen in der Bürokratie gibt es nach meiner Erfahrung wenig Anlass.

Werte der street cops, und zwar in der Modifikation der Subkultur der Bereitschaftspolizei. In ihrem Mittelpunkt steht die Darstellung von (männlicher) Überlegenheit, es geht des Weiteren um Kontrollbedürfnisse, um Disziplinierung, um das Einfordern von Unterwerfungsgesten und um das Sammeln der kleinen *Trophäen* aus dem Drogenmilieu – die geringen Drogenmengen gehören dazu. Der ein oder andere sieht nach einer Weile nicht mehr ein, wegen eines einzigen Crack-Steinchens oder einer winzigen Menge Cannabis einen Vorgang mit einigem bürokratischen Aufwand zu schaffen und wirft die Sachen weg oder bewahrt sie bei sich auf.

Durch die Verpflichtung auf eine mehr oder weniger frustrierende Kleinarbeit werden die Beamten permanent von einem größeren Verständnis ihrer Aufgaben abgeschnitten. In diesem Klima etablierte das hier geschilderte *eigene Normensystem*, mit dessen Hilfe sie die tägliche Kleinarbeit durchhalten konnten.

Die Justiz baut unabhängig von diesen Erfahrungen und dieser Praxis ihren Ruf aus, durch eine großzügige Einstellungspraxis zur Liberalisierung der kommunalen Drogenpolitik beizutragen, jedoch geschieht das zu Lasten der handarbeitenden Polizisten. Diese haben letztlich nur zwei Möglichkeiten: Entweder sie üben sich im *Wegsehen* und bleiben passiv oder sie versuchen, so schnell wie möglich diesen Arbeitszusammenhang zu verlassen und die Dienststelle zu wechseln.

Bezeichnenderweise werden *alle* Berufsanfänger in diesen Einheiten (nicht nur die in der aus Freiwilligen bestehenden BFE, sondern auch diejenigen in den regulären Einsatzeinheiten der Bereitschaftspolizei) zum RKB-Dienst herangezogen, was dazu führt, dass zu Beginn einer Berufslaufbahn Erfahrungen gesammelt werden, die insgesamt untypisch für die Polizeiarbeit sind. Das Handlungsfeld *Drogen* gilt als eines der schwierigsten und unangenehmsten in der Polizeiarbeit. Dort machen junge Menschen erste Berufserfahrungen in einem sozialen Zusammenhang, in dem beispielsweise der Begriff *Ausländer* fast ausschließlich im Kontext mit *Straftaten* oder *Kriminalität* verwendet wird. Viele nehmen ihre Erfahrungen später mit in andere Arbeitszusammenhänge. Das geografisch begrenzte Frankfurter Drogenmilieu wird auf diese Weise zum *institutionellen Nadelöhr* für die berufliche Sozialisation einer (bzw. mehrerer) Generation(en) von Polizeibeamten[65].

[65] Diese Besonderheiten gibt es in der Geschichte der bundesdeutschen Polizei öfter, man denke etwa an die Generation von Polizeibeamten, die ihre ersten beruflichen Erfahrungen in der Terrorismus-Phase oder während der Startbahnauseinandersetzungen gemacht haben. Sie wurden dort ebenfalls mit Bildern und Erfahrungen konfrontiert, die zu einem deutlich einseitigen Berufsbild führten. Gleichwohl dürfte der Verweis auf die großen gesellschaftlichen Konflikte zur Konstitution einer Berufsmoral nicht ausreichen, denn Erfahrungen mit schwierigen Menschen in schwierigen Situation machen Polizeibeamte oft.

Udo Geißler bezieht sich darauf, was er während der Ausbildung bei der BFE geübt und gelernt hat. Doch das, was im geschützten Raum der Ausbildungsstätte geübt werden konnte, reicht für die Bewältigung realer Konfliktsituationen offenbar nicht aus.

Weiter unten wird deutlich, wie stark er sich mit dem Opfer identifizierte. Er sah sich selbst in der Lage eines Ausländers, der in einem fremden Land unterwegs ist, und der dort von der Polizei misshandelt wird. Als Polizist empfand er die Ohnmacht desjenigen, der dazu da ist, Opfer zu schützen, gleichzeitig identifizierte er sich mit der realen Ohnmacht des Opfers. Das Schlimme für ihn war, dass er damit alleine fertig werden musste, es konnte ihm niemand in dieser Situation helfen oder ihn von der Verantwortung für seine Passivität befreien. Dieses Bewusstsein von *Schuld* leugnet Geißler nicht. Seine Nichtintervention, seine Passivität beschämt ihn.

Wie es dazu kam, erklärt er sich teilweise selbst. Er unterlag einem weitverbreiteten kognitiven Trugschluss, der darauf beruht, dass es eine Differenz zwischen Reden und Tun gibt. Er wusste, dass die Kollegen Dinge sagten, die er am liebsten nicht gehört hätte. Er hoffte, dass es sich dabei um *Sprüche* handelte, die nie wahrgemacht würden. Er nahm (wie viele) an, dass nicht alles so gemeint sei, wie es gesagt wurde, und wenn es so gemeint war, dann nicht in die Tat umgesetzt werden konnte, weil es ausreichende Überwachungsinstanzen gab. Letztlich gibt es aber keine Garantie für diese Annahme, sie bleibt allzu oft ein aufrichtiger Wunsch.

In der beschriebenen Situation musste er nun realisieren, dass seine Annahme von der Trennung zwischen dem Reden und dem Tun sich nicht bestätigte. *Das Reden der Kollegen war mit ihrem Handeln identisch.* Udo Geißler beruft sich jetzt auf eine ethische Instanz, die jenseits von Recht und Gesetz liegt, er bezieht sich auf sein Gewissen. An einer sofortigen Intervention hinderte ihn die Vorstellung, von den anderen als *schwarzes Schaf* etikettiert und als Außenseiter stigmatisiert zu werden. Wie sich später zeigte, blieb ihm das nicht erspart, er benötigte jedoch zunächst Zeit zur Vorbereitung und Festigung seiner Entscheidung.

Im Interview setzte er sich intensiv mit der Frage auseinander, warum er nicht sofort handeln konnte. Er hatte lange Skrupel, sich unkollegial zu verhalten. Die Passivkonstruktion („genau das, was nicht gewollt wird“) weist darauf hin, dass Udo Geißler von Handlungsmustern spricht, die er gar nicht mehr bestimmten Personen zuschreibt. Offenbar spricht er vom *Handeln wie üblich*, von der Tradition, die er so und nicht anders kennen gelernt und internalisiert hatte. In der Tat fällt es schwer zu bestimmen, welche Akteure denn genau verhindern, dass Polizeibeamte *alleine agieren*. Für das Zusammenhalten sprechen Beweisführungsgründe, Eigensicherung, Arbeitserleichterung, Kooperation zur Sicherung bzw. Erhöhung der Arbeitsqualität. In seiner Formulierung kommt eine zweite Bedeutung zum Ausdruck: Die Kooperationspflicht hält Individualisten in Schach, sie verhindert bzw. erschwert Eigenverantwortlichkeit und Selbständigkeit, sie erschwert die Entwicklung einer eigenständigen Moral und einer sofortigen Intervention gegen Übergriffe. Sie bindet die Kollegen aneinander, sodass Kritik schwer fällt und Aufrichtigkeit leicht als *Verrat* interpretiert werden kann. Die Ambivalenz zwischen Zugehörigkeit zur Gruppe und korrekter Dienstausführung spitzte sich in dieser Übergriffs-Situation so weit zu, dass sie ihn handlungs- und entscheidungsunfähig machte.

Am selben Abend noch schilderte Udo Geißler den Vorfall seiner Kollegin. Ihre Reaktion war das erste Feed-back und ließ ihn spüren, wie außergewöhnlich das Erlebte war. Sie erleichterte ihm die Entscheidung darüber, dass das, was er zu tun beabsichtigte, nicht als Denunziation und Verrat zu definieren, sondern als *Aufklärung* und *Zivilcourage*.

Er dachte zunächst an eine anonyme Meldung, da er sich nicht als *Verräter* stigmatisieren lassen wollte, vertraute sich dann aber doch seinem nächsten Vorgesetzten an, der die weiteren Instanzen in Gang setzte. Für Udo Geißler begann nun ein Spießrutenlauf in der Einheit.

Zur Produktion von schwarzen Schafen in der Polizei

Bis hierhin trat die Organisation eher als institutioneller Hintergrund von realen (kriminellen) Handlungen in Erscheinung. Nun aber begann eine neue Phase, nämlich die der institutionellen Verarbeitung von Delinquenz aus den eigenen Reihen. Nachdem die Organisation mit einem Straftatenkomplex konfrontiert wurde, zeigte sich, wie sie mit dessen Aufdeckung sowie mit der zur Aufdeckung führenden moralischen Haltung umging. Die offiziellen (strafprozessualen) Maßnahmen und die informellen Verarbeitungsmodalitäten divergierten deutlich.

Die Ermittlungen liefen an, die drei Beamten wurden vor ihrer Suspendierung vom Abteilungsleiter mit Hausverbot belegt, sie bekamen aber noch die Möglichkeit, sich von der Gruppe zu verabschieden. Diese Passage wird zu einer Schlüsselszene[66].

> Und dann war natürlich der Hammer, dass ich dann am nächsten Morgen, da hatten wir ja Antreten um neun oder zehn Uhr, standen alle da in Reih' und Glied. Ja,

66 Zum Verständnis: Die drei Verdächtigen sollten ursprünglich sofort die Unterkunft verlassen, handelten aber offenbar noch eine Frist aus, die an einem Samstag ablief. Die BFE hatte an diesem Tag Dienst, und im Rahmen einer regulären Einsatzbesprechung nach Dienstbeginn traten die drei Polizisten noch einmal vor der Gruppe auf.

> Einsatzbesprechung, Zugführer hat irgendwas gelabert. Und dann sagte der so, „ja und äh, die Kollegen wollen noch was sagen“. Wir standen alle noch so in der Antreteform und da sind die drei Kollegen vorgetreten und haben sich dann noch so geäußert, dass sie ihren Dienst bisher gut versehen haben und dass es überhaupt keine.... nicht wissen, um was es da jetzt geht, so auf die Art, und äh, keine Schuldgefühle haben und wir sollen doch so weitermachen, wie wir bis dahin gearbeitet haben und es wär' alles gut gewesen, alles gut und Recht und sollen sich nicht erschüttern lassen. Also, die haben noch 'ne Abschiedsrede geführt. Zwei davon. Der eine, der hat nichts gesagt. Und, und da sagte noch der Kollege neben mir, ich weiß jetzt nicht mehr, wer das war, also ich mein', ich weiß es auch so nicht mehr, äh, sagte nur so zu mir, „hier und das alles nur, weil ein Kollege irgendwie was gesagt hat“.

Bevor sie die Unterkunft verlassen mussten, bekamen sie noch Gelegenheit, sich, sozusagen *in Würde*, von ihren Kollegen zu verabschieden. Doch nicht nur das: sie konnten ihr Handeln gruppenöffentlich rechtfertigen und die gesamte Gruppe auf das vermeintlich gemeinsame Normensystem verpflichten. Mit der Suspendierung und dem Hausverbot, so zeigte sich, war nicht automatisch die Ächtung der Verdächtigen verbunden, die Ehre der Beamten hatte offenbar nicht Schaden genommen. Die Sanktionen stehen im Zeichen der Bürokratieförmigkeit der Polizei. Die Organisationseinheit BFE bietet aber Gelegenheit zum informellen Abschied an, dies ist ein Zeichen ihres Respekts gegenüber ihren Mitgliedern. Auch bei einer massiven Verfehlung leidet dieser Respekt nicht. Es herrschte offensichtlich keine moralische Empörung oder Distanzierung gegenüber den Tatverdächtigen. Die offiziellen (bürokratischen) Regeln wurden durch die inoffiziellen (subkulturellen) Regeln unterlaufen.

Bei den Straftaten der Polizisten trennten die Kollegen sehr wohl zwischen Tat und Täter. Offenbar nicht nur, weil es sich um Kollegen handelte (andere Beamte, die straffällig werden, z.B. wegen Bestechlichkeit oder Eigentumsdelikten, werden nicht so geschätzt), ist die Haltung innerhalb der Organisation indifferent. Vielmehr wussten die Organisationsmitglieder etwas vom Zustandekommen dieser Handlung. Dies führte zur Relativierung und Abschwächung der Schuld. Die unklare Haltung der Organisation (repräsentiert durch die Leitung der BF-Einheit) rührt aus dem subkulturellen Normenverständnis, das Straftaten durch Polizeibeamte innerhalb der Dienstausübung prinzipiell leugnet.

Die beschriebene Situation lässt sich szenisch verstehen als Verabschiedung von Männern, die einen guten Job gemacht haben, sich dabei die Hände beschmutzt haben und leider von der Justiz dafür jetzt bestraft werden (da sie jemand aus den eigenen Reihen verraten hat). Die Männer werden der Justiz *geopfert*, bleiben aber Kameraden.

Deutlich wird die Diskrepanz zwischen Anspruch und Wirklichkeit der Polizei. Die *Rechtsbrecher* müssen zwar gehen, bekommen aber noch einen *De-*

luxe-Abgang, mit Sympathiekundgebungen und Rechtfertigungsmöglichkeiten. Die beschuldigten Beamten nehmen etwas in Anspruch, von dem sie später als Angeklagte nie mehr Gebrauch gemacht haben: Sie erklären sich vor ihren Kollegen für unschuldig, sie gehen mit der Gewissheit, der Einheit und der Polizei keinen Schaden zugefügt zu haben. Sie gehen als Ehrenmänner. Negativ sanktioniert wird der *Verrat* und der *Verräter*. Man hat nicht mehr das Gefühl, dass die Täter delinquente Polizisten sind, sondern dass der Aufklärer das *Kameradenschwein* ist. Pointierter gesagt wird hier eine *Normenumkehrung* vorgeführt:

Aus einer Straftat gehen die Täter als *Ehrenmänner,* aus ihrer Aufdeckung geht ein Kollege als ehrloser *Verräter* hervor.

> *Meinst Du, dass sich da mit der Zeit so ein Wandel in der Einheit vollzogen hat?*
>
> Ja, auf jeden Fall. Das waren anfangs auch Kollegen, die... ja, die... man hat da auch drüber geredet und wussten auch, dass ich das war und, und dann kamen noch zwei andere Kollegen dazu, die ich benannt habe, die bei einem Vorfall mit dabei waren. Hab' ich gesagt, „die müssten das eigentlich auch gesehen haben". Ich wusste, dass sie es gesehen haben. Ich wollte es aber nicht so rüberbringen und hab' gesagt, die müssten es gesehen haben, weil sie mit im Auto saßen. Die kamen natürlich in Zugzwang, würde jetzt ein anderer sagen. Also ich wusste, dass die das angezeigt hätten, nur bei denen war die Angstschwelle etwas höher wie bei mir. Und der eine Kollege war auch Truppführer. Und eigentlich hätte er es.... durch die Garantenstellung... hätte erst recht anzeigen müssen. Und er hatte.... ist aber ein labiler Typ, ist,..... konnte es halt nicht, ne und hatte wirklich Angst gehabt. Und er war hinterher erleichtert, hat er auch gesagt, dass er's sagen konnte. Und die kamen natürlich in 'ne ganz andere Situation rein wie ich. Denen wurde das nicht angekreidet, dass sie ausgesagt haben. Und die haben auch was 'rübergebracht, sag' ich mal. Die haben nicht nur, irgendwie was nachgebabbelt, sondern die haben ihre eigenen Fakten an den Tag gelegt und äh, die wurden.... die mussten ja nur aussagen, weil ich sie angegeben habe. Deswegen haben die 'ne ganz andere Stellung gehabt wie ich. Die waren da noch normal integriert, sag' ich mal. Und bei mir... ich hatte so anfangs meine Leute, mit denen ich mich unterhalten hab', und dann wurden es aber stets weniger. Und... ja, bis letztendlich dann auch das... du hast dann halt stets noch so einen Kollegen mit dabei... wurde das extra schon so eingeteilt, dass du mit dem dann nicht mehr im Dienst warst, nicht beim RKB, bist du in einem Trupp, da hält jeder zu dir. Und hast du auf einmal noch einen, der... der sich dann weigert zu sichern, wenn du irgendwo 'ne Überprüfung.... wir haben 'ne Überprüfung gehabt, mit fünf Leuten an der Wand, Personalienüberprüfung, wir waren zu dritt, und der eine Kollege.... oder zu viert.... und der eine Kollege macht <u>nichts</u>. Und wendet sich von uns ab und läuft auf und ab und macht nichts. Sichert nicht, überprüft nicht, macht gar nichts, ne. Das ist natürlich 'ne Gefährdung der Eigensicherung, zumal wenn ich fünf Leute an der Wand hab'. Hab' ich gesagt, das kann nicht sein. Also, das geht mir jetzt zu weit. Und da bin ich zu unserem Zugführer hingegangen und hab' gesagt, da muss es aufhören. Entweder passiert da jetzt was oder... oder ich bring' das auf 'ne andere Ebe-

> ne, halt' den Dienstweg nicht ein. Äh, und dann äh, wurde er ins Gespräch genommen, aber... hab' ich halt mit ihm keinen Dienst mehr versehen, ne. Aber der hat mich dann erst recht gemieden und dann aufgrund noch ein paar andere Leute. Da war ich dann auf einmal (...) Kameradenschwein wiederum. War... nebendran wohnst du, im Zimmer, hattest Dein Zimmer gehabt und ich war einfach.... war ich wirklich voll, voll Idiot in der Zeit. Bin da nur 'rumgerannt, stand oftmals alleine 'rum, kam irgendwo dazu, wo sie getuschelt haben, geredet haben, dann war ruhig, als ich dann weg war, haben sie dann weitergeredet. Das allergeilste war *(lacht etwas verbittert)*, da kam die Putzfrau morgens auf mich zu, guckt mich an und sagt: „Jetzt hast Du wohl erreicht, was Du erreichen wolltest". Und ich: "Wie bitte, was meinen Sie?" „Du weißt schon, was ich mein." Und ich... ich dachte, ich hab' nicht, nicht richtig gehört. Und dann ist sie weggegangen, ne. Und das war absolut das Highlight, ne. Hab' ich gedacht, das kann nicht wahr sein.

Das Handlungsmuster, mit dem er sich nun konfrontiert sah, heißt: *Konflikte werden untereinander geregelt.* Üblicherweise wird im kleinen Kreis, zunächst informell, Schadensbegrenzung betrieben. Das erfordert und befördert Abschottung nach außen. Es folgt in der Tendenz einem „code of silence", den Skolnick/Fyfe (1993, S. 108 ff.) für die New Yorker Polizei beschrieben haben. Er verpflichtet die Mitglieder des Polizeikorps darauf, bestimmte Übertretungen von Polizisten zu dulden und nichts nach außen oder nach *oben* zu tragen. Der Ausdruck *code of silence* ist wahrscheinlich für New Yorker cops ausgeprägter als für deutsche Polizisten wirksam, jedoch verweist er auf eine universale *Kultur des Schweigens* in der Polizei, insbesondere gegenüber der jeweils anderen Statusgruppe (die street cops schweigen gegenüber den Leitungsbeamten und umgekehrt) sowie gegenüber einer kritischen Öffentlichkeit (was Schwind [1996], m.E. etwas zu plakativ, im Zusammenhang mit dem sog. „Hamburger Polizeiskandal" konstatierte).

Die Selbstreinigungskräfte sind für Alltagssituationen in der Tat wirkungsvoll, dort haben sie einige Berechtigung, nicht aber bei schwerwiegenden Überschreitungen. Diese Grenzen sind aber, das ist das Dilemma bei polizeilichen Übergriffen, unklar bzw. fließend. Der informelle Sanktionsapparat bezieht sich auf Handeln in der *Normalität*, jenseits davon ist er wirkungslos. Normalität ist eine institutionelle Konstruktion, die das Alltagshandeln der Polizei normativ einrahmt. Die plötzliche und individuelle Neudefinition einer Situation wird als Abweichung aufgefasst, nicht die dieser Neudefinition zugrunde liegende Handlung. Auch nachdem deutlich geworden war, dass sich in Teilen der Einheit ein eigenes Normensystem etabliert hatte, gab es nur eine geringe Bereitschaft zur Offenlegung und zur Korrektur, es waren offenbar nur wenige, die sich durch den Schritt von Geißler zu einer Revision ihrer Haltung ermutigt sahen oder auch, wie er sagt, erleichtert waren, jetzt aussagen zu können und dabei ihr Gesicht zu wahren.

Udo Geißler wurde fortan jedoch gemieden, konnte sich nur noch behaupten, indem er die *offiziellen* Normen in Anspruch nahm. Er musste sich nun stets an die Vorgesetzten wenden, im Rahmen der kollegialen Auseinandersetzung ließ sich nichts mehr regeln. Das verschaffte ihm eine gewisse Prominenz, die ihm Macht gab. Er wusste, dass er als *Hauptzeuge* gebraucht wurde und weiter von der Polizeiführung als Vorbild aufgebaut wurde. Immerhin konnte man mit seinem *Fall* darauf verweisen, dass es in der Polizei genügend demokratisches und ethisches Bewusstsein unter den Beamten gibt, das größere Verfehlungen verhindert. Davon hatte Geißler im Alltag jedoch nichts. Er wurde isoliert, man ließ ihn jetzt auch dienstlich im Stich. Er erlebte, wie die Gruppe mit jemanden umging, den sie der Denunziation bezichtigte.

Gleichzeitig bildeten sich aber neue Fraktionen. Seine Intervention ermutigte andere, die offenbar einen Anstoß benötigten, ihre Haltung zu überdenken. Das zeigt, wie stark der Druck einer hegemonialen Norm auf den Beamten dieser Einheit gelastet haben muss. In diesem Klima von Einzelfällen zu sprechen, scheint vornehmlich politisch begründet zu sein oder es ist naiv. Doch war die Einheit auch kein monolithischer Block, keine wirklich *totale Institution.* Immerhin konnte er noch andere zur Zivilcourage animieren, wenn auch nur eine Minderheit.

Udo Geißler verkörpert eine Moral der Aufrichtigkeit, er sieht sich auf der *richtigen* Seite. Gleichzeitig polarisierte er die Gruppe und zwang seine Kollegen und Kolleginnen dazu, ebenfalls Stellung zu beziehen. Die Gruppennormen verhinderten aber, sich öffentlich hinter ihn zu stellen, da er zu einem Unsicherheitsfaktor geworden war. Seine Wirkung nach innen blieb ambivalent: Einerseits bestärkte er diejenigen, die bislang im Strom mitgeschwommen waren, andererseits musste man sich in seiner Anwesenheit vorsichtig verhalten, ansonsten riskierte man, beim Vorgesetzten gemeldet zu werden. Wie wollte man wissen, was Udo Geißler das nächste Mal für meldungswürdig erachtet? Moralisten (oder *Moralunternehmer,* wie Scheerer [1986] sie nennt) sind für jede Organisation schwierig zu handhaben, da die individuelle Moral im Gegensatz zur kollektiven undurchsichtig und kaum berechenbar ist (außer man kennt sich gut). Udo Geißler lernte, mit seiner moralischen Position offensiv umzugehen, er konnte mit ihr sogar *drohen.* Andererseits zeigte er, dass er vieles mit den anderen Kollegen gemeinsam hatte. Er kontrollierte weiter Personen, machte den Dienst wie üblich, war wahrscheinlich kein *Missionar*, auch kein Konvertit. Er glaubte weiter an die Polizei bzw. an die Führung, hatte weiterhin seine Vorbehalte gegen die Drogendealer, gegen Ausländer, eben die Klientel, die er im Bahnhofsmilieu antraf.

Udo Geißler hatte etwas losgetreten, dessen Wirkung er später nicht mehr überblicken konnte. Während die einen in seinem Verhalten den Beweis für die funktionierende Selbstreinigungskraft der Polizei sahen, erkannten sowohl die beteiligten als auch die nichtbeteiligten Kollegen vor allem die Beschädigung ihres Ansehens. Selbst die Reinigungskraft identifizierte sich mit den Letztgenannten und unterstützte nach Kräften den Spießrutenlauf.

Geißler hat durch seine Reaktion die Bedingungen hergestellt, die er eigentlich stets vermeiden wollte. Eine neue Perspektive erhielt er, als er zum Jahresende 1994 zur BFE nach Wiesbaden versetzt wurde, nachdem seine alte Einheit aufgelöst wurde.

Die Polizeiführung (die in der vorangegangenen Interviewpassage nicht explizit erwähnt wurde) konnte Herrn Geißler nicht wirkungsvoll helfen. Das Angebot erwies sich als ein nicht einlösbares Versprechen[67], denn es übersah die Tatsache, dass er mit den statusnahen Kollegen weiter zusammensein musste. Über die real angebotene Hilfe erfuhr ich nichts, jedenfalls erschien sie in Udo Geißlers Darstellung als unzureichend. Der Abteilungsleiter wird als positive Figur nicht genannt. Als die Angelegenheit öffentlich wurde (was zu erwarten war), stellte sich die Führung der Hessischen Polizei demonstrativ hinter ihn und erhob ihn zum Vorbild für andere Polizisten. Er selbst hatte von dieser Exposition mehr Nachteile als Vorteile, denn er blieb den statusnahen Kollegen suspekt und entrückte ihnen mit der Zeit mehr und mehr. Zu den anderen, die ihn so lobend der Öffentlichkeit vorstellten, gehörte er faktisch nicht, auf sie konnte er sich nicht wirklich verlassen. Hinsichtlich seiner Rollenidentität befand er sich nunmehr im *Niemandsland*, denn für alle Gruppen war er zwar aus unterschiedlichen Gründen wichtig, jedoch wegen der Exklusivität seiner Moral ebenso unberechenbar.

Aufgrund des Einblicks in die Umstände, wie die Organisation mit diesem Ereignis umging, lässt sich die gängigen Behauptungen der *individuellen Pathologie* oder des *singulären Ausrutschers* eindeutig als Schadensbegrenzungsstrategie interpretieren. In diesem Fall kam hinzu, dass nach zusätzlichen Vernehmungen anderer Polizisten noch gegen zehn weitere Beamte dieser Hundertschaft ermittelt wurde, ein Umstand, den Geißler ebenfalls berichtete und der

[67] Das Angebot eines Vorgesetzten, etwa in dem Wortlaut: „Sie können jederzeit zu mir kommen, wenn Sie Probleme haben" hat, selbst wenn es ernst gemeint gewesen sein sollte, hat eine höchst ambivalente Wirkung: Erstens kann es faktisch zu Kontrollzwecken ausgenutzt werden. Zweitens ist es für street cops nicht opportun, zu oft auf dieses Angebot einzugehen. Das schwächt die Position in der Gruppe, denn ein vertrautes Verhältnis zum Chef wird schnell als Kollaboration gedeutet.

durch den Sprecher der Frankfurter Staatsanwaltschaft, Job Tilmann, bestätigt wurde[68].

Die institutionellen (bzw. strukturellen) Dimensionen des Konflikts, die in den Diskriminierungspraxen von Polizisten sichtbar werden, erkennt Udo Geißler gleichwohl nicht. Er denkt eher in den Kategorien eines (guten) Zentrums in Wiesbaden und einer (schlechten, mangelhaften) Peripherie.

> Also mir war... ich hatte... was heißt das Gefühl, ich konnte das feststellen, dass die in Wiesbaden, die Kollegen, viel ähm, dass die viel mehr drauf hatten, also vom Wissen her, vom Ausbildungsstand, wie ich schon sagte und vom... von der Nachbereitung, von allem einfach, da wurde viel professioneller gearbeitet. ....
>
> Du musst Dir das so vorstellen, die SGA[69], das ist so das Hundertprozentige, wie wir lernen in der Demo oder diese beweisgesicherten, qualifizierten Festnahmen zu tätigen. Und mit diesem ganzen System, was wir haben, äh, das ganze BF-Konzept, sag' ich mal. Und dann kommst du an einen dieser Standorte raus, nach M. oder nach H., nach L. oder sonst wo. Und auf einmal machen die das ganz anders, viel, viel schlechter, viel primitiver und da wird auf das nicht mehr Wert gelegt und auf das nicht mehr Wert gelegt, das war schon mal das erste, was mich total gestört hat, ne, dass von diesen Prinzipien abgegangen wurde.... Und äh, also vom Verständnis her und vom Wissen her, würd' ich sagen, dass die auf 'nem ganz anderen Standard sind.
>
> In Wiesbaden wird das ganz anders durchgezogen, das ist..... Na ja und deswegen, da war ich natürlich froh drum, dass ich in Wiesbaden war, und äh einmal von der Einheit her wirklich bei den Hundertprozentigen, sag' ich jetzt mal, so hatte ich das Gefühl, mal richtig bei denen, die es richtig machen, dabei zu sein. Weil, da lief dann auch vom Dienst her wieder alles richtig, äh, wenn wir geübt hatten, da war das dann so, wie ich's gelernt hatte, damals in der Ausbildung.
>
> *Verstehe ich das richtig, dass Du sagst, dass diese Ausbildung, also dieses hundertprozentig die Ausbildungsinhalte auch umsetzen in die Praxis, dass das auch Übergriffe verhindert?*
>
> Auf jeden Fall, klar, also du hast... dir bleibt nichts anderes übrig, als so zu arbeiten, wie du es gelernt hast und.... ich mein, wenn du es auch vom Verständnis her so tust, dann hast du keinen Freiraum, was anderes zu tun, irgendwie auf andere Gedanken zu kommen, irgendwie abzukommen von diesem Prinzip und deine eigenen Sachen mit einzubringen und .... nee, in Wiesbaden, nee, also ich weiß, ich weiß nicht, da gab's keine Rangliste oder so mit diesen Drogen... war alles irgendwie anders. Also

---

68 Vgl. „Weiteres Ermittlungsverfahren gegen Polizeibeamte aus Mühlheim", in: Frankfurter Rundschau vom 11.10.96.

69 Spezialgrundausbildung; eine Zusatzausbildung, die alle Mitglieder der Einheit absolvieren müssen, und die – sozusagen als Initiationsritual – aus *normalen* Bereitschaftspolizisten erst BFE-Beamte formt.

> mir ist nie was aufgefallen oder irgendwie so Probleme oder so, hat's nie gegeben. und das fand ich sehr positiv, damit hab' ich eigentlich auch nicht gerechnet.

Im Zentrum, so kann man übersetzen, sind die Menschen gut, weil sie nicht anders können, sie arbeiten professioneller, sind besser ausgestattet, in der Peripherie kommt es schneller zu Nachlässigkeiten, man ist schlampiger, es „geht mehr durch". Seiner Überzeugung nach laufen die polizeilichen Angelegenheiten im Zentrum korrekt, es vereinen sich dort Professionalität und gute Führung. In der Peripherie haben die Führer ihre Leute nicht im Griff.

Für Udo Geißler sind adäquate Mittel, um Abweichung zu verhindern, noch mehr Druck, Disziplin, Aufsicht. Die Suche nach starken Vätern ist evident: Sie sollen die *jungen Männer zähmen*, und zwar so stark, dass sie keinen Freiraum mehr zum Durchdrehen haben. Er übernimmt damit eine Haltung, die auch die Organisation als Reaktion auf Verfehlungen traditionell einnimmt. Entgegen der landläufigen Auffassung von der disziplinierenden Wirkung von schärferer Kontrolle führt die Kontrollspirale jedoch dazu, dass die ihr Unterworfenen Anpassungsmechanismen entwickeln, die diesen Druck aushaltbar machen und ihn sogar noch für eigene Zwecke nutzbar machen können (was Goffman bekanntlich als sog. „sekundäre Anpassung" bezeichnete, die vornehmlich der „Ausbeutung des Systems" dient [Goffman 1972, 202-289, Zitate 59 und 204]).

Die Suche nach dem Wahren, dem Hundertprozentigen entspringt einer Größenphantasie, die auf die *Wiesbadener Verhältnisse* projiziert wird. Mit deren Idealisierung verbindet sich die eigene Selbstaffirmation, denn durch die Identifizierung mit der idealisierten Einheit fühlt sich Udo Geißler als Person in seiner Haltung bestätigt. In der hundertprozentigen Einheit ist er als hundertprozentiger Idealist gut aufgehoben. Seine Vermutung, dass das, was ihm in der früheren Einheit widerfahren ist, hier nicht möglich wäre, gründet sich auf der Überzeugung, dass seine Haltung und die reine Lehre übereinstimmen und dass dann, wenn die reine Lehre praktiziert würde, Übergriffe unmöglich würden. Sein Idealbild von Polizeiarbeit findet einen anschaulichen Bezug in der neuen (Wiesbadener) BF-Einheit. Dort findet er, was er in der vorherigen BFE vermisst hatte: Widerspruchsfreiheit, Übereinstimmung von Theorie und Praxis, Vorbilder und Anerkennung. Diese Sicht der Dinge drückt etwas von dem Wunsch nach Widerspruchsfreiheit und Konsens aus, und dies ist aus seiner damaligen Lage heraus verständlich. Udo Geißler lässt sich trotz erlebter Enttäuschungen den Glauben an die Polizei nicht nehmen.

> Du musst auch an die Polizei glauben, auch wenn du grad dabei bist, einen Schritt nach hinten zu gehen, musst du eigentlich nach vorne denken, weil.... ja, weil man es halt auch nicht leicht hat als Polizeibeamter. Durch vieles, durch, durch das Gerede, durch äh, die Dienste, durch äh, Leichengeschichten, weißt Du ja selber, man,

man hat's nicht leicht. Und Ausländerproblematik und äh... da kommst du, da kommst du nach Hause und bist irgendwo am Stammtisch zum Beispiel oder bei Kumpels und die reden und sagen.... „sag' mal, haut ihr denen da nicht in die Fresse rein oder so" und Du sagt, „hier, das kannst du doch nicht machen. Alleine nicht vom Gesetzlichen her und dann auch.... sondern, warum soll ich dem in die Fresse schlagen, der hat mir doch nichts getan, nur weil er da jetzt was geklaut hat"? „Ja, aber die gehören doch alle....". Weil Du bist dann auch mit in so einem Politikum drin. Du bist dann... du wirst dann auch gefragt und die wollen dann von dir was hören und wenn du dann was rüberbringst, also du hast es echt nicht leicht.

Der Satz „Du musst auch an die Polizei glauben" verwundert zunächst. Dies kann er im Sinne einer Überzeugung gemeint haben, dass die Polizei als *Institution* eine transzendentale Bedeutung hat und deshalb Halt bietet. Er kann auch gemeint haben, dass man sich auf die Menschen in der Polizei verlassen können muss. Gegen seine eigene Erfahrung („einen Schritt nach hinten gehen"), hält er am Bild einer intakten *Familie* fest. Auch der Interviewer wird schnell in die Familie hineingeholt („... das weißt Du ja selber"), deshalb kann er Verständigungssymbole benutzen, ohne sie zu explizieren: Das Gerede, die Dienste, die Leichensachen[70]. Die Aufzählung erfolgt aus dem Stehgreif, ist assoziierend, nicht systematisch, baut auf einem gemeinsamen Sinnhorizont zwischen Interviewer und Erzähler auf.

Er sucht nicht nur seinen Weg in der Polizei gegen die Kollegen, sondern muss auch seine privaten Freunde aufklären. Dazu braucht er einen starken Glauben an die (gute) Polizei. Faktisch bewahrt die Polizei Udo Geißler nicht vor diesen Versuchungen, sondern stellt andauernd die Bedingungen dafür her, ihn in Versuchung zu führen. Mit seinem Glaubensbekenntnis fixiert er die Polizei auf ihre gute Seite und blendet die andere Seite der Institution aus. Vielleicht muss er sie abwehren, weil sonst die Enttäuschungen und Kränkungen zum Vorschein kommen würden. Er lässt keine Relativierung zu, äußert nicht, dass die Polizei den Glauben an sie vielleicht gar nicht verdient habe. Das, was er als belastend erlebt hat und was durchaus als ein konstitutives Merkmal dieser Institution betrachtet werden kann, das haben schlechte (oder mindestens defizitäre) Menschen zu verantworten. Allenfalls hat der Dienstherr eine *falsche Auswahl* getroffen. Udo Geißler glaubt jedoch daran, dass die Struktur der Polizei in Ordnung ist.

Seine Haltung zur Polizei kann so zusammengefasst werden: Die Idee der Polizei ist gut, die Regeln stimmen, nur die Leute sind manchmal schlecht. Wenn die Regeln konsequent durchgesetzt würden, dann wären die *schlechten* Men-

70 Offenbar dient die Benutzung der Metapher zur *Verständigung unter Experten*, was unter dem Gesichtspunkt meiner Feldarbeit in der Polizei interessant ist (vgl. Zif. 2.3.2).

schen gezwungen, regelgemäß zu handeln. Diese Haltung sieht nicht (da sie nicht sehen *will*), dass die Polizisten keineswegs eine von sämtlichen Regeln abweichende Moral entwickelt haben, sondern dass sie sich weitgehend *innerhalb der gültigen Regeln* ihrer Subkultur bewegen, lediglich an einer oder wenigen Stellen etwas zu viel tun. Ihr Handeln wird auf diese Weise von vielen Kollegen als entschuldbare Handlung verstanden, als eine Handlung, die relativiert werden kann (für einige sogar relativiert werden *muss)*.

Mit der Phantasie einer *idealen Polizei* kann Geißler leben, er verdrängt dabei die strukturlogische Kontingenz von Regelbefolgung und Regeldurchbrechung. Er realisiert nicht, dass er in einer Männlichkeitskultur arbeitet, die zunächst selbst die Regeln definiert, die sie dann befolgt, und er kann deshalb nicht sehen, dass, selbst wenn man annehmen würde, es gäbe die *schlechten Menschen,* sie nicht als solche zur Welt gekommen sind, sondern möglicherweise erst im Beruf dazu wurden.

4.3 Der männliche Blick auf die Kollegin

Eine gründliche Erforschung des Geschlechterverhältnisses in der Polizei ist lange überfällig, schon um andere als die Opfer- oder Defizitdiskurse zu ermöglichen. Schließlich haben Frauen erheblich dazu beigetragen, das Thema Männlichkeit als *prekär gewordene Männlichkeit* weiterzuschreiben[71]. Eine Auseinandersetzung mit Männlichkeit angesichts des zunehmenden Frauenanteils in der Polizei erscheint auf den ersten Blick unzeitgemäß sei. Doch ist zu bedenken, dass die Männlichkeitskultur in der Polizei erst zu einem Zeitpunkt als Problem artikuliert wurde, als über Frauen als (zukünftige) Kolleginnen gesprochen wurde, denn dies löste eine Welle von Aversionen und Bedenken aus, die eine tief sitzende Verunsicherung der Männer zum Ausdruck zu bringen schien.

Nach meinem Eindruck wurde mit der Verlagerung der Debatte auf das Pro und Kontra von Frauen in der Polizei die Auseinandersetzung um das Verhältnis der Männer untereinander erfolgreich vermieden. Nach wie vor ist der Begriff *Mann* konnotiert mit *guter (Schutz-) Mann*, wohingegen Frauen in der Polizei stets beweisen müssen, dass sie *gute (Schutz)Frauen* sind. Die Frage nach den

---

71 Die Polizei-Führungsakademie ermittelte in einer Bund-Länder-Umfrage im Jahr 1994 einen prozentualen Frauenanteil am Gesamtpersonal der deutschen Polizei von 7,3%, wobei der Anteil für die Schutzpolizei mit 6,7% und der bei der Kriminalpolizei mit 11,7% angegeben wurde (vgl. Murck/Werdes 1996, 1267 f.). In Hessen ergibt sich fünf Jahre später (Stichtag: 10.8.1999) eine davon deutlich abweichende Verteilung: Der Frauenanteil in der Vollzugspolizei (N = 14227) lag bei 10,6 %, in der Ausbildung bei 38%. In der Schutzpolizei betrug die Quote etwa 10,1 %, in der Kriminalpolizei 12,8 % (diese Zahlen für Hessen wurden mir vom Personalreferat im Hessischen Innenministerium zur Verfügung gestellt [Schreiben vom 20.10.99 Az. III A 44-15h-]).

Standards bzw. den Gütekriterien des Berufshandelns wird in Männerberufen von Männern beantwortet, d.h. was gut oder nicht gut, richtet sich nach den männlich dominierten Diskursen und den ebenfalls von ihnen entwickelten Handlungsmustern. Auch mehr als 25 Jahre nach der Auflösung reiner Männerbünde nehmen die meisten Frauen in der Polizei die ihnen zugewiesenen Rollen ein, ohne die Cop Culture infrage zu stellen. Es bleibt abzuwarten, ob das auf Dauer dabei bleibt (Ausnahmen bestätigen auch hier die Regel – ein Besuch an der Deutschen Hochschule der Polizei im Jahr 2008 vermittelt nicht mehr den Eindruck einer reinen Männerhochburg).

Zwar sind Frauen statistisch heute in der Polizei stärker wahrzunehmen, trotzdem ist ein weiblicher *Gegenentwurf* zum männlichkeitszentrierten Polizeibild noch nicht zu erkennen. Frauen besetzen (noch) keine prestigehaltigen Funktionen und können deshalb nicht über ihre exponierte Stellung in der Organisation einen Wandel im Geschlechterverhältnis stimulieren. Dies geschieht, wie in anderen früheren Männerberufen, langsam und von den unteren Diensträngen aus.

Frauen in der Polizei haben aber durchaus Effekte für die Veränderung von Männlichkeitsmodellen, und der vorsichtige Übergang von einem eher aggressiven zu einem friedlicheren Modus von Männlichkeit hat sicher etwas mit der Verfügbarkeit über weibliche Rollen zu tun.

Der *männliche Blick auf die Kollegin* ist heterogen und ambivalent. Aus den Interviews und den Eindrücken während des Feldaufenthaltes kristallisierten sich für mich einige dominierende Perspektiven auf die Kolleginnen heraus: Zum einen unter dem Aspekt ihrer *Nützlichkeit*, besonders die pazifizierende Wirkung auf Männer (auch Kollegen) und ihr Einfühlungsvermögen in Opfer. Dem gegenüber steht die *Defizit-Perspektive*, verdeutlicht an der körperlichen Unterlegenheit und der Schutzbedürftigkeit der Kolleginnen.

Die Tatsache, dass sie der Organisation nicht im gleichen Ausmaß wie die Männer zur Verfügung stehen, wird oft erwähnt, vor allem über das Thema Schwangerschaft. Schließlich werden Frauen unter der Perspektive der *erotischen Attraktivität* gesehen, was allerdings besonders verklausuliert erfolgt, vermutlich, weil es erhebliche Irritationen unter den Männern auslöst.

Ein 26-jähriger Beamter der Bereitschaftspolizei (BFE) sagt im Interview auf die Frage:

Was hältst Du von Frauen in der Polizei?

Ja, sie sind relativ nützlich, zum Beispiel bei Durchsuchung von einer Frau zum Beispiel. Weil, nach dem HSOG dürfen wir es ja nicht, es sei denn, es besteht für uns eine eigene körper- oder leib-, lebensbedrohliche Gefährdung, dann dürfen wir ja auch... aber das kommt ja relativ selten vor. Früher war das ja.... kam das häufiger vor mit den Terroristen in den 70er, 80er Jahren, ist ja jetzt nicht mehr der Fall. Und das ist eigentlich... früher mussten wir dann reinfahren, wenn man 'ne Kontrolle draußen hatte und hat dann die Putzfrau geholt, die Putzfrau hat's dann gemacht, und heute haben wir sie dabei (*lacht verhalten*). Ja, die wirken manchmal auch, ähm, die holen die Männer manchmal wieder etwas runter auf den Boden der Tatsachen.

Die Kollegen oder die anderen?

Nee, uns. Wenn wir halt ziemlich heißgemacht sind, oder was weiß ich, auch im Einsatz zum Beispiel, bei einer Demonstration, dann holen die das wieder ein bisschen runter.

Mit welchen Mitteln?

Ja, durch ihre ruhige Ausstrahlung, sag ich mal so.

Die Wahrnehmung von Frauen bezieht sich hier vornehmlich auf die Kriterien *(Aus-)Nutzbarkeit* (als Mutter und Haus- oder Putzfrau, Dienstleisterin, Gefühlsmanagerin) und *Begehren* (Attraktivität, besonders als sexuelle Projektionsfigur). Frauen stehen für alle möglichen Fälle zur Verfügung.

Der 42-jährige Gerd Hauser schildert sein Verständnis von Kolleginnen so:

Was verbindest du mit dem Wort „Männlichkeit" im Polizeialltag?

Na ja gut, also mit Stärke im herkömmlichen Sinn, glaub ich, hat das nicht viel zu tun. Äh, stark ist eher einer, der ohne seine Kraft gebrauchen zu müssen, sich durchsetzen kann, denk ich, ne. Ob das jetzt 'ne Frau oder ein Mann ist. Das hat aber... sicher, Männlichkeit, ja....

Spielen denn Deiner Meinung nach Vorstellungen von Männlichkeit eine Rolle im Dienst?

Bei mir? Nein. Also, es...

(unterbricht).... in der Dienstgruppe vielleicht oder in Deinem Umfeld....

(unterbricht) grundsätzlich, ja. Sicher, ich mein, es gibt viele, die ganz einfach gegen die Frauen in der Polizei sind, ich mein gut, das hat natürlich auch praktische Gründe, ob das jetzt deren Denkweise ist, weiß ich nicht. Weil die Frau, die ist natürlich, lass' sie schwanger werden, lass' sie... ich mein, wir haben es alles erlebt. Dann ist sie nicht mehr...dann hast du sie nicht mehr. Dann steht sie auf dem Papier und ist nicht mehr da. Aber letztendlich konnte sich die... wahrscheinlich die, die Polizei nicht mehr anders behelfen, weil niemand mehr da war. Also haben sie auch die genommen. Ob die jetzt... also ich persönlich hab' noch nicht erlebt... ob jetzt die Frauen ein größeres Einfühlungsvermögen haben, weiß ich nicht. Vielleicht mit anderen Frauen, Betrunkenen oder sonst was, mag schon sein. Aber auch da (Pause) ich weiß nicht. Wie gesagt, mir tun sie nichts, solange sie gut mitarbeiten, also dabei sind, ist das in Ordnung.

In dieser Passage beschreibt Gerd Hauser nicht nur seine eigene Widersprüchlichkeit in der Wahrnehmung von Frauen als Kolleginnen, in ihr wird gleichsam das prekäre Verhältnis von Männern und Frauen in der Polizei insgesamt thematisiert. Zunächst distanziert er sich von vielen anderen Männern, die gegen Frauen in der Polizei sind. Zu ihnen will er nicht gehören. Zugleich zeigt er aber Verständnis für die ablehnende Haltung und die dann folgenden Erläuterungen deuten an, dass er diese Einwände teilt. Immerhin können Frauen tatsächlich schwanger werden, und das bedeutet für die Organisation eine Komplikation der Dienstplanung. Er hätte diesen Satz nicht gesagt, wenn es sich um einen Mann gehandelt hätte, etwa: „Lass' ihn Vater werden, dann hast du ihn nicht mehr". Mit Vaterschaft wird üblicherweise keine Einschränkung in der beruflichen Verfügbarkeit verbunden, weil und sofern sich die Frau um das Kind und den gesamten Reproduktionsbereich kümmert.

Doch wird noch eine Kränkung deutlich: Frauen kommen in den Männerberuf, sie tun das Gleiche wie die Männer, können aber wieder gehen. Männer dagegen müssen bleiben (oder krank werden). Hier schimmert etwas Neid auf die Frauen durch, die mit der Berufsarbeit anders umgehen, als es Männer gemeinhin tun. Die Ressentiments gegen Frauen in der Polizei fokussieren sich auffällig oft auf das Thema *Schwangerschaft*[72]. Dies hat als Verdichtungssymbol mindestens zwei Bedeutungen: Die Fähigkeit zur Schwangerschaft ist der kategoriale Unterschied zwischen Männern und Frauen (im Berufsleben). Ansonsten gibt es wenig, was sie, bezogen auf die Berufsausübung, grundsätzlich voneinander unterscheidet (vielleicht noch die physische Überlegenheit). Frauen können alles, was die Männer können, und zusätzlich noch schwanger werden. Sie zeigen, dass sie nicht nur in der männlichen *Produktionssphäre* (hier: Erwerbsarbeit) aktiv werden können, sondern gleichzeitig weiterhin für die Reproduktion verantwortlich bleiben. Aus der Sicht der Männer gibt das den Frauen eine Macht, die sie ängstigen muss, denn ihre Kolleginnen können darüber entscheiden, ob sie den Beruf ausüben wollen, wie lange und unter welchen Bedingun-

72 Natürlich gilt dies wiederum nicht nur für die Polizei. Das Argument von Schwangerschaft war und ist ein Topos, um die Frau allgemein zum *Risikofaktor* in der Berufswelt zu erklären (in den weniger reflektierten Formen kommt noch die eingeschränkte Verwendbarkeit wegen Menstruationsbeschwerden hinzu). Es gibt bislang offenbar kein Zahlenmaterial zu den *Fehlzeiten* von Männern und Frauen in der Vollzugspolizei (eine „Ausfallstatistik" wird im Ministerium nach telefonischer Auskunft vom 20.10.99 nicht geführt). Dagegen liegen Zahlen für Mutterschutz/ Erziehungsurlaub vor: 165 Polizeibeamtinnen und 11 Polizeibeamte machen in Hessen davon Gebrauch, wobei sie nicht gänzlich ausfallen, weil für sie sog. „Leerstellen" zur Verfügung stehen, d.h. diese Stellen können prinzipiell wieder besetzt werden.

gen, und sie können (bzw. müssen) zusätzlich noch Kinder bekommen, d.h., sie beherrschen sowohl die Produktionssphäre als auch Reproduktionssphäre. Schwangerschaft führt andererseits im Betriebsablauf der Organisation auch objektiv zu einer Störung. Die Männer, die sich im Gespräch mit mir mit dem Thema *schwangere Frauen* befassten, taten das nicht im rationalen Diskurs über organisatorische Probleme (sie tun das sicher, wenn sie vom Vorgesetzten dazu beauftragt werden), sondern sie *benutzten* das Thema, um zu sagen, dass Frauen ein Unsicherheitsfaktor sind, z.B., weil man sich auf sie nicht so verlassen kann wie auf Männer.

Hauser spricht den Frauen ähnliche Attribute zu, wie es Männer im Allgemeinen tun: sie haben mehr Einfühlungsvermögen, besonders im Umgang mit ihresgleichen und mit „Betrunkenen oder sonst was“ (damit stellt er sich und den anderen Männern ein schlechtes Zeugnis aus, das „sonst was“ ist jedoch auch für die so beschriebenen Frauen nicht sehr schmeichelhaft.)

Die Vorstellungen, dass Frauen sich besser in andere einfühlen könnten, dass sie sensibler im Umgang mit schwierigen Menschen in schwierigen Situation sein könnten, sich gegenüber Kindern und misshandelten Frauen menschlicher verhalten und ansonsten noch für ein angenehmeres Betriebsklima sorgen könnten, sind fast ausschließlich von Männern kommuniziert worden, und zwar zu einer Zeit, in der Frauen noch gar nicht in der Schutzpolizei waren bzw. kurz nach ihrem Eintritt (für Hessen: 1981). Mittlerweile sind weit mehr als 25 Jahre vergangen und in dieser Zeit ist eine gewisse Varianz von Erfahrungen möglich geworden. Männer und Frauen haben in dieser Zeit andere Erfahrungen miteinander gemacht, sie haben zur Kenntnis genommen, dass es neben den Vorzeigefrauen und Anstandsdamen auch die burschikosen, weniger adretten, weniger sensiblen, die weniger netten und überlegenen Polizistinnen gibt. Für einige Männer ist das eine Bestätigung ihrer Vorurteile, für die anderen macht das den Weg zu einer weniger affektive Bewertung frei.

Diese Varianz gibt es bei männlichen Kollegen auch, nur tritt sie dort als Bestätigung von Ressentiments nicht in Erscheinung. Gerd Hauser muss mehr Männer als Frauen kennen gelernt haben, die nach seinen Kriterien *Nieten* sind. Dies wird nicht nur von ihm, sondern den meisten polizeiinternen Diskursen über Frauen in der Polizei ausgeblendet: Über die vielen schwachen, langsamen, begriffsstutzigen, feigen, unbeholfenen, egozentrischen und hinterlistigen Männer, die allesamt nicht in der Lage sind, die Standards eines *guten Polizisten* oder eines *anständigen Kollegen* zu erfüllen, hört man jedenfalls nichts, schon gar nicht öffentlich, und schon ganz und gar nicht unter Zuhilfenahme der Kategorie Geschlecht. Bei Frauen ist das anders. Während Männer per se gute Polizisten sind (wovon es Ausnahmen gibt), müssen Frauen erst (und jede Frau neu) beweisen, dass sie ein *guter Polizist* ist. Manchmal gelingt es der ein oder anderen, den

Unterschied zwischen einem *guten Polizisten* und einer *guten Polizistin* zu zeigen.

Herr Hauser zum Beispiel zögert: „Aber auch da .... ich weiß nicht." Er kennt Gegenbeispiele, er merkt, dass die Klischees nicht hundertprozentig stimmen. Für ihn reicht es dann zu sagen „Mir tun sie nichts" – für ihn sind sie mindestens keine Gefahr. Frauen sind in Ordnung, solange sie mitarbeiten, sie also nicht nur anwesend sind, sondern mit anpacken, wenn *Mann* sie gebrauchen kann. Dies ist eine nüchterne Haltung, die einer neuen Kollegin zumindest eine Chance lässt.

Ein anderer Interviewpartner (Udo Geißler, damals 25 Jahre) hat folgende Assoziationen:

> Frauen sind ja meisten körperlich nicht so... oder es gibt auch Kollegen bei uns, die sind nicht so körperlich engagiert, die sind eher schmächtig oder so, die haben wieder andere.... die haben wieder andere Sachen, was sie können, andere Vorzüge oder andere Stärken. 'Ne Frau kann halt besser reden mit 'ner anderen Frau, die wird besser verstanden, äh oder kann trösten, kann... ähm, ja, besser mitfühlen und mehr für... für 'ne Frau da sein oder so, und jeder hat so seine Sachen.
>
> Ja, also... ich, ich bin für Frauen in der Polizei, klar. Manchmal... in bestimmten Einheiten sind sie nicht angebracht, so seh' ich das. Oder in bestimmten Situationen mit Sicherheit auch nicht. Da kann man manchmal mit 'ner Frau weniger anfangen.... klar, es gibt auch den Kollegen, der .... der... mit dem man da vielleicht auch nichts anfangen könnte, so vom körperlichen jetzt her. Aber Frauen...., ja... ist schon gut, dass die bei der Polizei sind. Natürlich, äh, ist auch 'ne Problematik. Frauen bringen auch Stress mit rein. Also, es gibt auch untereinander Probleme...
>
> *(unterbricht).... unter den Männern oder....*
>
> .... ja, auch, durch, durch, äh, durch Frauen gibt's halt öfter mal Streit oder da gibt's mal... da wird was gemurmelt. Und Frauen bringen andere Gefühle mit ins Spiel. Frauen denken anders, Frauen fühlen anders, Frauen.... und das ist... manchmal kann es auflockernd sein, sehr sogar. Manchmal kann es aber auch wie gesagt, Stress miteinander bedeuten. Dass es halt zu Problemen hinführt oder... und dann.... ja, so im Großen und Ganzen ist es schon gut, dass Frauen dabei sind. Ja, ich mein, was nicht heißen mag, dass ich jetzt unbedingt äh, 'ne Frau als Streifenpartnerin haben mag. Ich hab' jetzt zwei Monate eine gehabt, mit der bin ich jetzt noch bis zum Freitag, also das reicht mir erst mal, wirklich. Weil äh, gut, die sind noch relativ jung. Ich bin 26, diese waren 20 oder sind 20. Ähm, es ist... manchmal möcht man einfach nicht mehr. Die... die fühlen halt ganz anders und denken anders und die.... spielen so viele Sachen, spielen da... so viele Faktoren spielen da 'ne Rolle, ja. Wenn sie ihre Tage haben und dann, dann sind die manchmal unausstehlich und dann.... ja.... da wär' mir doch manchmal ein Mann lieber, ne. Obwohl der auch seine Macken hat. Jeder hat so sein Macken. Und ich möcht' auch nicht unbedingt das jetzt verallgemeinern. Äh, aber das sind schon richtige.... Frauen sind irgendwie anders, die muss

man anders nehmen. Und ich bin da nicht der routinierte Schutzmann oder der.... der dann sagt, „hier, ich komm mit jedem Charakter voll... ich komm zurecht."

Zum Aspekt unterschiedlicher Konfliktarbeit sagt er:

...in manchen Sachen geht das, auf jeden Fall. In manchen Sachen geht das auch absolut nicht. Wenn du, wenn du jetzt Probleme mit, mit Türken hast zum Beispiel, äh, kennst die Problematik, dann äh wird es sich wohl die.... vom Land her, von der Mentalität oder.... die lassen sich von 'ner Frau nichts sagen. Das geht da rein und da wieder raus und äh... Mit Sicherheit, in manchen Sachen sind Frauen sehr, sehr gut. Also da können wir Männer, selbst wenn wir's versuchen würden und wir uns gut fühlten, könnten wir das nicht rüberbringen, weil wir einfach keine Frau sind. Das ist... das seh' ich ganz klar. In manchen Sachen sind sie halt.... Wirtshausschlägerei sag' ich nur mal. Da musst du manchmal mehr Angst haben, dass der Kollegin nichts passiert, wie äh allgemein. Aber, wo ist das nicht, ne?

Das Beispiel der Wirtshausschlägerei stammt aus dem Mythenschatz über die Polizeiarbeit. Es wird häufig benutzt (ähnlich wie das der türkischen Männer, die sich von deutschen Polizistinnen nichts sagen lassen), um die männliche Haltung zu bestätigen, dass Frauen für den Polizeidienst eben nur eingeschränkt zu verwenden sind.

Geißler macht die Frauen zusätzlich noch verantwortlich für den Stress, den die Männer in Anwesenheit von Frauen haben. Angedeutet werden die (politisch erwünschten) Vorteile der Frauen, jedoch schlagen die negativen Aspekte im Beispiel durch: die körperliche Unterlegenheit, die mangelnde Autorität gegenüber Männern anderer Kulturen/Ethnien, die menstruationsbedingte eingeschränkte Verwendungsmöglichkeit, die Möglichkeit, dass sie (bei Männern) Stress erzeugen.

Das Männlichkeitsideal bzw. die Selbstkonstitution der „Polizeimännlichkeit" ergibt sich durch die Markierung von Differenz zur Frau bzw. zur sozialen Kategorie Weiblichkeit. Ein Auszug aus dem Interview mit Lutz Gerber verdeutlicht dies:

„Frauen sind sehr nützlich bei der Polizei, aber im ausgewogenen Verhältnis." Die Hälfte Männer und Frauen findet er nicht gut, weil Frauen die körperliche Durchsetzungsfähigkeit fehlt. Wenn in einem Zug der Bereitschaftspolizei 17, 18 Frauen sind und „die auf 'ne Demo auflaufen, ..., die sind nichts mehr wert. Auch in den Augen von den Störern nicht mehr." Er gesteht zu, dass es bestimmt „gute Frauen" gibt, es fehlt ihnen aber die körperliche Kraft, sich massiv durchzusetzen. Frauen verschaffen sich nicht so leicht Respekt. Andererseits können Frauen besser Spannungen abbauen. Bei der Sitte sind sie z.B. gut zu gebrauchen, „weil die sich besser auf so was einstellen können". Das psychologische Geschick von Frauen sei besser ausgeprägt

> als das der Männer, deshalb seien Frauen bei „gewissen Dienststellen" der Kriminalpolizei erfolgreicher als Männer, insgesamt befürworte er Frauen in der Polizei auch „aber in Maßen, nicht in Massen". Zur Betreuung von Vergewaltigungsopfern hält er sie auch bei der Schutzpolizei für wichtig.

Auch Lutz Gerbers Frauenbild erscheint strikt androzentrisch, die Einstellung zu den Kolleginnen ist ambivalent. Er versucht, die Macht der Frauen gering zu halten, indem er ihre prozentuale Stärke in der Einheit begrenzen will.

Frauen haben in seinem Verständnis einen anderen Platz in der Organisation als Männer. Sie gehören in einige berufliche Nischen oder in die Etappe, dort wo Beziehungsarbeit und „Emotionsmanagement" (Hochschild 1985) geleistet wird. Der Ort der körperlichen Auseinandersetzung ist ein Ort exklusiver Männlichkeit, hier kann man keine Frauen gebrauchen, sie sind „nichts mehr wert". (Später, wenn Schmerzen und Angst zu bewältigen sind, wenn verletzte Männer gepflegt werden müssen, werden Frauen wieder zu einer zentralen Figur in der männlichen Wahrnehmung, besonders als Krankenschwester oder Seelentrösterin).

Lutz Gerber schließt sich dem in der Polizei weit verbreiteten *Defizitdiskurs* an: Er misst die Frauen an den Eigenschaften der Männer in seiner Einheit und dabei schneiden sie schlechter ab, weil sie kleiner sind und nicht in der Lage, sich „massiv durchzusetzen". Frauen werden an der zentralen Kategorie des *Krieger-Polizisten*, der körperlichen Konfrontationsfähigkeit, gemessen und dann als *defizitär* wahrgenommen. Man kann sie hingegen ganz gut gebrauchen, wenn Polizeiarbeit etwas mit Empathie zu tun bekommt. Lutz Gerber thematisiert ungewollt die eigenen Defizite, er drückt aus, dass er zwar Spannungen auf- aber nicht abbauen kann, und dass er für Einfühlungsvermögen nicht viel übrig hat. Im Übrigen teilt er die streng funktionalistische Sicht auf Frauen: Sie sind *nützlich*, man kann sie *gebrauchen*, d.h. sie verfügen über besondere Qualitäten, derer man sich bedienen kann, allerdings nicht dort, wo Lutz Gerber am liebsten ist, nämlich im *Kampf* und unter starken Männern, mit denen (bzw. gegen die) man kämpfen muss.

Entsprechen Frauen nicht den männlichen Interaktionsschemata, dann werden auf sie noch zusätzliche aggressive Impulse projiziert. Beispielsweise habe ich mit dem stellvertretenden Leiter einer größeren Einheit, der dafür bekannt war, dass er sich ausgesprochen engagiert für seine Beamten und Beamtinnen einsetzte, folgende Szene erlebt:

> Rothe erwähnt einen Bericht der Gewerkschaftszeitschrift, in dem es um „Homosexualität in der Polizei" geht. Er sagt, nicht die Schwulen seien das Problem in der Polizei, sondern die Lesben. Sie würden sich aufspielen, als seien sie die besseren Polizisten. Außerdem seien sie viel zu sehr mit sich selbst beschäftigt, als dass sie

> sich in einem homogenen Gefüge wie der Polizei unterordnen könnten. Ich frage, welche Erfahrungen er mit lesbischen Frauen denn habe. Er antwortet, er habe drei von ihnen in seiner Einheit, und mit ihnen habe er nichts als Ärger.

Das Selbstverständnis des heterosexuellen Mannes wird offenbar nicht nur durch heterosexuellen Frauen in der Polizei bedroht. Mit ihnen kommt er vielleicht sogar einigermaßen zurecht, sie sind allenfalls lästig oder defizitär, er kann sie aber irgendwie einordnen (als Püppchen, Tochter, Mutter, Schwester, Sexualobjekt, manche vielleicht als Kameradin). Lesbische Frauen aber sind diejenigen, die sich seiner Einflussnahme entziehen, weil sie möglicherweise die männlichen *Interaktionsspiele* nicht mitmachen, nicht über die Männerwitze lachen, auf den Flirt nicht einsteigen, die „sexual talks" nicht akzeptieren, ihnen sogar einen eigenen Lebensentwurf entgegensetzen, von dem sich der (heterosexuelle) Mann radikal ausgeschlossen fühlt, sie werden als Gefahr wahrgenommen. Weibliche Homosexualität ist offenbar noch ein stärkeres Verdichtungssymbol als die männliche. Sie steht für die *kategoriale Abwehr des männlich-heterosexuellen Prinzips*, sie steht für eine autonome, nicht an der hegemonialen Männlichkeit orientierten Lebensführung.

In Arbeitszusammenhängen, in denen Frauen die Minderheit bilden, wird die *Asymmetrie von Verhandlungsressourcen* (Meuser 1998, 69) besonders augenfällig.

> „Die Analyse der Interaktionen zwischen den sog. 'token' (Kanter 1987), den wegen ihres Minderheitenstatus als Mitglieder einer Geschlechtskategorie wahrgenommenen Frauen, und den männlichen Kollegen lässt den Mechanismus der Reproduktion einer männerdominierten Geschlechterordnung und einer maskulin geprägten Organisationskultur sichtbar werden. ... Entgegen naheliegenden Annahmen – bzw. tatsächlicher Befürchtungen der 'betroffenen Männer' – stellen die in rein männlich geprägte Arbeitsplätze 'eindringenden' Frauen keine Gefahr für den männlichen Zusammenhalt dar. Die Anwesenheit einer Frau stellt vielmehr eine Gelegenheit dar, um die eigene Maskulinität zu bestätigen. Für die Männer ist dies zwar kein willkommener, faktisch jedoch ein genutzter Anlass, die Geschlechterdifferenz zu betonen. Die eigene Männlichkeit kann zugleich demonstriert und geklärt werden, und das nicht nur gegenüber den Frauen, sondern insbesondere auch gegenüber den männlichen Kollegen (...). *Die Anwesenheit weniger Frauen unterminiert in keiner Weise die Interaktionskultur der Männer; diese Frauen werden vielmehr 'instrumentalisiert', um die Majoritätskultur zu unterstreichen*" (Meuser 1998, 69, meine Hervorhebung).

Frauen in Männerberufen werden genauer beobachtet als Männer, ihre Aktivitäten haben Konsequenzen, die sich auf ihren geschlechtlichen Status beziehen. Auf diese Weise deuten Männer eine für sie potentiell bedrohliche Situation um in eine Gelegenheit, „die Gültigkeit der dominanten Kultur zu bekräftigen. Den Frauen bleiben nur zwei Reaktionsformen: Entweder sie ziehen sich zurück oder sie werden Insider, 'one of the boys', indem sie sich als Ausnahmen ihrer eigenen sozialen Kategorie definieren. In beiden Fällen bestätigen sie die dominierende Geschlechterordnung" (Meuser 1998, 69).

Nach meiner Beobachtung orientieren sich Polizistinnen bislang mehrheitlich an den von Männern vorgegebenen Standards der Polizeiarbeit und definieren sich demnach aus der Position der (zu erreichenden) *Gleichheit* heraus, nicht aus der einer (selbstverständlichen) *Differenz*. Auch dort, wo das männliche Verhaltensrepertoire explizit abgelehnt wird, bleibt es bis auf weiteres hegemonial, d.h. es stellt das dominierende Muster dar, an dem Frauen sich abarbeiten müssen.

Polizistinnen werden weiterhin versuchen, dem normativen Raster der Männer zu entsprechen. Sie wollen ihnen tendenziell ebenbürtig sein und verweisen in diesem Bemühen auf ihre kompensatorischen Fähigkeiten. Für den Diskurs um *Gleichheit in der Differenz* scheint die Zeit in der Polizei noch nicht reif zu sein.

Einige Frauen lassen sich allerdings auf die männlich geprägten Handlungsmuster nicht ein und können auch männliche Kollegen dazu ermuntern, es ihnen gleichzutun[73]. Dies jedoch nicht konfrontativ, sondern durch eine eher *diskursive Infragestellung* der gängigen Vorstellungen von Stärke und Schwäche, von sinnvollen und weniger sinnvollen Interventionen, von den Aufgabe der Polizei etc. Sie sind jedenfalls nicht die *Anstandsdamen*, für die sie von einigen Männern ausgegeben und wahrgenommen werden. Vermutlich müssen Männer ihre *chauvinistischen Anteile* vor allem gegenüber anderen Männern und öffentlich beweisen, noch nicht einmal gegenüber den Frauen, schon gar nicht, wenn keine männliche Konkurrenz in der Nähe ist. Weiterhin wäre zu prognostizieren, dass sich mit zunehmender Frauenpräsenz nicht nur die Umgangsformen, sondern auch die Selbstbilder der Männer ändern. Diese Prognosen und Vermutungen müssten jedoch systematisiert und vertieft werden.

---

[73] Das hat z.T. schon praktische Folgen: Zwar beklagen sich die Männer nicht unerheblich über teilzeitarbeitende Frauen oder solche im Erziehungsurlaub, aber diese führen ihnen auch vor, dass es eine gewisse Varianz in den Arbeitszeitmodellen gibt und dass das Beamtengesetz mehr Spielraum lässt, als die meisten Männer wussten (Urlaub ohne Dienstbezüge mit oder ohne Betreuung eines Kindes können gleichermaßen Männer in Anspruch nehmen, tun es aber äußerst selten). Auch Teilzeitarbeit kannte man vorher kaum. Mittlerweile nehmen immerhin einige Männer diese Möglichkeiten wahr. Zum Stichtag 10.8.99 befanden sich in Hessen 271 Beamtinnen und Beamte in einem Teilzeitarbeitsverhältnis, davon 177 Frauen und 94 Männer. Auf eigenen Antrag beurlaubt waren 72 Beamte und Beamtinnen (21 Frauen und 51 Männer). Der hohe Anteil der teilzeitarbeitenden Frauen könnte ein Hinweis auf differente Lebensentwürfe sein, die vermutlich mit Familienarbeit zusammenhängen.

4.4 Zusammenfassung: Männlichkeitsbilder im Polizeialltag

Die hier vorgestellten Männlichkeitsmodelle müssen von einigen Komplikationen der Wirklichkeit notgedrungen absehen: Gerade für die höheren Dienstgrade lässt sich eine Gleichzeitigkeit von *Autonomie* und *Abhängigkeit* beobachten, wobei das Maß an Selbstverwirklichung und Gestaltungsmacht nach oben sicher zunimmt.

Darüber hinaus wollen nicht alle jungen Leute in der Polizei Krieger sein, und nicht alle älteren Polizisten werden zu Schutzmännern. Verständlich werden die Modelle dann, wenn man sie als idealtypische Rekonstruktionen[74] der Wirklichkeit auffasst und weiterhin, dass sie nicht auf biologisch vorhandene Männer umstandslos zu übertragen sind.

Wahrscheinlich würden sich bei einer repräsentativen Umfrage unter Polizisten die meisten Männer dem Typus des Schutzmanns zuordnen, und obwohl diese Männlichkeitsform wahrscheinlich weiter verbreitet ist als das Modell des Kriegers, wirkt sie nicht hegemonial. Die Unterscheidung zwischen vorherrschender Lebensweise und Hegemonie zeigt, dass zwischen den idealisierten Vorstellungen eines *richtigen Polizisten* und der im Alltag praktizierten (und oft einzig praktizier*baren*) Form erhebliche Differenzen bestehen.

Während hegemoniale Männlichkeiten zwar am höchsten bewertet, aber auch am riskantesten zu leben sind, verhält es sich bei den vorherrschenden Männlichkeiten umgekehrt. Ihr Status ist nicht herausragend hoch, dafür sind sie am ehesten auszuhalten. Schwieriger ist es für die diversen Formen von subordinierten abweichenden Männlichkeiten. Jede Form von Exklusivität bedroht die Organisation oder irritiert sie zumindest, besonders dann, wenn sie mit dem Anspruch auftritt, eine moralisch überlegene Position zu vertreten. Deshalb ist *Idealismus* bedrohlicher als eine abweichende sexuelle Präferenz bzw. ein abweichender Lebensentwurf.

Wenigstens zwei Erscheinungsformen von Männlichkeit fehlen in meiner Typologie, nämlich die *bürokratische* und die *technokratische* Männlichkeit. Ich nehme an, dass es sich dabei nicht um „reine" Typen handelt, sondern um Mischformen: Die bürokratische Männlichkeit (typisiert im *Sachbearbeiter*) wird starke Anteile des (ehemaligen) Kriegers und des Schutzmanns aufweisen. Die technokratische Variante (als moderner Managertyp) wird mehr Anteile des unauffälligen Aufsteigers zeigen und einige der separierenden Abweichung. Es lassen sich vielleicht noch andere Muster ableiten, aber dies ist weiterer Arbeit vorbehalten.

---

[74] Zur Erläuterung des Idealtypus bei Weber vgl. Kap. 3

Durch die allgemeine Überzeugung, Frauen seien im Kampf den Männern nicht ebenbürtig, und dass man im Zweifel auf sie mit aufpassen müsse, wird die Kategorie Weiblichkeit mit *Schwäche* und *Schutzbedürftigkeit* gleichgesetzt. Dadurch wird nicht nur die friedensstiftende Funktion der Polizeiarbeit verhüllt, sondern auch die Auseinandersetzung um *schwache Männer* vermieden. Die gibt es (in absoluten Zahlen gesprochen) viel häufiger als schwache Polizistinnen.

Wenn man sich auf die Suche den Konflikten um Stärke-Schwäche (bzw. Dominanz-Subordination) unter Männern macht, dann findet man dafür ebenfalls empirische Evidenz. Wenn sich z.B. Lutz Gerber (vgl. Zif. 4.1.1) darüber beklagt, dass er und seine Einheit den Vorgesetzten im Ministerium „den Hintern schützt", von ihnen aber nicht respektiert wird, dann benennt er diesen Konflikt, ohne dies aber zu vertiefen oder zu problematisieren. Er sieht möglicherweise nicht, dass dort in der Tat schutzbedürftige Männer sitzen. Die Vermeidung dieses Themas gelingt, weil es die Kategorie *schwache Frau(en)* gibt, auf welche die *Schwächen der Männer* projiziert werden kann. So tragen allein durch ihre Anwesenheit Frauen ungewollt zur Hütung des Geheimnisses um die diversen *Schwächen der Männer* bei.

5 Handlungsmuster in der Cop Culture

Der Alltag des Gewaltmonopols funktioniert nicht als monströses Exempel oder als überraschende Aktion, sondern zeigt sich als regelgeleitete Überwachung, als unaufgeregte Kontrolle und als bürokratische Intervention. Staatliche Herrschaft heißt im Alltag Kontroll*routine* (Feltes 1993). Wie immer sie zu begreifen sein mag[1], man benötigt jedenfalls eine Vorstellung von den dort wirksamen *Handlungsroutinen* oder Handlungs*codes*.

Selbstverständlich gibt es universell gültige Regeln, z.B. nicht zu diskriminieren, nicht zu lügen, nichts Wesentliches zu verschweigen, nichts hinzuzufügen. Daneben gelten in der Polizei jedoch partikulare Regeln, z.B. nicht zu detailliert zu berichten oder prekäre Tätigkeiten mit neutralen Begriffen zu bezeichnen (z.B. eine Ohrfeige als „einfache körperliche Gewalt"). Die auf den Partikularnormen beruhenden Handlungs- und Verhaltens*angebote* nenne ich *kulturelle Handlungsmuster der Institution* oder: *polizeiliche Handlungsmuster*[2]. Sie beziehen sich auf Formen der Vermittlung von Berufspraxis, also eines kontextabhängigen Handlungswissens.

5.1 Theoretisches über polizeiliche Handlungsmuster

Mit der Erläuterung des Handlungsmuster-Konzepts komme ich auf das zweite Anliegen dieser Arbeit zurück. Die Frage, *warum* Polizisten so handeln, *wie* sie handeln, erwies sich unter einer soziologischen Perspektive als wenig produktiv. Gewinnbringender war es, die Bedingungen des Zustandekommens solcher Handlungen zu beschreiben, also die sog. „Wie-Fragen" zu stellen und nach den

---

1 Im Foucault'schen Überwachungsstaat ging es noch um die Disziplinierung von Menschen durch Repression und/oder Prävention (Foucault 1976). Im modernen Sinne verschiebt das Kontrollinteresse hin zur Verhinderung von Situationen, in denen unerwünschte Handlungen stattfinden können. Lindenberg/Schmidt-Semisch sprechen, an Deleuze (1990) anknüpfend, deshalb vom Übergang von der Disziplinar- in die Kontrollgesellschaft (1995, 11). Dort würde „proaktives" Polizeihandeln zur Regel, d.h. eine auf die Verhinderung von *abstrakten* Gefahren gerichtete Strategie. Allerdings geht dieser *Situationsansatz* wesentlich über die klassische Polizeitätigkeit hinaus, er soll ja das Einschreiten der Polizei geradezu vermeiden, z.B. durch die planerische *Verhinderung* von Situationen, in denen es zu Störungen kommen kann.

2 Synonyme bzw. verwandte Begriffe wären etwa: Handlungsregelmäßigkeiten, Typisierungen, Regeln, Rollenskripte, Drehbücher, Codes, Modelle (vgl. Esser 1993, 506), Orientierungsmuster (Schüller 1991) oder Konventionen (Weber 1985, 17)

kulturellen und sozialen Kontexten zu fragen, in denen sich individuelles Handeln abspielt. Männlichkeitsvorstellungen gehören zu diesen Bedingungen, eine zweite analytische Kategorie bilden die nun folgenden Handlungsmuster.

Handlungsmuster müssen den Akteuren als solche überhaupt nicht bewusst oder sprachlich präsent sein. Sie werden in der Alltagssprache verhandelt, oft *schleichen sie sich in das Handlungsrepertoire ein*, ohne explizit als Handlungsmuster bezeichnet zu werden.

Damit hängt die Frage nach der normativen Orientierung von Handlungsmustern zusammen. Hierfür wird nun der Begriff der *Cop Culture* zentral. Es sind letztlich deren partikulare Normen, die darüber entscheiden, wann eine Handlung (noch) legitim bzw. (schon) als Übergriff interpretiert wird. Dafür gibt keine absolut gültige Grenze. *Misshandlung* ist beispielsweise in erster Linie ein normativer, kein deskriptiver Begriff. Der Satz: *Misshandlungen sind unzulässig* oder *„Wir misshandeln nicht“* stellt so lange kein Handlungsmuster dar wie nicht definiert wird, was als Misshandlung anzusehen ist. Da dies nur kontextuell begriffen und verstanden werden kann, und diese Normen unterschiedlich definiert werden, ist es schwer, universell gültige Standards zu vermitteln. Es müssen zwingend phänomenologische und situative Variablen mit hinzukommen, um ein Handlungsmuster daraus zu zimmern. Deshalb halte ich das Recht nicht für den zentralen Begrenzungsrahmen polizeilichen Handelns, da man darauf sehr selektiv zugreifen kann. Noch über dem Recht stehen die Gerechtigkeitsvorstellungen der street cops[3]. Unter Zuhilfenahme dieser (schon von Skolnick [1966] formulierten) Hypothese erschließen sich polizeiliche Übergriffe dem theoretischen Verständnis eher, weil deutlich wird, dass zahlreiche Handlungen von Polizisten erst *ex post*, und meistens von höherer Stelle aus, als Übergriff definiert werden (ich blende hierbei die bewusst als Straftat geplanten Handlungen aus)[4].

Das Gewalthandeln von Polizisten ist soziales Handeln, es folgt *Interaktionsregeln,* auch wenn es zur *normativ entgrenzten* Handlung wird. Da polizeiliche Gewaltanwendung für Außenstehende stets etwas Außergewöhnliches darstellen dürfte, sind die Maßstäbe des Publikums nicht notwendigerweise geeignet, um eine normative Schranke *innerhalb des Gewaltzusammenhangs* zu set-

3 Diese Kategorien sind wiederum nicht mit denen eines philosophischen Ethikdiskurses, wie er etwa bei Habermas (1991) zu finden ist, zu vergleichen. Dort bezieht sich Gerechtigkeit auf die „... gleichen Freiheiten unvertretbarer und sich selbst bestimmender Individuen...“ (S. 70). Für Polizisten ist Gerechtigkeit das, was ihrer Meinung nach recht und billig ist. Es beruht nicht primär auf einem Theorieentwurf, sondern es entwickelt sich anhand eigener Lebenserfahrung und der vorfindbaren Handlungsmuster im Berufsalltag. Gerechtigkeitsvorstellungen von Polizisten beruhen durchaus auf partikularen Normen, nicht auf universellen Werten.

4 Mit sog. „Übergriffsdispositionen“ im Polizeidienst habe ich mich ausführlicher beschäftigt in Behr 2006, 73-99.

zen. Die Frage ist beispielsweise, und das mutet sehr konkretistisch an, nach welchen Kriterien die Polizisten entscheiden, was an Gewalt nötig und *wann es genug ist*. Hierüber geben nur die Handlungsmuster Auskunft, sicher nicht die polizeilichen Leitbilder oder die Gesetze.

Handlungsmuster stellen ein Sortiment kollektiver Erfahrung zur Verfügung, an dem sich individuelles Handeln entweder positiv ausrichtet oder von dem es sich mindestens kontrastiert. Auf diese Weise kann individuelles Handeln als *Abweichung* von der Norm festgestellt und positiv wie negativ sanktioniert werden. Innovation geschieht in dem Ausmaß, wie etablierte Handlungsmuster von einer Mehrheit oder einer einflussreichen Minderheit von Polizisten neu interpretiert werden und sie ihre stabilisierende Wirkung einbüßen (die Auffassung, dass der Polizeiberuf nur etwas für *harte Männer* sei, war für bestimmte Zeiten ein durchaus gültiges Denkschema, das aber im Laufe der Zeit insgesamt an Bedeutung verloren hat). Handlungsmuster – auch das ist ein Erkennungsmerkmal – können nicht durch einen einzelnen verändert oder suspendiert, sie können vor allem nicht angeordnet werden, Veränderungen sind auf *kollektive Resonanz* und einen längeren Zeitraum angewiesen.

Das Konzept der Handlungsmuster erklärt z.B. Übergriffe (als *Exzesse* oder kalkulierte Misshandlung, vgl. Zif. 4.2.2) ebenso wie Passivität (wenn z.B. Polizisten nicht einschreiten, wo sie es rechtlich und moralisch tun sollten), es erfasst jedoch ebenso die vielen angemessenen Routinen im Polizeialltag[5].

Polizeiliche Handlungsmuster sind die *Leitbilder der handarbeitenden Polizisten*. Sie orientieren sich in vielen Fällen an den Männlichkeitskonstruktionen von street cops, überführen sie sozusagen in reales Handeln. Ihre hegemoniale Wirkung entfalten sie jedoch dadurch, dass sie für *alle street cops* beiderlei Geschlechts gelten, und prinzipiell auch für die anderen Hierarchiegruppen. Allerdings sind sie im Berufsalltag der Sachbearbeiter und der höheren Leitungsbeamten weniger handlungsbestimmend und werden häufig durch politische Korrektheit abgeschwächt, manchmal domestiziert und oft ganz aufgegeben.

Theoretisch wird der Begriff des Handlungsmusters unterschiedlich verwendet. In der Tradition der Phänomenologie Husserls wird er explizit etwa bei Schütz (1971) verwendet. Er beschreibt mit ihm die Konstruktionen des Bekanntheitsfeldes im Alltagshandeln lebensweltlicher Akteure:

> „Wir kommen daher zu dem Ergebnis, daß 'rationales Handeln' auf der Ebene des alltäglichen Denkens immer Handeln in einem nicht weiter infrage gestellten und

[5] Der Begriff *Angemessenheit* ist selbstredend relativ, d.h. es kommt darauf an, *wer was* in *welchem* Kontext und mit welchen Interessen als angemessen definiert. Immerhin sind diese Routinen aber geeignet, um Normalität zu produzieren, grob gesagt, um nicht ins Visier der Vorgesetzten oder gar negativ in die Schlagzeilen der Presse zu geraten.

> nicht weiter bestimmten Rahmen typischer Konstruktionen ist, nämlich von Typisierungen der gegebenen Situation, der Motive, der Mittel und Zwecke, der Handlungsabläufe und Persönlichkeiten, die betroffen sind und als selbstverständlich hingenommen werden“ (Schütz 1971, 37).

Schütz geht es um eine Typologie des Alltagshandelns, aus dem andere (z.B. Wissenschaftler) Muster herauslesen bzw. -interpretieren (und sog. „Kon-struktionen zweiten Grades“ generieren[6]) können.

Zwei Merkmale möchte ich hervorheben, die hinsichtlich meiner Verwendung des Handlungsmuster-Begriffs bedeutsam sind: den *Alltagsbezug* und den *Aneignungsaspekt*. Im phänomenologischen Kontext beziehen sich Handlungsmuster auf allgemeine Handlungen des Alltags, mein Begriff (polizeilicher) Handlungsmuster explizit auf alltägliches und außeralltägliches Berufshandeln. Bei Schütz geht es des Weiteren um individuelle Aneignungsprozesse, d.h. darum, dass die Handlungsmuster durch Akteure aus einem „nicht weiter bestimmbarer Rahmen“ ausgewählt und *internalisiert* werden und sich erst durch diese individuelle Aneignung als Handlungsmuster erkennen lassen. In meinem Verständnis sind es dagegen die Handlungsangebote der sozialen Umgebung, und zwar prinzipiell unabhängig von der individuellen Aneignung.

Routinen und Traditionen (vielleicht auch Konventionen) bewahren gerade dadurch ihre Gültigkeit, dass sie von einer Anzahl von Menschen nicht befolgt werden. Auf diese Weise wird Differenz und Identität markiert, innerhalb der Gruppe wird Verständigung nötig, die Relevanz von Handlungsmustern muss in bestimmten Situationen kommuniziert oder dargestellt werden. So werden z.B. Außenseiter produziert, deren Rolle für das Binnenverhältnis der Gruppe von nicht unerheblicher Bedeutung ist: Durch die Etikettierung des Außenseiters wird in der Gruppe über die geltenden Maßstäbe gesprochen, die sonst vielleicht latent geblieben wären. Wenn sich beispielsweise ein homosexueller Polizist nach langer Zeit des *Doppellebens* entschließt, sich gegenüber seinen Kollegen in der Dienstgruppe offen zu seiner Sexualität zu bekennen, dann wird die Gruppe erst in diesem Moment mit *Homosexualität in den eigenen Reihen* konfrontiert. Homosexualität wird von der Gruppe nicht als abweichendes Verhalten definiert, wenn der Kollege deutlichen machen kann, dass er als schwuler Polizist bereit ist, die normativen Muster der Dienstgruppe und damit die *hegemoniale Männlichkeit* anzuerkennen.

---

[6] Schütz bezeichnet damit die theoretisch und formal darstellbaren, methodisch überprüften, verstehenden Rekonstruktionen der Konstruktionen der Alltagsakteure oder anders gesagt: „es sind die Konstruktionen jener Konstruktionen, die im Sozialfeld von den Handelnden gebildet werden, deren Verhalten der Wissenschaftler beobachtet und in Übereinstimmung mit den Verfahrensregeln seiner Wissenschaft zu klären versucht“ Schütz (1971, 7).

Das soziologische Interesse an polizeilichem Alltagshandeln richtet sich also nicht auf individuelle *Aneignungsformen*, sondern auf die *Vermittlungsformen* des sozialen Handelns, auf die normativ gerahmten *Handlungsangebote*, die von der Organisation, besser gesagt, von der jeweils relevanten Bezugsgruppe, bereitgestellt werden (Handlungsrelevanz hat beispielsweise eine Dienstgruppe im Wechselschichtdienst der Schutzpolizei, nicht etwa *die Polizei*, vgl. Schüller 1991). Handlungsmuster sind *nicht unbewusst*, sondern allenfalls vorbewusst[7], können also jederzeit aktualisiert, besprochen, begründet, skandalisiert, eingefordert und gerechtfertigt werden (und *müssen* dies von Fall zu Fall, ansonsten würden sie ihre Wirkung verlieren). Außerdem können Polizisten sehr selektiv auf einzelne Handlungsmuster zurückgreifen.

Es handelt sich dabei nicht um ein geschlossenes heuristisches System: Handlungsmuster sind – auch für die Akteure – nicht notwendig widerspruchsfrei im Verhältnis zu anderen.

Der Steuerungsmechanismus von Handlungsmustern funktioniert über *Anerkennung im* sozialen Nahraum und über Abgrenzung zu Außenwelten. Hierin sind Handlungsmuster identisch mit den „Konventionen" bei Max Weber (1985, 17). Sie bewahren vor allem den Bestand (sub)kultureller organisatorischer Traditionen und Routinen der eigenen Gruppe und nur mittelbar den der Gesellschaft.

Berufliche Lebenswelten bestehen aus Alteingesessenen und Berufsanfängern, aus Alten und Jungen, Männern und Frauen, formellen Vorgesetzten und Nachgeordneten, informellen Leiern und deren Nachfolgern. Die erkenntnistheoretische Perspektive der Handlungsmuster ist zu vergleichen mit der des *Berufsanfängers*, der lernen muss, was in seinem neuen Umfeld gängige Praxis ist.

Er hat noch nichts internalisiert, bekommt aber eine Reihe von Anregungen, Angeboten bzw. Aufforderungen hierzu. Handlungsmuster wirken als ungeschriebene *Schutzmanns-Fibel*, sie beherbergen das sog. Praxis- oder *Rucksackwissen,* sie fungieren als lebensweltliche Entgegensetzung zum Theoriewissen, das man an der Polizei-(Fachhoch-)Schule lernt. Handlungsmuster sind das Rüstzeug des Schutzmanns, mit ihrer Hilfe bewältigt er seinen Job eindeutiger als mit diffusen wissenschaftlichen Erkenntnissen.

Sie werden in einer Dienstgruppe, während der Streifenfahrt, beim Warten im Gruppenwagen, während eines Einsatzes vermittelt, nicht durch Gesetze, Vorschriften, Dienstanweisungen. Sie regeln den Alltagsbestand der Polizei und insofern gibt es auch keine *Zufälle* in Organisationen (gleichwohl man kann nicht immer alle Konflikte vorhersehen, weil man zum Beispiel zu wenig von den Handlungsbedingungen in der Organisation weiß, man kann sie jedoch an-

[7] Vorbewusstes ist, in Abgrenzung zum Unbewussten, nicht Verdrängtes, deshalb kann es stets aktualisiert werden (vgl. Müller-Pozzi 1991, 56ff.)

schließend rekonstruieren und daraus lernen). Deshalb kann ich der Argumentation nicht folgen, dass es in einer prinzipiell intakten Organisation einzelne *schwarze Schafe* gebe, die gleichsam als *pathologische Monaden* ihr Unwesen treiben und derer man sich lediglich entledigen müsse, um das Gesamtsystem nicht zu infizieren – bzw. wieder zu reinigen (vgl. bestätigend hierzu Herrnkind 1996, weiterführend Behr 2000).

Im Unterschied zur *Einstellung* oder zur inneren *Haltung* stehen Handlungsmuster stets in Verbindung mit *Interventionen in realen Situationen*, während Haltungen, z.B. Ressentiments oder Vorurteile, sehr wohl bestehen können, ohne jemals ausagiert zu werden. Der Begriff der *Einstellung* führt also weit über das hinaus, was polizeiliche Handlungen einrahmt. Sicher haben Polizisten jenseits der kollektiven Handlungsstandards subjektive Präferenzen, aber mein Anliegen besteht gerade nicht darin, individuelle Dispositionen zutage zu fördern, sondern soziale Praxen zu beschreiben, die kollektiv verbindlich und in der Lage sind, individuellen Dispositionen in Organisationshandeln zu überführen, sie gleichsam institutionell einzurahmen bzw. *zu begrenzen.*

5.2 Handlungsmuster im Alltag des Gewaltmonopols

Handlungsmuster beinhalten die *Klugheitsregeln der Praxis* und orientieren sich m.E. an den Kriterien *Legitimität, Konformität und Pragmatismus*[8]. Diese Orientierung fügt sich in drei unterschiedliche Ebenen des sozialen Handelns ein: auf einer makrosoziologischer Erkenntnisperspektive betrifft es die Institution *Sicherheit und Ordnung*, auf der Mesoebene die Organisationsnormen und auf der Mikroebene das individuelle Handeln (vgl. die zusammenfassende Tabelle am Ende dieses Kapitels).

5.2.1 Auf der Institutionsebene: Legitimität

Auf der Makroebene geht es den street cops vor allem um die Orientierung ihres Handelns nach ethischen Kategorien. Polizeiliches Handeln soll im Idealfall *legal und legitim* sein. Rechtliche Legalität und ethische Legitimität können

[8] Diese Kriterien ordne ich jeweils einer Makro-, einer Meso- und einer Mikroebene der Erkenntnis zu. Die Unterscheidungen ist in gewisser Weise tentativ und hat im Verlauf des Forschungsprozesses erst an Plausibilität gewonnen. Ich habe nicht gezählt, wie viele Polizisten sich welche Anzahl von Handlungsmustern angeeignet haben, oder in standardisierten Fragebogen erfasst, was den Männern und Frauen in der Polizei wichtig ist, möglichst noch in Skalen von -3 bis +3. Vielmehr ergab sich diese Ordnung anhand wiederholter Beobachtungen, im Verlauf der zahlreichen Gespräche, in denen immer wieder bestimmte Themen generiert wurden und die sich jeweils mit dem *richtigem Polizeihandeln* befassten.

jedoch voneinander abweichen[9]. Polizisten orientieren ihr Handeln primär an Gerechtigkeitsvorstellungen (Legitimität), wohingegen es im bürokratischen Typus primär um die Rechtmäßigkeit der Verfahren (Legalität) geht.

Der Grundsatz: „Was wir tun, ist *rechtens*“ stellt eine normative Bewertung des Polizeihandelns dar. Er stützt sich auf Gerechtigkeit und sie ist der weitere Bezugspunkt, das formale Recht (Strafrecht/Strafprozessrecht, Polizeirecht) der engere Bezugspunkt polizeilichen Handelns. Ist das legale Recht mit den Gerechtigkeitsvorstellungen kongruent, dann stimmen Legalität und Legitimität überein und das Handeln der Polizisten richtet sich nach beiden Dimensionen aus[10]. Es kann aber zu Divergenzen zwischen dem formalen Recht und den Gerechtigkeitsvorstellungen der Beamten kommen: Im Zweifel dominieren dann die *subkulturell präformierten Gerechtigkeitsvorstellungen* das Handeln, das formale Recht wird allenfalls auf die konkreten Handlungen (im Nachhinein) appliziert. Umgekehrt berufen sich viele Polizisten dann auf die strikte Einhaltung der Legalität, wenn sie Konflikte um die Frage der Ethik ihres Handelns nicht austragen wollen/können. Ähnlich verfährt die Institution: Die Konflikte bei den Startbahnauseinandersetzungen wurden *auch* aus diesen zwei unterschiedlichen Herangehensweisen geschürt: Für die Polizei war das Hausrecht der Flughafen Aktiengesellschaft (FAG) die Rechtsvoraussetzung für ihren Einsatz. Während die Protestierenden die Rodung des Waldes als *illegitim* ansahen, berief sie sich ausschließlich auf die *Legalität* ihres Handelns, was nachhaltige Kommunikationsstörungen mit sich brachte.

Eine weitere, wahrscheinlich sogar ziemlich häufige, Konstellation besteht darin, dass die Polizisten gegen ihren Gerechtigkeitsimpuls das Recht durchsetzen, dass sich also polizeiliche Maßnahmen, zumal die öffentlich kontrollierbaren, sehr wohl am formalen Recht orientieren, egal was sie davon halten. Sie

---

9 Dies wurde besonders mit Beginn der Aktionen der Friedensbewegung öffentlich debattiert. Dort ging es unter anderem um die Frage, ob die Blockade von Zufahrten zu Militäreinrichtungen von vornherein eine „Nötigung“ darstelle bzw. im juristischen Sinne die Tatbestandsmäßigkeit auch die Schuld indiziere oder ob das formale Recht durch die Legitimität des politischen Anliegens überstrahlt werde.

10 In den meisten Fällen des polizeilichen Berufsalltags ist diese Übereinstimmung nach meiner Erfahrung und den Beobachtungen auch gegeben, da die meisten Polizisten eigene Gerechtigkeitsvorstellungen in den Beruf mitbringen, die sich mehr oder weniger am Recht orientieren. Ausbildung, Tradition und Polizeikultur legen ebenfalls Wert darauf, dass das Handeln der Polizei den Grundsätzen von Legalität *und* Legitimität entspricht. Rechtssoziologisch interessant sind allerdings nicht nur die Kongruenz-, sondern besonders die Konkurrenzverhältnisse zwischen Legitimität und Legalität. Denn die formale Legalität wird nicht ohne Begründung überschritten. Diese Begründungen bzw. die sie einrahmenden sozialen Verhältnisse muss man verstehen lernen, wenn man Sinnkonstruktionen der Akteure des Gewaltmonopols verstehen will.

handeln rechtlich (nicht notwendig *rechtens*), tun es aber resigniert, man könnte sagen, *zähneknirschend*, als Einsicht in das gesetzlich Vorgegebene[11].

Das Legalitätsprinzip (§ 163 StPO) verpflichtet die Polizei zur Straftatenerforschung ohne Ermessensspielraum. Danach müsste jeder Anfangsverdacht einer Straftat verifiziert werden. Dies ist in der Alltagspraxis gar nicht umsetzbar. Da aber eine Straftat, wenn sie als solche identifiziert ist, verfolgt werden muss, liegt die *Entscheidungsmächtigkeit* im Bezeichnen einer Handlung als Straftat, denn das Nichtverfolgen einer als Straftat identifizierten Handlung erfolgt unter dem Risiko der sog. „Strafvereitelung im Amt" und man muss einige Schutzmaßnahmen treffen, um dieses Risiko abzuwenden. Umgekehrt gilt, dass Polizisten erst strafprozessual aktiv werden können, wenn es ihnen gelingt, eine Handlung unter einen Straftatbestand zu subsumieren. Polizisten verfügen dabei über einen ziemlich weiten Spielraum (was für Deutschland erstmals Feest/Blankenburg [1972] empirisch untermauert haben). Ob das, was man gerade gesehen hat, irrelevant, eine Ordnungswidrigkeit, ein Vergehen oder ein Verbrechen darstellt, ist nicht selten eine Frage des nachträglichen Definierens der Wirklichkeit.

> Wir fahren durch das Bahnhofsgebiet. In der T.-Straße, kurz vor dem Hauptbahnhof sehen wir, wie ein junger Mann vor der Ampel aus einem Fahrzeug steigt, in Richtung Rolltreppe ging, dann aber vom Straßenrand einen Gullydeckel aus dem Schacht hebt, ihn über den Kopf schwingt und auf das Auto richtete, das er gerade verlassen hat. Genauso schnell wie er den Deckel aufgenommen hatte, brach er die Szene ab, legte ihn an den Ort zurück, die Ampel schaltet auf Grün, das Auto startet, der Mann geht seiner Wege. Das Gesicht des Mannes wirkte verzerrt, drückte Wut aus, aber es war nicht zu erkennen, ob die Aktion ernst gemeint war. Die ganze Sze-

[11] In den medialen Inszenierungen von Polizei ist das häufig mit einer erheblichen Dosis an moralischer Empörung und an Solidarisierungsmöglichkeit zwischen Publikum und TV-Kommissaren/Kommissarinnen verbunden. Wir teilen die Wut und die Ohnmacht der Protagonisten, weil wir ahnen, dass da etwas nicht stimmt in unserem Rechtsstaat, wenn die Kommissare z.B. die Opfer skrupelloser Schlepper ausweisen sollen, nur weil sie auf die menschenverachtenden Bedingungen einer Ehevermittlungsagentur hereingefallen sind (ARD-Tatort von 1990: „Frau Bu lacht"). Wir sehen die Kommissarin/den Kommissar, die/der – jung, unkonventionell und voller Idealismus und (meist: weiblicher) Intuition – mal eben in der Wohnung des Verdächtigen vorbeischaut (vielleicht noch nach Dienstschluss und alleine), um ihn durch kluges Fragen endlich zu einem Geständnis zu bringen oder wenigstens in die Falle zu locken, und die/der dann zähneknirschend wieder abziehen muss, nachdem der Schurke selbstbewusst und arrogant nach dem Durchsuchungsbefehl fragt. Eine andere Variante des *verzögerten Triumphes* ist, dass die Ermittlerin/der Ermittler kurz vor dem Erfolg von dubiosen oder schlicht bürokratischen Vorgesetzten plötzlich von dem Fall abgezogen wird. Zum Glück machen die meisten (im Film) dennoch weiter und es gibt (im Film) meist doch noch ein Happy End, aber in Wirklichkeit bleibt dieser Trost oft aus. Der Idealismus vieler junger Männer und Frauen in der Polizei geht in der Realität leider häufiger verloren als im Film – die Wirklichkeit dauert allerdings auch länger und ist zermürbender als im Film.

ne dauerte nur Sekundenbruchteile (so kam mir das jedenfalls vor). Im Verkehrsfluss fahren wir zunächst weiter, diskutieren aber die Szene. „Was geht denn da ab?“ ist die spontane Bemerkung des Beifahrers. Er meint, es sei ein ernstgemeinter Angriff, der Fahrer hat den Eindruck, es handelt sich um einen schlechten Scherz, vielleicht groben Unfug, aber es sei ja nichts passiert, schließlich wimmle es hier von Verrückten. Als wir einige hundert Meter weiter sind, kommt der Beifahrer auf die Idee, dass das Beobachtete eine versuchte Straßenverkehrsgefährdung gewesen sein könnte, und man sich den Mann doch einmal anschauen müsse. Sofort schaltete der Fahrer Sondersignale ein, wir rasen zu der Stelle zurück und suchen den Mann in der B-Ebene des Hauptbahnhofs, was aber ergebnislos bleibt. Jedenfalls fordern die Beamten noch über Funk ihre Kollegen auf, mit nach dem Mann zu suchen.

Ohne die nachträgliche Einordnung des Gesehenen unter einen Straftatbestand hätte es keine Suchaktion gegeben, und ohne zu wissen, wie man die Fahndung hätte begründen können, hätte es keine Unterstützung gegeben. Da die Beamten aber eine griffige Formel gefunden hatten, konnten sie ihre Kollegen zur Unterstützung bei der Suche „wegen Verdachts der Straßenverkehrsgefährdung“ auffordern.

Diese Szene weist auf ein Muster von *Wirklichkeitswahrnehmung* hin, das für polizeiliche Handlungsstrategien weitgehend bestimmend ist: Die soziale Welt wird (oft unbewusst) in Kategorien des (Straf-)Rechts wahrgenommen bzw. uminterpretiert. Dies ist funktional tauglich für die Berufsausübung, fördert aber gleichzeitig die Entwicklung diskriminierender Routinen. Auf diese Weise wird auf bestimmte Menschen besonders geachtet, und wenn man sich lange genug in dem Kreislauf von Verdachtsschöpfung und Erfolgswahrscheinlichkeit bewegt, verliert man die Unbefangenheit vollends. Dieses Verfahren ist notwendig, um in bestimmten Handlungsfeldern des Berufs seine Aufgabe bewältigen zu können, es verhindert jedoch im ungünstigen aber häufigen Fall die Aneignung anderer, weniger polarisierender Wahrnehmungen.

Das Muster bleibt nicht nur auf bestimmte Situationen und Orte beschränkt, sondern etikettiert Menschen (in bestimmten Situationen an bestimmten Orten, aber auch im Allgemeinen, wie der folgende Tagebuchauszug zeigt).

Wieder mit der BFE in Frankfurt. Wir laufen durch die Straßen. Sven erzählt, dass sich seine Sprache verändert hat. Sie sei gewalttätiger und derber geworden, seit er die Einsätze in Frankfurt fahre. Es fällt ihm auf, wenn er mit Bekannten außerhalb der Polizei spricht, die ihn nach seinen Erlebnissen im Dienst fragen. Dann fließen schon mal *Fachausdrücke* wie „Specker“ oder „Assis“[12] mit ein, die seine Ge-

[12] Mit Hilfe solcher Zuschreibungen, die vielfältig zu erweitern wären, wird die Klientel *fremd gemacht*, meistens unter Zuhilfenahme negativer Zuschreibungen. So bezieht sich der Ausdruck „Specker“ auf die „speckige“, d.h. schmutzige Kleidung, „Assis“ steht für „Asoziale“. Die positiv besetzten Ausdrücke sind nicht minder ungenau: der oft so genannte „anständige Bürger“ ist

sprächspartner nicht verstehen, und er merkt, dass er sich kontrollieren muss, um normal zu reden. Nicole sagt, ihr Menschenbild habe sich im Verlauf der zehn Jahre Polizeidienst verändert. Sie ist nicht mehr so unbefangen, checkt vorher Leute und Situationen ab, bevor sie sich auf einen näheren Kontakt einlässt, sie ist insgesamt misstrauischer geworden. Ich frage, ob das auch ihr Privatleben betreffe, und sie bestätigt das. Es komme schon mal vor, dass sie einen neuen Bekannten erst einmal im Fahndungscomputer überprüft, nur um sicher zu gehen, nicht auf einen „Drecksack" gestoßen zu sein.

Die Annahme, dass sich der *polizeiliche Blick* zu einem *habitualisierten Argwohn* bei Polizisten erweitert, wird z.B. von Skolnick (1966) und Feest/Blankenburg (1972) vertreten. Ich kann das durch mein Untersuchungszuschnitt nicht vollends bestätigen, da zur Überprüfung dieser Hypothese eine die individuellen Dispositionen erfassende Langzeitstudie erforderlich wäre. Es scheint aber in der Tat einiges für die *polizeiliche Habitualisierungsthese* zu sprechen.

Das Legalitätsprinzip wird häufig als Argument benutzt, wenn es um die Frage geht, was man tun soll, wenn man Kollegen bei Übergriffen beobachtet (d.h. „ungerechtfertigt" prügeln sieht). Dabei wird nicht so intensiv darüber gesprochen, dass dies die ethischen Grundfesten des staatlichen Gewaltmonopols unterminiert, sondern es wird beschworen, dass man wegen des § 163 StPO einschreiten müsse. Tatsächlich geschieht das aber nicht stringent. Die Vorschrift wird nur wahlweise zum Maßstab des Handelns, in der Regel dann, wenn man das eigene Wegsehen nicht mehr rechtfertigen kann und/oder will.

Unterhalb der Inanspruchnahme von Recht geschieht die Missbilligung des Verhaltens von Kollegen viel häufiger durch Entzug der ansonsten fraglosen Solidarität, besonders als *Wegsehen* bzw. *Weggehen* aus der Szene.

Weißt Du, was der in (*meinem?*) Beisein gebracht hat? Marokkaner saß auf der Wache, hat sich mit dem unterhalten, hat der zum Marokkaner gesagt „so, und jetzt singst Du mal die deutsche Nationalhymne". Da bin ich (... *umgedreht?* ...) und bin fort.

Wer hat das gesagt?

Der Opitz. Zu dem Marokkaner. Bin ich aufgetre... aufgestanden und bin fort. Der Lecke stand noch dabei. Der Lecke auch: Kopf geschüttelt, sind fort. Deswegen hab' ich das auch noch zum Klaus gesagt, „gell, Klaus, in meinem Beisein nicht mehr". Und soll ich Dir was sagen? Die haben sich dran gehalten. Die haben sich echt dran

eine Kategorie des *Vertrauten,* des eigenen. Meist ist er *so* anständig nicht, wie die Polizisten meinen, er kann sich ihnen gegenüber aber als anständiger Bürger, d.h. polizeibejahend und friedfertig, darstellen bzw. die Eigenschaften anbieten, die den eigenen ähnlich sind.

> gehalten. Die haben sich zusammengerissen. Irgendwo hat das dann auch wunderbar geklappt, ne.

Für Polizisten ist es schon eine eindeutige Form der Missbilligung, sich aus prekären Handlungen herauszuhalten bzw. sich aus der Szene zu entfernen. Das geht nicht immer, z.B. nicht so einfach in der Öffentlichkeit oder unterwegs im Streifenwagen, es geht aber z.B. auf der Revierwache. Damit ist nichts geregelt, der Konflikt bleibt ungelöst, subjektiv dient das Weggehen jedoch dazu, die eigene Integrität zu retten. Nichts gesehen und gehört zu haben, ist nach wie vor der beste Schutz gegen unangenehme Fragen der Öffentlichkeit bzw. der Staatsanwaltschaft. Jedem Außenstehenden muss das so vorkommen, als würden dadurch illegale Praktiken von Polizisten gedeckt werden und tatsächlich gibt es viele Hinweise darauf, dass das eine Rolle spielt (wie das z.B. im Interview mit Udo Geißler [Zif. 4.2.2] deutlich wird). Das Weggehen ist aber auch, wie oben erwähnt, eine offensive Form, sich vom Gebaren des Kollegen zu distanzieren, denn immerhin wird ihm signalisiert, dass man nicht mehr zu ihm steht, dass er mit seiner Aktion allein ist, dass man nichts mit diesem Fall zu tun haben will, und dementsprechend auch nicht als Zeuge benannt werden möchte. Diese Form des Entzugs von Solidarität ist schon eine starke Intervention in einer Gefahrengemeinschaft.

Die Dominanz eigener Gerechtigkeitsvorstellungen vor bürokratischen Verfahrensfragen zeigt sich in einem weiteren Grundsatz der street cops, nämlich dem der *Reziprozität.* Danach muss eine Straftat *angemessen* sanktioniert werden, und zwar, wenn möglich, an Ort und Stelle. Die Bestrafungswünsche gelten als typische *männliche* Wünsche, wohingegen Verzeihen, noch eine Chance geben, Geduld haben, eher als *weibliche* Eigenschaften gelten. In den Augen der Polizisten repräsentiert *die* Justiz diese Eigenschaften immer mehr. Sie ermahnt, droht an, gibt Bewährung, setzt Strafen aus, kompensiert, mediatisiert, gleicht widerstreitende Interessen aus (z.B. im Täter-Opfer-Ausgleich). Dagegen richtet sich der Vorwurf vieler Polizisten. Es ist ein Vorwurf der *Polizei-Männlichkeiten* gegenüber der *weiblichen Justiz,* da sie sich als zu weich, zu nachsichtig, zu inkonsequent, zu schwach erweist und nicht mit den männlichen Phantasien von Vergeltung, Rache, Bestrafung, Unterwerfung, Einsperrung und der Vertreibung kompatibel ist. Der Polizeikommissar Udo Neumann sagte selbstkritisch:

> Gewalt hab' ich wenig bei der Polizei selbst... also, ich hab' schon gesehen, wie einer äh... wie Gewalt... körperlicher Widerstand gebrochen wurde, um das mal so auszudrücken, ja. Äh, wie einer auch mal als Bestrafung, was nicht sein... ein Bein gestellt bekommt, ja und äh, fällt dann, weil er gefesselt ist, konnt' er nichts dafür, sonst hätt' er sich abfangen können, mit dem Kopf fast gegen den Tresen auf dem Revier, ja, totaler Schwachsinn, und das hab' ich schon damals verurteilt, äh, warum

> das ein Kollege gemacht hat, hab' ihn aber nie drauf angesprochen. Das ist so meine Feiglingsmentalität, ja. Also, ich bin eher der Beobachter.

Street cops misstrauen dem Justizsystem grundsätzlich (dies gilt auch umgekehrt), denn es ist wenig geeignet, um ihre Arbeit zu würdigen. In den Fällen, in denen Legitimität und Legalität voneinander abweichen, halten sich die Polizisten an ihre eigene Überzeugung von Gerechtigkeit. Sie mündet oft in dem Spruch: „Was sie von uns bekommen, das haben sie schon mal, das nimmt ihnen keiner mehr". Gemeint ist eine Art Bestrafung an Ort und Stelle, in der Regel in Form von körperlicher Gewalt. Dass das rechtlich nicht einwandfrei ist, wissen die meisten, aber es ist ihre Form der Vergeltung, sie halten es für die einzige angemessene Reaktion auf die (vermutete) Tat. Die Gerechtigkeitsvorstellungen weichen in diesem Punkt von bürokratischen Verfahrensregelungen erheblich ab, halten sich aber im täglichen Dienstbetrieb der street cops ungebrochen. Ericson (1992, 172) benennt dieses prekäre Verhältnis als „twilight zone between law and morals."

5.2.2 Auf der Organisationsebene: Konformität

Auf der Mesoebene der Organisation werden die kollektiv verbindlichen Normen im Polizeialltag benannt. Sie betreffen die Frage des Gegenstands und die Art und Weise der Behandlung dieses Gegenstandes, haben also einen *praktischen Regelungsgehalt* und richten sich an den Traditionen und Verbindlichkeiten in der Polizei aus. Handlungsleitend wirken diejenigen Tätigkeiten, die üblich und konsensfähig sind. Eingerahmt wird diese Haltung durch intersubjektive Vorstellungen von *Konformität* und *Solidarität.* Norm- und Handlungskonformität zeigt sich darin, dass der Job so erledigt wird, dass in der eigenen Hierarchie kein Grund zur Beanstandung besteht.

> Die Streife wird zu einer Wohnung im N.-weg geschickt, dort soll es zu Privatstreitigkeiten gekommen sein, die Einsatzleitzentrale (ELZ) macht die Sache nicht ganz, aber doch etwas dringend. Dort angekommen, empfängt uns eine aufgeregte ältere Frau, die berichtet, dass sie den ihr gegenüber wohnenden Nachbarn dabei beobachtet habe, wie er eine Flüssigkeit auf ihre Fußmatte geschüttet habe und anschließend versuchte, die Matte anzuzünden. Es riecht in der Tat nach Petroleum oder Benzin und die Fußmatte ist auch von einer Flüssigkeit benetzt, aber nicht durchtränkt. Die Frau deutet sexuelle Ambitionen ihres Nachbarn an, wogegen sie sich vehement verwehrt. Sie habe schon einmal Anzeige erstattet, damals sei brennbare Flüssigkeit in die Wohnung eingedrungen, was offenbar das Brandkommissariat auf den Plan rief. Die Beamten nehmen den Sachverhalt zur Kenntnis, einer sagt der Frau, dass er eine Anzeige von Amts wegen vorlegen werde, und wir gehen wieder. Ich wundere mich, dass er nicht mit dem Nachbarn sprach. Ich ging bis dahin von einer Sachbe-

> schädigung aus, die nur auf Antrag verfolgt wird, man hätte vielleicht etwas durch ein Gespräch klären können, und frage, warum er keinen Strafantrag von der Geschädigten eingeholt habe. Darauf antwortet er. „ich mach' daraus eine Brandstiftung, bzw. den Verdacht auf versuchte BS, das ist ein Offizialdelikt". Ich kann nicht beurteilen, ob der Tatbestand erfüllt ist, und ob sich der Aufwand lohnt, äußere aber meine Zweifel. Er sagt dazu: „Was später bei rauskommt, ist mir persönlich egal. Wenn es dem zuständigen 'K' (*für Kommissariat, R.B.*) nicht gefällt, können die immer noch eine Sachbeschädigung draus machen".

Erneut zeigt sich die Ambivalenz des polizeilichen Alltagsauftrags und der Interpretationsspielraum sowie die Definitionsmacht bei der *Wirklichkeitsdefinition*: ob eine Sachbeschädigung (Vergehen und Antragsdelikt) oder Brandstiftung (Verbrechen/Offizialdelikt) angenommen wird, hängt zentral mit der Wahrnehmung und der Interpretation der Beamten vor Ort zusammen. Diese Wahrnehmung ist nicht ganz kontingent, sondern richtet sich an dem Erfahrungswissen (dem sog. *Rucksackwissen)* aus.

Der Beamte will sich nicht nachsagen lassen, er habe etwas zu bedenken vergessen, deshalb geht er vom schlimmsten anzunehmenden Fall, einem Brand im Wohnhaus aus, was immerhin einen Verbrechenstatbestand erfüllt (§ 306 StGB, Freiheitsstrafe nicht unter einem Jahr). Der Polizist geht von einem „worst-case-Szenario" aus und konstruiert damit nicht nur eine neue *Wirklichkeit*, er riskiert überdies, dass aus seinem Fall wieder ein *Fällchen* wird, wenn der zuständige Sachbearbeiter im Brandkommissariat die Tatbestände prüft und entscheidet, dass überhaupt keine Versuchshandlung vorgelegen hat (sondern u.U. eine straflose Vorbereitung). Die Frau machte die Beamten auf einen (wahrscheinlich schon länger andauernden) Nachbarschaftsstreit, also auf einen sozialen Konflikt aufmerksam. Das wurde von ihnen jedoch ignoriert, weil sie sich da nicht einmischen wollten: Sie fühlten sich offensichtlich nicht zuständig für die Regelung bzw. Herstellung des nachbarschaftlichen (Un-)Friedens[13].

---

[13] Umgekehrt geschieht es aber auch oft, und das hat nicht nur Etikettierungsgründe: Polizisten *definieren* Sachverhalte auch *herunter* und regeln sie informell, manchmal auch dort, wo formale Verfahren erforderlich wären. Das traf in der Vergangenheit regelmäßig Konflikte unter Privatpersonen, besonders im sozialen Nahraum. Dort gibt es seit einigen Jahren Bemühungen, den Konflikt als Teil eines gesellschaftlichen Konfliktfeldes zu begreifen und die Polizei zum formalen Tätigwerden zu zwingen (mehr dazu in Behr 2006, 112-114). Ericson/Haggerty (1997) haben dieses „Nadelöhr" der Wahrnehmung systematisch gefasst und gefolgert, dass die Polizei durch ihr Instrumentarium oft zur Balance der Kriminalstatistik (und zur Unterstützung der Versicherungswirtschaft) beiträgt, in dem sie einige Delikte hochdefiniert, viele andere aber herunterdefiniert („defining down deviance"). Auch David Garland (1996) argumentiert in diese Richtung. Beide haben aber die Polizei als Institution des staatlichen Gewaltmonopols vor Augen, während ich eher *sozialpsychologisch* argumentiere und im Kern die Haltung vertrete, dass der *polizeiliche Blick* dafür sorgt, wann und wie ein Tatbestand entsteht (auch: wie keiner entsteht) und wie er sich entwickelt, und dass dieser Blick ein kulturell präformierter ist. Dass dies im Ergebnis zu

Die Konformitätsorientierung zeigt sich wahrscheinlich dort besonders deutlich, wo man sich nicht auf ein eigenes Expertenwissen beziehen kann (z.B. durch das Spezialwissen eines Sachbearbeiters). Der Druck zum *Handeln-wie-üblich* wirkt deshalb bei der Schutzpolizei besonders stark, weil sie als die *Generalisten* in der Polizei gelten. Kriminalpolizisten können sich möglicherweise durch ihren höheren Spezialisierungsgrad, d.h. wegen des ihnen zugesprochenen *Expertenstatus,* den Traditionen und Gepflogenheiten eher entziehen, aber dies müsste genauer untersucht werden (die Ergebnisse von Reichertz [1990, 1991] weisen jedoch in diese Richtung).

Die Konformität richtet sich an den Normen des sozialen Nahraumes aus, nicht an den abstrakten Gesetzen oder Verwaltungsvorschriften. Relevanz besitzt z.B. der Dienstgruppenleiter, die regionale Polizeiführung oder andere unmittelbar spürbare und wirksame Handlungssysteme, insbesondere Kollegen mit hohem informellen Status in der Dienstgruppe.

Konformität mit der unmittelbaren Bezugsgruppe kann sich auch als Widerständigkeit gegen die (bürokratische) Beanspruchung zeigen bzw. als besondere Form des Schutzes vor Überlastung durch Vorgesetzte:

> Für den nächsten Nachtdienst wird der Dienstplan vorbereitet (von den insgesamt zwölf Beamten der Dienstgruppe müssen in jedem Fall sechs anwesend sein, sog. Mindestwachstärke). Sebastian schaut in den Dienstplan und stellt fest, dass sie morgen Nacht acht Personen wären. Daraufhin nimmt er vorsichtshalber dienstfrei, Ernst ebenso. Bis dahin war daran nichts Auffälliges. Doch dann sagt er, dass sie dann endlich mal acht Leute seien, und man einmal etwas unternehmen könne. Ich bekomme mit, dass er und Ernst natürlich zum Dienst kommen werden und auf diese Weise zwei Mann über Mindestwachstärke sind. Seinen Trick begründet er damit, dass von der Mindestwachstärke keine Beamte für Sonderdienste mehr abgezogen würden.

Street cops können sich gegen die Auszehrung ihrer Personalstärke mit einem *Trick* wehren. Der Einsatzplaner des Reviers wird im Falle des Falles am nächsten Tag auf die Vormerkungen für *dienstfrei* schauen und es nur in dringenden Fällen den Kollegen wieder streichen (zumindest wenn es sich, wie hier, um die zwei dienstältesten Kollegen der Gruppe handelt).

Der Alltag des Gewaltmonopols ist *auch* ein ständiges Verhandeln und Aushandeln zwischen den Beteiligten der Dienstgruppe, des Reviers, der Präsidiumsabteilung, des Ministeriums. Dabei wird stets versucht, gegenseitige Forderungen und unterschiedliche Interessen auszugleichen. Im Zweifel wird der Einsatzplaner versuchen, den zu erwartenden Widerstand gering zu halten, da die

Labeling-Prozessen führen kann, ist davon unberührt. Auf der Akteursebene ist es aber als Etikettierung oftmals nicht bewusst.

alten Hasen gegen ihren Willen sowieso nicht mehr für Sonderdienste zu gewinnen sind. Dafür kennen erfahrene Polizisten die Funktionsweise des Betriebs zu gut und einige von ihnen würden nicht zögern, sich gegen unangenehme Dienste mit einer Krankschreibung zu wehren. Um dies nicht permanent zu provozieren, muss man taktieren. Letztlich ist die Vorsichtsmaßnahme des Beamten kein wirklicher Schutz vor Überlastung und die Funktion der Dienstgruppe wird damit auch nicht sichergestellt. Aber er *versucht* mindestens, seiner Vorstellung von einem regulären Dienstablauf zum Erfolg zu verhelfen (was er nur wegen seines Ansehens im Revier tun kann und was sein Ansehen in der Dienstgruppe wiederum erhöht).

Es ist vielleicht nicht nur das taktische Kalkül eines erfahrenen Polizisten, das aus seiner Vorstellung von einer passablen Dienstgestaltung folgt: auf acht Beamte verteilt sich der Arbeitsanfall anders als auf sechs, und davon hat jeder einen Gewinn. Gleichzeitig zeigt sich in dieser Strategie auch etwas von der subkulturellen Widerständigkeit der street cops.

Gefahrengemeinschaft

Der Ruf „wir brauchen dringend Unterstützung" verbindet alle street cops auf einzigartige Weise. Der Satz, in ein Funkgerät gerufen, löst Reaktionen aus, die nur unvollkommen aus der Distanz zu beschreiben sind. Eine solche Erfahrung erklärt dem neuen Kollegen viel mehr als der Satz „Sie sollten sich im Dienst gegenseitig unterstützen", der im Unterrichtsraum von einem Dozenten gesprochen wird oder von einem Einsatzleiter bei der Einsatzbesprechung. Intensiver und glaubwürdiger wirkt das *kollektive Erfahrungswissen,* das über Geschichten oder die praktische Anschauung hergestellt wird. In den Geschichten über *gefährliche Einsätze* werden diese Grundsätze der street cops en passant vermittelt und in *Berufsmythen* verpackt[14]. Sie sind so bedeutsam, dass man nicht darüber verhandeln oder sie umständlich darlegen muss, man muss die *Neuen* lediglich an der eigenen Alltagskultur teilhaben lassen. Die folgende Szene gibt einen Eindruck von der expressiven Wirkung solcher Einsätze.

> Wir sind mit dem Bus des Überfallkommandos im Bahnhofsgebiet unterwegs. Gegen Mitternacht fordert die Besatzung eines Streifenwagens aus dem nördlichen Innenstadtbereich dringend Unterstützung an. Automatisch schaltet der Kommandoführer Blaulicht und Sirene ein und wir fahren in die Richtung. Es geht ziemlich schnell, nach vier Minuten sind wir da, trotzdem sind wir die letzten, vor uns liegt

14 Zur Wirkung und Funktion von storys, Mythen und Geschichten in der Polizei vgl. Behr (1993 und 1996d); zur Bedeutung solcher *sagenhaften* Geschichten im Alltag vgl. Barthes (1964) und Stehr (1998).

ein *Meer von Blaulichtern*. Ich zähle elf Streifenwagen (eher mehr), die Ausfallstraße ist völlig blockiert. Der Anlass ist schon geklärt: die Polizisten hatten Schwierigkeiten mit zwei betrunkenen Männern, es sah kurzzeitig so aus, als gäbe es eine Prügelei, die aber von ihnen zwischenzeitlich selbst geregelt worden ist.

Bei Anlässen wie dem geschilderten (ich habe bewusst einen folgenlosen gewählt) erleben sich Polizeibeamte als *Solidar- und Gefahrengemeinschaft*. Viele dieser Anlässe sind nicht überschaubar, und man setzt zunächst auf die Option, sich der Hilfe durch andere Kollegen zu versichern. Auch wenn sich die Lage dann entspannt, sagt man nicht sofort ab. Denn man fordert nicht ohne Grund Unterstützung an. Und wenn die *Unterstützungsmaschine* erst läuft, wollen alle ankommen. Das hängt wiederum mit einem bestimmten *Code* zusammen. „Ich/wir brauche(n) dringend Unterstützung" ist eine feststehende Redewendung unter street cops. Sie ist an Bedingungen geknüpft, die diejenigen, die es angeht, kennen. Es muss z.B. glaubwürdig sein, man darf nicht wegen Bagatellen um Hilfe rufen. Man darf aber die Sache zwischenzeitlich selbst bewältigt haben.

Da Polizisten spätestens seit dem ersten Mithören am Funk erfahren, was passiert, wenn andere Kollegen Unterstützung anfordern, eignen sie sich diese Terminologie an, sie wird Teil des Erfahrungs- oder *Rucksack*wissens und des Ehrenkodex. Die Streifenwagen mit ihren Blaulichtern symbolisieren die polizeiliche *Macht*, mehr aber noch die *Zusammengehörigkeit* von street cops: alle sind da, wollen helfen (und mindestens auch: dabei sein). Das sind die essentiellen Versicherungen unter street cops: man kann sich in solchen Situationen (mindestens in einer Großstadtpolizei) aufeinander verlassen. Ein Nebeneffekt: Einige der Kollegen und Kolleginnen haben sich längere Zeit nicht gesehen, und die Gelegenheit wird genutzt, um einige Hände zu schütteln, sich zu begrüßen, Kontakte zu pflegen, *Small Talk* zu betreiben. Während dessen müssen die anderen Verkehrsteilnehmer noch eine Weile im Stau warten, den die Streifenwagen verursacht haben. Nach einiger Zeit entwirrt sich die Sache wieder. Die *Familie* hat sich kurz getroffen[15].

Für diese Form der Solidarität braucht man keine Übungen anzusetzen, die Cop Culture stiftet ihre eigene Tradition, Polizisten wissen sich zu helfen und tun dies unbedingt, solange sie unter sich sind. Es gibt in solchen Situationen praktisch keine Hierarchieunterschiede und formelle Unterstellungsverhältnisse oder Befehlsstrukturen. Ad hoc-Einsätze dieser Art formen eine exklusive Gefahrengemeinschaft. Es sind affektiv hoch besetzte Situationen, die man aus der Distanz fast nicht beschreiben kann. Wie es einem Polizisten geht, wenn er jeman-

15 Durch den Vier-Schichten-Rhythmus der Frankfurter Polizei treffen sich stets die selben *Dienstviertel*. Im Laufe der Zeit kennt man sich untereinander besser als die Kollegen aus anderen Dienstvierteln.

den am Arm oder sonst wo zerrt oder gar angegriffen wird, wenn ihm langsam die Puste ausgeht, er vielleicht droht, im Kampf zu unterliegen, er gerade noch etwas ins Funkgerät rufen kann und nach kurzer Zeit die Sirenen der Streifenwagen hört, die Kollegen kommen, sie haben am Funk vielleicht das Keuchen gehört, sie wissen, dass es ernst ist und keine Übung, sie könnten selbst jederzeit in eine solche Lage kommen, deshalb fragen sie nicht nach den Ursachen, sondern jeder packt erst mal an, wenn es noch etwas anzupacken gibt, selbstverständlich, ohne nach der Verantwortung für die Auseinandersetzung zu fragen.

Rein funktional ist wahrscheinlich der Modus de *Reziprozität* handlungsbestimmend. Aber auf der expressiven Ebene geht es um die Demonstration des Gewaltmonopols *nach innen* (als Identitätsarbeit) *und* nach außen. Wer hier nicht mitmacht, macht sich automatisch zum Außenseiter und wird auch so (oder *Kameradenschwein*) genannt. Dies ist nicht der Ort der Reflexion, nicht das vorsichtige Agieren ist jetzt gefragt, sondern demonstratives Zupacken.

Diese intensive Solidarität erfahren street cops sonst nirgendwo, auch nicht in der eigenen Organisation. Bei solchen Gelegenheiten wird nicht nur symbolisch, sondern auch manifest gezeigt, auf wen man sich verlassen kann: es sind die Kollegen in den Streifenwagen, nicht die Vorgesetzten und nicht die Sachbearbeiter in den Büros. Nur die street cops können so in jeder Dienstschicht in die Lage kommen, kollegial zu helfen und Hilfe zu erfahren. Die Einsätze bergen oft Gefahren in sich, sie haben meistens einen gewaltvollen Anlass, das Aufgebot der Polizei ist kein Selbstzweck, man verabredet sich nicht zum Plausch[16].

---

16 Insofern müssen die Angaben zum Betreuungsverhältnis bzw. zur Polizeidichte stets relativiert werden. In einer Großstadt ist es oft eine Frage der Größenordnung des Ereignisses bzw. der internen Prioritätszumessung, die darüber entscheiden, *wie viele* Streifenwagenbesatzungen *in welcher* Zeit *an welchem* Ort sind. Entlang der gültigen Handlungsmuster werden für Einsätze, bei denen es den street cops *um etwas geht* innerhalb kürzester Zeit zehn bis zwanzig Streifenbesatzungen mobilisiert, was schon eine beachtliche Streitmacht darstellt. Solche Aktionen werden z.B. durch ein bestimmtes *Jingle* eingeleitet, mit dem der Funksprecher der Einsatzzentrale schon die Aufmerksamkeit der Streifenbeamten erregt, bevor er irgend etwas Inhaltliches gesagt hat. In Frankfurt beginnt er in der Regel mit „Achtung, Achtung, hier Frank an alle!“ Allein diese Einleitung lässt zu jedem beliebigen Zeitpunkt bei mehreren Dutzend Streifenbeamten den Adrenalinspiegel steigen, sie verfolgen die weitere Ansage dann mit erhöhter Aufmerksamkeit. Folgt z.B. „Alarm, Alarm: Melder gelaufen...“ oder die feststehende Formulierung „Einbrecher am Werk...“ dann gehen mindestens die Hände derjenigen Streifenwagenbesatzungen sofort zum Blaulichtknopf, die sich einigermaßen in der Nähe des Objekts/des Tatortes befinden, auch wenn sie gerade als Kurierdienst ins Präsidium wollten, zum Essen, zur Pause oder zur Kleiderkammer. Geht die Meldung weiter, etwa mit der Abwandlung „...wer steht günstig...“ dann gehen noch mehr Hände an die Blaulichtknöpfe, denn dann geht es meistens nicht um eine Einbruchmeldeanlage, sondern um ein aktuelles Geschehen (z.B. eine Schlägerei, einen Überfall, einen aktuellen Wohnungseinbruch, meistens aber um die Verfolgung eines Kraftfahrzeugs). Und wenn es gar heißt „... Kollegen benötigen dringend Unterstützung...“ dann fahren ganz sicher alle hin, die irgendwie noch eine Chance haben, in das Geschehen (wann immer) eingreifen zu können. Natürlich ist die Zahl der Einsatzkräfte zur Bearbeitung von Bagatellen und Routinen, zur

Die Interaktionsrituale (Goffman 1973), die Selbstvergewisserungen und die Traditionen der street cops erzeugen und demonstrieren eine gewisse Stärke. Aus ihr erwächst gleichzeitig ein Problem für eine deeskalierende Konfliktarbeit. Denn die Gewissheit, dass man zu jeder Tages- und Nachtzeit (in der Großstadt) schnell dreißig, vierzig Polizisten mobilisieren kann, lässt manche Verhandlungsbereitschaft schwinden und das Zurücknehmen einmal begonnener Maßnahmen unwahrscheinlicher werden.

Dominanz subkultureller Normen

Eine dominierende subkulturelle Norm heißt, dass Konflikte zwischen street cops intern gelöst werden. Dahinter steht die Annahme von *Selbstreinigungskräften*, die außenstehende *Schiedsrichter*, Vorgesetzte o.ä. überflüssig machen. Selbst wenn man mit einer Handlung des Kollegen nicht einverstanden ist, kommt es selten vor, dass dies in der Öffentlichkeit kritisiert wird. Differenzen werden im Streifenwagen geregelt oder auf der Dienststelle.

> Kennst Du noch den M.? *(Ich bestätige das).* N.N. und M., die haben sie mittlerweile auch zu Offizieren gemacht. Schlimm, schlimm, dass sie die noch zu Offizieren gemacht haben. Da haben sie den Bock zum Gärtner gemacht, sag' ich Dir. Schlimm, ahh *(stöhnt gequält auf).* Na ja, da bin ich mit dem ein oder anderen zusammengerasselt, das ging ruck zuck. Mit dem M. gleich in der ersten Schicht. Gleich im ersten Spätdienst, weiß ich noch, unten in der K.-straße.
>
> *Wegen was?*
>
> Will ich Dir genau erzählen. Steht ein Tank auf der Straße, ein alter Öltank. Wir hatten den Auftrag, mal festzustellen, wo der herkommt und gegebenenfalls muss man da was machen, dass der wegkommt. Gehen wir ins Haus und fragen einfach mal. Kommt 'ne Frau von oben, ein junges Mädchen, kommt von oben runter gelaufen. Sagt der M. „Guten Tag, wohnen Sie hier?" Sagt die Frau, „Nö, ich wohn' hier nicht, ich war hier bei 'ner Freundin zu Besuch". Will gehen. „Ja bleiben Sie doch mal stehen! Ja, Sie wohnen doch hier". Sagte sie „nee, ich wohn' hier nicht". „Aber Sie kommen doch von oben runter". Da dacht ich, was ist denn jetzt los. Du, der hat die, da hat die, der hat die so lang da rund gemacht, die ist ja dann raus fast in Tränen. Der ist laut geworden, der M. und da hab' ich das erstemal verstanden, was.. wie der M. alles (...). Der M. ist ein Widerstandsbeamter. Ich hab ja mal nachts seine Akte gelesen, oben im Geschäftszimmer bzw. seine Beschwerdebriefe und alles.

Fußstreife oder zu sonst etwas weniger Interessantem äußerst gering, und hier tritt schnell das Argument der Überlastung auf. Personalknappheit ist jedoch keine absolute Größe, sondern eine relationale. Meist sind im innerstädtischen Bereich noch Polizeikräfte mit anderen Aufgaben (z.B. Bereitschaftspolizei, Bundesgrenzschutz) ebenfalls *vor Ort* und stehen bei einer entsprechenden Dringlichkeitsstufe zur Verfügung.

> Und da sind wir ins Auto eingestiegen danach, und da hab ich gesagt „mein lieber Walter, noch mal so ein Ding, entweder kriegst Du gleich eine auf die Fresse von mir oder ich scheiß' Dich an". Sag ich „so nicht und schon gar nicht mit mir. Das läuft nicht. Das merkst Du Dir gleich".

Diese harsche Kritik am Verhalten eines Kollegen nebst der angedrohten Konsequenzen wird in der Polizei auch mit dem Ausdruck „jemandem ans Bein pinkeln" belegt. Dies ist generell verpönt und wenn es geschieht, dann in der Regel von lebenserfahrenen Kollegen, und es ist stets mit dem Risiko der Marginalisierung verbunden. Mein Interviewpartner sagte zwar (mindestens mir gegenüber) deutlich, was er von dem Kollegen hielt, aber wieder zu einem Zeitpunkt, zu dem man *unter sich* war, nämlich im Streifenwagen. Kritik nicht in der Öffentlichkeit zu üben, ist das dahinter stehende Handlungsmuster. Letztlich ist nicht zu klären, ob er diese Konfrontation tatsächlich eingegangen ist oder nur gerne eingegangen wäre und im Nachhinein als Tatsache konstruiert hat.

Arbeitsökonomie

Dem Prinzip der Schriftlichkeit der Verwaltung folgend, steht fast alles dienstliche Handeln von Polizeibeamten unter *Berichtszwang.*

Grundsätzlich werden polizeiliche Handlungen so dokumentiert, dass sie vom Vorgesetzten akzeptiert werden können. Was danach passiert, hat der Vorgesetzte (mindestens mit-) zu verantworten, wenn er dem Text sein Plazet gegeben hat. Dies führt zu Formulierungen, die man als *hermetisches Vertexten* bezeichnen könnte. Die Art und Weise der Berichtsabfassung führt zur Herstellung einer Differenz zwischen dem erlebten Sachverhalt und dem (später produzierten und kritisierbaren) Text. Die sowieso schon sozial konstruierte Wirklichkeit, genauer gesagt, die soziale und (berufs-)kulturelle Determiniertheit der Wirklichkeitswahrnehmung, erfährt in der Vertextung nochmals eine Veränderung (diese *polizeiliche Konstruktion der Wirklichkeit* geschieht auf allen Hierarchieebenen, allerdings mit sehr unterschiedlichen Außenwirkungen und Durchsetzungsansprüchen).

> Die Streife wird an einen Ort gerufen, wo ein ziemlich stark betrunkener Mann Passanten beleidigt und wiederholt auf die Straße rennt, sich demonstrativ vor die heranfahrenden Autos stellt. Er soll zur Ausnüchterung mit zum Revier kommen und zunächst reden die Beamten ruhig mit ihm, wollen an seine Vernunft appellieren. Er wehrt sich aber gegen den Zugriff der Beamten. Die ersten vorsichtigen Versuche, ihn zum Mitkommen zu bewegen geraten zur Rangelei, und in deren Verlauf schlägt ihm einer der beiden Beamten mit der flachen Hand einmal kräftig ins Gesicht. Das zeigt unmittelbare Wirkung, offenbar ist der Mann ziemlich perplex. Er ist jetzt

plötzlich unterwürfig, vielleicht erwartet er weitere Schläge und will ihnen auf diese Weise entgehen. Jedenfalls lässt er sich widerstandslos festnehmen, sogar Handschellen anlegen und ins Auto setzen. Auf dem Revier zeigt er sich kooperativ, folgt den Anweisungen der Beamten prompt und verschwindet widerspruchslos in der Ausnüchterungszelle. Einige Stunden später, als man befindet, ihn jetzt wieder frei lassen zu können, verabschiedete er sich unter mehrfacher Entschuldigung, und er ging als *Ehrenmann*. Im Diensttagebuch fand sich nur ein minimaler Hinweis auf diese Auseinandersetzung: „Anfänglicher Widerstand wurde mit einfacher körperlicher Gewalt gebrochen. Auf eine Anzeige wurde verzichtet".

Der Beamte, der für den Eintrag verantwortlich war, begründete die knappe Eintragung alltagsphilosophisch: „Je mehr du schreibst, desto eher können Sie dich an'n Arsch kriegen". Der Begriff „einfache körperliche Gewalt" weise darauf hin, dass der andere nicht ganz und nicht sofort fügsam war, aber auch, dass nichts Nachhaltiges passiert sei. Dieser Terminus ist aus der juristischen Kunstsprache und sagt zunächst nichts darüber aus, was wirklich passiert ist. Das Verfahren hat in der Vergangenheit wiederholt zur Kritik durch Rechtsanwälte, die Staatsanwaltschaft und durch Gerichte geführt, konnte aber bislang dieses Handlungsmuster der street cops nicht nachhaltig verhindern. Immer noch meinen viele, je weniger man lesen kann, desto weniger kann man interpretieren. Dafür gibt es aus ihrer Sicht einige plausible Gründe:

- Polizeiliches Handeln richtet sich primär an den organisationsinternen Logiken aus. Aus diesem Grund kommt es oft zu den dem Laien unverständlichen Widersprüchen in der Wahrnehmung ein und desselben Geschehens durch Polizeibeamte und durch andere Teilnehmer. Die Handlung in einer realen Situation und deren nachträglich Vertextung folgen zwei unterschiedlichen Logiken. Die erste steht im Zeichen der *praktischen Intervention*, die zweite in dem einer *juristischen Bewertung*.
- Mit zunehmender Routine werden die polizeilichen Handlungen von vornherein im Lichte dieser Erfahrung gestaltet und diese Erfahrung wird als Handlungsmuster an Dienstjüngere weitergegeben, sodass das oben beschriebene Phänomen nicht nur individuelle Erfahrung begründet, sondern auch kollektive („...das haben wir immer so gemacht...").
- Polizisten machen – wie andere Menschen – nicht gerne doppelte Arbeit oder eine Arbeit für den Papierkorb.

Bei der Dienstausübung kann man sich Freiräume schaffen, in denen das Handeln nicht überprüft werden kann. Das geht z. B. durch Verengung des polizeilichen Blicks, d.h. dadurch, dass man nichts anderes tut, als auftragsgemäß Streife zu fahren. Das Entdecken von Unregelmäßigkeiten, die Verdachtschöpfung, die

Technik des Zweifels und des Argwohns kann man nicht anordnen, sie muss sich entwickeln und durch Erfolg legitimieren. Wer also unsicher im Formulieren von Texten ist oder die Komplexität eines Vorfalls nicht vollständig durchdringt, vertextet die Angelegenheit so, dass seine Maßnahmen nicht beanstandet werden können. Bei einigen Sachverhalten lernt man auf diese Weise auch das Wegsehen oder gar (im Streifendienst) das großräumige Umfahren von arbeitsträchtigen Orten.

Auch der *erfolgreiche Fahnder* oder der Kollege mit dem höchsten Arbeitseifer ist nicht bürokratisch dazu zu bewegen, so viel und so erfolgreich zu arbeiten, seine Motivation speist sich aus anderen Quellen, wahrscheinlich auch aus der Anerkennung durch seine Kollegen.

Eine Durchbrechung dieses Handlungsmusters habe ich während des Forschungsaufenthaltes beim Polizeirevier erfahren (und bin dadurch erst auf dessen Wirkung gestoßen). Eine Beamtin schrieb ihren Bericht exakt so, wie sie den Vorfall erlebt hatte.

> Eine Dienstbesprechung[17]. Das Thema ist eine „Körperverletzung im Amt“. Eine Kollegin der Nachbardienstgruppe sollte die Personalien einer Frau feststellen, die beim Schwarzfahren ertappt worden war. Sie trug folgendes in das (offizielle) Diensttagebuch ein:
>
> „.... Auf den Hinweis, dass so eine Überprüfung halt etwas dauert, begann sie *(die Betroffene, R.B.)* Uz. (*Unterzeichnerin, R.B.*) zu beschimpfen (‘Arschloch’). Nach mehrmaliger Aufforderung, die Beleidigung, die sich wiederholten, zu unterlassen, erhielt die R. von Uz. eine ‘schallende Ohrfeige’ (mit der flachen Hand ins Gesicht), um die Beleidigungen endlich zu beenden. Da sich die Beleidigungen dennoch fortsetzten wurde die R. von Uz. mit der Hand im Gesicht gepackt, sodass die Wangen zwischen Ober- und Unterkiefer gedrückt wurden, wodurch die Fortsetzung der Beleidigungen schließlich unterbunden werden konnte“.
>
> Die Beamtin hat *unchiffriert* geschrieben. Der Revierleiter sah sich gezwungen, eine Kopie dieses Berichts weiterzugeben an die Dienststelle für Amtsdelikte, da aus ihm objektiv eine *Körperverletzung im Amt* hervorging. Er wurde dafür von der Dienstgruppe und anderen Kollegen scharf kritisiert und ging nun in die Offensive, indem er das Thema heute zur Diskussion stellt.

---

[17] Die Dienstbesprechung (im Polizistenjargon nach wie vor „Dienstunterricht“ genannt) dient dazu, die Mitglieder der Dienstgruppe von neuen Entwicklungen in der Behörde, von gesetzlichen Neuregelungen, Dienstanweisungen in Kenntnis zu setzen sowie aktuelle, für das Revier relevante Probleme zu besprechen. Anwesend sind bei solchen Veranstaltungen die Dienstgruppenmitglieder und mindestens ein Leiter (oft hält der Vertreter währenddessen den Dienstbetrieb mit einem Streifenteam aufrecht, wenn die Dienstbesprechung in die Dienstzeit der Gruppe fällt). Durchgeführt wird die Veranstaltung normalerweise vom Revierleiter oder dessen Vertreter.

Der Sachverhalt war juristisch klar, trotzdem gab es eine heftige und kontroverse Auseinandersetzung. Am Einsatzverhalten der Kollegin wurde keine Kritik geübt (obwohl der Revierleiter betont, dass das im Strafgesetzbuch erwähnte Recht der „Erwiderung auf der Stelle“ nur Privatpersonen zustehe, nicht aber Amtsträgern), sondern an der Art und Weise, wie sie es letztlich niederschrieb. Mehr oder weniger unverblümt sagte der anwesende Dienstgruppenleiter (DGL), dass man so etwas anders schreiben müsse, um keine Nachfragen zu provozieren.

Polizisten sind auf die Mithilfe und Unterstützung beim Bearbeiten unklarer Situationen angewiesen. Bekommen sie diese Unterstützung nicht, nutzt ihnen das theoretische Wissen der Polizeischule nichts, um den Arbeitsalltag zu bewältigen. Wahrscheinlich wollte sich die Polizistin an die Gepflogenheiten der Gruppe anpassen, wozu auch das Unterbinden von Beleidigungen mittels Körperverletzung gehörte, hatte dabei aber einen wichtigen Teil, nämlich die hermetische Vertextung, übersehen. Unklar war allen, warum ihr Dienstgruppenleiter den Bericht der Beamtin so durchgehen ließ. Denn offenbar gab es in dieser Gruppe (wie überall) ein gemeinsames Wissen über die probaten Mittel, wie man *erfolgreich* mit unangenehmen Leuten umging und wie man das anschließend dokumentierte. Das wurde der Kollegin jedoch nicht mitgeteilt, sie blieb unaufgeklärt, und sie lief auf diese Weise *ins offene Messer*.

Die Kritik der Polizisten richtete sich gegen die *Naivität* der Kollegin. Sie hätte sie etwas konstruieren können, um die Schläge zu legitimieren, z.B. einen Widerstand oder einen Fluchtversuch, einen Angriff vielleicht, aus der Runde kamen jedenfalls vielfältige Beispiele und Ratschläge, wie man sich in solchen Situation *richtig* verhalten hätte, wie man das *normalerweise* machen würde. Die Dienstbesprechung war in dieser Sequenz sehr emotional. Die Affekte richteten sich zum einen gegen die Kollegin, der eben nicht recht zu trauen sei, wenn sie Dinge schreibt, die man üblicherweise so nicht schreibt. Sie wurde für die anderen zu einer unsicheren Partnerin stilisiert. Weniger bezog sich die Kritik auf ihren Dienstgruppenleiter, der sie so offensichtlich unaufgeklärt ließ. Für die meisten war dieser Vorfall nur der Auffälligste in einer Reihe von überdurchschnittlich naiven Verhaltensweisen dieser Kollegin. Ich hatte den Eindruck, man dachte, sie habe sie es nicht besser verdient. Die Aggression der Gruppe richtete sich aber auch auf den Revierleiter: Er hätte sie persönlich maßregeln sollen, ihr einen Denkzettel verpassen, ansonsten die Sache aber unter der Decke halten sollen. Da er das nicht getan hat, wurde er zu einem unsicheren Vorgesetzten, auf den man sich nicht verlassen konnte, wenn man in prekäre Situationen geriet. Anders als der Hundertschaftsführer der BFE, der ein Plakat konfiszierte, aber daraus keinen offiziellen Vorgang machte, führte dieser Vorgesetzte die Dinge nach Recht und Gesetz durch. Und damit geriet er ins Visier seiner nachgeordneten Beamten.

5.2.3 Auf der Handlungsebene: Pragmatismus

Auf der Mikroebene des individuellen Handelns geht es um das *praktisch* Umsetzbare, um die *handwerklichen* Kompetenzen bzw. die individuelle Ausgestaltung der Berufsarbeit. Hier werden Fragen behandelt wie individuelle Kosten-Nutzen-Kalküle (bzw. Aufwand-Ergebnis-Relationen) oder innere Einstellungen (z.B. stets argwöhnisch und misstrauisch zu sein). Vor allem spielt eine Rolle, *wie* die Arbeit praktisch bewerkstelligt werden kann, es geht also um individuellen Techniken und Handlungsstrategien.

> Bei der BFE: Nachmittags wird ein Einsatz für Samstag (Techno-Disco) geübt. Die Beamten sollen die örtliche Polizei unterstützen und Ecstasy-Dealer festnehmen. Sie sprechen die Möglichkeiten durch, wie man jemanden am besten abgreifen kann, ohne dass es zu sehr auffällt. Man kommt überein, dass einige Beamte „Scheingeschäfte" auf dem Parkplatz durchführen (die Dealer sollen aus den Autos heraus Stoff verkaufen) und anschließend die Personen in den Autos von anderen Kollegen festgenommen werden sollen. Anschließend wird alles draußen geübt. Während die Polizisten und Polizistinnen sich dem Auto nähern, schreien sie aus Leibeskräften „Polizei! Keine Bewegung...." (allerdings alle auf einmal, sodass man nichts versteht). Dann schlagen sie alle mit der Hand ganz kräftig auf das Autodach, weil ihnen jemand (vom SEK Frankfurt) gesagt hat, dass sich dann die Insassen erschrecken würden. Es läuft alles „planmäßig", die Insassen ergeben sich und kommen raus.

Die Annäherung, die Festnahme, das Herausholen („Raussprechen") aus dem Auto und das Fixieren, diese Dinge werden detailliert und wiederholt trainiert, nicht aber das, was danach kommen könnte. Wenn sich die Festgenommenen z.B. vom Schock der ersten Sekunden erholt haben und wissen wollen, was los ist, wenn sie sich einmischen und verteidigen oder rechtfertigen wollen. Auf ein *Palaver* werden die Beamten nicht vorbereitet. Ihre ersten Maßnahmen sitzen perfekt, was danach kommt, ist aber nicht körperlich trainierbar.

Im Rollenspiel wurde z.B. *nicht* geübt, wie man eine Kommunikation gestaltet, bei der es um den Verkauf von Ecstasy geht. Dazu gehören Fachbegriffe, es gehört dazu ein bestimmtes Sprachspiel, von dem ich mir nicht denken konnte, dass es alle privat beherrschten (möglicherweise wurde das aber an anderer Stelle geübt).

Grenzziehungen

In den Interviews spielten oft Themen ein Rolle, in denen es um *Distanzierung* ging, um die Abwendung von Gefahren für die Gesundheit und um Risikobewältigung. Es wurden Gefahren benannt, die entstehen, wenn man mit der Klientel in Berührung kommt. Diese klare Unterscheidung zwischen dem Vertrauten (das Sichere) und dem Fremden (das Gefährliche) wird im Folgen Interviewausschnitt benannt. Es geht dabei um das Einhalten und Sichern von *Grenzen*, ein Modus, den ich ebenfalls zu den grundlegenden Erfahrungen im Polizeidienst zähle. Dies ist im Übrigen ein wichtiges Thema für alle Berufe, die mit Grenzüberschreitungen, Entgrenzungen und Grenzziehung zu tun haben (wie z.B. die Sozialarbeit, Krankenpflege): Dort, wo die Klientel gesellschaftliche Konventionen nicht erfüllt, beschäftigen sich die mit diesen Gruppen befassten Berufe besonders intensiv mit dem Einhalten eigener und dem Setzen fremder Grenzen. In einem Interview wurde dieses Verhältnis mit dem Stichwort *Sauberkeit* paraphrasiert. Ausgangspunkt ist die Relevanz des Theoriewissens für die spätere Tätigkeit.

Und deckt sich das, was Du erlebst mit dem, was Du [während der Ausbildung, R.B.] gesagt bekommen hast?

Nee. Ich mein, es ist besser geworden. Weil die haben uns viel erzählt von Frankfurt, besonders von der Taunusanlage, und die Zeit hab' ich halt nicht mehr mitgemacht, ne. Dass die da überall rumliegen. Und von daher denk' ich mal, dass es in den Straßen, auch wenn es sich ein bisschen blöd anhört, dass es ein bisschen sauberer geworden ist. Auch wenn ich's manchmal sehe und das ist absolut dreckig, aber von dem, was ich früher gehört habe, es muss anscheinend noch schlimmer gewesen sein.

Welche Rolle spielt Sauberkeit für Dich?

Da unterscheide ich im Dienst und daheim, also das ist was ganz anderes, ne.

Was meinst Du mit „sauber“?

In Frankfurt zum Beispiel, direkt vor dem Café Fix oder so was , da krieg' ich den Ekel, wenn ich da lang gehe, ne. Und wenn mir die Leute entgegenkommen und ich mit denen arbeiten muss oder durchsuchen muss oder so was, ja. Da hab' ich halt kaum Lust drauf. Und wenn ich daheim bin, dann, nach dem Einsatz direkt duschen.

Also Sauberkeit ist für Dich in erster Linie eine Frage der Ästhetik?

Mmh, ja.

Also das hat was mit ganz persönlichem Ekel zu tun.

Obwohl ich da auch noch mal unterscheide zwischen meinem Dreck und dem sein Dreck. Wenn ich das in Frankfurt sehe, dann denke ich mir, das ist hier ein ganz anderer Dreck, ein gefährlicher Dreck, so in dieser Art und Weise, ein ansteckender Dreck. Wenn ich meinen Dreck sehe, ich kann irgendwo auf ein Konzert gehen und drei Tage hintereinander zelten, mich nicht waschen und sonst was, ne. Damit kann

> ich leben. Aber wenn ich dann den Dreck sehe, da wollt ich den nicht mal durchsuchen. Ohne Handschuhe oder so was, dann mach ich das auch nicht.

Herr Czerny bekommt während seiner Ausbildung ein ziemlich düsteres Bild von der Frankfurter Drogenszene vermittelt. Das ist nicht verwunderlich: Diejenigen, die 1990 als Ausbilder und Lehrer an der Polizeischule tätig waren, haben ihre eigene Erinnerung an die Praxis vielleicht aus den 80er Jahren, eine Zeit, in der das Drogenproblem noch weitgehend der polizeilichen Bearbeitung anheim gestellt war. Milieus wie die Frankfurter Drogenszene bieten sich geradezu für Mythenbildungen an, und im sicheren Schoß einer Polizeischule gedeihen die schaurigen Märchen über den *Moloch Frankfurt* besonders gut[18]. Czerny vergleicht die Vergangenheit mit der Gegenwart. Früher war es für ihn „schlimm“, das hat er aber noch nicht selbst erlebt. Entgegen dem allgemeinen Trend zur Dramatisierung beginnt er zunächst damit, dass sich die Situation insgesamt gebessert habe. Doch hält er diese historisch-relativierende Betrachtung nicht gut durch. Er wendet sich seinen persönlichen Erfahrungen zu. Sie zentrieren sich auf ein niedrigschwelliges Hilfszentrum („Druck- und Hygieneraum“) im Frankfurter Bahnhofsgebiet[19].

---

18 Das *Perhorreszieren der Frankfurter Verhältnisse* hat durchaus Tradition: als ich 1975 meine Grundausbildung in Wiesbaden begann, verarbeiteten unsere Ausbilder gerade die polizeilichen Erfahrungen aus den Zeiten der Fahrpreiserhöhungen und der Studentenproteste in Frankfurt. Diese Erfahrungen (die z.T. drei und mehr Jahre zurücklagen) gaben sie an uns Polizeischüler weiter. So fingen die Übungen und Aufgaben im Unterricht regelmäßig mit dem Satz an: „Stellen Sie sich vor, Sie sind bei einer Demonstration in Frankfurt...“. Wir lernten auf diese Weise die Stadt zunächst nur im Zusammenhang mit Demonstrationen, linken Studenten, Fahrpreiserhöhungen, Hausbesetzungen und der RAF kennen (später kam noch der Flughafen hinzu, den wir zu bewachen hatten). Frankfurts angenehme Seiten lernten einige von uns erst viel später kennen, viele andere nie.

19 Zwischen den Betreibern des Zentrums und der Polizeiführung wurde die Regelung ausgehandelt, dass Polizisten die Drogenabhängigen regelmäßig nicht in das Café verfolgen und sie nicht direkt davor körperlich durchsuchen (z.B. um ihnen die Drogen, die sie im Druckraum nehmen wollten, noch wegzunehmen). Im Gegenzug wollen die Mitarbeiter der Einrichtung dafür sorgen, dass sich keine Menschenansammlungen vor dem Café bilden. Das sind mühsam gefundene Ergebnisse von langwierigen Verhandlungen in der sog. *Montagsrunde*, die aus den Leitern aller von der Frankfurter Drogenpolitik tangierten Behörden besteht, insbesondere dem Gesundheitsdezernenten der Stadt, dem Drogenreferenten, dem Leiter der Staatsanwaltschaft, dem (stellvertretenden) Polizeipräsidenten, Vertretern der Drogenhilfe und der karitativen Verbände. Solche *Erfolge* sind nicht einfach zu erzielen und noch nach Jahren der regelmäßigen Kontakte kommt es nach wie vor zu Missverständnissen, Kompetenzüberschreitungen, Konkurrenzen, Eigenmächtigkeiten und in der Folge zu Beschwerden der anderen Beteiligten. Die oben beschriebene Vereinbarung ist nicht *einklagbar* (es können also sehr wohl Polizisten einen Abhängigen, von dem sie wissen, dass er auf dem Weg zum Druckraum ist, nach Drogen durchsuchen, wer will sie daran hindern?) Der Leiter des Stabsbereichs „Einsatz“ der Frankfurter Polizei sagte in einem Gespräch am 17.11.95, dass es stets dann Beschwerden gebe, wenn neue Kräfte der Bereitschaftspolizei eingesetzt würden, die sich mit den internen Absprachen nicht so gut auskennen

Czerny benennt nicht Situationen oder Menschen, sondern Orte, die er ekelerregend findet. Ekel ist ein starkes Gefühl, ein Affekt, der unkontrolliert aufkommt und tief sitzt. Man kann ihn nicht unterdrücken, wohl aber bearbeiten und, wenn man will, im Interview verschweigen, aber genau das tut Czerny nicht. Er formuliert seine Empfindungen ziemlich offen: er ekelt sich, fügt aber nichts hinzu, außer dass er sich davon mit einer Dusche reinigen muss. Die Orte, die er anspricht, werden durch Menschen definiert, die in starkem Maße hygienisch, sozial und psychisch depriviert sind.

An einer früheren Stelle im Interview fragte ich, ob er von den Junkies auch lerne, z.B. wie man Spritzen setzt oder das Heroin aufkocht. Darauf antwortete er:

> Also ich hab' mit... vorher schon in der Ausbildung... lässt man sich sagen, dass es das gibt und ab und zu Fernsehreportagen, da sieht man das. Aber dass das großartig abschreckend ist, kann ich nicht sagen. Also ich werd' da ganz gut mit fertig.

Seine in dieser Passage noch vorgestellte Unempfindlichkeit wird, wie sich später zeigt, brüchig, wenn er von seinem Ekel spricht. Diese uneindeutige Gefühlslage ist nicht nur Ausdruck seiner inneren Ambivalenz, sondern auch des Schwankens in der Selbstdarstellung: bei zu viel Betroffenheit riskiert er, seinen Habitus als harter Mann zu verlieren.

Günter Czerny zieht eine kategorische Grenze zwischen sich und den anderen, insbesondere den Klienten seiner Arbeit im Bahnhofsgebiet. Er schützt sich auf eine markante Weise vor Reizüberflutung: Es findet keine Beziehungsarbeit statt. Nur mit diesem *mentalen Korsett* kann er seinen Beruf ausüben. Zu viel

---

würden. Die Frankfurter Polizei habe mittlerweile einen Modus gefunden, mit der Klientel und der Lage im Bahnhofsgebiet umzugehen. (Auch wenn diese Aussage etwas zu pauschal sein dürfte, so belegt sie doch meine Annahme, dass es nicht die geschriebenen, sondern die ungeschriebenen Wissensformen sind, die den Dienstbetrieb durchführbar und aushaltbar machen.) Das Ergebnis sieht für die *handarbeitenden* Beamten der Bereitschafts- und Schutzpolizei so aus, dass sie die Drogenkonsumenten vor dem Café vertreiben und *Verfestigungen der Szene* unterbinden. Da die Plätze im Druckraum in der Vergangenheit aber häufig belegt waren und dieser dann kurzfristig geschlossen wurde, herrschte zeitweise auf dem Gehweg und der Straße direkt vor dem Café großer Andrang mit der entsprechenden Verunreinigung. Die Dienstanweisung nun ohne Pardon durchzusetzen, hieße für die Beamten in vielen Fällen, unverhältnismäßig hart gegen die Drogenabhängigen vorgehen zu müssen. Das wollen die meisten nicht, und so kommt es auch auf dieser Ebene stets zu zähen Aushandlungsprozessen. Ab und an wird ein Exempel statuiert, dann werden alle Anwesenden mit einem größeren Polizeiaufgebot des Platzes verwiesen (zur Rolle der Polizei in der Frankfurter Drogenpolitik vgl. Frerichs [1994]. Zur Drogenpolitik der Stadt Frankfurt im Allgemeinen vgl. Presse- und Informationsamt der Stadt Frankfurt am Main/Drogenreferat der Stadt Frankfurt am Main [1994]).

von den anderen Lebensumständen oder Ideen zu wissen, könnte seine Sicht der Dinge in Unordnung bringen[20].

Der Polizist ist der Auffassung, er arbeite in einem „gefährlichen Dreck". Innerhalb einer kurzen Passage verwendet er das Wort „Dreck" sieben Mal. Er meint zunächst den Schmutz, der an den Menschen auszumachen ist, mit denen er sich beschäftigen muss. Er bezeichnet damit jedoch auch die Menschen selbst. Eine ungemütliche Lesart drängt sich auf. Viele junge Polizisten verstehen den Beruf keineswegs als einen *sozialen* oder sich selbst als Fachleute für eine sichere Gesellschaft, sondern dezidiert als *Müllmänner*, die mit *Dreck* zu tun haben. Von den beiden Polizisten Nick und Tommy, die ich oben (unter Zif. 3.5.2) erwähnt habe, sagte Nick das explizit: „Wir sind hier die Müllabfuhr für den sozialen Abfall". Diese Selbstzuschreibung entspricht natürlich nicht der Darstellung von Polizeiarbeit durch die Polizeiführung und sie entspricht auch nicht den objektiven Bedingungen, sie ist aber eine durchgängige Argumentation von street cops, insbesondere der jüngeren, und insbesondere dann, wenn sie in sozialen Brennpunkten arbeiten.

Wie kommt es zu der Assoziation *anderer Dreck, gefährlicher Dreck, menschlicher Dreck?* Sicher spielt eine Rolle, dass Czerny Angst von der Gefahr einer Ansteckung hat. Dies ist verständlich, denn Menschen, die in unhygienischen Verhältnissen leben, können real zu einer Gefahr werden. Man könnte sich mehr Informationen über die Risiken und ihre Prophylaxe verschaffen, man könnte sich mit ihren Lebensumständen der Menschen auseinandersetzen, mit denen man zu tun hat. Er will aber nichts mit ihnen zu tun haben, weder beruflich noch privat. Die klare Grenze zwischen ihm und den anderen wird durch die Handschuhe symbolisiert. Sie verhindern eine unmittelbare Berührung und schützen die eigene Haut. Street cops könnten dazu Latex-Handschuhe tragen, wie man sie aus dem medizinischen Bereich kennt, sie tragen aber lieber ihre Lederhandschuhe. Mit ihnen verringert sich zuerst ganz eindeutig das *Fingerspitzengefühl.* Sie sind nicht geeignet, unverwundbar zu machen, aber sie markieren Differenz und Distanz zwischen dem Träger und demjenigen, dessentwegen man sie anzieht. Das Anziehen der Handschuhe ist als Akt der Entwertung interpretierbar, wenn man beobachtet, *wie* sie angezogen werden[21]. Darüber

[20] Zu gleichen Ergebnissen kommt Volmerg (1986) in der Analyse von Gruppendiskussionen mit jungen Bereitschaftspolizisten: Die Auseinandersetzung mit Demonstranten führt zu Verunsicherungen und dies gefährdet ihre Identifikation mit der Berufsrolle. Allerdings ist Schweigen ebenfalls frustrierend, es fördert vor allem die eigenen Aggressionen.

[21] Während des Feldaufenthaltes beobachtete ich viele Polizisten, die ihre Handschuhe offen am Hosengürtel trugen. Vor einer Personenkontrolle zogen sie dann zunächst in demonstrativer Langsamkeit die Handschuhe über. Dies tun neben den Polizisten fast alle „Kontroll-Männer" im Bahnhofsmilieu, auch die Beamten des Bundesgrenzschutzes, die Angestellten des Sicherheitsdienstes der städtischen Verkehrsbetriebe und der Bahn-Service-Gesellschaft sowie der diversen

hinaus ist das Tragen der Handschuhe im Gürtel ein Hinweis auf die *innere Einstellung* des Trägers zu seinem Auftrag: Man zeigt, dass man den anderen unter keinen Umständen an sich heranlassen will. Hinter der demonstrativen Distanzierungsgeste steckt vielleicht die Angst vor den zahlreichen unbekannten Gefahren. Und davon gibt es im Polizeiberuf genug. Die Bereitschaftspolizisten wissen wenig von den Lebenszusammenhängen ihrer Klientel. Es fällt ihnen deshalb schwer, sich ein angemessenes Bild von der tatsächlichen Gefährdung zu machen. Da alles diffus ist, werden die schlimmsten Fälle angenommen und kommuniziert, und gegen diese Vorstellungen bleibt ihnen nur ein hermetischer Schutz. Der besteht darin, das ganze Gebiet für verseucht und zu einem *gefährlichen Ort* zu erklären.

> *Aber wie kommt man denn zu Informationen über die Lage von Junkies? Also woher weißt Du, wie es denen geht?*
>
> Wie es denen geht, kann ich nicht sagen, aber ich, ich behandele eigentlich jeden so wie einen Kranken. Für mich sind das Kranke und von daher versuch' ich nicht bei jedem jetzt hier ein neues Raster zu erstellen. Der ist noch ein bisschen fitter... geistig noch bisschen fitter auf der Höhe als der andere oder so. Für mich sind das alles Kranke. (8'P)

Die pauschale Definition (alle sind Kranke) sagt, dass er grundsätzlich nichts mit ihnen zu tun haben will, denn Kranke gehören nicht in sein Ressort. Sie sind als Gegner nicht besonders ernst zu nehmen, sondern in erster Linie infektiös und somit doch gefährlich. Vor Berührungen muss man sich hüten.

Die Aussage von Günter Czerny (die im Übrigen von fast allen Beamten geteilt wird), dass die Drogenabhängigen Kranke und keine Kriminellen seien, lässt zunächst vermuten, dass die jüngeren Polizisten doch ziemlich *aufgeklärt* und *liberaler* als ihre älteren Kollegen sind. Immerhin wurden jahrzehntelang Drogenabhängige von der Polizei vorwiegend als Kriminelle behandelt. Diese Einstellung geht aber in der Aussage, in einem *gefährlichen Raum* zu arbeiten, wieder unter. Sie werden deshalb nicht mit größerer Nachsicht oder mit Mitleid behandelt, etwa weil Kranke Hilfe benötigen, sondern als Menschen, von denen eine Gefahr ausgeht: nicht durch ihre kriminelle Energie, sondern durch ihre Krankheiten[22].

---

kommerziellen Sicherheitsdienste. Interessanterweise habe ich diese Haltung bei Frauen viel seltener beobachtet.

22 Diese Zuschreibung ist allerdings völlig unverbindlich, weil sie jederzeit suspendiert werden kann. Man könnte, in Abwandlung eines Schlagwortes aus der Jurisprudenz sagen, „Krankheit schützt vor Verfolgung nicht".

Die Angst vor Verletzung der körperlichen Integrität und vor Gesundheitsrisiken durchzieht den Berufsalltag von Polizisten, insbesondere den der street cops. Deshalb muss Czerny ständig aufmerksam sein, sozusagen *schlagfertig* im doppelten Wortsinn. Er muss besser sein als seine Gegner, er muss alle Gefahren kennen und sich auf sie einstellen, er muss seine Aufmerksamkeit ständig aufrecht erhalten.

Günter Czerny hat mit seiner *Deutung der Welt* zu leben gelernt, so wie es viele Generationen von Polizeibeamten vor und nach ihm gelernt haben bzw. lernen werden. Man mag das gut heißen oder nicht, man mag ihn sich anders wünschen oder ihn in seiner Auffassung bestärken. Doch weist diese Haltung ebenfalls wieder auf Strukturen in der Polizei hin, die polarisierend sind und auf die Deutungsmuster ihrer Angehörigen polarisierend wirken: Freund oder Feind, ich oder der andere, Sieg oder Niederlage, befehlen oder gehorchen, Vorgesetzter oder Untergebener, Recht oder Unrecht, anständiger Bürger oder Drecksack, schwarz oder weiß, krank oder gesund, eigener oder fremder Dreck. Entscheiden im Modus des *Entweder-Oder* ist nicht nur eine individuelle Polarisierung, die vielleicht aus Unerfahrenheit oder Angst entsteht, sondern weist auf eine „institutionelle Integrationsschwäche" hin (vgl. Volmerg 1986, 53). Mit anderen Worten: Den Polizeibeamten wird institutionell vermittelt, im polarisierenden Muster zu denken. Dies gilt trotz der partiellen Aufklärungsversuche durch einige engagierte Vorgesetzte.

Grenzüberschreiten

Neben der Grenzziehungen müssen Polizeibeamte gleichzeitig eine gewisse Nähe zur Klientel herstellen, denn sie müssen etwas von ihnen mitbekommen. Sie müssen von der *Gegenseite* lernen, schon um deren Regeln zu kennen und sich vor Gefahren für die eigene Gesundheit schützen zu können.

> *Lernst Du eigentlich auch von den Leuten, mit denen Ihr zu tun habt?*
>
> Kommt drauf an, was wir vorhaben. Wenn wir in Zivil sind oder so, dann schon. Also wenn wir zum Beispiel Leute beobachten müssen und wie die sich verhalten, dann denk' ich mir auch, wenn wir nächstes Mal in Zivil sind, dann kann ich mir das auch aneignen. Und ansonsten im Einsatz... vom Gegenüber... (3'P), nee, glaub' ich nicht.
>
> *Na ja, ich denke da an die Junkies zum Beispiel. Man muss sich ja auch eine Sprache aneignen, also bestimmte Ausdrücke kennen.*
>
> Ja, ich sag' mal, wenn Du mit nem Junkie sprichst, dann... dann kommt die soziale Ader total hoch, ne. Ich weiß nicht, ob man da irgendwie was lernen muss oder so.

> Ich bin von Haus aus irgendwie sozial eingestellt. Und von daher muss ich da nicht großartig was lernen.

Czernys Lernen findet statt, insoweit es die eigenen Handlungsstrategien zu optimieren hilft. Es bleibt ein instrumentelles *Fertigkeitslernen*, eine antizipierende Aneignung von Handlungsstrategien des *Gegners*.

Andererseits betont der Interviewpartner, dass er ein „sozial eingestellter" Mensch sei, wobei *sozial* von ihm als eine Eigenschaft beschrieben wird, die man besitzt oder nicht, nicht aber erwerben und erproben bzw. weiterentwickeln muss (und die im Übrigen verloren gehen kann). Die *Kriegerattitüde* und das *Sozialsein* bilden für ihn keinen Widerspruch. Die Selbstversicherung, sozial zu *sein*, reicht für ihn aus, und sie erspart ihm, darüber nachzudenken, was sich damit an Konsequenzen verbindet. Diese Selbstgewissheit irritiert zunächst. Ein *wirklich* sozial wacher Mensch, so würde man vermuten, ließe sich stets wieder auf Neues ein, er würde mit seiner Angst vor Verunsicherung und *Grenzverletzung* anders umgehen. Czerny wehrt sich aber vehement gegen zu viel Empathie. Sozial sein ist eine positiv besetzte Eigenschaft, dies darf jedoch nicht so weit führen, dass er seinen Job nicht mehr durchziehen könnte. Das hat seinen Grund vermutlich weniger in der individuellen Disposition als in den Lernerfahrungen und den Sozialisationsbedingungen in der Polizei.

Die Beamten lernen mit Beginn der Ausbildung, dass ihr Körper (und die Gewaltanwendung, die durch ihn praktiziert wird) ein Teil der beruflichen Konfliktdynamik werden kann. Sie lernen auch, Konflikte als lineare Eskalation zu begreifen, an deren Ende die physische Gewalt steht[23]. Sie lernen, im Konflikthandeln „ihre körperliche Integrität zu riskieren" (Steinert 1994, 118). Während andere Jugendliche im gleichen Alter das möglicherweise hin und wieder freiwillig tun, ist es für Polizisten Bestandteil der Berufsausbildung, den Körper als *Austragungsort* für Konflikte bereitzuhalten. In der Vermittlung von Techniken der physischen Gewalt wird die Inkaufnahme bestimmter Risiken für die eigene physische Gesundheit gefordert und gefördert und, durch entsprechende Trainings, kultiviert. Dies ist eine völlig andere Haltung als sie in nicht gewalt- und gefahrengeneigten Berufen vermittelt wird. So verwundert es denn auch nicht, dass die in der Ausbildung ebenfalls vermittelten kommunikativen Konfliktregelungsstrategien bei vielen Polizisten nicht besonders beliebt sind, weil sie diesen Zusammenhang tendenziell ausblenden.

---

[23] Zur Durchsetzung einer Verfügungen nach dem Polizeirecht dürfen Polizeibeamte Zwangsmittel anwenden, insbesondere die Ersatzvornahme (§ 49 HSOG), das Zwangsgeld (§ 50) und den unmittelbaren Zwang (§ 52), also die „Einwirkung auf Personen oder Sachen durch körperliche Gewalt, durch ihre Hilfsmittel und durch Waffen." (§ 55 HSOG, Meixner 1998, 373). In der Ausbildung verwendet man in der Regel auf die §§ 49 und 50 einen Satz, die restliche Zeit verbringt man mit den §§ 52 und 55.

Das Ziel polizeilicher Konfliktbearbeitungen besteht darin, auffällige Menschen anderen Institutionen zur Behandlung, zur Besserung und/oder Verwahrung zuzuführen (wenn diese dann nicht so funktionieren, wie Polizisten es sich wünschen, wird das als Defizit dieser Einrichtungen wahrgenommen). Das dahinter stehende Interaktionsverständnis folgt einem *Krisenmodell*: Die eigene Gewaltfähigkeit muss eingesetzt werden, um andere, delinquente oder gefährliche Männer zu bändigen. Sie ist in der Lage, sich und andere physisch zu beschädigen und/oder beschädigt zu werden. Dafür grenzt sie sich gegenüber anderen Tätigkeiten ab, erklärt sich für nicht zuständig, wenn es um kommunikative Lösungen geht. Es geht um schnelle und eindeutige Interventionen, nicht ums Aushalten und Aushandeln (das wiederum wird von *Kommunikations-Akteuren* in der Polizei bewerkstelligt, die es natürlich in jeder Ebene auch gibt).

In der beruflichen Sozialisation von Polizisten geht es zunächst und sehr nachhaltig um die Herstellung von Ordnungen, unter anderem um eine Ordnung des Körpers. Es geht um dessen Disziplinierung, aber auch um die Disziplinierung des Denkens, denn es tangiert die Vorstellungen von Schwäche und Stärke und von der Durchsetzung polizeilicher Interessen und Ziele. Dies ist verknüpft mit der Auffassung, dass eine polizeiliche Intervention stets mit (physischer) Gewalt durchgesetzt werden kann. Ob es sich darum handelt, einen betrunkenen Kraftfahrer aus seinem Automobil zu bewegen oder einen Castor-Behälter durch Deutschland zu transportieren: alle Szenarien haben als Prämisse, dass etwas, was die Polizei als durchsetzungsfähig entschieden hat, auch durchgesetzt werden muss. In der Regelung der Binnenverhältnisse funktioniert dieses Denken auch oftmals bis zur Perfektion (dies bringt der Polizei oft den Ruf ein, eine *überregelte Organisation* zu sein).

Aus der Erfahrung des Umgangs mit dem eigenen Körper leitet sich die Palette möglicher *Drohgebärden* ab, und das Repertoire des Drohens ist vornehmlich physisch dominiert: Körperliche Stärke und Überlegenheit, Zwang, physische Verletzung. Diplomatischere Lösungen, z.B. Aushandeln, Kompromisse schließen, Unterbrechen der Dramaturgie, List (nicht: arglistige Täuschung), Ächtung, Beschämung, Witz, Ironie, *entwaffnende Höflichkeit* – diese Eigenschaften werden nicht vermittelt – Polizisten bringen sie z.T. als privates Kapital mit.

Über die Lebenswelt bzw. die soziale Praxis ihrer Klientel erfahren Polizisten in der Bildungsarbeit der Polizei (zu) wenig. So bleibt das Wissen von der Lebenswelt der Menschen, mit denen Polizisten am häufigsten zu tun haben, der privaten Erfahrung (und Initiative) vorbehalten[24].

---

[24] Die Studierenden absolvieren während der Ausbildung zwei Semester im Praktikum bei unterschiedlichen Polizeidienststellen. Bisher hat sich die Idee, dass ein Praktikum in einer Sozialstation, einer Beratungsstelle, einem Obdachlosenasyl, einem Asylantenheim oder einer karitativen

Begründung des Handelns und des Nichthandelns

Ein ebenso auffallendes wie bekanntes Merkmal der polizeilichen Zuständigkeitsrhetorik besteht darin, dass sich Polizisten unzuständig für die Lösung sozialer Probleme erklären. Die Aussage: „Hier ist die Gesellschaft" oder „die Politik gefragt" steht dafür beispielhaft und wird von street cops genauso verwendet wie von Gewerkschaftsfunktionären oder Polizeipräsidenten. Das ist zunächst einleuchtend, denn es begrenzt die Zuständigkeit der Polizei, und das ist Bestandteil von Professionalisierung[25]. Durch die Verwendung einer so pauschalen Begrifflichkeit wird aber nahegelegt, dass es über den Zusammenhang von sozialen Problemen und die Verantwortlichkeit für ihre Bewältigung wenig präzise Vorstellungen gibt. Man kann sogar vermuten, dass es in erster Linie um die *Legitimation der eigenen Unzuständigkeit* geht bzw. darum, Verantwortung einem kollektiven Akteur zuzuschreiben, den es *so* nicht gibt.

> Ich bin mit dem Dienstgruppenleiter (DGL) und einem Streifenbeamten unterwegs. Gegen 01.00 Uhr wird die Streife zu einer Wohnung in die x-Straße geschickt, dort soll eine Frau von ihrem Freund bedroht werden. Die Wohnungstür öffnet ein Mann, die Frau hat sich zu einer Nachbarin geflüchtet; sie trägt einen Verband um den Kopf und sagt, sie sei von ihrem Freund geschlagen worden. Sie habe vor einer Stunde schon angerufen. Beide sind aus Griechenland. Sie will ihn in erster Linie loswerden, außerdem will sie ihn anzeigen, er soll bestraft werden. Die Polizisten verweisen sie auf den nächsten Tag; sie soll mit einem Attest zum Revier kommen und Anzeige erstatten. Der Mann ist zu den Beamten nach meinem Eindruck schleimig freundlich, zu seiner Freundin zynisch und giftig. Beide sind sehr erregt (ich sehe auf einem Taschenspiegel weiße Pulverrückstände und überlege, ob beide gekokst haben). Der Mann beschimpft in unserer Anwesenheit die Frau, in mir kommt Wut hoch, er ist der typische „Macho", bindet sich seinen Zopf, bevor er die Wohnung verlässt. Er stellt sich so dar, als werde ungerecht behandelt und zelebriert

---

Einrichtung sinnvoll sein könnte, noch nicht durchgesetzt. Ebenso könnte ein vierwöchiges Praktikum in einem Industriebetrieb das Verständnis der Polizisten für die Lebenszusammenhänge ihrer späteren Klienten stärker ausbilden, denn als Praktikant bei der Kriminalpolizei Abverfügungsvermerke an die Staatsanwaltschaft zu schreiben. Lediglich die Hamburger Polizei hat in ihrer Ausbildung ein „Sozialpraktikum" bei „diversen sozialen Diensten" vorgesehen, dies gilt zumindest für die Ausbildung zum Mittleren Dienst (vgl. http://fhh.hamburg.de/stadt/Aktuell/behoerden/inneres/polizei/jobs-und-ausbildung/schutzpolizei/ausbildung.html, Zugriff am 16.3. 2008).

25 Schütze (1984, 309) fasst die Charakteristika professionellen Handelns folgendermaßen zusammen: „Jede Profession orientiert sich auf eine höhersymbolische Sinnwelt, hat einen prinzipiellen Wissensvorsprung gegenüber ihren Klienten, verfügt über mächtige Handlungs- und Interaktionsverfahren, ist in 'innerbetriebliche' und gesellschaftliche Organisationsstrukturen eingebettet und steuert ihre Interaktion mit dem Klienten durch eine besondere Interakionsmodalität, die vom Professionellen als Verfahrensverwalter enaktiert und aufrechterhalten wird."

> seinen Abgang. Der Sachverhalt, d.h. die Frage, um was es geht, kann nicht aufgeklärt werden. Es stellt sich aber heraus, dass die Frau die Mieterin der Wohnung ist und der Mann gar nichts darin zu suchen hat. Die beiden Beamten wollen sich in den Konflikt nicht einmischen, sie treffen mit dem Mann ein *Gentlemen Agreement*, der Frau gegenüber ist der DGL unfreundlich und schnippisch. Als sie die Polizisten um Beistand bittet, macht er im besten Amtsdeutsch auf seine mangelnden Kompetenzen aufmerksam, sagt, dass die Polizei nicht die ganze Nacht hier bleiben könne, zu mir gewandt, sagt er, das könne ich ja tun, wenn ich wolle. Er sagt, dass die Polizei noch viele andere Dinge zu tun habe und fordert von der Frau Verständnis ein für die Situation der Polizei. Sie fragt, was sie nun tun könne, der DGL verweist sie ans Gericht, sie soll eine einstweilige Verfügung erwirken, aus der hervorgeht, dass der Mann sich nicht mehr ihrer Wohnung nähern darf. Die Frau versteht nichts, ich gebe ihr einen Zettel mit der Adresse einer Frauenberatungsstelle. Später frage ich die beiden, ob sie denn von Möglichkeiten wissen, die den Betroffenen helfen, mit solchen Ereignissen umzugehen. Der DGL antwortet, dass es da gar nichts gäbe. Außer Privatinitiative (die er nicht gezeigt hat), z.B. Adressen von Frauenberatungsstellen auszuhändigen. Außerdem sei sowieso oft Alkohol im Spiel und am nächsten Morgen würden die Frauen die Anzeigen wieder zurückziehen. Umfangreich wird das Nichtstun legitimiert. Für meine Empfinden stand die Polizei hier ganz eindeutig auf der falschen Seite. Der andere Polizist meint, er kenne die Frau, sie habe, als er das letzte Mal dort gewesen sei, ganz anders auf ihn gewirkt, damals sei sie die aggressivere von beiden gewesen.

Es war mir ziemlich klar, dass sich die Beamten in dieser Situation nicht engagieren *wollten*. Es handelt sich um eine Einsatzkategorie (Familienstreitigkeiten, Privatstreitigkeiten), die mit am unbeliebtesten ist, da sich die Beamten nicht ausreichend für dieses Problemfeld vorbereitet und ausgerüstet fühlen (vgl. Steffen 1991). Das sonst scheinbar klare juristische Handwerkszeug hilft dort meistens nicht weiter. Sie fühlen sich für diese Angelegenheiten nicht zuständig, ein häufiges Legitimationsmuster ist dabei der Verweis auf die Mitverantwortung des Opfers bzw. dessen Verhalten in der Vergangenheit („wir kennen sie auch ganz anders“, das weniger höfliche Schlagwort heißt „Pack schlägt sich, Pack verträgt sich“)[26]. Die Erfahrung der Polizisten ist nicht von der Hand zu weisen. In der Tat werden Strafanzeigen, die noch in der Konfliktsituation gestellt (oft: von der Polizei eingefordert) werden, häufig am nächsten Tag zurückgenommen. Das ist aber keinesfalls ein Indiz für die Banalität des Konflikts, sondern dafür, dass die Bearbeitung sozialer Konflikte mit den Mitteln des Strafrechts ein untauglicher Versuch der bürokratischen Bewältigung von kleinen und größeren *Ärgernissen* oder richtigen *Lebenskatastrophen* ist (worauf schon lange hinge-

---

[26] Diese Verkürzung von sozialem Konflikt folgt einer Strategie des *Verweises in die eigene Verantwortung*. Dahinter steht oft die nachvollziehbare Absicht, sich nicht amtlich mit solchen Angelegenheiten befassen zu müssen, (vgl. Steffen 1987; 1991).

wiesen wird, so etwa bei Hanak/Stehr/Steinert 1989). Das Beispiel bestätigt außerdem erneut, dass die Interessen der Opfer (oder Geschädigten) eher auf Restitution, mindestens aber auf die *amtliche* Dokumentation des erlittenen Unrechts gerichtet ist, jedenfalls *nicht* auf die Einspeisung des Falles in die justizielle Bürokratie (Hanak 1984; 1986).

Das Hilfeersuchen einer bedrohten Frau wurde unter dem Hinweis auf formale Unzuständigkeit abgewiesen. In meiner Gegenübertragung spürte ich Wut auf die Beamten, die in dieser Situation *nichts* taten, um der Frau zu helfen. Diese Reaktion hängt zum einen mit meiner Identifikation mit dem Opfer zusammen, zum anderen mit meiner gespannten Haltung dem DGL gegenüber. Schließlich wusste ich drittens, dass man in dieser Situation durchaus anders hätte intervenieren können, wenn man gewollt hätte (ich glitt damit wieder in die Rolle des *Ex-Polizisten* hinüber). Das Aushändigen der Adresse war schon eine Grenzüberschreitung meiner Rolle als teilnehmender Beobachter und andererseits lediglich ein Versuch der Beruhigung meines schlechten Gewissens[27].

Mit dem Verweis auf die Rechtslage und die eingeschränkten Befugnisse können Polizisten ihre Zurückhaltung und Untätigkeit juristisch eher legitimieren als eine Intervention. Insofern ist der Interpretations- und Definitionsspielraum im Bereich der Beziehungsgewalt für die Polizisten ebenfalls groß, da sie anhand ihrer Wahrnehmung der Situation entscheiden können, ob sie nichts, wenig oder viel tun. Um viel zu tun (z.B. den Mann vorläufig festzunehmen) müssen sie aber die Situation so wahrnehmen und begründen, dass von dem Mann eine konkrete und unmittelbare Gefahr ausgeht. Das ist häufig nicht ganz einfach, wenn er es versteht, sich mit den (meist männlichen) Polizisten zu *verbünden* oder sich als harmlos, wenn nicht gar als Opfer der Frau darzustellen. In diesem beschriebenen Fall sind die Polizisten nach meinem Dafürhalten in die *Fraternisierungfalle* gegangen, die zuschnappt, wenn sich Männer (oft unbewusst) untereinander gegen Frauen verbünden.

Andererseits lassen sich viele Polizisten auf Tätigkeiten ein, für die sie ganz objektiv nicht zuständig sind, für die sie weder einen gesetzlichen Auftrag noch eine Ausbildung haben. Neben den spektakulären und oftmals traurigen Ereig-

---

27 Mit der Bemerkung, dass ich ja statt ihrer bei der Frau bleiben könne, sagte mir der DGL etwas über seine Auffassung von der *Zuständigkeit* der Polizei und der eines Wissenschaftlers. In der Tat ist es nicht die Sache der Polizei, Dinge auszuhalten, auszuhandeln, abzuwarten, geduldig weiterzuarbeiten, bis eine einvernehmliche Lösung erreicht werden kann. Sowohl im gesetzlichen Auftrag als auch im Bewusstsein der Polizisten ist die Haltung verankert, dass die Polizei stets nur ergänzend bzw. ersatzweise eintritt (juristisch im sog. *Subsidiaritätsprinzip* festgehalten), und zwar dann, wenn andere zuständige Stellen nicht zur Stelle sind bzw. wenn eine Situation sofortiges Handeln dringend verlangt. Auf diese Weise kann sich kein Profil als kompetenter Konfliktschlichter ausbilden, weil man gewohnt ist, stets *sofort*, *schnell* und *eindeutig* zu entscheiden (und zu einem nächsten Einsatz zu eilen bzw. sich für ihn bereit zu halten).

nissen gibt es die Vielzahl von *komischen Geschichten* bzw. *Geschichten von komischen Leuten*, die Bestandteil des Repertoires von Polizisten sind, da sie mit vielen diffusen Situationen und mit Menschen in schwierigen Lebenslagen konfrontiert werden. Der *Stammkunde*, der in regelmäßigen Abständen zur Polizeiwache kommt und darüber klagt, dass er von Außerirdischen verfolgt und bestrahlt wird, ist für Polizisten vielleicht ein *komischer Vogel*, dem mit dem klassischen Handwerkszeug nicht geholfen werden kann (für den Psychotherapeuten/Psychiater würde dieser Mensch sofort zur normalen, besser gesagt: regulären Klienten-/Patientengruppe gehören). Trotzdem lassen sich viele Polizisten auf solche *komischen Leute* ein und erreichen die Menschen in ihrem Wunsch nach Kommunikation: sie *entstrahlen* z.B. den Paranoiden mit den Signallampen oder dem Funkgerät, sie begutachten die Wohnung einer älteren Frau, durch deren Wände die giftigen Dämpfe der Nachbarn kommen, sie hören die Wände nach den Wanzen feindlicher Geheimdienste ab etc. Sie lassen sich, wenn sie Zeit und Muße haben, oft intuitiv auf Menschen und Situationen ein, für die sie streng nach der Dienstvorschrift gar nicht zuständig wären. Sie agieren dabei aus ihrer Lebens- und Berufserfahrung heraus, da sie wissen, dass dies der wirksamste Umgang mit solchen Störungen ist (im Übrigen geschieht dies oft mit Herzlichkeit und einem lässigen Humor).

Das Ausmaß an Engagement liegt hauptsächlich im Ermessen der Beamten. Manchmal kann der Dienstgruppenleiter noch etwas delegieren, er muss aber stets um Verständnis bei den Mitarbeitern werben, weil sie, wenn sie nicht wollen, sagen können, dass sie dafür nicht ausgebildet/nicht zuständig sind. Erneut zeigt sich die Arbeitsteilung zwischen subkulturellen Handlungsmustern und bürokratischer Aufgabenerledigung: Würden Polizisten auf alle psychisch auffälligen Menschen, die ihnen im Verlauf ihrer Dienstzeit begegnen, bürokratisch reagieren (z.B. mit einer polizeilichen Einweisung in eine Psychiatrie nach § 10 HFEG[28]), hätte das Gesundheitswesen wahrscheinlich ein ernsthaftes Problem. Sie tun es aber wegen ihrer Menschenkenntnis nicht und halten so die eigene, aber auch die anderen Institutionen funktionsfähig.

Viele Handlungen von Polizisten lassen sich genauso gut begründen wie ihr Nichthandeln. Die bürokratische Verfahrensregelung alleine würde den Betrieb polizeilicher Alltagsarbeit eher blockieren als befördern. In dem skizzierten

[28] Die Polizei in Frankfurt/M. ist angewiesen, jeden Suizidgefährdeten nach dieser Vorschrift unter psychiatrische Beobachtung zu stellen. Dies erfordert wiederum eine Entscheidung, wann von einem ernstzunehmenden Suizidversuch auszugehen ist. Viele der *Stammkunden* der Polizei, die sich Nacht für Nacht mit ihren Verwirrungen und Verirrungen an ein Polizeirevier oder den Polizei-Notruf wenden, könnten durchaus einer psychiatrischen Beobachtung unterzogen werden, wenn die Polizisten diese Vorschrift extensiv auslegten. In der Regel gehen die Beamten aber gerade mit dieser Möglichkeit eher vorsichtig um. Und das erspart einigen verwirrten Menschen einen mehr oder weniger langen Aufenthalt in der Psychiatrie.

Spektrum sind es oft die kleinen menschlichen Gesten der Beamten, die das Leben für sie, die *Stammkunden* und die Bevölkerung erträglich machen. Darüber hinaus kann man ableiten: Wenn Polizisten eher wenig tun wollen, dann finden sie dafür Begründungen im Gesetzestext und führen juristische Gründe an; wollen sie aus sich heraus *mehr tun* als unbedingt notwendig, dann argumentieren sie nicht mit dem Recht, sondern mit (ihrer) Moral oder dem pragmatischen Menschenverstand.

Argwohn

Ein weit verbreitetes Muster zeigt sich im permanenten Misstrauen gegenüber der Umwelt, und als Bereitschaft, sofort Verdacht zu schöpfen. Dies ist ein Grunderfordernis im Polizeidienst, das sich auf die persönliche Haltung von Polizisten stärker auswirkt als die anderen Handlungsmuster. Eine Polizeimeisterin sagte im Interview:

> Ich mein, Du kannst jetzt wieder auf Ausländerprobleme kommen. Nee, das find ich ganz krass. Weil früher, ach, wenn da einer gesagt hätte, was weiß ich, Marokkaner oder so, ich war total gegen die Ausländerhasser, ich bin auch heute kein Ausländerhasser. Aber in Frankfurt, muss ich sagen, da ist es so. Da hat sich mein Bild total geändert. Ich bin jedem Ausländer gegenüber misstrauisch. Und das Ergebnis bei der Personenüberprüfung sagt mir auch mit.... gut, vielleicht ich hab jetzt auch einen Blick dafür, das muss man ja haben. Nach drei, vier Jahren kann man das ja schon sagen. Aber in der Hinsicht hat sich auch was verändert. Es ist auch... wenn ich jetzt woanders, in einer anderen Stadt wär', seh' ich genau "das ist ein Drecksack". Und da hab ich mich schon geändert. Und das muss nicht positiv sein, das kann ich mir schon vorstellen. Oder, wenn mich auch so mal ein Ausländer anlabert, dann reagier' ich aggressiv.

Das sich selbst bestätigendes Praxiswissen erweist sich als widersprüchliches Potential. Es schützt zwar vermeintlich vor Angriffen, Enttäuschungen und anderen unangenehmen Erfahrungen. Argwohn verhindert aber andererseits die Wahrnehmung von Unverdächtigem, er verhindert mit der Zeit, dass man die Dinge wieder *ins rechte Licht* rücken oder positiv bis naiv sehen kann. Die Aneignung des *bösen Blicks* geschieht nur marginal in der Ausbildung, hauptsächlich entwickelt er sich in der Praxis. Mit Hilfe der dort entwickelten Stereotype lernt man, in *gefährliche* und *ungefährliche* Menschen zu unterscheiden. Auf diese Weise bleibt das *positive* Bild vom (abstrakten oder gut bekannten) Ausländer unbeschadet („ich bin auch heute kein Ausländerhasser"), weil die private Lebenswelt mit der beruflichen nichts zu tun hat. Während dienstliche Kontakte mit Ausländern in der Regel negativ eingerahmt sind, verfügt der ausländische

Nachbar oder der Geschäftsmann, der Tourist oder der Bekannte über tolerierbare Eigenschaften, die den Beamten vertraut sind (die zumindest nicht *bedrohlich fremd* auf ihn wirken). Da man *gute* Ausländer kennt, natürlich selbst ins Ausland in den Urlaub fährt, braucht man sich den pauschalen Vorwurf der Ausländerfeindlichkeit nicht gefallen zu lassen.

Argwohn wird gegen Naivität gesetzt und naiv darf ein Polizist keinesfalls sein. Dagegen scheint eine *präventive* Skepsis die angemessene Haltung des street cop zu sein, dies ist aber, wie gesagt, ein widersprüchliches Potential.

5.3 Leben in Traditionen: Geschichten und Erfahrungen

Wie bisher schon deutlich geworden ist, gibt es im Berufsleben der Polizisten neben den Alltagsroutinen auch Ereignisse, die aus dem Alltag herausragen und die sich nachhaltig in der Erinnerung der Polizisten verankern. Sie prägen sich jedoch nicht nur bei den beteiligten Personen ein, sondern bilden gleichzeitig einen Fundus von *Geschichten*, die weitererzählt werden, welche dienormative Orientierung der street cops ermöglichen, und die den kulturellen Rahmen der Polizeiarbeit bilden.

Mit dem Wort *Geschichte* oder *Story* verbindet man leicht etwas Irreales und Phantastisches, zumindest etwas, bei dem es auf den Wahrheitsgehalt nicht zentral ankommt. Wenn sie auch hohen Unterhaltungswert besitzen, so sind die Geschichten von Polizisten jedoch keineswegs nette und unverbindliche Phantasieprodukte. Es handelt sich bei ihnen oft um schwierige – manchmal dramatische und nicht selten traumatisierende – Inhalte, die in Form von *Erzählungen* durchaus kathartisch bearbeitet werden.

Es sind zunächst von anderen erzählte Episoden, die man einsammelt und sich aus ihnen ein Bild des Polizeialltags zusammensetzt, später erzählt man selbst welche und es wird Kollegen geben, die sie wiederum in ihr Bild integrieren. Ergänzt werden die Erzählungen durch eigene Erfahrungen. Die selbst erlebte Situation wird auf der Folie des bereits vorhandenen Wissens interpretiert und verarbeitet. Gleichzeitig konfrontiert jede neue Situation den bisherigen Wissensvorrat mit seinem Gültigkeitsanspruch.

Die erwähnten *Erzählungen*[29] erleichtern das Verstehen des Berufs und helfen auf diese Weise bei der Herausbildung einer beruflichen Identität. Sie haben

---

[29] Diese Erzählungen sollen keinen Tatsachenbeweis erbringen, sondern die Begreifbarkeit und die Deutung der Welt ermöglichen. Mit ihnen werden Ereignisse bearbeitet, deren Informationsgehalt sich nicht an den *Verstand* wendet (also nicht rein kognitiv zur Kenntnis genommen werden soll), sondern vielmehr geglaubt werden kann bzw. muss. Das sagt noch nichts über den Realitätsgehalt aus, es kommt lediglich nicht darauf an, ob sie beweisbar sind oder nicht. Sie zeigen

die Funktion, ein Bild aufrechtzuerhalten, das über die Routinen des Alltags hinausweist und ihn auf diese Weise erträglich macht.

Jeder Polizist verfügt über ein Repertoire von *Referenz-Geschichten*, die ihm die Berufswahl und die Zugehörigkeit zu diesem Beruf bestätigen. Sie vermitteln überdies, dass die Arbeit der Polizei eine gesellschaftlich notwendige ist, und dass es sich um eine (psychisch) *schwere* Arbeit handelt, d.h. um eine, die nicht unbedingt jeder andere machen könnte oder wollte.

Die meisten Einsatzgeschichten, die für die Polizisten unmittelbare Bedeutung haben, gelangen nie in die Geschichtsbücher; manchmal finden sie sich in der Tageszeitung, dort sind es aber in der Regel nicht mehr *ihre* Geschichten, da sie von den Journalisten anders wahrgenommen bzw. wiedergegeben wurden.

Die Erzählungen beziehen sich zunächst auf die großen Ausnahmen im täglichen Dienst, insbesondere Schusswaffeneinsätze, die Konfrontation mit dem Tod oder dem Sterben anderer, Erfahrungen eigener Lebensbedrohung oder eigener Hilflosigkeit, schwere Unfälle, Rettungsaktionen, besondere Hilfsmaßnahmen, etwa Interventionen bei Suizidversuchen. Sämtlich sind es Erlebnisse, die existenzielle Fragen aufwerfen: Sinn, Leben, Vergänglichkeit.

Ein Polizist kommt beruflich nicht am Tod vorbei, er muss vielleicht Todesnachrichten überbringen, eine Leiche mindestens ansehen, oft anpacken (z.B. den Körper festhalten, während ein anderer den Strick durchtrennt, an dem sich ein Mann aufgehängt hat). Diese Handlungen kosten Überwindung, sie erzeugen vielleicht Ekel und Angst. Im Polizeiberuf gibt es vielfältige Konstellationen, in denen das persönliche Wohlbefinden der Beamten in Mitleidenschaft gezogen wird. Dabei sind die rein ästhetischen Herausforderungen noch am leichtesten auszuhalten (z.B. der Gestank in einer Wohnung, die seit drei Monaten nicht mehr gelüftet wurde, und in der eine Greisin mit 20 Katzen lebt).

Für diese Gefühle gibt es in der Ausbildung keinen Raum, sie lassen sich weder theoretisch vermitteln noch in ihrer Wirkung antizipieren. Irgendwann ist es in der Praxis so weit und wenn der Novize Glück hat, ist jemand dabei, der ihm hilft, mit seinen Gefühlen fertig zu werden (wenn er Pech hat, wird er von den älteren Kollegen noch vorgeführt und bloßgestellt). Ich schildere ausnahmsweise ein eigenes früheres Erlebnis, an das ich mich, obwohl es gut 20 Jahre zurückliegt, noch detailliert erinnere (z.B. an den Geruch in der Wohnung):

---

ihre Wirkung nicht dadurch, dass sie *so* (oder überhaupt) stattgefunden haben, sondern dass sie über Generationen hinweg kommuniziert werden.

> Meine erste dienstliche Leiche sah ich 1979, während eines Praktikums[30] bei der Wiesbadener Polizei. Nachbarn informierten das Polizeirevier darüber, dass es im Haus vor einer bestimmten Wohnung unangenehm rieche und der Briefkasten schon übervoll sei (ein sicheres Indiz für eine *Leichensache*, im Polizeijargon abgekürzt: LS). Der Dienstgruppenleiter befand, dass es nun für mich an der Zeit sei, meine erste LS zu bearbeiten. Nachdem wir die Wohnungstür aufgebrochen hatten, bemerkten wir zunächst einen ziemlich lebendigen Dackel in der Wohnung, dann aber auch eine ältere tote Frau auf dem Boden der Küche. Sie war schon längerer Zeit tot, und wie sich herausstellte, überlebte ihr Hund diese Zeit, indem er sich von ihr ernährte. Das volle Ausmaß der Beschädigung des Leichnams konnten wir erst erkennen, als wir den Rock der Toten anhoben. Während die äußeren Extremitäten unbeschädigt waren, waren die Eingeweide der Frau bereits in einem fortgeschrittenen Zustand angefressen, es fehlte bereits ein größerer Teil der unteren Bauchpartie. Für einen kurzen Augenblick waren wir sprachlos, gingen dann aber in die Kommentierung der Szene über. Mein Streifenführer ersparte es mir, mich weiter ausgiebig mit der Frau zu beschäftigen und wies mich an, den Hund in ein Tierheim zu fahren (was schon merkwürdig genug war). Auf dem Revier gab es für uns beide einen Schluck aus einer Schnapsflasche, die extra für diese Fälle im Kühlschrank aufbewahrt wurde.

Der genehmigte Schnaps bedeutete, dass man sich den Ekel *wegspülen* konnte, dann aber weiter zu funktionieren hatte. Auf diese Weise erfuhr ich etwas von den Ritualen in einer Berufswelt, in der man mit extremen Erfahrungen konfrontiert werden kann. Die Form der Bearbeitung dieses Ereignisses mag unter traumatologischen Gesichtspunkten nicht professionell gewesen sein. Für die Praktiker war es aber eine taugliche Bewältigungsstrategie. Die Kollegen verfügten über eine Geste, gaben sozusagen eine symbolische Antwort auf eine existentielle Frage. So wurde unprätentiös und ohne Theorie die Frage beantwortet, was ein *richtiger Schutzmann* aushalten können muss (hätte ich mich übergeben, wäre meine Karriere deshalb nicht gefährdet gewesen, aber ich hätte auf diesem Revier wahrscheinlich als *Sensibelchen* gegolten). Sie zeigten mir, wie das bei ihnen üblicherweise gemacht wurde, und damit war es vorbei. Von einem „posttraumatischen Stress-Syndrom" oder anderen Komplikationen haben wir damals noch nichts gewusst.

Dadurch, dass wir mit den anderen einigermaßen oft über diesen Fall redeten, dass andere versicherten, Ähnliches selbst schon (oder noch nie) erlebt zu haben, bekam der *persönliche Affekt* etwas Kollektives, man kann durchaus sagen, dass die anderen Erzählungen zu einer *Normalisierung*, wenigstens zu einer *Neuordnung* des eigenen Erlebnisses beitrugen. Es stand nicht mehr als Singulä-

[30] Zu diesem Zeitpunkt sollte ich als Gruppenführer der Bereitschaftspolizei jüngere Polizisten ausbilden. Um mir *Praxiskenntnisse* aneignen zu können, wurde ich für mehrere Monate in den Einzeldienst zum Polizeipräsidium Wiesbaden abgeordnet.

res im Raum, sondern konnte verglichen werden, es ließ sich an den Erlebnissen der anderen messen. Die Affekte wurden sozial bestätigt, meine Wahrnehmung wurde geteilt und ich wusste, dass ich Außergewöhnliches erlebt hatte. Außerdem erfuhr ich auf diese Weise, was Schutzmänner alles aushalten müssen, und was sie aushalten können. Ich erfuhr etwas vom Leben in einer Gefahren- und Krisengemeinschaft. Mir hat es damals geholfen, ein Verhaltensmuster dafür zu entwickeln, wie man mit seelischer Beschädigung umgehen kann.

Mit der kommunikativen Rekonstruktion von Erlebnissen vor einem *verständigen Publikum* entsteht eine neue, jetzt von der Referenzgruppe geteilte, soziale Wirklichkeit[31].

Dazu ein Beispiel, das sowohl auf dem örtlichen Revier als auch bei der Einsatzzentrale im Polizeipräsidium[32] noch nach einigen Jahren als Story kursierte:

> Timo Quirin verfolgte einen Pkw, dessen Fahrer im Verdacht stand, den Wagen gestohlen zu haben. Er befand sich zufällig direkt hinter dem gesuchten Fahrzeug und verfolgte es nun mit Blaulicht und Martinshorn, worauf der Fahrer die Geschwindigkeit erhöhte und zu entkommen versuchte. Vor einem Friedhof setzt der Fahrer das Auto gegen die Mauer, floh aus dem Wagen, durchschwamm einen nahegelegenen Fluss, entriss einer dort radelnden Frau das Fahrrad und setzte seine Flucht fort. Timo Quirin sprang ohne zu zögern ebenfalls in den Fluss und setzte dem Mann nach. Zwar erreichte er ihn nicht mehr, trieb ihn aber einer weiteren Funkstreife, die sich an der Fahndung beteiligte, entgegen, die ihn schließlich festnahm. Quirin war

---

31 Berger/Luckmann (1969, 164) sprechen zu Recht von der *wirklichkeitsstiftende Macht des Gesprächs.*

32 Die Einsatzleitzentrale (ELZ) ist sozusagen das *Herz* der Polizei. Von dort werden alle Streifenwagen zentral dirigiert. Neben den formellen Kommunikationswegen haben die Beamten der Zentrale eine hohe informelle Kommunikation mit ihren Kollegen „vor Ort". Sie verfügen per Sondernetz über einen *direkten Draht* zu jedem Polizeirevier des Präsidiums und fragen des öfteren nach den Einsätzen, die sie vorher vergeben haben, informell an, wie die Sache denn ausgegangen sei, was los gewesen sei. Sie beherrschen damit neben der offiziellen Ebene auch die vielen Formen des *kleinen Dienstwegs* und es kommt ihnen auf diese Weise eine große Bedeutung als Verwalter des *Informations- und Kommunikationspools* der Polizei zu. Zudem sind sie mit allen großen Nachbardienststellen in Kontakt und stellen fallweise auch bundesweit Informationsaustausch her. Sie selbst würden sich möglicherweise nicht mehr als street cops bezeichnen, da sie den Dienstbezirk nur noch von der Landkarte her kennen und keinen Kontakt mehr zur Bevölkerung haben (von der Annahme von Notrufen über 110 abgesehen). Andererseits sind sie keine Leitungsbeamte: Ihren Kollegen auf den Revieren gegenüber sind sie nicht per se weisungsbefugt, sie besitzen nicht notwendig einen höheren Dienstgrad, sind aber als Mitarbeiter der *Einsatzzentrale* doch wieder weisungsberechtigt, da sie *im Auftrag* des jeweiligen Beamten des höheren Dienstes handeln, der mit ihnen quasi den Raum teilt, der als „Führungs- und Lagebeamter" (FuL) größere Einsätze koordiniert, und der die Dienstaufsicht über alle Beamte des Polizeipräsidiums ausübt. Der Protagonist der folgenden Geschichte, Timo Quirin (vgl. Zif. 4.2.1) hat in dieser Zentrale vor diesem Ereignis schon gearbeitet, war also dort bekannt.

durchnässt und ließ sich in diesem Zustand von einem Kollegen der Motorradstaffel (auf dem Motorrad hinten sitzend) zum Streifenwagen zurückfahren, von dort fuhr er zum Revier zurück. Er bekam später eine Erkältung, wurde aber unter den Kollegen als Held gefeiert. Die Flussdurchquerung blieb in aller Munde, besonders das Bild des durchnässten Kollegen auf dem Polizeimotorrad (in Fachkreisen „die Kuh" genannt) wurde blumig ausgemalt und häufig erzählt. Mir wurde die Geschichte eröffnet mit der Frage: „Kennst Du schon die Sache mit Timo auf der Kuh?"

In den Polizeigeschichten wird die Frage der Rationalität und des Sinns anders gestellt als in Untersuchungskommissionen, von Vorgesetzten, Juristen oder Wissenschaftlern. Bei ihnen geht es nicht um die kühle Frage nach der Verhältnismäßigkeit oder den Nebenfolgen (z.B. der Gefahr einer Geiselnahme). In den Geschichten werden expressiv und leidlich emotional Formen des Alltagshandelns weitergegeben. Sie sind nicht als politisch korrekte Haltung gegenüber der Öffentlichkeit gedacht, sondern als positiv durchdrungene Haltung gegenüber den Handlungsmaximen von street cops. Beispielsweise hat das Springen in einen Fluss in diesem Kontext wenig mit einer rationalen Abwägung zu tun, sondern eher mit der spontan aktivierten Überzeugung (die moralisch abgestützt werden durch die Handlungsmuster).

Die Polizeidienstvorschrift schreibt nicht den Sprung eines Polizisten in einen Fluss fest, auch nicht, um dort einen Ertrinkenden zu retten. Sowohl das Nicht-Springen als auch der beherzte Sprung ins Wasser ist zu legitimieren. Da der Sprung aber nicht selbstverständlich erwartet werden kann, gilt der mutige Beamte als Held, der andere aber nicht automatisch als Feigling.

5.4 Zusammenfassung: Die Funktion von Handlungsmustern

Die Frage nach den Bedingungen der Möglichkeit für eine typische Handlungspraxis in der Polizei kommt nicht ohne die Frage nach den dort geltenden Handlungsmustern aus. Bevor ein Polizist erstmals mit gefährlichen Menschen an gefährlichen Orten zusammentrifft, hat er schon eine (wenn auch diffuse) Vorstellung davon, *wie* er sich *wem* gegenüber zu welchen *Zeiten* an welchen *Orten* zu verhalten hat.

Berufliche Identität ergibt sich aus der Internalisierung einer Vielzahl von Traditionen, Images[33] und (Fremd- bzw. Selbst-) Zuschreibungen, Polizisten sind in der Regel *aufgehoben in Routinen*[34].

---

[33] Goffman bezeichnet mit *Image* die „soziale Identität" des Menschen: „Von einer Person kann man sagen, daß sie ein Image *hat*, *besitzt* oder es *wahrt*, wenn ihre Verhaltensstrategie ein konsistentes Image vermittelt, das durch Urteile und Aussagen anderer Teilnehmer, durch die Umgebung dieser Situation bestätigt wird." (Goffman 1973, 11, Hervorhebung im Original).

Die Betonung der abrufbaren Routinen im Alltagshandeln kränkt viele Beamte, gerade diejenigen, die damit argumentieren, dass sie in Bruchteilen von Sekunden Entscheidung treffen müssen, für deren Überprüfung andere Personen (z.B. Staatsanwälte oder Richter) monatelang Zeit haben. Nun kann man dagegen einwenden (statistisch stimmt dieser Einwand), dass solche Entscheidungen faktisch äußerst selten vorkommen. Damit wird man jedoch m.E. dem tieferen Gehalt dieses Arguments nicht gerecht. Beispielhaft für solche *Grenzfälle* wird der polizeiliche Schusswaffengebrauch angeführt. Zunächst zur manifesten (juristischen) Ebene: Die Entscheidung, ob er schießt oder nicht, trifft ein Beamter nicht anhand des Strafgesetzbuches, sondern anhand typisierter Merkmale, die er trainiert hat, und die eine Notwehrlage begründen können, z.B. wenn der andere Mensch augenscheinlich bewaffnet ist. Bei der Spontanreaktion wird also keine umfassende juristische Würdigung vorgenommen (sie wird auch nicht gefordert), sondern verlangt wird, dass das im Schießtraining und dem Rechtskundeunterricht kondensierte *Wissen* aktualisiert wird. Das Prüfverfahren im Einsatzgeschehen bewegt sich in einem binären *Ja-Nein*-Code. In einer solchen Situation reagiert der Beamte reflexartig und anhand eingeübter Automatismen. Er handelt aber nicht *reflexiv*. Die Juristen beschäftigen sich später (und ausgiebiger) mit den rechtlichen Qualifizierungen, und meistens geht es darum, an welcher Stelle der juristischen Prüfung der Beamte *ent- oder belastet* werden kann bzw. muss. Beide Berufsgruppen haben also völlig andere Perspektiven auf den Sachverhalt. Auf der unbewussten (oder psychologischen) Ebene thematisieren Polizisten mit solchen Beispielen aber etwas, was sie mehr beschäftigt als die Rechtsfolgen. Sie beziehen sich nämlich auf die psychischen Belastungen, die ein Schusswaffengebrauch nach sich zieht. Hier ist es genau umgekehrt wie im juristischen Arrangement: Polizisten, die auf einen anderen Menschen geschossen haben (oder selbst in Lebensgefahr gerieten), in einer Situation, die sie wahrscheinlich überforderte, müssen mit den Folgen dieses Ereignis ein ganzes Leben lang umgehen, währen die Juristen den Fall nach dem letzten Verhandlungstag als einen von vielen zu den Akten legen. Die Bilder des Ereignisses bleiben den Betroffenen im Kopf, und die Zeit heilt nicht immer die psychischen Wunden, die entstanden sind.

Die Ausrichtung an Verfahrensroutinen fängt schon mit dem Eintritt in die Organisation an, hier beginnen die zahlreichen Kontakte mit stets neuen Bezugs-

[34] Das gilt natürlich nicht nur für die Polizei, sondern für alle Berufe, in denen die ausführenden Ebenen eher Erfahrungswissen verlangen und Führungstätigkeiten theoriegeleitet sind. Bei ihr kommt als Besonderheit hinzu, dass sich die Angehörigen mit irgendeiner Form von (manchmal nur potenzieller oder partieller) Öffentlichkeit beschäftigen müssen und des Weiteren, dass die Kontroll- und Verfolgungsroutinen der Polizei regelmäßig die Rechtssphäre anderer Menschen tangieren, was z.T. dramatische Konsequenzen haben kann.

gruppen, deren kleine und größeren Initiationsrituale den Neuling mit den jeweiligen Gepflogenheiten vertraut machen. Dabei muss selten der Widerstand des Novizen überwunden werden, denn die Handlungsangebote liegen meistens in der Nähe der normativen Orientierung der Beamten. In Fällen offensichtlich disparater Einstellungen kommt es meistens zum Ausscheiden des Kandidaten noch in der Probezeit[35].

Informelle Beziehungen, genauer: die in Erzählungen und Geschichten verpackten Selbstaffirmationen, sind die kommunikativen *Transportmittel* der Handlungsmuster. In ihnen schält sich eine Vorstellung von den Aufgaben der Polizei heraus. Systematische Ausblendung (als klassische *Externalisierung*, z.B. die Verlagerung auf eine amorphe *Gesamtgesellschaft*, *die Politik* oder anderer Institutionen) gehört ebenso dazu, wie das Festhalten an Kontrollprivilegien (z.B. in alle gesellschaftlichen Räume eindringen zu können, um festzustellen, ob etwas *in Ordnung* ist oder nicht). Diese Vorstellungen sind nicht unbedingt mit denen der Öffentlichkeit kongruent. Die Entwicklung eigener *Handlungsstandards* spielt sich jedoch nicht im Bezugsfeld *Gesellschaft – Polizei* ab, sondern zwischen *Theorie und Praxis* bzw. zwischen *Oben und Unten* der Polizei. Der Spruch „Jetzt vergiss erst mal alles, was Du auf der Schule gelernt hast, wir zeigen Dir jetzt, wie Polizei tatsächlich funktioniert", umschreibt dieses Phänomen recht präzise[36].

Ich glaube, dass jede polizeiliche Handlung – mindestens implizit – daraufhin geprüft wird, ob sie mit *Ethik, Konformität und Pragmatismus* der Cop Culture in Einklang zu bringen ist.

So kann z.B. das Betreten von Zimmern in einem heruntergekommenen Wohnhaus damit gerechtfertigt werden, dass das eigene Handeln „richtig" ist, dass man etwas tut, was üblich ist (was andere Kollegen tun) und dass man im Übrigen stets einen Verdacht gegen solche Unterkünfte haben muss. Die oben geschilderte polizeiliche Haltung bei einem Beziehungskonflikt folgt auf der institutionellen Ebene dem Grundsatz, dass die Polizei für die Lösung sozialer Probleme nicht zuständig ist, auf der Organisationsebene steht sie in der Tradition der nicht beanstandeten Auftragserfüllung und auf der Handlungsebene folgt sie dem Prinzip, so wenig wie möglich für den „Papierkorb" zu arbeiten.

Das Schema „Polizeiliche Handlungsmuster der Cop Culture" folgt auf der nächsten Seite:

---

35 Das gilt nicht nur für jene, welche die Polizei zu rigide finden, und die es in ein freieres Leben drängt, sondern auch für diejenigen, die in der Polizei ihre Wünsche nach autoritärer Orientierung nicht erfüllt bekommen, die sie als zu lax empfinden und deshalb zum Bundesgrenzschutz (BGS) oder zur Bundeswehr wechseln. Insofern in die Polizei, sowohl im Verhältnis zum Militär als auch zum Bundesgrenzschutz, offenbar noch die am meisten zivile Organisation des Gewaltmonopols.

36 Vgl. auch Steinert (1997c, 106-110).

Schema: Handlungsmuster der Cop Culture

Erkenntnis-perspektive	Orientierung	Handlungsmuster	Manifeste Funktion	Symbolische Wirkung
Makroebene (Institution)	Ethik (Legitimität/ Gerechtigkeit)	1. Wir tun in brenzligen Situationen das Richtige 2. Polizei kann gesellschaftliche Probleme nicht lösen 3. Eine Straftat muss gesühnt, ein Täter angemessen bestraft werden	1. Ethische Fundierung von Entscheidungen und Mut 2. Begrenzung der Zuständigkeit 3. Rationalität der polizeilichen Intervention	1. Selbstaffirmation; Reduktion von Handlungskontingenz 2. Immunisierung u. Schutz vor zu viel Empathie/ Engagement 3. Versicherung der Wirksamkeit des eigenen Handelns/Sinnkonstitution
Mesoebene (Organisation)	Normkonformität/ Tradition	4. Konflikte werden intern gelöst 5. Im Dienst gilt unbedingte Solidarität 6. Begonnene Maßnahmen werden durchgezogen 7. Erledigung der Aufgaben so, dass sie nicht beanstandet werden	4. Die Polizei hält sich selbst in Ordnung 5. Sicherung verlässlicher Kooperationsverhältnisse 6. Berechenbarkeit, Rationalität des Verwaltungshandelns 7. Sichern der Organisationsroutinen/ Reduktion von Komplexität	4. Moralisch auf der richtigen Seite stehen 5. Machtdemonstration, Überlegenheit, soziale Zugehörigkeit 6. Identifikation mit einem starken Staat; Macht- und Größenphantasien 7. Normenklarheit, Sicherheit, Kontrolle
Mikroebene (Individuum)	Individuelle Moral/ Pragmatismus/Erfolg	8. Man muss stets Verdacht schöpfen 9. Übereifer zahlt sich nicht aus 10. Man muss etwas von der *Gegenseite* wissen	8. Ständige Aufmerksamkeit, Argwohn, Misstrauen 9. Rationaler Ressourceneinsatz 10. Optimierung eigener Handlungsstrategien	8. Konstruktionen von Normalität und Gefahr/ Risiko 9. Rechtfertigung von Passivität 10. Einblick in deviante Muster wird legitimiert, Affinität zur Klientel normativ abgesichert

6 Polizeikultur und Polizistenkultur

Die Art und Weise, wie eine Gesellschaft die Monopolisierung der Gewalt (nach innen) über lange historische Zeiträume hinweg bewerkstelligt, kann man als Bestandteil ihres kulturellen Repertoires auffassen, dies findet sich z.B. ausführlich bei Elias (1981, 1988a,b) beschrieben, wenn er dafür auch den Begriff *Zivilisation* benutzt hat[1]. Zivilisation (bzw. Kultur) bezieht sich bei ihm jedenfalls auf praktizierte Lebensweisen, die den Alltag normativ einrahmen und die dort untersucht werden können. So, wie Kultur nicht identisch ist mit *Hochkultur* (sondern auch als Subkultur auftreten kann), wird auch die Cop Culture im Alltag des Gewaltmonopols einerseits konfrontiert mit bürokratischen Regeln, andererseits mit der offiziellen *Polizeikultur*.

6.1 Polizeikultur und die Ethik des polizeilichen Handelns

Wenn man bereit ist, die Gewaltsamkeit der Polizei als einen Bestandteil ihrer spezifischen Kultur zu betrachten, dann müsste man die Organisationskultur auf ihre zugrunde liegende Handlungsethik hin überprüfen. Ahlf (1997, 37) erläutert den Ethikbegriff folgendermaßen:

> „Als Wissenschaft vom moralischen Handeln geht es der Ethik nach klassischer Sichtweise um die drei großen Themen Glück(seligkeit), Freiheit und das Gute. Die Funktion der Ethik besteht nicht darin, eine bestimmte Handlung direkt zu gebieten, sie gebietet immer nur Moralität als die dem Menschen wesentliche Freiheit".

Auf die Polizei bezogen bedeutet das eine normative Bestimmung des *guten* Polizeihandelns, Ethik ist sozusagen der transzendentale Rahmen von individueller und institutioneller Moral, was eine Auseinandersetzung mit den widerstreitenden Interessen, z.B. zwischen individueller Freiheit und staatlicher Souveränität und deren Durchsetzungsbedingungen notwendig machen würde (z.T. wird das in der Staatsrechtsdebatte getan). Die polizeiliche Handlungsethik wird vornehmlich durch Theologen vermittelt, die – meistens als *Polizeiseelsorger* – über

---

1 Auf den Streit über den Unterschied von Kultur und Zivilisation gehe ich hier nicht ein, sondern verweise auff Elias (1988a, 1-36) sowie Mauthner (1980, 39

den ethischen *Überbau* des Polizeihandelns reflektieren[2] (und ihn weitgehend repräsentieren).

In jüngerer Zeit meldeten sich auch zunehmend Ethiker zu Wort, die sich am Wohl des *Unternehmens* Polizei orientieren (v. Richthofen [1994] spricht statt von einer Unternehmenskultur unprätentiöser vom „Berufsverständnis").

Eine Ethik polizeilichen Handelns (also Polizei*kultur* im engeren Sinn) ist schwer zu definieren. Sie ist zu finden in Deklarationen, d.h. in Formulierungen des Wünschenswerten. Diese muten, je weiter sie vom Ort des Handelns entfernt sind, immer unverbindlicher an[3].

Solch eine abstrakte Formulierung findet sich beispielsweise im „Verhaltenskodex für Beamte mit Polizeibefugnissen", der auf die Initiative der „Union Internationale des Syndicats de Police" (UISP) am 17.12.1979 von der Vollversammlung der Vereinten Nationen verabschiedet wurde. Darin heißt es u.a.:

Artikel 1: Beamte mit Polizeibefugnissen müssen jederzeit die Pflichten erfüllen, die ihnen durch das Gesetz auferlegt sind, indem sie der Gemeinschaft dienen und indem sie alle Personen – in Übereinstimmung mit dem hohen Verantwortungsgrad, der durch ihren Beruf gefordert wird, – gegen ungesetzliche Handlungen schützen.

Artikel 2: In Erfüllung ihrer Pflicht sollen Beamte mit Polizeibefugnissen die menschliche Würde achten und schützen und die Menschenrechte aller Personen wahren und aufrechterhalten.

Artikel 3: Beamte mit Polizeibefugnissen sollen Gewalt nur anwenden, wenn dies unbedingt notwendig ist und nur in dem Ausmaß, wie dies in Ausübung ihrer Pflicht notwendig ist.

Die restlichen fünf Artikel sind ähnlich weit gefasst[4].

---

2 Ich behandele den Komplex *Ethik* hier nicht näher, sondern konzentriere mich auf ihr Derivat, die Polizeikultur. Zur aktuellen Debatte über Ethik in der Polizei vgl. Behr 2006, S. 23-25, zur Literaturlage vgl. die dortige Fußnote 9).

3 Diese Deklarationen bewegen sich auf dem Parkett der internationalen Politik. Auf dieser Ebene müssen die unterschiedlichsten gesellschaftlichen und politischen Bedingungen berücksichtigt und dementsprechend unverbindliche Formulierungen ausgehandelt werden. Hier kommt es vornehmlich auf einen Minimalkonsens bzw. einen gemeinsamen Nenner an, auf den man alle Unterzeichnerstaaten verpflichten kann.

4 Sie befassen sich mit dem Recht der informationellen Selbstbestimmung (Art. 4), mit dem Verbot von Folter und inhumaner Behandlung (Art. 5), der Gewährleistung einer medizinischen Grundversorgung (Art. 6), Korruption (Art. 7) und der offensiven Verteidigung dieses Kodex (Art. 8), vgl.: Gewerkschaft der Polizei (1995, 12), in leicht veränderter Übersetzung in: Ahlf (1997, 313). Eine im Wortlaut fast identische Polizeideklaration des Europarates existiert seit 1974 (vgl. Ahlf [1997, 315-331] unter Verweis auf Franke [1991, 406 f.]).

Jeder deutsche Polizist würde diese Konvention guten Gewissens unterschreiben können, denn in ihr sind lediglich die universalen Bedingungen formuliert, die sämtlich konsensfähig sind. Aber schon bei der Frage, *wann* und *gegen wen* Gewalt in *welcher* Form und in *welchem* Ausmaß „unbedingt notwendig" ist, fangen die Auslegungsschwierigkeiten an. Die bei jeder Art der Gewaltanwendung von Polizisten entstehende Frage nach dem „Wann ist es genug?" wird auf dieser Abstraktionsstufe nicht beantwortet[5].

Ein Kulturverständnis zwischen Ethik und Unternehmenswohl bietet Ahlf (1997, 98) an, wenn er an den Kulturbegriff die Anforderung stellt, dass er „die nach außen und innen sichtbar gewordenen, unverwechselbaren Äußerungen", also eine „Polizeiidentität" erkennen lässt. Dies mündet in folgender Formulierung:

> „Polizeikultur umschreibt also lediglich typische polizeiliche Handlungen, Symbole, Zeremonien, Rituale, Stile usw., die natürlich von der jeweiligen Organisationsstruktur (den harten Faktoren), aber auch von den praktizierten Werthaltungen, Normen, Orientierungsmustern, Leitbildern usw. (den sog. weichen Faktoren) abhängig sind" (Ahlf 1997, 98).

In diesem Verständnis zielt die Kultur darauf ab, ein *Bild* von Polizei (nach außen) zu vermitteln, nicht aber darauf, polizeiliches Handeln ethisch zu legitimieren (wie dies in der engeren Fassung, die oben skizziert wurde, noch versucht wird). Ein solches Kulturverständnis macht es nicht schwer, den auf Holz befestigten Polizeistern oder die Sammlung internationaler Dienstmützen, das Polizeiorchester und die Vorführung der Kampfsportgruppe bei einer „Polizeisport- und Musikschau" in den Rang von Kulturgütern zu erheben.

Eine normative Wirkung von Polizeikultur ist auf dieser Ebene nicht zu erwarten. Außerhalb der politischen Deklarationen um eine polizeiliche Handlungsethik ist die Auseinandersetzung mit Polizeikultur (bzw. *diverser Kulturen* in der Polizei) in Deutschland gering ausgeprägt. So lässt sich nur schwer bestimmen, was eine Kultur der Polizei genau ausmacht[6]. Die Verbindung mit

---

5 Nationale Entschließungen lauten so ähnlich, z.B. die des Deutschen Bundestages vom Mai 1979, die sich im Wesentlichen an die Formulierung der Vereinten Nationen hält, allerdings noch erweitert um einige Details der persönlichen Verantwortung, z.B. des Ausschlusses des sog. Befehlsnotstandes. In der „Entschließung Nr. 690 betr.: Die Erklärung über die Polizei" heißt es in Zif. 4 des Anhangs: „Ein Polizeibeamter hat die von seinem nächsten Vorgesetzten ordnungsgemäß gegebenen Befehle auszuführen; er hat jedoch die Ausführung jeglichen Befehls, von dem er weiß oder wissen sollte, daß er rechtswidrig ist, zu unterlassen." (In: Gewerkschaft der Polizei 1995, 13). Eine inhaltsgleiche Formulierung findet sich in jedem Landesbeamtengesetz, für Hessen vgl. § 71 Hessisches Beamtengesetz (HBG).

6 In den gängigen und bekannten Kriminologie- bzw. Polizeilexika kommt der Begriff nicht vor, so weder bei Kaiser et al. (1993) noch bei Kerner (1991) oder Rupprecht (1995).

Unternehmens- bzw. Organisationskultur (vgl. Sorge 1989), *Organisationsentwicklung* (OE) und den daraus abgeleiteten *Corporate Identity-Strategien* ist aber evident.

Ich fasse zusammen: Polizeikultur als Ableitung einer Ethik des polizeilichen Handelns geht über Deklarationen nicht hinaus. Polizeikultur als Unternehmenskultur dagegen nähert sich einer nach außen dargestellten kollektiven Identität der Polizei. Dies ist eine deutliche Verschiebung von der Ethik zur *Corporate Identity.*

6.2 Leitbilder und die Unternehmenskultur der Polizei

Durch die Verbindung des Kulturbegriffs mit *Unternehmenskultur* entsteht ein Bild von Polizei, das sich deutlich stärker an Strategien der *Organisationsentwicklung* orientiert als an *Polizeiethik*. Es operiert mit sog. *soft skills*, also den *weichen* (sozialen) Faktoren eines Unternehmens, insbesondere mit dem *menschlichen Faktor* (was seit Mayo [1933] in unterschiedlichen Moden und Begrifflichkeiten, z.B. als „Human Relations"-Bewegung, vgl. Whyte [1956] bekannt ist und heute mit vielerlei modernistischen Begriffen angereichert wird[7]).

Die Handlungsmuster der street cops haben mit den unternehmerischen Versuchen der Herstellung von Identität nichts gemein. Mit dem Vordringen der *Organisationsentwicklungs- bzw. der Corporate Identity*-Welle werden sie aber neuerdings mit sog. *Leitbildern* konfrontiert, die als Versuch der Polizeiführung interpretiert werden können, eine *politisch korrekte* Alternative zu den Selbstbildern der street cops anzubieten.

Die Diskussion um ein Qualitätsmanagement (QM), d.h. die Frage nach der Bemessung und dem Wert des *Produkts* der Arbeit, macht auch vor der Polizei nicht Halt[8]. So stehen *Leitbilder* der Polizei im Kontext ihrer Professionalisierungsdebatte und hier nochmals zwischen einer polizeilichen Handlungsethik und der Notwendigkeit einer Qualitätsbestimmung polizeilicher Arbeit.

In Leitbildern werden „gemeinsame Ziele, Wertvorstellungen und Handlungsnormen der Mitarbeiterinnen und Mitarbeiter einer Organisation formuliert. Ein Leitbild für die Polizei beschreibt ideales Verhalten nach innen und nach

---

7 Für den Profit-Bereich bezeichnet z.B. Linneweh (1997, 5) *Corporate Identity* als Ergebnis und Zusammenspiel von *corporate behavior*, *corporate communications* und *corporate design*, wobei im Zentrum aber die Unternehmerpersönlichkeit stehe. Dies ist nur ein Beispiel der derzeit gängigen *Schlagworte*, die substantiell wenig angereichert sind.

8 Ahlf (1997) widmet sich diesem Thema explizit, was schon in der Wahl des Buchtitels deutlich wird („Ethik im Polizeimanagement. Polizeiethik mit Bezügen zu Total Quality Management [TQM]„). Damit sollte offenbar eine Zielgruppe angesprochen werden, die Transzendenz mit Qualität(skontrolle) zu verbinden sucht.

außen und damit eine Idealform der Polizeikultur bzw. unseres Selbstverständnisses" (Böhm 1997, 9).

Der Ursprung der Leitbilddiskussion für die Hessische Polizei[9] liegt in den Koalitionsvereinbarungen zwischen *Bündnis 90/Die Grünen* und der SPD für die 14. Wahlperiode des Hessischen Landtags[10]. Im August 1996 wurde durch den Innenminister eine sog. Lenkungsgruppe „Leitbild für die Hessische Polizei" installiert. Ab September 1997 wurden in Workshops die Bediensteten aller Hierarchiestufen der Polizei nach ihrer Meinung gefragt. Mit den Workshops verband sich die Hoffnung, „durch Ideenfindung und Kleingruppenarbeit zu sog. Leitsätzen zu gelangen, mit denen sich die Beteiligten identifizieren." (Böhm 1997, 11). Der Koordinator der Projektgruppe bringt das schwierige Verhältnis zwischen Polizeikultur und Polizistenrealität mit folgendem Satz auf den Punkt:

> „Das Lamentieren soll vermindert, Probleme sollen erkannt und genannt werden. Es wird Aufgabe und Chance der Vorgesetzten sein, erarbeitete Lösungen ihrer Mitarbeiterinnen und Mitarbeiter zu prüfen, die Maßnahmen mit ihnen abzuwägen und mit ihnen umzusetzen. Das Erstellen und Umsetzen eines Leitbildes ist damit gelebte kooperative Führung" (Böhm, 1997, 11).

Diese Begründung steht für das *unternehmerische* Nutzungspotential der Leitbilder, denn ganz offensichtlich war (mindestens *auch*) intendiert, die Unzufriedenheit der Mitarbeiter in den Griff zu bekommen.

An den Workshops haben nach Angaben der Projektgruppe 1715 Mitarbeiter/innen teilgenommen (das sind etwa 9% der Bediensteten der Hessischen Polizei, Angestellte und Arbeiter mit einbezogen; die Informationsveranstaltungen haben 25% des Personals erreicht)[11].

Im Jahr 1998 mündete das Projekt in der Erstellung eines Leitbildes, das als Broschüre – etwas größer als eine Zigarettenschachtel – im Oktober vom Innenministerium an die Mitarbeiter ausgegeben wurde. Letztlich kann man die dort formulierten Grundsätze, ähnlich wie die Handlungsmuster der Cop Culture, unterteilen in drei Relevanzebenen. Auf der Makroebene werden die Grundsätze der Polizeiarbeit behandelt, es geht hierbei um die universellen Werte, die durch die Institution Sicherheit und Ordnung vertreten bzw. garantiert werden sollen.

---

9 Ich beziehe mich aus Beleggründen nur auf das Hessische Modell.

10 Dort heißt es: „Es ist ein Leitbild für die Polizei zu entwickeln. Es soll der einzelnen Beamtin und dem einzelnen Beamten als Orientierung dienen und die Identifikation mit der Aufgabe fördern, den Schutz der Rechte von Bürgerinnen und Bürgern als Zentrum des Handelns der Polizei zu begreifen" (aus: http://www.hessen.de/Regierung/koa_ver6.htm, Zif. 3.2).

11 Diese Informationen habe ich der vom Hessischen Ministerium des Innern (1998) herausgegebenen Broschüre entnommen, sie sind nicht durch eigene Empirie verifiziert.

Schema: Leitbild der Hessischen Polizei[1]

Relevanzebene	Orientierung	Leitbildtext
Makroebene (Institution)	Universelle Werte/ gesellschaftliche Verantwortung	1. Wir sind unparteiischer Garant für Demokratie und Menschenrechte 2. Recht und Gesetz sind Grundlage unseres Handelns 3. Objektivität und gesunder Menschenverstand sind für uns unverzichtbar 4. Als Partner für Sicherheit sind wir rund um die Uhr ansprechbar 5. Wir erkennen frühzeitig Entwicklungen und tragen Vorschläge an die Politik heran
Mesoebene (Organisation)	Binnenverhältnis/ Selbstverständnis	6. Wir schaffen Vertrauen und Akzeptanz durch kompetentes Handeln 7. Wir setzen uns klare Ziele und erreichen diese gemeinsam 8. Wir unterstützen und motivieren uns gegenseitig 9. Wir erkennen und respektieren die Wichtigkeit der Aufgaben aller 10. Wir sind neuen Ideen gegenüber aufgeschlossen 11. Wir sind initiativ und übernehmen Verantwortung 12. Aus Fehlern lernen wir 13. Mit Offenheit und Ehrlichkeit schaffen wir Vertrauen 14. Wir gehen auf die Medien zu und zeigen Aufgaben, Möglichkeiten und Grenzen unserer polizeilichen Arbeit auf 15. Mit anderen Behörden und Institutionen arbeiten wir unvoreingenommen und zielorientiert zusammen
Mikroebene (Handlung)	Verhältnis zur Bevölkerung/reales polizeiliches Handeln	16. Wir hören zu und begegnen allen mit Höflichkeit und Respekt, den auch wir erwarten 17. Wir achten auf unser Erscheinungsbild 18. Wir sind hilfsbereit, freundlich und korrekt 19. Wir erklären, was wir tun 20. Wir sind offen, verständnisvoll und tolerant 21. Wir gehen vorurteilsfrei mit allen gesellschaftlichen Gruppen um 22. Wir verhalten uns vorbildlich

[1] Die Leitsätze sind im Original wiedergegeben, allerdings in meiner Systematisierung. Gesonderte Leitbilder für Leitungsbeamte folgen weiter unten.

Auf der Mesoebene wird das Selbstverständnis behandelt, und zwar als organisationsinterne Kommunikation und als Verständigung nach außen. Auf der Mikroebene werden die Handlungspraxen thematisiert, wobei das gute Verhältnis zur Bevölkerung nochmals unterstrichen wird.

Es ist nicht sehr naheliegend, dass street cops auf diese Leitbilder wirklich gewartet haben, und dass sie die nun angebotenen als die handlungsanleitenden Bedingungen ihrer Arbeit annehmen.

Die Initiatoren dieser Schrift betonen an mehreren Stellen, dass das Leitbild eine *Zielvorgabe* sei und zur *Orientierung* diene (Hessisches Ministerium des Innern 1998, 17). Zum Ziel des Projekts heißt es: „Dieses Leitbild soll uns, den Bediensteten der Hessischen Polizei, als Orientierung dienen und unsere Identifikation mit der Aufgabe fördern, den Schutz der Rechte von Bürgern und Bürgerinnen als zentrales Anliegen des Handelns der Polizei zu begreifen" (ebd.)[12].

Die *Leitbilder* sind zunächst idealisierende und artifizielle Deklarationen im Rahmen der offiziellen Darstellung der Polizei. Ihnen liegt, im Gegensatz zu den

12 Derartige Formulierungen lassen das Publikum oft im Unklaren darüber, wessen Rechte aktuell geschützt werden sollen. Infrage kommen die Bürger als unmittelbar von einer polizeilichen Handlung betroffene Personen (z.B. der eines Autodiebstahls oder des Drogenhandels verdächtigte Mann) und die Bürger als soziales Aggregat. Wegen der Bedeutungskontingenz fällt es selbst den weniger wohlmeinenden street cops nicht schwer, diesem Grundsatz im Prinzip zuzustimmen, denn sie können die Adressatenfrage zugunsten derjenigen schützenswerten Bürger entscheiden, die nie mit der Polizei in Berührung kommen, sondern die als *Gesellschaft* ziemlich anonym bleiben. Ähnlich verhält es sich im Übrigen mit dem Slogan, die Polizei sei ein Dienstleistungsbetrieb bzw. sie arbeite kundenorientiert. So kann nur argumentiert werden, wenn man nachhaltig von den realen und prekären Handlungen der Polizei absieht. Unschwer ist dem auf ganz abstrakter Ebene zu folgen, denn natürlich leistet die Institution *Sicherheit und Ordnung* einen Dienst an der Gesellschaft bzw. als Organisation gegenüber anderen Organisationen, auch untereinander leisten sich Organisationsteile Dienste (z.B. die Fachhochschule gegenüber dem polizeilichen Einzeldienst). Aber erst im Umgang mit den realen Personen (die Betroffenen von polizeilichen Handlungen sind andere als *die Gesellschaft*) dieser Leistung erweist sich die Kundenfreundlichkeit. Denn mit angenehmen Leuten freundlich umzugehen (wie der Leitbild-Satz Nr. 16 bzw. die Volksweisheit „Wie es in den Wald hineinruft, so schallt es heraus" übersetzt werden kann), ist keine große Kunst. Erst an der nachhaltigen Freundlichkeit des Personals mit schwierigen Kunden zeigt sich die Dienstleistungsqualität eines Unternehmens. Hierzu müsste man mindestens *auch* die von der Polizei kontrollierten und/oder festgenommenen Personen fragen, nicht die Mitglieder des *Vereins der Freunde der Polizei* oder die Besucher einer Sport- und Musikschau der Polizei. Dies führt jedoch einsehbar in die Absurdität. Festzuhalten bleibt, dass für die Handhabung des staatlichen Gewaltmonopols nicht alle blumigen Begriffe aus der Marktwirtschaft hilfreich sind, denn sie verdecken den Kern der Polizeiarbeit: die Gewalt, oder genauer: „die berufliche Verpflichtung zur Anwendung direkter physischer Gewalt gegen andere Personen" (v. Harrach 1983, 181, zit. nach Feest 1988, 130). Je mehr von einer kundenorientierten und dienstleistungsbezogenen Polizei geredet wird, desto größer ist das Erschrecken, wenn sie dann doch wieder „staatliche Herrschaftssicherung" betreibt (eingehender dazu Lehne 1992 und Lindenberg/Schmidt-Semisch 1994; kritisch zum Begriff der „Bürgerfreundlichkeit" der Polizei Feest 1988).

Handlungsmustern, *keine Lebensweise bzw. Praxis* zugrunde. Leitbilder sind zusammengetragene Entwürfe und Ideen, die mehrfach bearbeitet, auf einen gemeinsamen Nenner gebracht und sprachlich so modelliert wurden, dass sich möglichst viele Bedeutungen transportieren können und dabei möglichst wenig ausgrenzend wirken. Als Folge davon bleiben sie allerdings denkbar unverbindlich. Sie sind ethisch und pädagogisch reflektiert, politisch korrekt, wirken aber eher dem Polizeialltag aufgesetzt als aus ihm heraus kommend.

Trotzdem die Leitbilder kaum in der Lage sein dürften, das Alltagshandeln von Polizisten anzuleiten, haben sie für die Institution eine wichtige Bedeutung. In erster Linie sind sie zu interpretieren als Bedürfnis nach einer kulturellen Identität der Polizei. Diese Bestrebung kommt nicht *von unten*, denn dort, so das Ergebnis meiner Arbeit, versteht und verständigt man sich vermittels der Cop Culture (übrigens auch international). Der Begriff *Corporate Identity* verweist auf das strategisch erarbeitete, das von oben angeordnete, das *politische* Identitätsmuster. In den Leitbildern erscheint eine Polizei, von der alle Praktiker wissen, dass sie so nie funktionieren würde.

Bedeutung erhalten die Leitbilder gleichwohl als

- Außendarstellung der Polizei
- Selbstbindung der Polizeiführung
- Kommunikationsmöglichkeit unter Polizisten.

Gegenüber der Öffentlichkeit ist die Polizei gegenwärtig bemüht, sich als dienstleistungsorientierter Servicebetrieb darzustellen. Durch die Leitbilder wird also in erster Linie *der Öffentlichkeit* ein *neues Bild* von Polizei angeboten. Diesen eher die externen Beziehungen betreffenden Aspekt vernachlässige ich hier.

Für den innerorganisatorischen Dialog hingegen ist die *Selbstbindung* der polizeilichen Führungsebene (die ich oben ausgespart habe und hier gesondert einfüge) interessant. Denn immerhin, so eine erste Vermutung, könnte dies zu substanziellen Auseinandersetzungen führen, die den Modernisierungs- und Demokratisierungsprozess der Polizei durchaus stimulieren könnten, da man sich fortan *gegenseitig* auf die Standards hinweisen, und dies anhand der Fibel sogar belegen kann. Es wäre schon ein riskantes Unternehmen für einen Vorgesetzten, wenn er öffentlich sagen würde, dass ihm die Leitbilder egal seien – dies geht allenfalls hinter *vorgehaltener Hand.*

An gesonderter Stelle (S. 11 und 13) nennt die Fibel einige Leitungsgrundsätze, die auf den jeweils gegenüberliegenden Seiten 10 und 12 durch den Appell „Wir sind ein Team" eingerahmt sind. Auf Seite 11 wird unter dem Stichwort „In Führungsverantwortung sind wir positive Vorbilder" das *unmittelbare* Vorgesetztenverhalten angesprochen. Dort heißt es:

Wir sind kritikfähig und Neuem gegenüber aufgeschlossen.
Wir sind partnerschaftlich und bereit für offene Gespräche.
Wir machen Entscheidungen transparent.
Wir ermöglichen eigenverantwortliches Handeln und fördern Teamarbeit.
Wichtige Informationen geben wir gezielt weiter.
Wir vertrauen unseren Mitarbeiterinnen und Mitarbeitern und erkennen Leistungen an.
Wir fördern Stärken und helfen Schwächen abzubauen.
Wir sorgen für ein gutes Betriebsklima und tragen zur Arbeitszufriedenheit bei.

Auf Seite 13 geht es dann um grundsätzliche Belange:

Wir beteiligen uns an der kontinuierlichen Verbesserung der Arbeitsbedingungen.
Unsere Aus- und Weiterbildung entwickeln wir praxisbezogen und zukunftsorientiert.
Wir besetzen Positionen nach Qualifikation.
Sachmittel setzen wir effizient ein.

Die vorsichtigen Formulierungen lassen zwar durchaus eine aufklärerische bzw. demokratische Grundhaltung erkennen, gleichwohl ist nicht zu übersehen, dass sich die Polizeiführung, nach oben zunehmend, gegen eine konkrete Verpflichtung nahezu immunisiert. Einem Revierleiter kann noch, sozusagen mit der Fibel in der Hand, vorgehalten werden, dass er *keine* offene Gespräche führt oder seine Entscheidungen *nicht* transparent macht. Einige Konflikte können auf diese Weise also noch leidlich präzise thematisiert werden.

Schwieriger ist das schon mit der *Förderung* von *Stärken* und der *Hilfe beim Abbauen von Schwächen.* Die Förderung kann genauso als Disziplinierung und Kontrolle im Gewande der Wohltätigkeit interpretiert und praktiziert werden.

Bei den *guten Vorsätzen* der Organisationsspitze fällt die juristische Geschliffenheit auf, die schwerlich zur Kritik an der Polizeiführung genutzt werden kann. Begriffe wie *kontinuierlich* oder *zukunftsorientiert*, auch *Qualifikation* und *Effizienz* sind überhaupt nicht bzw. wenig eindeutig definiert.

Dass z.B. Dienstposten *nicht* ausschließlich nach Qualifikation, sondern *auch* nach Seniorität und – besonders bei Spitzenpositionen – politischem Kalkül besetzt werden, ist für Praktiker in der Polizei so evident, dass ihnen die Formulierung in der Fibel schon einigermaßen zynisch vorkommen müsste, wenn sie denn hieße, dass man *ausschließlich* Qualifikation berücksichtigte und wenn jedem klar wäre, was damit gemeint ist. Da man aber sehr Unterschiedliches darüber weiß, was unter *Qualifikation* explizit zu verstehen ist, gibt es keinen argumentativen *Hebel.* Im Übrigen setzt eine Kritik der Polizeiführung die Kenntnis größerer Zusammenhänge voraus, was aber stets *Herrschaftswissen* ist.

Das Leitbild verstärkt also im Innern der Organisation zunächst die Diskrepanz zwischen *Sein* und *Sollen*. Das kann durchaus positive Effekte nach sich ziehen. Denn immerhin ist eine Kommunikationsplattform geschaffen, die z.B. zur Verständigung darüber genutzt werden kann, was wirklich wichtig ist an Orientierung in der Polizei. Über diese Verständigung können auch die Routinen und Handlungsmuster der street cops weiterentwickelt werden. Denn Handlungsmuster sind ja nicht von vornherein *abweichende*, sondern zunächst alltagstaugliche Muster. Sie können aber auf der anderen Seite keinen höheren ethischen Anspruch für sich reklamieren als die Leitbilder.

Bei einer distanzierten Betrachtung[13] der Leitbilder fällt auf, dass es

1. offenbar einen großen Orientierungsbedarf sowie
2. erhebliche Kommunikations-Defizite in der Organisation gibt.

Untersucht man den Text auf seinen latenten Inhalt hin, dann wird deutlich, dass mit den *Leitsätzen* letztlich *Wünsche* formuliert werden, und zwar diejenigen nach einer *guten Ordnung* (vgl. Knemeyer 1978, S. 878) in der Polizei. Die Harmonisierungsbestrebungen werden insbesondere dann deutlich, wenn die institutionellen Friktionen (z.B. zwischen den Hierarchieebenen), aber auch jegliche *Differenz* oder *Disparität* aus dem Text nahezu eliminiert werden. Die Fixierung auf einen umfassenden Konsens in der Organisation verhindert jedoch die Bearbeitung ihrer grundlegenden Konflikte. Mit der Betonung des Positiven werden diese institutionell unbewusst gehalten (das gilt z.B. für den Generations- und den Geschlechterkonflikt, die nirgendwo auftauchen). Für die Bediensteten heißt das, die Kluft zwischen Anspruch und Wirklichkeit der Organisation miteinander in Beziehung setzen zu können oder sie ausblenden zu müssen.

Die Leitsätze hinterlassen des Weiteren nicht den Eindruck, als seien sie über einen längeren Zeitraum und/oder öffentlich diskutiert worden. Ich ziehe beispielhaft nur die Grundsätze Nr. 2 und 3 zur Erläuterung heran: „Recht und Gesetz sind Grundlagen unseres Handelns“ und „Objektivität und gesunder Menschenverstand sind für uns unverzichtbar“ (S. 5).

In der Unterscheidung von *Recht* und *Gesetz* liegt die Differenz von *Gerechtigkeit* und *Verfahrensförmigkeit* bzw. die von *Legitimität* und *Legalität*. Ich habe argumentiert, dass es zwischen beiden erhebliche Diskrepanzen geben kann

[13] Man ist zum Beispiel versucht, nach jedem Satz zu fragen: „Ja, tun sie denn das heute etwa nicht?“ Das hieße aber, in der affektbesetzten Auseinandersetzung zu bleiben. Fragt man dagegen nach den institutionellen Bedingungen des Zustandekommens solcher Formulierungen, dann wird deutlich, dass die Fibel nicht etwa die Funktion hat, gute Vorsätze für die Zukunft zu formulieren oder Grundsätze festzuschreiben, auf die sich alle berufen können sollen. Vielmehr kann sie als Versuch gelesen werden, eine *polizeiliche Handlungslehre* konzeptionell vorzubereiten.

und die Nennung in einem Atemzug die Konfliktdispositionen, die dahinter liegen, mehr verschleiert als mildert. Zwischen Recht und Gesetz liegen die subkulturellen Normen der Handlungsmuster von street cops, die im Einzelfall darüber entscheiden, ob sie *Recht* anwenden oder ein *Gesetz* vollziehen. Wenn man sich auf beides beruft, hat man nichts geklärt oder gelöst, sondern weicht der Frage aus, was passiert, wenn das Recht vom Gesetz abweicht. Nimmt man den zweiten Grundsatz hinzu, dann steigert sich die Widersprüchlichkeit: Die Berufung auf den *gesunden Menschenverstand* bietet sich geradezu an, alle weiteren Grundsätze zu suspendieren. Der gesunde Menschenverstand ist schon immer in der Lage gewesen, Recht und Gesetz Recht und Gesetz sein zu lassen, und sich, z.T. monströs, zu verselbständigen (dann kann er auch *gesundes Volksempfinden* heißen). Was gesagt werden soll: Die Berufung auf des Menschen Verstand war noch nie eine Garantie für die Rechtlichkeit des Handelns. Wenn die Verfahrensförmigkeit durch den Menschenverstand (und sei er noch so *gesund)* außer Kraft gesetzt werden kann, dann stimmt etwas nicht mit dem Selbstverständnis der Polizei, so könnte man schließen. Wahrscheinlich ist mit der Terminologie aber lediglich ein gewisser Pragmatismus gemeint, den ich im Rahmen der Handlungsmusteranalyse ebenfalls erwähnt habe (vgl. Zif. 5.2.3). Da die Leitlinien aber nicht exakt benennen, worin der *gesunde* Menschenverstand besteht, bleiben sie hier blass bzw. beliebig interpretierbar. Wäre der Leitbild-Formulierung eine gewachsene, innerhalb und außerhalb der Institution geführte Diskussion vorausgegangen (z.B. über die Geschichte der Polizei), dann wären derartige begriffliche Unschärfen zu vermeiden gewesen. Offenbar waren die Workshops nicht in der Lage, die traditionell *verhinderte Kommunikation* in der Polizei rasch zu kompensieren.

Erst wenn man die Leitsätze miteinander inhaltlich in Beziehung setzt, fällt deren Widersprüchlichkeit ins Gewicht. Dies bleibt jedoch hinter der Fassade einer politisch korrekten Formulierung weitgehend verborgen.

6.3 Polizeikultur versus Polizistenkultur: Konkurrenzen

Zwischen der hegemonial wirksamen *maskulinen Männlichkeit* der Polizistenkultur und der eher bürokratischen Männlichkeit in der Polizeikultur besteht ein zwar gespanntes, gleichwohl aber arbeitsteiliges Verhältnis.

Modell zum Verständnis des Alltags des Gewaltmonopols

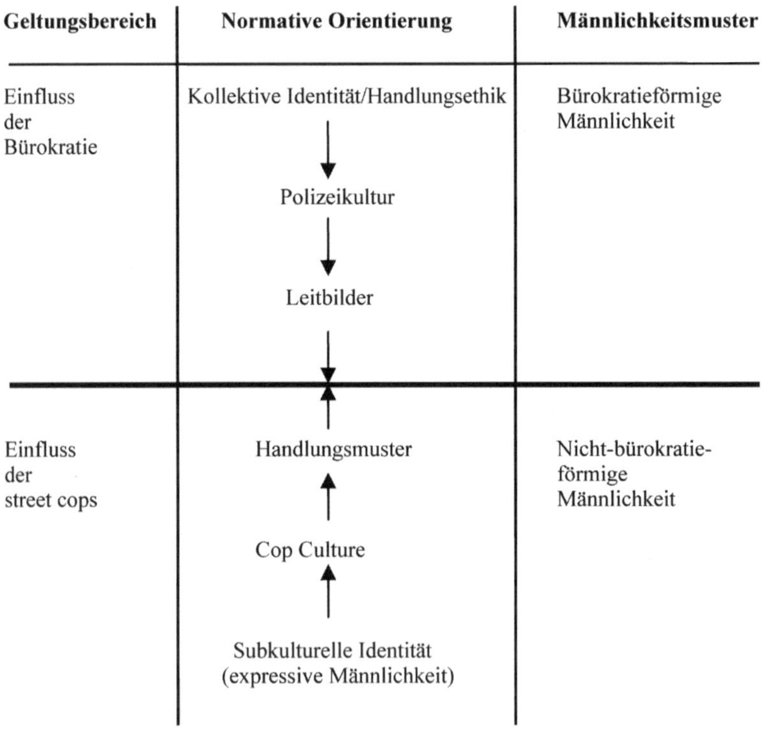

Das Schema zeigt die (wiederum idealtypische) Grenze zwischen der eher bürokratisch-artifiziellen und der konkretistisch-handlungsorientierten Dimension von Polizei. An ihr prallen sozusagen Handlungsmuster und Leitbilder als die jeweiligen Grenzhüter beider Kulturen aufeinander. Der *transzendentale* Überbau von Polizeikultur ist entweder Handlungsethik oder *Corporate Identity*, die alltagsweltlichen Fundamente von Cop Culture sind Erfahrungen in Grenzsituationen und die Traditionsverbundenheit von Männern und ihren Männlichkeitskonstruktionen.

Der entscheidende Unterschied liegt in der Herleitung (symbolisiert durch die Pfeilrichtung): Leitbilder kommen *von oben*, sie sind Deduktionen einer Theorie (Handlungsethik/Corporate Identity). Sie konfrontieren die Alltagserfahrung mit *Idealen*, die jedoch nicht umstandslos praxisfähig sind, weil sie sich in den Alltagserfahrungen der street cops nicht wiederfinden. Sie bleiben in einem Spannungsverhältnis von Anspruch und Wirklichkeit.

Die Leitbilder der Polizeikultur arbeiten mit Visionen, die Handlungsmuster der Polizistenkultur mit Traditionen. Handlungsmuster kommen *von unten*, sie haben keinen transzendentalen Überbau, sondern erwachsen aus einer Reihe von androzentrischen Identitätsentwürfen, sie entwickeln sich induktiv und verändern sich anhand der Erfordernisse im Alltag. Ihr Beharrungsanspruch beruht auf ihrer Relevanz für erfolgreiche Problemlösungen im Routinehandeln der Polizisten.

Handlungsmuster und Leitbilder stehen jeweils als Vergegenständlichung zweier Grundverständnisse bzw. zweier Handlungslogiken in der Polizei. Sie bewerten die Polizei(arbeit) von zwei unterschiedlichen Perspektiven aus und kommen deshalb zu ziemlich disparaten Bewertungen der sozialen Wirklichkeit und der polizeilichen Aufgabe: Während sich Leitbilder danach richten, was politisch gewünscht und dementsprechend korrekt ist, orientieren sich die Handlungsmuster eher nach den praktischen Erfahrungen der street cops. Beide teilen damit auch ihre Auslassungen mit: Der Polizeikultur fehlt es an praktischer Einfühlung, der Polizistenkultur fehlt es oft am „Blick über den Tellerrand".

Die Interessen der Polizeiführung und die der street cops werden zwar durch die bürokratische Organisation offiziell geregelt und repräsentiert, und es gibt durchaus eine Reihe von Gemeinsamkeiten. Allerdings, das zeigt mein Material besonders deutlich, lassen sich auch gravierende Unterschiede benennen, die jedoch größtenteils in der Organisation nicht thematisiert werden.

Beispielsweise konkretisiert sich so etwas Diffuses, wie der Begriff der *Organisierten Kriminalität* den street cops durch eine Schießerei unter konkurrierenden Kosovo-Albanern im Frankfurter Bahnhofsviertel[14]. Sie bekommen die Auseinandersetzung über Funk mit, beteiligen sich an der Fahndung nach den Tätern, nehmen diese fest, riskieren dabei ihre Gesundheit, manchmal das Leben. Sie erzählen der nachfolgenden Schicht von dem Vorfall, sie kommunizieren darüber *erlebnisorientiert*: Die Kollegen wollen wissen, wie es war, wer dabei war, wer was gemacht hat, sie wollen sich in die Szene hineinversetzen können, sie miterleben, sie vielleicht mit anderen Erlebnissen vergleichen. Sie wollen ein happy-end, d.h. in diesem Fall, dass die Polizei letztlich gewonnen hat oder sie wollen Gründe wissen, was sie daran gehindert hat. Der vielleicht wichtigste Aspekt solcher Geschichten besteht m.E. darin, dass über sie das *Berufsverständnis vieler Polizisten komplettiert wird*. Sie bauen diese Geschichten in ihr Ver-

14 Ein solcher Vorfall ereignete sich während meines Feldaufenthalts. Die Verdächtigen wurden kurz nach der Tat durch zahlreiche Streifenwagenbesatzungen auf der Autobahn verfolgt und schließlich gestellt. Die Beschreibung dieser Aktion würde viele Seiten füllen und doch nicht die Atmosphäre exakt wiedergeben können.

ständnis ein, und letztlich zeigen ihnen diese Berichte, wie exklusiv ihr Beruf doch ist.

Für die Beamten im Innenministerium ist ein solches Ereignis, wenn es ihnen zur Kenntnis kommt, lediglich eines von vielen. Es ist lediglich ein *Vorgang,* der durch Vorlagen und Akten bestimmt ist, und der gemäß der *Politik des Hauses* abgearbeitet wird. Sie bewerten es *ergebnisorientiert*: Sie wollen wissen, welche Schäden entstanden sind, ob es ein juristisch oder politisch kompliziertes Verfahren geben wird, ob möglicherweise eine sicherheitspolitische Stellungnahme abzugeben sein wird. Sie können unter Umständen den Fall benutzen, um neue Ressourcen einzufordern oder um die erfolgreiche Polizeipolitik der Regierung zu unterstreichen. Je weiter die Hierarchieebene vom Ereignis entfernt ist, desto abstrakter, aber auch *politischer* wird es verarbeitet[15]. Während also der Polizeiführung in erster Linie an einem angemessenen gesellschaftlichen Umgang gelegen ist, geht es den street cops um einen *Kampf* gegen eine real *erlebte* Bedrohung. Für sie ist es *gerecht*, dagegen anzugehen, und sie entwickeln ihre Haltung und ihre Strategien entlang der Handlungsmuster, die ihnen verständig sind. Die Praxis entwickelt auf diese Weise eigene Lösungen, sie generieren und bestätigen sich im Alltag der street cops.

Gegenüber der eigenen Führung, insbesondere aber gegenüber der übergeordneten Staatsanwaltschaft, sehen sich street cops oft als Spielball undurchsichtiger Interessen. Ihre Sicht der Dinge und die entsprechenden Lösungen prallen auf die bürokratisch vorgegebenen Begrenzungen oder auf Vorgesetzte, die nach anderen Logiken handeln. Street cops sehen sich ziemlich durchgängig mit ihrem Praxiswissen von den Vorgesetzten ignoriert und haben ein deutliches Bewusstsein davon, letztes Glied in der Kette zu sein.

Eine gewisse Bereitschaft, die selbst erfahrende Geringschätzung projektiv an die Klientel weiterzugeben, ist bei street cops, insbesondere den Krieger-Männlichkeiten, durchaus vorhanden.

Das Beispiel der Frankfurter Drogenpolitik (als ein Modell justizieller Liberalisierung, das gleichermaßen als Modell für polizeiliche Permissivität genutzt

---

15 Vgl. zum Aspekt der Abgehobenheit der Polizeiführung Willems et al. (1996, 30), die besonders auf die Kommunikationsprobleme zwischen den einzelnen Hierarchiestufen hinweisen. In der polizeiinternen Diskussion wie in den neueren sozialwissenschaftlichen Untersuchungen zur Polizei (vgl. etwa Christe-Zeyse 2006, Jaschke 2006, Bornewasser et al. 1996) gibt es Hinweise darauf, dass sich insbesondere die jüngeren Beamten des höheren Dienstes von der Basis mehr und mehr abkoppeln, sozusagen von alten Traditionen emanzipieren, aber gleichzeitig den Kontakt und die Bodenhaftung zu den street cops verlieren (obwohl sie sich in der Selbstbeschreibung – besonders gegenüber den Kollegen in den Endstufen des höheren Dienstes – als die „Praktiker" beschreiben; nur ist *ihre* Praxis eine andere als die der handarbeitenden Polizisten). Das könnte durchaus zu einer Verstärkung der Cop Culture in den unteren Rängen der Polizei führen, da nur dort Verbindlichkeit durch gemeinsame Erfahrung und Wertevermittlung hergestellt wird.

werden bzw. gelten kann) eignet sich für die Darstellung des Konflikts zwischen *handarbeitenden* und *kopfarbeitenden* Männlichkeiten. Es wurde deutlich, dass eine *von oben* kommende Reform auf Kosten der handarbeitenden Männlichkeiten in der Organisation stattfindet. Wenn man justiziell eine liberale Einstellungspraxis im Bereich der Drogenkriminalität durchsetzen will (was durchaus vernünftig und begrüßenswert ist), dann stößt dies bei den street cops auf Unverständnis, wenn sie weiterhin Drogen in geringen Mengen sicherstellen müssen. Für sie muss das als Missachtung ihrer Arbeit ankommen. Das Misstrauen der Judikative gegenüber der Exekutive drückt sich schon im Legalitätsprinzip aus. In der Wahrnehmung der Polizisten richtet es sich gegen sie persönlich als ausführende Organe.

Hier öffnet sich ein Diskursfeld, das sowohl die Frage nach dem Fortbestand des Strafverfolgungszwangs (§163 StPO) umfasst als auch die der Kommunikation zwischen Justiz (insbesondere der Staatsanwaltschaft) und Polizei.

Wie ich an der Typologie der Krieger-Männlichkeit zu zeigen versucht habe, bereitet aggressive Männlichkeit sich und anderen dann Schwierigkeiten, wenn sie den Kontext verlässt, in dem Aggressivität noch erlaubt bzw. erwünscht ist.

Umgekehrt partizipieren street cops davon, dass ihre Handlungsmuster von der Organisation geduldet, bisweilen gefördert werden. Ihr Bedürfnis nach Expressivität wird durch die Bürokratie zwar kanalisiert und limitiert, aber immerhin als Erfahrung überhaupt erst ermöglicht. Das Potential an Kampfbereitschaft erfährt durch die bürokratische Rahmung eine normative Legitimation.

Das prekäre Verhältnis zwischen Polizistenkultur und Polizeikultur, so kann man zusammenfassen, ist das Ergebnis eines Widerspruchs zweier Logiken in der Polizei: Polizeikultur spielt eine Rolle als Idee der weitgehenden *Bürokratie- und Verfahrensförmigkeit* staatlicher Herrschaft. Dies würde aber nicht funktionieren (und sie würde als Idee ihren Halt verlieren, da sie andauernd mit ihrem Scheitern konfrontiert würde), wenn sie nicht durchbrochen bzw. gestützt würde durch *nicht-bürokratieförmige* Handlungsmuster der street cops (insbesondere deren Männlichkeitskonstruktionen, in denen *Tugenden*, wie z.B. Solidarität und Tapferkeit, vorkommen, oder deren *Berufsehre*, die sich in den Handlungsmustern ebenfalls widerspiegeln).

Das, was im Allgemeinen als *das Handeln der Polizei* wahrgenommen wird, ist weder ein von einem mächtigen Akteur gesteuertes Handeln noch das eines *kollektiven Subjekts*. Die Hierarchie in der Polizei ist kein bloßes Über- und Unterordnungsverhältnis, sondern ein *Konkurrenzverhältnis*. Damit möchte ich betonen, dass es sich weder um unverbundene noch um selbstverständliche Teile eines Ganzen handelt, schon gar nicht um lineare Kommunikationswege (wie das durch die Organisationspläne und Ablaufdiagramme nahegelegt wird), sondern um heterogene, teilweise widersprüchliche Praxen, aber auch um konkurrierende Ideen von einer *erfolgreichen* bzw. *richtigen* Polizeiarbeit. Die Widersprüchlichkeit der polizeilichen Arbeit hängt meines Erachtens unmittelbar mit dem gesellschaftlichen Mandat der Polizei zusammen, das ebenfalls widersprüchlich zu sein scheint. Es lässt sich gar nicht anders bewerkstelligen als durch Dichotomisierungen (einem „Innen" und einem „Außen", einem „Hellfeld" und einem „Dunkelfeld" etc.).

In einer psychoanalytischen Perspektive könnte man geradezu von institutionalisierten Spaltungsvorgängen sprechen. Die Polizei muss sich mit dem Bösen (dem Destruktiven, dem Dunklen) der Gesellschaft beschäftigen, aber freundlich und human dabei handeln. Gleichzeitig produziert diese Gesellschaft Paradoxien und sie bringt eine Schicht von „Ausgegrenzten, Entbehrlichen und Überflüssigen" (Bude/Willisch 2006) hervor, die in prekären Lebenssituationen leben, in denen man weder freundlich noch human noch kommunikativ sein kann. An dieser Grenze scheinen sich Polizisten zu bewegen und die *Arbeit an der Grenze* bewerkstelligen sie mit ihrer eigenen Werteordnung und der dazu gehörenden *Positionsinszenierung*. Die martialisch anmutenden Distanzierungsstrategien insbesondere junger Polizisten (vgl. Kap. 5.2.3) kann man auch interpretieren als korrespondierende Haltung zu einem gesellschaftlichen Spaltungsprozess, der Exklusion produziert und akzeptiert, der aber das Gewalttätige dieses Prozesses weitgehend tabuisiert und lieber den Spezialisten überlässt (auch hier gibt es Ähnlichkeiten mit der Pflege, dem Umgang mit Alten, mit Behinderten etc.). Die Spaltung funktioniert hier nicht individuell, sondern kulturell, und zwar darüber, dass man die Auseinandersetzung mit der täglich stattfinden (physischen, psychischen und strukturellen) Gewalt speziellen Berufsgruppen zuweist. Damit bleibt der größere Teil der Gesellschaft davon unbehelligt. Polizistenkultur nimmt sich dieses abgespaltenen Teils der Gesellschaft an, Polizeikultur tut dies eher nicht.

In der nachfolgenden Gegenüberstellung der beiden *Kulturen* in der Polizei wird deutlich, dass die Berufung auf eine Polizeikultur vor allem als Kommunikationsangebot an die Öffentlichkeit dient. Dagegen richtet sich die Cop Culture ausschließlich an die Mitglieder der eigenen Organisation, sie schöpft ihre Wirkung überwiegend aus den internen (subkulturellen) Werten.

Tabelle: Polizistenkultur versus Polizeikultur

Kriterium	**Polizistenkultur**	**Polizeikultur**
Hegemoniales Geschlecht	Expressive Maskulinität, bes. Krieger-Männlichkeit	Bürokratische Männlichkeit (Technokraten/Verwalter)
Vorherrschender Männlichkeitstypus	Street cop/Schutzmann/unauffällige Aufsteiger	Sachbearbeiter, unauffälliger Aufsteiger
Irritation/Störung/ Abweichung	z.B. Homosexualität[16], „falsche" Idealisten („Verrat"), Kritische Polizisten[17]	Kritische Polizisten, Krieger, Patriarchen, „falsche" Idealisten, Individualisten, expressive Männlichkeit
Vermittlung	Informell – narrativ – expressiv	Formal – schriftlich – kognitiv
Normenbezug	Partikularnormen[18] (Handlungsmuster), Gerechtigkeit	Universelle Ethik (Leitbilder); „Moral der Legalität"
Bezugnahme auf Berufsrolle	Expressiv – nach innen (Selbstverständigung und Selbstbezug auf eigene Statusgruppe)	Instrumentell – nach außen (Verständigung mit Öffentlichkeit)
Stellung im Konflikt	Betroffen, engagiert, erlebnisorientiert; oft Partei u. Teil des Problems, nicht der Lösung	Distanziert, rational, ergebnisorientiert; oft Sanktionsinstanz
Ressourcen	Erfahrung/Praxis/Tradition	Bildung/Theorie/Konzepte

16 Bei Nichtbestätigung der heterosexuellen Lebensentwürfe, besonders als effeminierte Männlichkeit (Tunte).

17 Für das Cop-Culture-Modell stellt diese Form von Kritik und Opposition insofern eine Gefahr dar, als die „BAG Kritischer Polizistinnen und Polizisten" besonders die Übergriffe der statusnahen Kollegen skandalisiert und kritisiert. Sie stellt sie die eigene Gruppe an den Pranger und verstößt damit gegen das Prinzip des Schutzes des sozialen Nahraums. Die „Kritischen Polizisten" sind institutionell ein Störfaktor, aber auch individuell, denn dieser Typus des „Kritischen Polizisten" tritt im Cop Culture-Modell als „individueller Moralist" bzw. als „falscher Idealist" auf. Diejenige Kritik der BAG, die sich gegen die Polizeiführung richtet, ist sie oft mit der Kritik der street cops an der Führung kompatibel. Diese Gemeinsamkeit kommt aber nicht zum Ausdruck, sie wird wegen der Attribution als „falsche Idealisten" verhindert.

18 Mit den Begriffen *partikular* und *universal* soll beschrieben werden, dass die Normen sich ausrichten an den subkulturell gültigen Werten von street cops (Reziprozitätsprinzip, Ehre, Solidarität). Dem stehen die universalen Werte, ausgerichtet etwa an den Menschenrechten, idealtypisch gegenüber. Diese zwei Bereiche schließen sich natürlich nicht aus, sondern zeigen Gewichtungen an. Es ist ja nicht etwa so, dass street cops die Menschenrechte *nicht* anerkennen würden, sie haben jedoch klare Vorstellungen davon, wer in ihren Genuss kommen soll und bei wem sie (manchmal nur temporär) suspendiert werden können/müssen. Für die Bürokratie-Männlichkeiten ist die Formulierung von guten Absichten problemlos, da sie nicht *handeln* bzw. Hand anlegen, sondern allenfalls das Handeln der statusniedrigeren Kollegen kommentieren und gegebenenfalls sanktionieren müssen.

Organisationsteil	Linie/Basis	Stäbe/(Nähe zur) Organisationsleitung
Berufszufriedenheit/Handlungsziel	Ergebnisorientierung/Formalismus als Reaktionsbildung	Verfahrensförmigkeit/Bestandsfestigkeit
Rollenstützende Strategien	Verteidigung, Argwohn, Anpassung, Konformität	(Aus-)Gestaltung v. Handlungsspielräumen, Innovation
Berufsethische Bezüge (Tugenden)	Gerechtigkeit, Ehre, Solidarität, Schutz der Gemeinschaft, Sinn, Treue	Rechtlichkeit, Verfahrensförmigkeit, Zuverlässigkeit, Stetigkeit, Disziplin
Alltagserleben der Akteure	Disziplin, Routinen, Anpassung, Gehorsam	(Selbstbestimmte) Pflichtenerfüllung

Die *Leitbilder* der *Polizeikultur* und die *Handlungsmuster* der *Polizistenkultur* sind nicht direkt zu vergleichen. Gleichwohl haben sie einige Berührungspunkte:

- In beiden geht es auf der Makroebene um Fragen der Ethik bzw. der Legitimation der Institution Sicherheit und Ordnung.
- Auf der Mesoebene geht es in beiden Kulturen um das Verhältnis der Polizisten untereinander und um das Selbstverständnis der Organisation.
- Auf der Mikroebene geht es beiden um die Beziehung des einzelnen Beamten zu seiner Aufgabe und ihre Ausgestaltung.

Diese gemeinsamen Relevanzebenen werden jedoch unterschiedlich ausgefüllt:

- Auf der Institutionsebene vermitteln Leitbilder universelle Werte und eine offensive, demokratisch durchdrungene Beziehung zur Öffentlichkeit. Dagegen grenzen sich Handlungsmuster gerade von dieser Grenzüberschreitung ab, sie führen einen Abwehrdiskurs, keinen Verständigungsdiskurs.
- Auf der Organisationsebene fällt bei den Leitbildern der positive und offensive Charakter auf, hier stehen Innovation, partnerschaftliche Kommunikation und wohlwollende (interdisziplinäre) Zusammenarbeit im Vordergrund. Die Handlungsmuster legen dagegen nahe, sich nicht *in die Karten schauen zu lassen* und dafür zu sorgen, dass die Grenze zwischen dem verlässlichen sozialen Nahraum und dem *Rest der Welt* sicher bleibt.
- Auf der Handlungsebene wird von den Leitbildern ein freundlicher, unvoreingenommener, diplomatisch versierter, kommunikativer und ausgeglichener Mensch kreiert, der gerne mit anderen Menschen vorurteilsfrei zusammenkommt. Die Handlungsmuster legen nahe, die Klientel distanziert und skeptisch zu betrachten, sich nicht naiv zu zeigen und sich vor der Gegenseite, so gut es geht, zu schützen.

Der Haupteinwand gegen die Leitbilder der Polizeikultur dürfte darin liegen, dass Polizisten ihren Job mit der dort nahegelegten Grundhaltung nicht machen können, zumindest nicht in den gesellschaftlich prekären Handlungsfeldern. Leitbilder haben ihre Funktion jedoch nicht als Zielvorgabe oder Orientierung in dem Sinn, dass dieses Ziel real erreicht werden sollte, sondern als ein Idealtypus (im Sinne Max Webers, vgl. Kap. 3), der so in der Wirklichkeit nicht vorfindbar ist und dessen Verwirklichung auch nicht intendiert ist.

Etwas polemischer ist der Unterschied zwischen beiden etwa so zu benennen: Leitbilder werden *publiziert*, können aber nicht das polizeiliche Handeln anleiten. Handlungsmuster dagegen leiten das polizeiliche Handeln an, dürfen aber nicht publiziert werden.

6.4 Polizeikultur *und* Cop Culture: Entwicklungen

Die Handlungsmuster der street cops sind „Klugheitsregeln der Straße“, sie sind dabei aber nicht immer menschenfreundlich und humanistisch korrekt. Allerdings sind viele alltagstaugliche Routinen mit ihnen möglich, die Polizisten z.B. vor Überlastung (und die Gesellschaft vielleicht vor einer zu eifrigen Polizei) schützen und die vielfältige Handlungen beinhalten, die auf eine *diffuse Nachfrage eine alltagsweltliche Antwort* geben, auch dort, wo es sich nicht um eine strikt polizeiliche Antwort handelt. Als eine zentrale Eigenschaft wäre hier die aus der Erfahrung im Umgang mit der Klientel erwachsende kommunikative Kompetenz zu nennen[19] (wie sich Thorsten Neumann im Interview [Zif. 4.1.3] z.B. selbst als *Labertypen* bezeichnet oder wie es aus dem Interview mit Gerd Hauser [Zif. 4.1.2] hervorging).

Die Frage, ob eine aggressive Männlichkeit in der Polizei selbst erst erzeugt oder lediglich kultiviert oder ausgenützt wird, ist nach wie vor nicht eindeutig zu beantworten. Bei der Variationsbreite der hier vorgestellten Männlichkeitskon-

[19] Diese Kompetenz erlangt man nicht ohne schmerzliche Erlebnisse und Kränkungen: So kann z.B. die Aufforderung aus Anlass einer allgemeinen Verkehrskontrolle zu einem freiwilligen Alkoholtest, wenn sie zu früh kommt, vom Verkehrsteilnehmer abgelehnt werden, ohne dass man dann das rechtliche Instrumentarium einsetzen kann, das der erfahrene Beamte üblicherweise aktiviert. Äußerlich haben der unerfahrene und der erfahrene Beamte vielleicht das Gleiche gesagt. Der erfahrene Beamte hat aber, bevor er den freiwilligen Test anbietet, zwischenzeitlich mehr Informationen gesammelt, die er zur Prüfung verwenden kann, ob sich die Anordnung einer Blutentnahme begründen lässt oder nicht. Ist das nicht der Fall, dann bietet er in der Regel auch nicht den Vortest an. Der junge Beamte weiß das vielleicht auch, er vergisst aber die „Zwischenschritte“ (Eindruck vom Fahrer, Eindruck vom Fahrzeug, Geruch im Fahrzeug etc.). Dann muss er den Rückzug antreten, die Maßnahme abbrechen, die Peinlichkeit aushalten, die Belehrung durch den älteren Kollegen ertragen etc. Dies passiert ihm wahrscheinlich nur am Anfang seiner Laufbahn.

struktionen ist jedoch eine lineare Beziehung zwischen aggressiver Männlichkeit (bzw. autoritärer Persönlichkeit) und Polizei sicher nicht zu belegen. Andererseits vollzieht sich eine Entwicklung hin zu pazifizierten Formen von Männlichkeit ebenfalls nicht ungebrochen. Denn immerhin bilden sich innerhalb einer allgemeinen Tendenz zu größerer Permissivität in der Polizei subkulturelle Praxen heraus, die in bestimmten Organisationsteilen zu einer besonderen Betonung von Disziplin und Krieger-Männlichkeit führen, wie ich am Beispiel einer BFE gezeigt habe.

Dies geschieht nicht notwendig im militärisch-autoritären Stil, sondern durchaus mit *expressiven* Zügen, sozusagen als *hedonistische Härtedemonstration.* Dabei darf man aber nicht vergessen, dass diese Männlichkeit anstrengend und riskant ist, es erfordert täglich einige Überwindung, um dem Bild des überlegenen, respektive des *harten Mannes* gerecht zu werden, und es birgt im Übrigen Risiken der Selbstbeschädigung. Heute sind diese Männlichkeitsdarstellungen nicht mehr ungebrochen gültig, aber sie sind präsent, sie wirken, und sie werden von der Organisation genutzt.

Zwar wird sich derzeit niemand, der in der Polizei ernst genommen werden will, auf das *Leitbild* als *Handlungsorientierung* beziehen können, es wird sich aber auch niemand, der noch etwas werden will, offiziell dagegen aussprechen. Dieses labile Gleichgewicht ist durchaus fruchtbar für die Organisationsentwicklung. Es beschreibt einen Prozess der Modernisierung der Polizei, die nicht bruchlos stattfindet. Die Nebeneffekte der Leitbilddiskussion schätze ich höher ein als die Implementierungsversuche selbst. Denn es ist ein Diskurs in Gang gekommen, der die Heterogenität der Kulturen erst einmal benennbar gemacht hat. Dass heute über die diversen Routinen, Traditionen und kulturellen Muster in der Polizei kontrovers diskutiert wird, ist ein Zeichen ihrer Veränderungsbereitschaft. Mit der Infragestellung werden ja auch Angebote zum Abrücken von traditionellen Handlungsmustern bzw. Männlichkeitsmodellen unterbreitet. Wahrscheinlich ist dieses Angebot für den ein oder anderen (besonders: lebensälteren) Beamten, der schon einige Jahre strapaziösen Dienst hinter sich hat und auch lebensgeschichtlich nicht (mehr) an reiner Körperpräsentation interessiert ist, attraktiver als für ausgesprochene (junge) Krieger-Männlichkeiten.

Es liegt insgesamt aber auch nahe zu vermuten, dass street cops von den neuen Leitbildern *mittelbar* partizipieren, denn wenn sie auch nicht als Handlungsanweisungen dienen, so bieten sie sich doch als Kommunikationsangebot darüber an, was als sinnvolles Handeln in der Polizei zu gelten habe. Auf diese Weise könnte durchaus das Verhaltensrepertoire der Polizei erweitert bzw. fortentwickelt werden.

Über die Frage, wie sich Handlungsmuster im Verlauf der Zeit verändern, kann hier nur spekuliert werden:

Zum einen scheinen bestimmte *situative Elemente* die traditionelle Cop Culture zu bestätigen:

- Die Auftragsgestaltung in bestimmten Großstadtmilieus (z.B. die beschriebenen RKB-Einsätze), in Konfliktbezirken, bei länger anhaltenden Großeinsätzen (z.B. Castor-Transporte, G-8-Gipfel) macht ein Anwachsen subkultureller Normen wahrscheinlich, weil man die Umgebung zunehmend als *feindlich* wahrzunehmen beginnt[20].
- In Organisationsteilen, in denen es zu einer Konzentration von jungen und/oder statusniedrigen Männern kommt, ist die Entwicklung abweichender Normen (unter dem Eindruck einer *aggressiven Männlichkeitskultur*) wahrscheinlicher als in Gruppen, die nach Status, Alter und Geschlecht gemischt sind.
- Des Weiteren spielt der Einfluss der umgebenden peer-group eine wichtige Rolle: Abschottung gegenüber der Außenwelt fördert die Entwicklung eines eigenen *second code*, der von dem offiziellen *first code* des Rechts z.T. erheblich abweicht.
- Schließlich kommt es ganz wesentlich auf die Art und Weise des Kontakts und der Kommunikation zwischen Basis und Führung an, ob sich eine eigene Subkultur entwickelt, die gegen die Regeln der Organisation arbeitet, oder ob die Leitung am Alltagsdiskurs der street cops teilnimmt (und von ihnen ernst genommen wird)[21].

Eine Veränderung von Handlungspraxen wird dagegen durch *organisationelle* Entscheidungen stimuliert. Insbesondere die veränderten Einstellungsbedingungen, die durch die Erhöhung der Frauenquote bedingte Auflösung reiner Männerbünde, das Fachhochschul-/Akademiestudium am Beginn der Berufslaufbahn sowie die damit verbundene Abkehr von *homosozialen Gemeinschaftsunterkünften* erweisen sich günstig für eine Annäherung von Cop Culture und Polizeikultur. Inwieweit *Leitbilder* die Kultur der Organisation verändern, wird davon abhängen, ob sie eingebunden werden in einen kontinuierlichen Prozess der Organisationsentwicklung oder ob es sich um eine singuläre Kampagne handelt. Damit hängt auch die Frage zusammen, ob Organisationsentwicklungsprozesse die Widersprüche im polizeilichen Selbstverständnis zu verringern helfen oder sie

---

20 Ein eindrucksvolles Beispiel für persönliche Wandlungsprozesse während eines längeren Einsatzes bietet das „Tagebuch eines Gipfel-Polizisten", das im Stern veröffentlich wurde, vgl. http://www.stern.de/politik/deutschland/590264.html?nv=ct_mt, Zugriff am 1.10.07.

21 In der von mir beobachteten BFE (vgl. Kap 4) hatte ich – wie gesagt – den Eindruck, dass die soziale Distanz zwischen Einheitsleitung und den nachgeordneten Beamten nicht so groß war, so dass sich niemand innerhalb der Gruppe dauerhaft hätte separieren oder dem Blick des Vorgesetzten entziehen können.

vergrößern. Management-Strategien (Top-Down-Strategien) alleine scheinen jedenfalls nicht dabei zu helfen, die Kluft zwischen „Basis" und „Überbau" zu verringern. Die nachhaltige Suche nach einer Professionsethik der Polizei scheint mir da schon produktiver zu sein.

6.5 Wandlungen im Alltag des Gewaltmonopols

Zum Theorie-Praxis-Konflikt in der Polizei ist zu bemerken, dass weder die Praxis einen Freibrief dafür besitzt, dass sie ein besseres Polizeiverständnis beinhaltet noch dass die Theorie die Praxis gegen den Willen der in ihr Tätigen verändern kann.

Letztlich bleibt nicht viel anderes übrig, als sich mit den Handlungsmustern der street cops auseinander zu setzen, sie ernst zu nehmen und noch genauer zu studieren. Dann könnten sie in Beziehung gesetzt werden mit den artifiziellen Leitbildern der Polizeikultur. Wenn über beide (fach)öffentliche Diskurse stattfänden, würden Polizisten frühzeitig auf die Disparitäten und Konkurrenzen zwischen Theorie und Praxis aufmerksam und müssten sich nicht individuell und mit eigenem Risiko den Weg durch die Berufskarriere bahnen. Sie wären wahrscheinlich weniger *verführbar* für die Routinen des Alltags und könnten andererseits offener mit neuen Angeboten umgehen, von denen sie sich jetzt von den *alten Hasen* noch sagen lassen müssen, dass sie in der Praxis sowieso nicht funktionieren.

Voraussetzung ist allerdings, dass die Handlungsbedingungen der street cops nicht aus der Perspektive des Wünschenswerten, sondern als eine sinnkonstituierte und sinnkonstituierende Praxis interpretiert werden. Wie man am Beispiel der Misshandlung (Zif. 4.2.2) gesehen hat, sind es nicht singuläre Übergriffe, die, sozusagen als pathologischer Fehlschluss, von anderen Akten klar abgegrenzt werden können, die der Polizei Legitimitätsprobleme bereiten. Vielmehr verlaufen die Grenzen fließend: Was eine gerechte Strafe und was eine Misshandlung ist, hängt z.T. von den subkulturellen Normen ab. So gesehen sind Übergriffssituationen stets auch Vexierbilder des Polizeialltags: Was als korrekte Handlung beginnt, kann schnell entgleiten in einen Übergriff. Was auf der einen Seite als korrekte Festnahme interpretiert wird, bei der vielleicht härter zugegriffen werden musste, ist von der anderen Seite aus betrachtet schon eine unverhältnismäßige Körperverletzung. Was die einen als gerechte *Bestrafung an Ort und Stelle* bezeichnen, ist für andere Selbstjustiz.

Jenseits der Legaldefinitionen im Recht existieren keine allgemeinverbindlichen normativen Standards im Sinne von Wertmaßstäben für eine *gute Polizei*. Nur wenn Vorwürfe wie Gewaltexzesse, Rassismus, Sexismus, Autoritarismus,

Kameraderie, Mobbing, organisierte Kriminalität oder Korruption in der Polizei auftauchen, erschrecken die Verantwortlichen und versichern verstört, dass es sich nur um Einzelfälle handelt. Dies ist keine gute Voraussetzung für eine souveräne Haltung gegenüber öffentlicher Kritik.

Ein großer Teil der in dieser Arbeit aufgezeigten Disparitäten bleibt auch am Ende unaufgelöst. Wahrscheinlich sind mehr Fragen aufgeworfen als Antworten gegeben worden. Das weist zum einen auf die Grenzen eines individuellen Forschungsbemühens hin, zum anderen auch darauf, dass es offenbar noch eine größere Fülle von Forschungsfragen und Forschungsperspektiven im Handlungsfeld des Gewaltmonopols gibt, die wahrscheinlich nur in einem interdisziplinären Zugang erschlossen werden können. Institutionsunabhängige Polizeiforschung ist in der Regel zur Begrenzung des Erkenntnisumfangs gezwungen. Institutionsabhängige (polizeiinterne) Forschung wird zwar derzeit gerade gefördert und gefordert, gleichwohl kommt es hier schnell zu Interessenkonflikten zwischen den Interessen der sog. Polizeipraxis und denen der Wissenschaftler.

Das *doppelte Gesicht* staatlicher Herrschaft hat jedoch am Ende dieser Arbeit schärfere Konturen: Die „Institution der öffentlichen Gewalt“ (AKJ 1975) zeigt sich genauso als freundliche *Bürger-Schutz-Polizei* und als Dienstleistungsagentur, wie auch als weniger freundliche *Staats-Schutz-Polizei.* Für beide Seiten finden sich im Innern des Gewaltmonopols kulturelle und habituelle Muster. Für den Gemeindebezug sind es eher die Schutz-Männlichkeiten, für die autoritäre Variante die Krieger-Männlichkeiten. Insofern kann von einem Rückzug des Gewaltmonopols nicht gesprochen werden, sondern allenfalls von einer Ausdifferenzierung und vielleicht von einer Schwerpunktverlagerung.

Staatliche Herrschaft ist auf der Ebene ihres Vollzugs ein oft uneindeutiges Handlungsgeflecht, dessen Verlauf man nicht deterministisch vorhersagen kann, von dem man aber immer mehr Bedingungen seines Zustandekommens kennt oder mindestens kennen kann.

Doch soll zum Schluss nochmals unterstrichen werden: Die meisten Polizisten handeln in dieser Ambiguität ziemlich verantwortungsvoll – und oft ziemlich geschickt. Über alles andere muss noch mehr nachgedacht werden.

7 Literaturverzeichnis

Adorno, Th. W. (1973): Studien zum autoritären Charakter, Frankfurt/M.

Adorno, Th. W. (1989): Soziologie und empirische Forschung, in: Adorno, Th. et al. (1989 [1969]): Der Positivismusstreit in der deutschen Soziologie, 13. Aufl., Frankfurt/M., S. 81-101

Ahlf, E.-H. (1997): Ethik im Polizeimanagement (BKA-Forschungsreihe Band 42), Wiesbaden

Altmann, R./G. Berndt (1994): Grundriß einer Führungslehre, Bd. 2, 3. Aufl., Lübeck

Anhäuser, G. (1995): Effektivität dienst- und fachaufsichtlicher Maßnahmen im Zusammenhang mit dem Einsatz der Hessischen Bereitschaftspolizei im Raub-/Rauschgift-Programm in Frankfurt/Main. Unveröffentlichtes Gutachten, Wiesbaden (Hessisches Innenministerium, Eigendruck)

Arbeitskreis Junger Kriminologen (1975) (Hrsg.): Die Polizei – eine Institution öffentlicher Gewalt, Neuwied/Darmstadt

Asmus, H.-J. (2002): Qualitative Polizeiforschung: Bunte Erzählung oder sachadäquate Erkenntnis? in: Bornewasser, M. (Hrsg.), S. 41-48

Bader, M. et al. (1976): Einführung in die Gesellschaftstheorie, Frankfurt/M.

Badinter, E. (1993): Die Identität des Mannes, München

Barthes, R. (1964): Mythen des Alltags, Frankfurt/M.

Beck, U. (1986): Risikogesellschaft Frankfurt/M.

Becker, H. S. (1973): Außenseiter, Frankfurt/M.

Beese, D. (1996): Polizeiliche Berufsethik, in: Kniesel, M./E. Kube/M. Murck (1996) (Hrsg.) S. 1005-1033

Behr, R. (1993): Polizei und sozialer Wandel, Holzkirchen

Behr, R. (1996a): Kontinuität und Störung: (Ostdeutsche) Polizisten auf der Suche nach Ordnung, in: Kriminologisches Journal 1/96, S. 4-22

Behr, R.(1996b): Fremdsein und Vertrautwerden, in: Reichertz, J./N. Schröer (1996) (Hrsg.), S. 48-75

Behr, R. (1996c): Die Bedeutung informeller Prozesse im Organisationshandeln der Polizei, in: Kniesel, M./E. Kube/M. Murck (1996) (Hrsg.), S. 1205-1242

Behr, R. (1997): Zweifelhafte Vorbilder: Die Wirkung der „New-York"-Metapher auf die deutsche Polizei(politik), in: Dreher, G./Th. Feltes (Hrsg.), S. 148-160

Behr, R. (1998a): Diskriminierung als Inszenierung von Ordnung, in: Proske, M./ F.-O. Radtke (1998) (Hrsg.), S. 42-65

Behr, R. (1998b): Eine deutsche Variante des New Yorker Polizeimodells, in: Ortner, H. et al. (1998) (Hrsg.) S. 177-201

Behr, R. (1998c): Zwischen Handlung und Struktur, in: Kriminologisches Journal 2/1998, S. 128-137

Behr, Rafael (2000): Funktion und Funktionalisierung von Schwarzen Schafen in der Polizei, in: Kriminologisches Journal 3/2000, S. 219-229

Behr, R. (2006): Polizeikultur. Routinen –Rituale – Reflexionen. Bausteine zu einer Theorie der Praxis der Polizei, Wiesbaden

Behr, R. (2007): „Die Besten gehören zu uns – aber wir wissen nicht, wer sie sind". Veränderungen von Organisationskultur und Personalmanagement der Polizei im Zeitalter gesellschaftlicher Pluralisierung – Bericht aus einem Forschungsprojekt zur Integration von Migranten in die Polizei, in: Möllers, Martin H.W./Robert Chr. Van Oyen (Hrsg.): Jahrbuch öffentliche Sicherheit 2006/2007, S. 291-314

Berger, P. L./T. Luckmann (1969): Die gesellschaftliche Konstruktion der Wirklichkeit, Frankfurt/M.

Bergmann W./R. Erb (1994) (Hrsg.): Neonazismus und rechte Subkultur, Berlin

Bittner, E. (1980): The Functions of the Police in Modern Society, Cambridge

Böhm, J. (1997): Zum Leitbild sind alle gefragt, in: Hessische Polizeirundschau (HPR) 7-8/97, S. 9-11

Bohnsack, R. (1983): Alltagsinterpretation und soziologische Rekonstruktion, Opladen

Bohnsack, R./P. Loos/B. Schäffer/K. Städtler/B. Wild (1995): Die Suche nach Gemeinsamkeiten und die Gewalt der Gruppe, Opladen

Bornewasser, M. (2002) (Hrsg.): Empirische Polizeiforschung III, Herbolzheim

Bornewasser, M./R. Eckert/H. Willems (1996): Die Polizei im Umgang mit Fremden Problemlagen, Belastungssituationen und Übergriffe, in: Schriftenreihe der Polizei-Führungsakademie 1-2/96, Münster, S. 9-162

Bröckling, U. (1997): Disziplin, München

Browning, Ch. R. (1992): Ordinary Men, New York

Brusten, M. (1974): Schichtzugehörigkeit und Aufstiegschancen von Polizeibeamten, in: Die Polizei 7/1974, S. 185 ff.

Bude, H./A. Willisch (2006) (Hrsg.): Das Problem der Exklusion. Ausgegrenzte, Entbehrliche, Überflüssige, Hamburg

Buford, B. (1994): Unter Hooligans, München

Bundesarbeitsgemeinschaft kritischer Polizistinnen und Polizisten (Hamburger Signal) e.V. (o. J. [1993]): Auf den Standpunkt kommt es an, Hamburg

Bürgerrechte & Polizei/CILIP/O. Diederichs (1995): Hilfe, Polizei. Fremdenfeindlichkeit bei Deutschlands Ordnungshütern, Berlin

Busch, H./A. Funk/U. Kauss/W. -D. Narr/F. Werkentin (1988): Die Polizei in der Bundesrepublik (Studienausgabe), Frankfurt/M.

Butler, J. (1995): Körper von Gewicht, Berlin

Christe-Zeyse, Jochen (2006) (Hrsg.): Die Polizei zwischen Stabilität und Veränderung. Ansichten einer Organisation, Frankfurt/M

Clark, J.P./R.E. Sykes (1974): Some Determinants of Police Organization and Practice in A Modern Industrial Democracy, in: Glaser, D. (Hrsg.), S. 455-494

Connell, R. (1994): Making and remaking of masculinities in contemporary societies, Ms. unveröffentlicht

Connell, R. (1995): Masculinities, Cambridge

Connell, R. (1999): Der gemachte Mann, Opladen

Daldrop, N. (1997) (Hrsg.): Kompendium Corporate Identity und Corporate Design, Stuttgart

Deegan, M./M. Hill (1987) (eds.): Women and Symbolic Interaction, Boston

Deleuze, G. (1990): Das elektronische Halsband, in: Neue Rundschau 4/90, S. 5-10

Demirovic, A. (1998): Löwe und Fuchs. Antonio Gramscis Beitrag zu einer kritischen Theorie bürgerlicher Herrschaft, in: Imbusch, P. (1998) (Hrsg.), S. 95-107

Diederichs, O. (1997a): Polizeiliche Todesschüsse 1996, in: Bürgerrechte & Polizei (CILIP) 57 Nr. 2/97, S. 75-78

Diederichs, O. (1997b): Eine Sicherheitswacht für Sachsen, in: Bürgerrechte & Polizei (CILIP) 58 Nr. 3/97, S. 59-64

Dobler, J. (1996) (Hrsg.): Schwule, Lesben, Polizei, Berlin

Dreher, G./Th. Feltes (1997) (Hrsg.): Das Modell New York: Kriminalprävention durch 'Zero Tolerance'?, Holzkirchen/Obb.

Drummond, D. (1976): Police culture, Beverley Hills

Elias, N. (1981): Zivilisation und Gewalt, in: Matthes, J. (1981) (Hrsg.) S. 98-122

Elias, N.(1988a): Über den Prozeß der Zivilisation, Bd.1, (13. Aufl.) Frankfurt/M.

Elias, N. (1988b): Über den Prozeß der Zivilisation, Bd.2, (13. Aufl.) Frankfurt/M.

Ericson, R. V. (1992): The Police as Reproducers of Order, in: Mc Cormick, K.R.E./L.A. Visamo (1992), S. 173-177

Ericson, R. V./K.D. Haggerty (1997): Policing the Risk Society, Toronto

Esser, H. (1993): Soziologie. Allgemeine Grundlagen, Frankfurt/M.

Feest, J. (1988): „Bürgernähe" – ein spekulatives Konzept, in: Kriminalistik 3/88, S. 128-131

Feest, J./R. Lautmann (1971) (Hrsg.): Die Polizei, Opladen

Feest, J./E. Blankenburg (1972). Die Definitionsmacht der Polizei, Düsseldorf

Feltes, Th. (1990). Einstellungen von Polizeibeamten zu gesellschafts- und kriminalpolitischen Problemen in Deutschland – Ergebnisse einer Befragung, in: Feldes,Th./E. Rebscher (1990) (Hrsg.) S.198-212

Feltes, Th. (1993): Verhaltenssteuerung durch Prävention – Konsequenzen aus empirisch-kriminologischen Erfahrungen, in: Monatszeitschrift für Kriminologie und Strafrechtsreform, 6/1993, S. 341-354

Feltes, Th./E. Rebscher (1990) (Hrsg.): Polizei und Bevölkerung, Holzkirchen/Obb.

Feltes, Thomas (2003): Frischer Wind und Aufbruch zu neuen Ufern. Was gibt es neues zur Polizeiforschung und zur Polizeiwissenschaft? In: http://www.polizeinewletter.de/pdf/Frischer%20Wind%20und%20Aufbruch%20zu%20neuen%20Ufern.pdf

Feltes, Thomas/Maurice Punch (2005): Good People, Dirty Work? Wie die Polizei die Wissenschaft und Wissenschaftler die Polizei erleben und wie sich Polizeiwissenschaft entwickelt, in: MschrKrim 88.Jg. Heft 1 – 2005, S. 26-45

Flick, U./E. v. Kardorff /H. Keupp./L.v. Rosenstiel /St. Wolff (1995) (Hrsg.): Handbuch Qualitative Sozialforschung, 2. Aufl., Weinheim

Foucault, M. (1976): Überwachen und Strafen – die Geburt des Gefängnisses, Frankfurt/M.

Franke, S. (1991): Berufsethik für die Polizei, Regensburg

Franzke, B. (1997): Was Polizisten über Polizistinnen denken, Bielefeld

Frerichs, P. (1994): Die Aufgabe der Polizei beim Frankfurter Weg, in: Presse- und Informationsamt der Stadt Frankfurt am Main/Drogenreferat der Stadt Frankfurt am Main (Hrsg.), S. 22-25

Freud, S. (1943a): Die zukünftigen Chancen der psychoanalytischen Therapie, in: ders.: GW VIII, 5. Aufl., Frankfurt/M., S.103-115
Freud, S. (1943b): Ratschläge für den Arzt bei der psychoanalytischen Behandlung, in: ders.: GW VIII, 5. Aufl., Frankfurt/M., S. 376-387
Fuchs, W. (1984): Biographische Forschung, Opladen
Fuchs-Heinritz, W./R. Lautmann/O. Rammstedt/H. Wienold (1994) (Hrsg.): Lexikon zur Soziologie, 13. Aufl., Opladen
Garfinkel, H. (1967): Studies in Ethnomethodology, New Jersey
Garfinkel, H. (1974): Bedingungen für den Erfolg von Degradierungszeremonien, in: Gruppendynamik, Heft 2/1974, S. 77-83
Garland, D. (1996): The Limits Of The Sovereign State, in: The British Journal of Criminology, Vol 36, No. 4/1996, S. 445-471
Geertz, C. (1983): Dichte Beschreibung, Frankfurt/M.
Gehlen, A. (1966): Der Mensch, Frankfurt/M. und Bonn
Gewerkschaft der Polizei (1995) (Hrsg.): Vorbild Polizei, Themenheft 2/95, Hilden
Gilmore, D. (1991): Mythos Mann, München
Girtler, R. (1980): Polizei-Alltag, Opladen
Girtler, R. (1988): Methoden der qualitativen Sozialforschung, 2. Aufl., Wien
Glaser, D. (1974) (Hrsg.): Handbook of Criminology, Chicago
Glaser, B./A. L. Strauss (1967): The discovery of grounded theory, New York
Glaser, B./A. L. Strauss (1998): Grounded Theory. Strategien qualitativer Forschung, Bern
Glasersfeld, E. von (1991): Abschied von der Objektivität, in: Watzlawick, P./P. Krieg (1991) (Hrsg.), S. 17-30
Goffman, E. (1961): Encounters, Indianapolis
Goffman, E. (1972): Asyle, Frankfurt/M.
Goffman, E. (1973): Interaktionsrituale, Frankfurt/M.
Goffman, E. (1994): Interaktion und Geschlecht, Frankfurt/M.
Gössner, R. (1995) (Hrsg.): Mythos Sicherheit, Baden-Baden
Gramsci, A. (1991-1994): Gefängnishefte, Band 1-6, Hamburg
Grathoff, R. (1978): Alltag und Lebenswelt als Gegenstand der phänomenologischen Sozialtheorie, in: Kölner Zeitschrift für Soziologie und Sozialpsychologie, Sonderheft 20/1978, S. 67-85
Grathoff, R. (1989): Milieu und Lebenswelt, Frankfurt/M.
Habermas, J. (1988): Theorie des kommunikativen Handelns, 2 Bände, Frankfurt/M.
Habermas, J. (1991): Erläuterungen zur Diskursethik, Frankfurt/M.
Haferkamp, H. (1989): 'Individualismus' und 'Uniformierung' – Über eine Paradoxie in Max Webers Theorie der gesellschaftlichen Entwicklung, in: Weiß, J. (1989), S. 461-496
Haller, M. et al. (1989) (Hrsg.): Kultur und Gesellschaft, Frankfurt/M.
Hanak, G. (1984): Kriminelle Situationen, in: Kriminologisches Journal, 16. Jg., S.161-180
Hanak, G./J. Stehr/H. Steinert (1989): Ärgernisse und Lebenskatastrophen, Bielefeld
Harrach, E.-M. Gräfin von (1983): Grenzen und Möglichkeiten der Professionalisierung von Polizeiarbeit, Münster

Helfer, C./W. Siebel (1975): Das Berufsbild des Polizeivollzugsbeamten, Saarbrücken 1975
Hermanutz, M./K.-E. Buchmann (1991): Die motivationale Situation in der Polizei, in: Schriftenreihe der Polizei-Führungsakademie, 2/91, S. 73-87
Herrnkind, M. (1996): »Schwarze Schafe« oder weites Dunkelfeld?, in: Neue Kriminalpolitik 4/1996, S. 33-37
Hess, H./S. Scheerer (1997): Was ist Kriminalität? Skizze einer konstruktivistischen Kriminalitätstheorie, in: Kriminologisches Journal 2/97, S. 83-155
Hessische Polizeirundschau (1994): Die Situation der Polizei in Hessen, in: ebd. 21. Jg., 1994, Nr. 12, S. 17-28
Hessisches Ministerium des Innern und für Landwirtschaft, Forsten und Naturschutz (HMdILFN) (1998): Leitbild der Hessischen Polizei, Wiesbaden (Eigendruck)
Hitzler, R. (1994): Die neuen Vigilanten- Über Formen der Bewältigung alltäglicher Verunsicherung, in: Bürgerrechte&Polizei (CILIP) 48 Nr. 2/1994, S. 67-71
Hitzler, R./A. Honer (1984): Lebenswelt – Milieu – Situation, in: Kölner Zeitschrift für Soziologie und Sozialpsychologie Jg.36/1984, S. 56-74
Hitzler, R./A. Honer (1997): Sozialwissenschaftliche Hermeneutik, Opladen
Hochschild, Arlie R. (1985): Emotion work, fieling roules and social structure, American Journal of Sociology, 1985, S. 551-575
Honer, A. (1989): Einige Probleme lebensweltlicher Ethnographie, in: Zeitschrift für Soziologie, Jg.18, Heft 4, S. 297-312
Hradil, S. (1987): Sozialstrukturanalyse in einer fortgeschrittenen Gesellschaft: von Klassen u. Schichten zu Lagen u. Milieus, Opladen
Hunold, D./R. Behr (2007): Fremde in den eigenen Reihen. Migranten im Polizeidienst und die Auswirkungen auf Polizeikultur und Cop Culture – Bericht aus einem laufenden Forschungsprojekt, in: Ohlemacher, Thomas/Anja Mensching/Jochen-Thomas Werner (Hrsg.) (2007): Polizei im Wandel? Organisationskultur(en) und Organisationsreform, Empirische Polizeiforschung VIII, S. 21-50
Hunt, J. (1984): The Development of Rapport through the Negotiation of Gender in Field Work among Police, in: Human Organization 43 (4), S. 283-296
Imbusch, P. (1998) (Hrsg.): Macht und Herrschaft, Opladen
Institut für Bürgerrechte&öffentliche Sicherheit e.V. (1995) (Hrsg.): Polizei 2000, Berlin
Jaschke, H.-G. (2006): Management Cops, in: Christe-Zeyse, J. (Hg.): Die Polizei zwischen Stabilität und Veränderung, Frankfurt am Main, S. 135-162
Kade, S. (1983): Methoden des Fremdverstehens, Bad Heilbrunn
Kaiser, G./H.-J. Kerner/F. Sack/H. Schellhoss (1993) (Hrsg.): Kleines kriminologisches Wörterbuch, Heidelberg
Kanter, R. M. (1987): Some Effects of Proportions on Group Life: Skewed Sex Rations and Responses to Token Women, in: Deegan, M./M. Hill (1987) (Hrsg.), S. 277-301
Kerner, H.-J. (1991) (Hrsg.): Kriminologie-Lexikon, 4. Aufl., Heidelberg
Kerner, H.-J. (1995): Empirische Polizeiforschung in Deutschland, in: Kühne, H.-H./K. Miyazawa (1995) (Hrsg.), S. 221-253
Kersten, J. (1991): Kriminalität, Kriminalitätsangst und Männlichkeitskultur, in: Kriminalsoziologische Biografie, 18. Jg. Nr. 72/73 1991, S. 41-64

Kersten, J. (1994): Geschlecht als Gegenstand kriminologischer Theorie- und Praxisanalyse, in: Monatsschrift für Kriminologie und Strafrechtsreform, Jg. 77, 2/1994, S. 118-125

Kersten, J. (1996): Skinheads, in: Neue Kriminalpolitik 3/1996, S. 27-31

Kersten, J. (1997a): Risiken und Nebenwirkungen: Gewaltorientierungen und die Bewerkstelligung von „Männlichkeit“ und „Weiblichkeit“ bei Jugendlichen der *underclass*, in: Kriminologisches Journal, 6. Beiheft 1997, S. 103-114

Kersten, J. (1997b): Gewalt und (Ge)schlecht, Berlin

Kersten, J. /H. Steinert (1997) (Hrsg.): Jahrbuch für Rechts- und Kriminalsoziologie ‘96, Baden-Baden

Kienbaum (1991) (Hrsg.): Funktionsbewertung der Schutzpolizei. Studie im Auftrage des Innenministeriums des Landes Nordrhein-Westfalen. Abschlußbericht, Düsseldorf

Kienbaum (1993) (Hrsg.): Organisationsuntersuchung der niedersächsischen Landespolizei. Abschlußbericht, Düsseldorf

Kleining, G. (1982). Umriß zu einer Methodologie qualitativer Sozialforschung, in: Kölner Zeitschrift für Soziologie und Sozialpsychologie 2/82, S. 224-253.

Klockars, C. B. (1980): The Dirty Harry Problem, in: Annals of the American Academy of Political an Social Science, 1980, 452, 11, pp. 33-47

Knemeyer, F.-L. (1978): Polizei, in: Brunner, O./W. Conze und R. Koselleck (1978) (Hrsg.): Geschichtliche Grundbegriffe (Historisches Lexikon zur politisch-sozialen Sprache in Deutschland, 1,4) Stuttgart, S. 875-897

Kniesel, M./E. Kube/M. Murck (1996) (Hrsg.): Handbuch für Führungskräfte der Polizei, Lübeck

Kowalski, B. (1996): Unkenntnis erzeugt Vorurteile, in: Dobler, J. (1996) (Hrsg.), S. 115-120

Kreissl, R. (1995): Polizeiforschung, in: Flick et al. (1995) (Hrsg.), S. 375-378

Kühne, Th. (1996) (Hrsg.): Männergeschichte – Geschlechtergeschichte, Frankfurt/M.

Kühne, H.-H/K. Miyazawa (1995) (Hrsg.): Neue Strafrechtsentwicklungen im deutsch-japanischen Vergleich, Köln

Leggewie, K. (1987): Kulturelle Hegemonie – Gramsci und die Folgen, in: Leviathan 16. Jg. 1987, S. 285-304

Lehne, W. (1992): Die Polizei – Dienstleistungsbetrieb oder Institution staatlicher Herrschaftssicherung?, in: Kriminologisches Journal, 4. Beiheft 1992, S. 34-45

Leithäuser, Th./B. Volmerg (1988): Psychoanalyse in der Sozialforschung, Opladen

Lerner, G. (1991): Die Entstehung des Patriarchats, Frankfurt/M.

Lindenberg, M./H. Schmidt-Semisch (1994): Gefangene Könige oder: Ordnung als Dienstleistung, in: Widersprüche 52/1994, S. 55-64

Lindenberg, M./H. Schmidt-Semisch (1995): Sanktionsverzicht statt Herrschaftsverlust: Vom Übergang in die Kontrollgesellschaft, in: Kriminologisches Journal, 27. Jg. 1/1995, S. 2-17

Linneweh, K. (1997): Corporate Identity – ein ganzheitlicher Ansatz, in: Daldrop, N. (1997) (Hrsg.)

Litwak, E. (1968): Drei alternative Bürokratiemodelle, in: Mayntz, R. (1968) (Hrsg.), S. 117-126

Lorenzer, A. (1995, [1973]): Sprachzerstörung und Rekonstruktion, 4. Aufl., Frankfurt/M.

Luckmann, Th. (1992): Theorie des sozialen Handelns, Berlin; New York
Lustig, S. (1996): Die Sicherheitswacht im Rahmen des Bayerischen Polizeikonzepts, Universität München (unveröff. Diplomarbeit)
Mahr, M. (1992): Kontrolle der Polizei muß sein!, in: Kriminologisches Journal, 4. Beiheft, 1992, S. 116-129
Maihofer, A. (1995): Geschlecht als Existenzweise, Frankfurt/M.
Manning, P. K. (1997, [1977]): Police Work, Illinois
Marbach, G. (1996): Von einer Lesbe, die auszog, Polizistin zu werden, in: Dobler, J. (1996) (Hrsg.), S. 155-158
Matthes, J. (1981) (Hrsg.): Lebenswelt und soziale Probleme, Frankfurt/M.
Mauthner, F. (1980): Wörterbuch der Philosophie, Band 2, Zürich
Mayntz, R. (1968) (Hrsg.): Bürokratische Organisation, Köln
Mayo, E. (1960 [1933]): The Human Problems of an Industrial Civilisation, New York
Mazza, R. R. (1992): How police officers learn what police officers must know: an ethnographic study of police learning, New Brunswick/New Jersey
Mc Cormick, K.R.E./L.A. Visamo (1992): Understanding Policing, Toronto
Mead, M. (1971): Der Konflikt der Generationen, Olten/Freiburg
Meerfeld, G. (1995): Die integrierte Organisation der Polizei, in: Hessische Polizeirundschau (hpr), 22. Jg., 1995, Nr. 10, S. 17-20
Meixner, K. (1998): Hessisches Gesetz über die öffentliche Sicherheit und Ordnung (HSOG), 8. Aufl., Stuttgart
Mensching, A. (2007): Gelebte Hierarchien. Mikropolitische Arrangements und organisationskulturelle Praktiken am Beispiel der Polizei, Wiesbaden
Messerschmidt, J. W. (1993): Masculinities and Crime, Maryland
Meuser, M. (1998): Geschlecht und Männlichkeit, Opladen 1998
Meuser, M. (1999): Gewalt, hegemoniale Männlichkeit und „doing masculinity", in: Kriminologisches Journal, 7. Beiheft 1999, S. 49-65
Morris, A. (1987): Women, Crime an Criminal Justice, New York
Müller-Pozzi, H. (1991): Psychoanalytisches Denken, 2. Aufl., Göttingen
Murck, M./B. Werdes (1996): Veränderungen in der Personalstruktur der Polizei, in: Kniesel, M./E. Kube/M. Murck (1996) (Hrsg.), S. 1255-1302
Neidhardt, K. (2004): Anmerkungen zur empirischen Polizeiforschung aus der Polizei-Führungsakademie, in: K.-H. Liebl (Hg.): Empirische Polizeiforschung V: Fehler und Lernkultur in der Polizei, Frankfurt am Main, S.1-6.
Ohlemacher, Th. (1999): Empirische Polizeiforschung in der Bunderepublik Deutschland – Versuch einer Bestandsaufnahme -, Hannover (Kriminologisches Forschungsinstitut Niedersachsen, Forschungsberichte Nr. 75, Eigendruck)
Ohlemacher, Th. (2003): Empirische Polizeiforschung: Auf dem Weg zum Pluralismus der Perspektiven, Disziplinen und Methoden, in: Lange, Hans-Jürgen (Hg.): Die Polizei der Gesellschaft. Zur Soziologie der Inneren Sicherheit. Opladen (Studien zur Inneren Sicherheit. 4), S. 377-397
Ohlemacher, Th. /K.-H. Liebl (2000): Empirische Polizeiforschung. Forschung in, für und über die Polizei, in: Dies. (Hrsg.): Empirische Polizeiforschung, Herbolzheim 2000, S. 7 – 11

Ortner, H./A. Pilgram/H. Steinert (1998) (Hrsg.): Die Null-Lösung: New Yorker „Zero-Tolerance"-Politik – das Ende der urbanen Toleranz? Baden-Baden

Polizei-Führungsakademie (1996) (Hrsg.): Fremdenfeindlichkeit in der Polizei? (Schriftenreihe der Polizei-Führungsakademie 1/2, 1996). Lübeck

Polizeipräsidium München (1997): Frauen in der uniformierten Polizei. Eine explorative Studie, München (Eigenverlag Zentraler Psychologischer Dienst)

Polizeireform Niedersachsen/Reformkommission (1993): Analyse des Ist-Zustandes und Vorschläge zur Neukonzeption (Abschlußbericht), Hannover: Vervielfältigtes Manuskript.

Popitz, H. (1968): Die Präventivwirkung des Nichtwissens, Tübingen

Popper, K.: Die Logik der Sozialwissenschaften, in: Adorno, Th.W. et al. (1989), S. 103-123

Presse- und Informationsamt der Stadt Frankfurt am Main/Drogenreferat der Stadt Frankfurt am Main (1994) (Hrsg.): Drogenpolitik in Frankfurt, Frankfurt/M.

Proske, M. (1998): Ethnische Diskriminierung durch die Polizei, in: Kriminologisches Journal 30. Jahrgang Heft 3/1998, S. 162-188

Proske, M./F.-O. Radtke (1998) (Hrsg.): Polizei und Diskriminierung, Frankfurt/M. (Eigendruck der Johann Wolfgang Goethe-Universität, Fachbereich Erziehungswissenschaften, Themenbereich „Migration und Minderheiten")

Punch, M. (1983): Control in the Police Organization, Cambridge

Reichertz, J. (1990). „Meine Schweine erkenne ich am Gang". Zur Typisierung typisierender Kriminalpolizisten. Kriminologisches Journal 22: 194-207.

Reichertz, J. (1991) Aufklärungsarbeit, Stuttgart

Reichertz, J./N. Schröer (1992) (Hrsg.): Polizei vor Ort – Studien zu einer wissenssoziologischen Polizeiforschung, Stuttgart

Reichertz, J./N. Schröer (1996) (Hrsg.): Qualitäten polizeilichen Handelns, Opladen

Resch, Ch. (1998): Arbeitsbündnisse in der Sozialforschung, in: Steinert, H. (1998b) (Hrsg.), S. 36-66

Reuss-Ianni, E./F.A.J. Ianni (1983): Street Cops and Management Cops: The Two Cultures of Policing, in: Punch, M. (1983), S. 251-274

Richthofen, D. v. (1994): Notwendigkeit und Möglichkeiten der Vermittlung eines Berufsverständnisses der Polizei, in: Die Polizei 3/94, S. 90-95

Rupprecht, R. (1995) (Hrsg): Polizei-Lexikon, 2. Aufl., Heidelberg

Sack, F./R. König (1979) (Hrsg.): Kriminalsoziologie, 3. Aufl., Wiesbaden

Sack, F./M. Voß/D. Frehsee/A. Funk/H. Reinke (1995) (Hrsg.): Privatisierung staatlicher Kontrolle: Befunde, Konzepte, Tendenzen, Baden-Baden

Scheerer, S. (1986): Atypische Moralunternehmer, in: Kriminologisches Journal, 1. Beiheft 1986, S. 133-156

Schluchter, W. (1972): Aspekte bürokratischer Herrschaft, München

Schüller, A. (1991): Orientierungsmuster in Nonprofit-Organisationen, Diss. Universität Köln

Schütz, A. (1971):Gesammelte Aufsätze, Band 1: Das Problem der sozialen Wirklichkeit, Den Haag

Schütz, A. (1972): Der Fremde, in: ders. (1972): Gesammelte Aufsätze II: Studien zu soziologischen Theorie, Den Haag, S. 53-69

Schütze, F. (1984): Professionelles Handeln, wissenschaftliche Forschung du Supervision. Versuch einer systematischen Überlegung, in: Lippemeier, N. (Hg.): Beiträge zur Supervision, Kassel, S. 262-389
Schwind, H.-D. (1996): Zur „Mauer des Schweigens“, in: Kriminalistik 3/1996, S. 161-167
Selvini Palazzoni, M. (1984): Hinter den Kulissen der Organisation, Stuttgart
Skolnick, J.H. (1966): Justice without Trial, New York
Skolnick, J.H./J.J. Fyfe (1993): The Culture of the Police, in: dies.: Above the Law. Police an the Excessive Use of Force, New York
Soeffner, H.-G. (1988): Kulturmythos und kulturelle Realität(en), in: ders. (Hrsg.): Kultur und Alltag, Göttingen, S. 3-20
Sorge, A. (1989): Organisationskulturen: Realer Hintergrund und soziologische Bedeutung einer Modewelle, in: Haller, M. (1989) (Hrsg.), S. 193-210
Steffen, W. (1987): Gewalt von Männern gegenüber Frauen, München (Kriminologische Forschungsgruppe der Bayerischen Polizei)
Steffen, W. (1991): Familienstreitigkeiten und Polizei, München
Stehr, J. (1998): Sagenhafter Alltag: Über die private Aneignung herrschender Moral, Frankfurt/M.
Steinert, H. (1972): Die Strategien sozialen Handelns, München
Steinert, H. (1989): Subkultur und gesellschaftliche Differenzierung, in: Haller, M. (1989) (Hrsg.), S. 614-626
Steinert, H. (1991): Der Polizist&die Polizei, in: Neue Kriminalpolitik 1/91, S. 24-27
Steinert, H. (1994): Über Gewalt reden, in: Bergmann, W./R. Erb (1994) (Hrsg.), S. 99-124
Steinert, H. (1995): „Die Jugend wird immer gewalttätiger“, in: Zeitschrift für Sozialisationsforschung und Erziehungssoziologie (ZSE), Jg. 15, 2/1995, S. 183-192
Steinert, H. (1997a): Schwache Patriarchen – gewalttätige Krieger, in: Kersten, J./H. Steinert (1997) (Hrsg.), S. 121-157
Steinert, H. (1997b): Über den ausbildnerischen Gemeinspruch: Vergessen Sie alles, was Sie auf der Schule theoretisch gelernt haben; wie Polizeiarbeit wirklich geht, das lernen Sie erst hier bei uns in der Praxis, in: Die Polizei 4/97, S. 106-110
Steinert, H. (1998a): Kulturindustrie, Münster
Steinert, H. (1998b) (Hrsg.): Zur Kritik der empirischen Sozialforschung. Ein Methodengrundkurs. Studientexte zur Sozialwissenschaft, Frankfurt/M. (Eigendruck der Johann Wolfgang Goethe-Universität Frankfurt, Fachbereich Gesellschaftswissenschaften)
Strauss, A. L. (1994): Grundlagen qualitativer Sozialforschung, München
Tertilt, H. (1996): Turkish Power Boys, Frankfurt/M.
Trotha, T. von (1995): Staatliches Gewaltmonopol und Privatisierung, in: Sack, F. et al. (1995) (Hrsg.), S. 14-37
Uth, H. (1996): Am Ende ein Kreuz?, in: Dobler, J. (1996) (Hrsg.), S. 145-153
Volmerg, B. (1988): Erkenntnistheoretische Grundsätze interpretativer Sozialforschung in der Perspektive eines psychoanalytisch reflektierten Selbst- und Fremverstehens, in: Leithäuser, Th./B. Volmerg (1988), S. 131-179

Volmerg, U. (1986): Zwischen den Fronten – Bereitschaftspolizisten in der Krise: Eine politisch – psychologische Untersuchung, Hessische Stiftung für Friedens- und Konfliktforschung, HSFK-Report 2/1986, Frankfurt/M.
Watzlawick, P./P. Krieg (1991) (Hrsg.): Das Auge des Betrachters, München
Weber, M. (1956, [zuerst 1904]): Die „Objektivität" sozialwissenschaftlicher Erkenntnis, in: ders.: Soziologie, Stuttgart, S. 186-262
Weber, M. (1985): Wirtschaft und Gesellschaft, 5. Aufl. (Studienausgabe), Tübingen
Weiß, J. (1989) (Hrsg.): Max Weber heute: Erträge und Probleme der Forschung, Frankfurt/M.
Whyte, W. H. jr. (1956): The Organization Man, New York
Whyte, W. F.(1965): Street Corner Society, Chicago
Willems, H./R. Eckert/H. Goldbach/T. Loosen (1988): Demonstranten und Polizisten, München
Willems, H./R. Eckert/J. Jungbauer (1996): Polizei und Fremde, in: Neue Kriminalpolitik 8. Jg., 1996, Heft 4, S. 28-32
Winter, M. (1998). Politikum Polizei, Münster
Witzel, A. (1982): Verfahren der Qualitativen Sozialforschung, Frankfurt/M.
Wright, G. H. von (1974): Erklären und Verstehen, Frankfurt/M.
Zulehner, P.M./R. Volz (1998): Männer im Aufbruch, Ostfildern